歷史中國

西元960～西元1279

宋朝原來是這樣

醉罷君山◎著

目錄

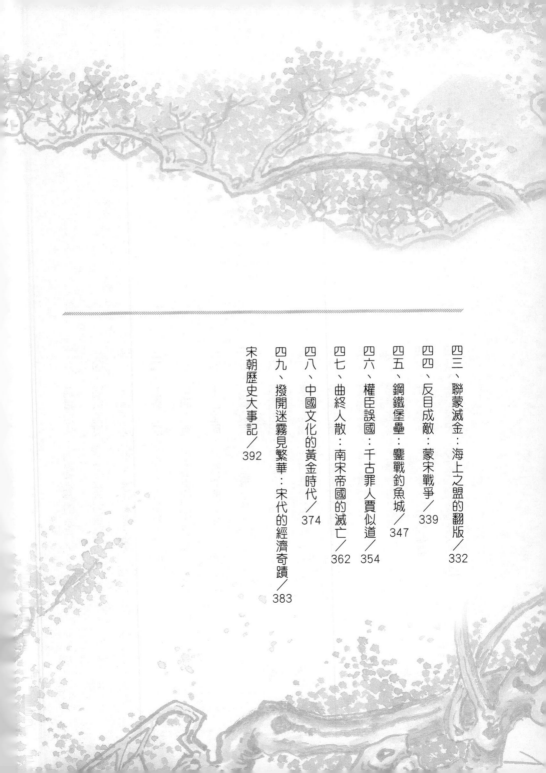

一、黃袍加身：一齣政變的遊戲

城頭變幻大王旗，這是亂世的寫照。

亂世常有，但大王旗變得如此之快，卻是罕見。

大唐帝國滅亡後，偌大的中國四分五裂。在短短的半個世紀裡，僅僅是中原政權就換了五個，平均每十年時間就完成一次政權交替。我們必須說，這是一個缺乏創意的時代，因為每個政權所使用的國號，無一例外都是歷史上曾有過的。為了區別雷同的名稱，史學家只好統統加上一個「後」字，因此有了後梁、後唐、後晉、後漢、後周五個中原政權。至於地方割據政權，那就更多了，所謂的「十國」，指的是勢力較大、存在時間較長的十個地方割據政權，分別是前蜀、後蜀、吳、南唐、吳越、閩、楚、南漢、南平（荊南）、北漢。一時間，中國大地之上，皇上遍地都是。

萬歲爺很多，可惜的是，這些大王們命卻不長。一萬年太久，只爭朝夕，過把皇帝癮就死了。五代的歷史，就是一連串的政變史。什麼仁義道德法律人權，在這個時候統統失去價值了，剩下來的只是原始的本能，只有征服與被征服，殺人與被殺。

在說宋史之前，先簡略說說五代，不略知其事，就不知宋的由來。

西元九〇七年，朱溫篡唐，改國號為大梁，五代史由此為開端。五年後，朱溫被兒子朱友珪所殺，弒君者還沒坐暖皇帝寶座，便被弟弟朱友貞幹掉了。西元九二三年，李存勗稱帝，國號大唐，滅了後梁。後梁存國僅十七年，共三任皇帝。

後唐開國僅僅三年，唐莊宗李存勗便被叛軍所殺，李嗣源繼位。李嗣源當了八年皇帝後去世，李從厚繼位，很快被李從珂趕下台。西元九三六年，河東節度使石敬瑭反，借契丹之兵，滅了後唐，李從珂自焚身亡。後唐存國十四年，共四任皇帝。

石敬瑭在契丹支持下，建立後晉政權，割燕雲十六州予契丹。石敬瑭死後，繼位的石重貴與契丹翻臉，可是他高估了自己的力量。經過數年苦戰，後晉敗於契丹之手，石重貴成為階下之囚，後晉滅亡。後晉存國十一年，共兩任皇帝。

契丹人入主中原，改國號為遼。與此同時，後晉河東節度使劉知遠自立為帝，號召諸道反契丹。在各地紛起的反攻下，遼太宗耶律德光被迫撤出中原。劉知遠改國號為大漢，史稱後漢，這一年是西元九四七年。五代史沒有一個皇帝當得久，僅僅一年後，劉知遠便去世，他的兒子劉承祐繼位。在政權頻繁更迭的年代裡，君與臣之間的信任降至冰點。西元九五〇年，劉承祐突下重手，連殺大臣，並想除掉手握重兵的天雄節度使郭威。郭威不得不反，率軍反攻開封，劉承祐敗亡，後漢僅僅存在四年便滅亡了。

皇帝輪得可真快，這回輪到郭威加冕，改國號為周，史稱後周，定都開封，這也是五代史裡最後一個中原政權。郭威稱帝後第四年（九五四年）去世，其養子柴榮（又稱郭榮）繼位，他是五代史中出類拔萃的一位皇帝。柴榮在位期間，南征北戰，敗北漢，征南唐、後蜀，北伐遼國，大有鼎定乾坤之勢。可惜的是，他與五代多數皇帝一樣短命，在位六年便英年早逝，只活了三十九歲。

皇帝早死對一個國家來說，是一個不祥的信號，因為繼位的小皇帝根本沒有能力來統御臣下，對於野心家來說，此乃篡位奪權的最好機會。

七歲的柴宗訓被推上皇帝的寶座。說起「皇帝」這兩個字，我們總是聯想到無上權威，可是對於五代時的皇帝來說，這可是一個危險的職業，五十年的時間，光是中原政權就換了十四個皇帝，其中有一半是以發動政變、兵變的形式奪權。皇帝被打倒、被推翻、被趕下台，甚至被殺，都是司空見慣的事。連朱溫、李存勗這樣的梟雄都栽了跟頭，何況一個年僅七歲的小皇帝呢？

開封百姓都以冷漠的心態在猜想著：誰會是下一個皇帝呢？

天很冷，風如刀割。

但開封城百姓臉上掛著些許的笑意，因為新春佳節來了。無論是血腥的戰爭或殘酷的政變，都奪不走人們內心深處對幸福的嚮往。那個時代，人的生命比蘆葦還弱脆，可是生活再壞，也仍然要過下去。

西元九六〇年的農曆大年初一，文武百官一大早便上朝了，向皇帝拜年，慶賀新春佳節，那時叫「正旦」，一年的第一天。這本來君臣間其樂融融的時刻，豈料皇宮外一陣急促的馬蹄聲，打破了和諧的氣氛。

原來是邊關的加急快報。

團拜活動不得不中止，小皇帝呆呆地、似懂非懂地聽著：北方邊境定州、鎮州兩地發現重大敵情，契丹與北漢聯手，發兵入侵。

這還了得！要知道節慶之日，往往是守備最鬆懈的時候，若不積極應對，恐怕要損兵喪地了。

小皇帝當然不知道要怎麼辦，宰相范質、王溥等人擔心邊關守軍抵抗不住凶悍的契丹騎兵，必須要派出一支強大的軍隊前往增援。那麼要派誰去呢？殿前都點檢趙匡胤就是最佳人選，因為他是京城禁軍的總頭目，同時也是歸德軍節度使兼檢校太尉。

豈知趙匡胤此去，竟是黃袍加身，推倒了大周江山，創建了大宋王朝。

其實京城早有流言飄蕩：「策點檢為天子。」這種流言怎麼傳出來的，誰也不知道。流言是有威力的，有人傳，就有人聽，就有人竊竊私語。但趙匡胤卻似乎沒聽到的樣子，春節休假也取消了，投入緊張的工作中。他辦事的效率很高，第二天，第一支先鋒部隊出發了，由殿前副都點檢慕容延釗統領，出了開封城。緊接著，大年初三，趙匡胤親自率領主力部隊出發，晚上抵達開封城東北四十里處的陳橋驛。

遼人入侵所引發的恐慌情緒很快被開封城的寒風所驅散，有趙匡胤這位能征善戰的名將親自出馬，北線無憂矣。新春濃濃的喜慶氛圍並沒有受到影響，可是誰能料想到，就在這一晚，在陳橋驛，將要發生一件驚天動地的大事。

一個裝神弄鬼的人出現了。

黃昏時分，太陽西沉。禁軍部隊正忙著安營紮寨，有個人遠眺西方，凝望著紅紅的太陽，忽然開天眼似的說道：「瞧，日下復有一日，黑光摩盪。」什麼意思呢？他看到了兩個太陽，當然，除了他誰也沒看到。在西沉太陽之下，還有另一個太陽，這意味著什麼呢？自古以來，「天無二日，民無二主」乃是一種深入人心的觀念，如今天上出現兩個太陽這怎麼行呢？影射到國家，一個國家怎麼能有兩位君主呢？

這個人名叫苗訓，因為對天文地理頗有研究，在軍中頗有名望。觀測天象後，他又神秘兮兮地說了一句話：「此天命也。」儘管誰也沒有看到兩個太陽，但苗訓的話卻很快傳開了。這個暗示太明顯了——要變天了。

於是乎軍隊開始騷動了，軍官們鬼鬼祟祟，士兵們竊竊私語。到了入夜時分，一批軍官與士兵湊到一起，有人提議說：「如今主上幼弱，我等拼了老命殺敵，他能知道嗎？不如先立點檢（趙匡胤）為天子，然後再北征。」這一提議馬上得到大家的鼓掌，好，就這麼辦！於是大家群情激昂，湧向主帥趙匡胤帳前請願，要擁他為皇帝。

明眼人當然心裡有數，大家都是在演戲罷了。這齣戲的總導演就是趙匡胤，至於什麼天象學家、什麼請願將士，統統都是臨時演員罷了。可是戲既然演了，還是要演得逼真點，假戲也要真做嘛。將士們要請願，要把趙匡胤抬出來當皇帝。可是趙匡胤沒出來，很不巧，他貪杯了，喝多了，醉得不省人事，正酣然入睡呢。

說是不巧，其實很巧。

我醉了，我睡了，所以你們搞兵變，搞陰謀，統統與我無關。

請願的將士當然沒見著統帥趙匡胤，只見到了他的弟弟趙匡義與軍師趙普。大家都以專業精神投入到演戲中，這些「鬧事」的將士慷慨陳辭道：「軍中兄弟們已決定了，要擁立太尉為天子。」太尉就是趙匡胤，他除了是殿前都點檢之外，也是檢校太尉。趙匡義正色地批評說，這怎麼行，這種造反的事情，咱們可做不得。然後將士們又據理力爭，雙方開始爭執了，最後諸位軍官看軟的不行，來硬的，把刀啊、劍啊等傢伙亮了出來，你趙匡義不答應，我等就要動用武力了。

營帳外動靜很大，喧囂聲如此大，可是趙匡胤卻似乎一點也沒聽到，因為他還在「酣睡」，把事情交給弟弟趙匡義去打點。在將士們的「逼宮」下，趙匡義讓步了，他對諸將領說：「好吧，改朝換代，雖說是天命，實際是人心所向。但你們要答應一件事，你們各回兵營，勢必要約束好諸軍，不得縱容士兵剽掠，只要都城人心安定，那麼國家也會安定的，你們也可保富貴榮華。」就這樣，在這一晚上，從趙匡義到士兵，都決定了一件事：要擁立趙匡胤為皇帝。

然而，趙匡胤還在呼呼大睡。

他睡得那麼香，那麼甜，以至於嘴角還露著微笑。

他看上去那麼天真，對夜晚所發生的一切都一無所知。

第二天清晨，趙匡胤終於「醒」來了，他打了個哈欠，伸了個懶腰。就在這時，只聽得外面喊聲一片。拉開帷幕，只見得大帳之外，諸將領率士兵圍成一圈，身著鐵甲、手執兵刃。幾個將軍見到趙匡胤起床了，便逕直上前，跪道：「諸將無主，願策太尉為天子。」還沒等趙匡胤吭出聲來，這幾個將軍便一擁而上，把一件黃袍裹在他身上。此時諸將士齊刷刷地跪下，高呼「萬歲」。

這就是所謂的「陳橋兵變」、「黃袍加身」。

謀反、篡位，這在中國政治裡可算是大逆不道之事。可是趙匡胤卻彷彿在整個事件置身事外似的，似乎他是在全然無知的情況下，被無辜地推上前台。不得不說，此人深得厚黑學之精髓，名也撈了，利也撈了，卻一副被逼無奈的模樣。

我們不能不說，趙匡胤確實是天才級的演員。戲還沒完，我們看看他的表演，他跺了跺腳說：「罷罷罷，你們這些人貪圖富貴，立我為天子，我不當也不行了。只是我有號令，你們能聽從不？」大家齊呼道：「唯命是從。」

這話說得夠絕，夠經典。不是我貪圖富貴，而是你們貪圖富貴；不是我要兵變，而是你們在搞陰謀；不是我要謀反，而是被你們挾持的。

一句話，把所有的罪名，統統推到別人身上了。

既然被擁立為天子了，那軍隊自然不向北挺進了。那麼遼軍南下入侵邊關的事情怎麼辦呢？其實不必擔心，因為根本沒有遼軍入侵。所謂的邊關危急的情報，原來就是糊弄朝廷的幌子罷了，只不過是這齣鬧劇的一個必不可少的情節罷了。

這支大周帝國最精銳的部隊出門才逛了一天，第二天就打道回府，又回開封城了。包括宰相范質、王溥等人在內的朝中大員不由得頭皮發麻，他們知道，出大事了！

這近乎是一次完美的政變，幾乎不流血。

但還是流了一點。京城之內，只有一個人企圖反抗，此人是侍衛馬步軍副指揮使韓通。當他得知趙匡胤部隊政變的消息後，從皇宮溜了出來，打算率領自己的部眾拼死抵抗。但他運氣不好，路上遇到趙匡胤手下大將王彥升。王彥升策馬直追，一直追到韓通家中，把韓通一家人全都殺了。

政變的軍隊把皇宮包圍了。不多時，宰相范質、王溥等人被一幫將領押到趙匡胤面前。此時的趙匡胤固然已經把整個京城握在手中了，但他仍然還要演戲，要向世人昭示自己篡權絕非出於自願。他甚至嗚咽流涕了，哽咽道：「我深受先皇厚恩，只是被六軍將軍所逼迫，不得已才這樣做。我深感慚愧，有負天地，我要怎麼辦？」還是那麼無辜，還是那麼無奈。

范質還來不及吭聲，聽得到趙匡胤身邊一位將領手按劍柄，厲聲喝道：「我輩無主，今天須得天子。」這一喝，把范質吐到嘴邊的話又吞了進去。倒是王溥比較識相，他退下台階，向趙匡胤跪拜，承認他是新的皇帝。事到如今，范質也不得不跟著下拜。這兩位當朝權臣都屈服了，那麼小皇帝就算不退位也不行了。

很快，一紙禪讓詔書下達了。小皇帝乖乖交出了權力，趙匡胤在眾人的擁戴下，入皇宮崇元殿，即皇帝位，改元建隆，改國號為宋，這便是歷史上赫赫有名的宋太祖。

第二天，開封百姓睜開睡眼時，發現國家的名字改了。「周」已經成為過去，「宋」的歷史拉開了序幕。

這一年，趙匡胤三十三歲。

二、二李之亂：帝國的敵人

表面上看，趙匡胤奪取後周政權輕而易舉，事實上，他通向權力之峰的路絕非一蹴而就。我們且來看看趙匡胤早年的奮鬥史。

西元九二七年，宋太祖趙匡胤出生於洛陽夾馬營，當時是五代中的後唐時代。他的曾祖父、祖父都是大唐帝國的官員，父親趙弘殷原本是後唐皇帝李存勗手下的將領，他一生絕大多數時間都在五代亂世中度過，直到後周時代才去世。可以說，趙匡胤是個「軍二代」，在那個亂世裡，軍人的地位當然十分重要，這也決定了他一生的道路。

在中國歷朝皇帝中，宋太祖趙匡胤大概算得上是功夫最厲害的人。現在武術裡面有一套叫「太祖長拳」，據說便是他所創的。還有傳聞說趙匡胤曾經在少林寺學過功夫，是真是假，現在也說不清了。正史對他的武藝也有所記載，「學騎射，輒出人上」，有一次騎一匹烈馬時，腦袋撞在門楣上，大家以為他必死無疑，豈知一點事也沒有，足見功夫確實不錯。

高超的武藝對趙匡胤的軍事生涯起到很大作用。西元九四八年，時年二十一歲的趙匡胤投奔郭威麾下，開始在軍界崛起。他原本出身軍人世家，自小對兵法韜略爛熟於胸，加上精湛的武藝，很快得到郭威的器重。郭威在西元九五一年發動政變，推翻後漢政權，建立後周政權，趙匡胤先後擔任滑州副指揮、開封府馬直軍使等職。

郭威去世後，他的繼子柴榮（郭榮）繼位。北漢政權乘機聯合契丹大舉入侵，周世宗柴榮親自率軍與北漢軍決戰於高平。在戰役之初，周軍出師不利，甚至有些將領在戰場上倒戈，投降北漢。在此危急時刻，趙匡胤挺身而出，身先士卒，率自己的騎兵部隊勇闖敵陣。在他勇敢精神的激勵下，士兵們無不奮力死戰，以一當百，終於力挽狂瀾，大破北漢軍。

高平之戰，趙匡胤脫穎而出，這也讓他贏得了皇帝的讚賞與器重。很快，他被提拔為殿前都虞侯，成為禁軍高級將領。當時周世宗柴榮深感後周軍隊建設存在很大弊端，決意改革，精兵簡政。這項改革的重任便落在趙匡胤身上，這也給了他展露組織才能的機會，他淘汰老弱之兵，調選天下武藝高強之勇士重組禁軍。此後，這支軍隊南征北戰，所向披靡，堪稱天下勁旅。

西元九五六年，趙匡胤追隨周世宗柴榮征討南唐。

在南唐之戰中，他仍然光芒四射。先是在水戰中大敗南唐水師，奪取敵艦五十餘艘；緊接著，趙匡胤又攻克滁州，生擒南唐將領皇甫暉等。特別在六合之戰中，趙匡胤更是創造了令人難以置信的戰爭奇蹟，他以不到二千人的區區之眾，打敗了南唐兩萬軍隊的進攻，殺敵五千餘人。戰後，柴榮擢升他為定國軍節度使兼殿前都指揮使。這樣，趙匡胤成為禁軍的第二號頭目，僅次於殿前都點檢、郭威的女婿張永德。

對中原政權來說，北方的契丹（遼）一直被視為頭號敵人。西元九五九年，即周世宗顯德六年，一代明君柴榮御駕親征契丹，從水、陸兩路分兵北進，趙匡胤為水路軍總指揮。後周軍隊連戰連捷，先後攻下益津關、瓦橋關、淤口關、莫州、瀛州、易州等，收取燕南之地。正當柴榮雄心勃勃欲收復幽州時，卻突染重疾，不得不班師回朝。

周世宗柴榮一病不起，在彌留之際，他做出一個重大決定：把禁軍一號頭目張永德撤職，由趙匡胤出任殿前都點檢。

有人認為張永德被撤職，乃是趙匡胤一手策劃的陰謀。據說周世宗柴榮在北伐契丹途中，看到一塊木牌，木牌上寫有「點檢作天子」這幾個字，於是便對張永德產生戒心。依筆者的看法，未必如此。柴榮並非後周開國皇帝的親生子，而是養子。雖然他改名為郭榮，但在許多人看來，他繼承帝業名不正言不順。柴榮在病重時，不得不考慮自己百年之後，他的兒子能否穩坐江山。殿前都點檢張永德乃是郭威的女婿，手握重兵，這不得不讓柴榮憂心忡忡。而趙匡胤與郭家無淵源，顯然柴榮更傾向於把兵權交給他。

縱然柴榮英明一世，有件事還是出乎他的意料，在他死後不到兩年，他所信任的趙匡胤居然陳橋兵變、黃袍加身，竊取了柴氏江山。

從二十一歲從軍，到三十三歲坐上龍椅，趙匡胤只用了十二年的時間。

這位宋朝的開國皇帝此時正是年富力強、意氣風發，他所發動的兵變奪權，幾乎是不流血政變的典範。政變十分順利，可是搞定了京師，改旗易幟，並不能說大功已告成。分散在全國各地的節度使，手握兵權，他們是否會對新朝廷俯首聽命呢？

昭義節度使李筠旗幟鮮明地反對新政權。

李筠乃是後周的一員悍將，他武藝高強，能挽百斤強弓，早在後唐時代便入伍從軍，歷經後唐、後晉、後漢、後周諸政權。郭威稱帝後，提拔李筠為昭義節度使，坐鎮潞州（今山西長治）。李筠擔任昭義節度使的時間很長，地位相當穩固，可以說是非常有實力的地方諸侯。

趙匡胤政變奪權後，便積極拉攏諸地方勢力。在這個「城頭變幻大王旗」的年代裡，大家對政權更迭之迅速早已見怪不怪了，對許多人來說，管他龍椅上坐的是什麼人，只要自己的權勢不受動搖，又有什麼關係呢？許多地方勢力紛紛向新的中央政權表示效忠。可是，昭義節度使李筠卻沒有動靜。

宋太祖當然曉得李筠的實力，他主動拉攏，許以高官厚爵。說實話，趙匡胤所開出的條件夠令人心動的，他派使節抵潞州，加封李筠為中書令。

當李筠得知來自開封的使節抵達時，他的第一反應就是：拒見。這種態度可把他手下的官員嚇壞了，大家望著這位節度使大人，一臉不解：您這不是要跟朝廷對著幹嗎？說實話，李筠也是過來人，從唐朝滅亡至今，皇帝都不知換多少了，如今又換一個，何必小題大做呢？大家趕緊紛紛上前勸諫，李筠沒辦法，勉強答應宴請朝廷使節。

酒菜都備好了，助興的樂器也擺上來了，所有人都以為李筠回心轉意了。豈料宴剛開席，賓客滿堂，李筠出人意料地令人請出後周開國皇帝郭威的畫像，懸掛於廳壁之上。大家覺得不對勁了，此時李筠竟然對著郭威的畫像，號啕大哭起來。無論是在座的賓客還是左右侍從，無不看傻眼了，李筠這種態度，不明擺著向皇帝使節示威嗎？大家紛紛向使節敬酒賠罪道：「我家主公酒喝多了，千萬別見怪啊。」

其實李筠之所以不願意歸順新朝廷，並非僅僅忠於後周，更大的原因，乃是他認為趙匡胤是後輩，居然這樣爬到他腦袋上，心有不滿。況且趙匡胤授予他中書令之職，表面上是升官，實際是要讓他離開潞州前往朝廷赴任，削奪其兵權。這一點，李筠豈有不知之理。

李筠的態度，樂壞了一個人，他就是北漢皇帝劉鈞。

幾天後，一個來自北漢的使節秘密會見李筠，並帶來了一封信。這封信乃是劉鈞所寫，約請李筠共同起兵，對抗新成立的大宋政權。李筠把這封信給兒子李守節過目，豈料遭到兒子的強烈反對，李守節甚至以淚洗面，苦諫父親莫要對抗中央。李筠哪裡聽得進去，拂袖而去。

建隆元年四月，李筠與趙匡胤的戰爭爆發了。

昭義節度使李筠敢以一隅之地對抗朝廷，無非仗著有北漢的支持。為了取信北漢皇帝，他起兵後馬上把朝廷派到潞州的監軍周光遜生擒，押往北漢，並送上一筆巨款，以求北漢的軍事援助。與此同時，他又派出一支軍隊襲取澤州（山西晉城），殺死刺史張福，佔據其城。

對於這場戰爭，李筠信心十足，在他看來，「吾周朝宿將，與世宗（柴榮）義同兄弟；禁衛之士，皆吾舊人」。他認為只要自己扛起郭威、柴榮的大旗為號召，後周舊將以及禁軍官兵勢必會倒戈，推翻趙匡胤的政權。

可是李筠的判斷完全錯了。

趙匡胤對後周舊將恩威並施，官照當甚至還獲得提拔，俸祿照領，有幾個人腦殘想著為後周效忠呢？對於李筠的叛亂，趙匡胤是有充分準備的，當戰火燃起時，他馬上派大將石守信、高懷德率兵進討。

李筠雖然得到北漢的援助，並被北漢皇帝劉鈞封為西平王，可是很快矛盾就暴露了。北漢與後周是世仇，而李筠口口聲聲自稱後周遺臣，令北漢皇帝大為不滿；同時，北漢皇帝劉鈞派了一名監軍到李筠軍中，這也引起李筠的不滿。這種互不信任嚴重削弱雙方聯合作戰的力量。

五月，李筠令兒子李守節鎮守上黨，自己率領三萬多人向南挺進，欲與宋軍一決雌雄。但是宋朝禁軍的戰鬥力名不虛傳，在長平之戰中，石守信力挫來勢洶洶的潞州兵團。為了迅速平定叛亂，剛剛上台四個多月的趙匡胤決定御駕親征。很快，石守信與高懷德便給皇帝送上一份厚禮，他們在澤州南大破李筠及北漢聯軍三萬餘人，生擒北漢將領范守圖，擊殺監軍盧贊。

連吃敗仗後，李筠只得龜縮在澤州，嬰城固守。

六月，宋太祖趙匡胤抵達澤州，親自坐鎮前線，指揮攻城。可是澤州的抵抗還是很頑強的，十幾天過去了，城池仍然未被攻克。趙匡胤召將領馬全義詢問攻城之計，馬全義自告奮勇，率領一支敢死隊攻城。這支敢死隊以一往無前的精神奮力登城，馬全義更是身先士卒，在戰鬥過程中，他的手臂挨了一箭，他忍痛將箭杆拔出，不下火線，繼續戰鬥。敢死隊終於登上城牆，趙匡胤投入親兵部隊跟進，守軍終於抵擋不住了。

澤州終於陷落了。李筠不願成為宋軍的俘虜，他在城池陷落後，自焚身亡。這位昭義節度使從起兵到敗亡，不到兩個月的時間。

攻克澤州後，宋軍馬不停蹄，進攻潞州。李筠的兒子李守節獻城投降，由於他早先反對父親造反，因而宋太祖格外開恩，赦免其死罪。

在李筠叛亂的同時，有一個人也蠢蠢欲動，他就是淮南節度使李重進。

在諸節度使中，李重進身分是比較特殊的。他是後周太祖郭威的外甥，也是戰功赫赫的將領。在柴榮統治時期，他與張永德、趙匡胤等人分掌兵權。後周禁軍有兩大系統，一為殿前司，張永德為殿前都點檢，趙匡胤為殿前都指揮使；二為侍衛司，李重進為侍衛馬步軍都指揮使。柴榮臨死前，把張永德撤職，提拔趙匡胤為殿前都點檢。可以說，此時後周帝國的兵權就掌握在趙匡胤與李重進兩人手中。

柴榮死後，朝廷授李重進檢校太尉，改淮南節度使，出鎮揚州。不久後，趙匡胤黃袍加身，篡位奪權，而後削去李重進侍衛馬步軍都指揮使之職。李重進大驚失色，當即上表，請求進京面聖。趙匡胤擔心他入京後號召舊部造反，遂拒絕其請求。李重進琢磨不透趙匡胤的內心，時不時寒意襲來，無所適從。

恰好在這個時候，李筠起兵反宋，李重進反覆盤算，決心與李筠聯合。他派心腹翟守珣走小路到澤州，與李筠商談聯合的事宜。可是李重進卻忘了一件事，半個世紀的混亂，早已讓忠誠的觀念不值錢了。翟守珣一路奔往澤州，到那兒一瞧，澤州已被宋軍圍困，危在旦夕。他腦袋瓜一轉，沒去見李筠，而是跑去見宋太祖趙匡胤，幹什麼呢？告密！把李重進的陰謀和盤托出。

趙匡胤不愧是見過大世面的人，並沒有驚慌。試想，李重進連最信任的心腹都要背叛他，他能掀得起狂風駭浪嗎？宋太祖對翟守珣重賞，並讓他速速返回揚州，遊說李重進暫緩起兵，以免宋軍陷入兩面作戰的困境中。

翟守珣回到揚州後，編了一套故事忽悠李重進，要點就是說，現在不能輕舉妄動。李重進焉能想到自己已經被出賣了，他聽信了翟守珣的話，採取暫時觀望的態度。可是這一觀望，錯失了起兵的最佳時機。

在平定李筠之亂後，宋太祖並沒有直接攻打李重進，畢竟到現在為止，他還沒有謀反。可是絕對不能讓他繼續在揚州坐大，於是朝廷一紙令下，把李重進由淮南節度使調為平盧節度使。這下子李重進更加害怕了，擔心一旦離開老巢，就會遭到趙匡胤的毒手。趙匡胤也是一個想得周到的人，為了讓李重進安心，特賜免死鐵券，以表立場。

李重進仍然不放心，因為他乃是周室近親，郭威的外甥，而且有兵權。像他這樣的人，豈不是新皇帝的眼中釘、肉中刺嗎？一道免死鐵券，難道真能保全性命嗎？顯然，李重進更願意拼死反擊，而非把命運交到別人手中。他拒絕朝廷的調令，待在自己的地盤，修繕城池，積極備戰，並向南唐求援。南唐早已沒實力與大宋抗衡，哪裡敢出兵相助，一口回絕了李重進的請求。

既然李重進造反已是事實，趙匡胤毫不客氣了。

建隆元年十月，石守信被委任為揚州行營都部署，轄王審琦、李處耘等將領，率領精銳禁軍部隊討伐李重進。謀臣趙普向趙匡胤指出：「李重進憑恃長淮，繕修孤壘，外絕救援，內乏資糧，宜速取之。」趙匡胤聽從趙普提議，下詔親征，統領六軍將士從開封出發，乘舟順流而下，直撲揚州。

皇帝親征總能鼓舞士氣，前線官兵更是奮勇作戰，終於攻破揚州。李重進的結局與李筠類似，但更淒慘，在城陷時，他縱火自焚——不僅是他一個人，還包括他的家人，都在灼熱的火焰下化為灰燼。

李筠與李重進先後敗亡，新興的大宋政權頂住了考驗，帝國局勢暫得安定。可是，對深謀遠慮的趙匡胤來說，危險無時無刻不存在。一批舊軍閥倒下了，一批新軍閥又興起，皇帝的龍椅隨時可能被踢翻。該怎麼辦呢？

三、鳥盡弓藏：杯酒釋兵權

趙匡胤在擔心什麼呢？

他沒理由不擔心。自五代以來，沒有一個皇帝能長期穩坐龍椅，短短半個世紀的時間，僅僅中原就換了十幾個皇帝，平均每個皇帝當不到四年，比現代美國總統任期還短。在這些皇帝中，不乏雄才偉略之人，比如後唐李存勗便是個英雄人物，可還是死於非命。謀殺、政變、叛亂交織為一幕幕血腥的政治史，對此，趙匡胤心裡比誰都清楚。他一直在反思，那些死於非命的皇帝們，究竟犯了什麼致命的錯誤呢？

一個人，無論他如何才華蓋世，也不可能單槍匹馬奪取天下，他需要盟友與支持者。這一點，趙匡胤早就心裡有數，自從他投軍以來，便想方設法拉攏一批人，團結在他周圍。他甚至採用拜把兄弟的方式，與九人結為生死弟兄，這九人分別是石守信、王審琦、韓重贇、楊光義、李繼勛、劉慶義、劉守忠、劉廷讓、王政忠，這十個拜把兄弟又稱為「義社十兄弟」，其中石守信、王審琦、韓重贇等人都參與了陳橋兵變，成為大宋帝國的開國功臣。除了義社十兄弟之外，趙匡胤在禁軍中的親信還包括慕容延釗、韓令坤、高懷德、趙彥徽、張令鐸等人。

沒有殿前禁衛軍的支持，趙匡胤就不可能當上天子。坐上龍椅後，趙匡胤把殿前禁衛軍副都點檢慕容延釗提拔為都點檢，把另一支禁軍侍衛軍的一號人物李重進擠掉，換成韓令坤出任侍衛馬步軍都指揮使。

對於禁衛軍在政治中舉足輕重的地位，趙匡胤比誰都清楚。他們的實力足以左右政局，甚至可以再度發動政變奪權。慕容延釗與韓令坤雖是宋太祖的親信，但終究比不上結義兄弟親。為了穩坐江山，趙匡胤對親信也不能不防。

建隆二年（九六一年），鑒於李筠、李重進的叛亂都已鎮壓，國勢初定，宋太祖趙匡胤開始著手削弱大將們的兵權。他罷免慕容延釗殿前都點檢之職，改任山南東道節度使；罷免韓令坤侍衛馬步軍都指揮使之職，改任成德節度使。從此之後，殿前都點檢一職不再設，而侍衛馬步軍都指揮使一職則由結義兄弟石守信擔任。

此時殿前、侍衛兩支禁衛軍的重要頭目如下：殿前副都點檢高懷德、殿前都指揮使王審琦、殿前都虞侯趙匡義、侍衛馬步軍都指揮使石守信、馬步軍都虞侯張令鐸、馬軍都指揮使張光翰、步軍都指揮使趙彥徽。

在這些重要頭目裡，石守信與王審琦是趙匡胤的結義兄弟，趙匡義是親兄弟，其他將領雖無結義，卻也都是故交，情同兄弟。把禁軍交給這幫兄弟，趙匡胤心裡放心，只要禁軍內部不動搖，其他人就難以窺視皇帝寶座。

史書上說，宋太祖「器度豁如」，確實如此。他從軍隊低層幹起，一直到成為皇帝，若沒有寬廣的胸襟，就不可讓那麼多人團結在他周圍。甚至可以說，趙匡胤身上有著某種江湖義氣，江湖義氣最講究兄弟之情，他對這些出生入死的兄弟是信得過的。

但有一個人卻不這樣認為，這個人就是趙普。

趙普是宋代名臣，以「半部《論語》治天下」而聞名於世，也是趙匡胤手下的重要謀士。大宋開國後，趙普升遷為右諫議大夫兼樞密直學士，後來又升為兵部侍郎兼樞密副使。

在平定李筠、李重進叛亂後，宋太祖趙匡胤對大宋帝國的未來憂心忡忡，便召趙普問道：「自唐末以來幾十年時間裡，帝王之家換了八個姓，混戰不停，百姓流離失所，這原因何在呢？我想要平息這些混亂，使國家能長治久安，不知有何良策呢？」

趙普答道：「陛下能想到這些事，真是天地人神之福。國家陷入混亂，沒有別的原因，就是因為藩鎮的權力太大，致使君弱臣強。若是要徹底解決這些問題，只能奪藩鎮之權，控制其錢糧，收其精兵，把財政、軍權控制在朝廷手裡，天下從此安定矣。」

宋太祖聽完後，若有所思。趙普是話中有話，矛頭直對準那些手握重兵的大將。其實自從石守信、王審琦分領侍衛、殿前禁軍後，他們不僅是皇帝的結拜兄弟，也是開國元勳，戰功赫赫，在平定二李之亂中起到重要作用，在禁軍中的地位穩若泰山。在此之前，趙普就多次進言，勸宋太祖把石守信、王審琦等人調離禁軍，另授他職，可是趙匡胤並沒有聽進去。

這次，趙普又舊話重提。皇帝不以為然地說：「石守信、王審琦等人，我最了解，他們必定不會背叛我的，你又何必操心這個呢？」

趙普回答道：「臣也不擔心他們造反。只是以我的觀察，石守信、王審琦等人都沒有統御之才，恐怕難以制服他們的部下。萬一部下想造反，他們也會身不由己的。」

這個回答太巧妙了。趙普果然老謀深算，甚至可以說老奸巨猾。

勸諫皇帝是一門學問，說得太輕沒效果，說得太過適得其反，有些話不能直接說，卻又不能不說，這些都要有技巧。趙普這句話說，令皇帝趙匡胤如夢初醒，為什麼呢？當年陳橋兵變時，趙匡胤不是以受部下挾持為幌子，「不得不」當皇帝嗎？這是他篡權的遮羞布，趙普當然不能去揭這塊遮羞布，不然就犯忌了。可是趙普很聰明，他順著皇帝的意思說話：當年您是被禁軍脅迫當了皇帝，倘若現今禁軍將領用同樣的手段脅迫石守信、王審琦等人當皇帝呢？在這種情況下，誰能保證他們的忠誠呢？

這是語言的藝術。皇帝說兄弟們可信任，不會反叛，倘若趙普非得說他們會反叛，那不僅觸怒皇帝，也會得罪石守信、王審琦這些大將，豈非吃不了兜著走嗎？他拐彎抹角，既不得罪皇帝，也不得罪大將們，但他的話卻如一把飛刀，刺向皇帝內心最脆弱的地方。趙匡胤要毛骨悚然了。

經過幾天內心的掙扎，趙匡胤終於鐵了一條心，必須剝奪這些弟兄的兵權。怎麼奪呢？以皇帝的權威，當然有很多方法。比如說劉邦的辦法，兔死狗烹，把功臣一一剪除，一黑到底。這種手段太黑了，若能和平解決，不傷兄弟情面，那才是最好的辦法。趙匡胤不愧是權謀大師，他搜腸刮肚，想到了一個絕妙的辦法。

這一天，趙匡胤在皇宮設宴，宴請石守信、王審琦等禁軍高級將領。雖然現在有君臣之別，但兄弟情分尚在，喝起酒來，其樂融融。喝到酒酣時，趙匡胤吩咐左右退下，只留下他與座上嘉賓。

就在這時，趙匡胤忽然長長歎了一口氣。石守信等人一見，這怎麼回事呢？便斗膽問道：「陛下為何歎氣呢？」

趙匡胤又「唉」了一聲，然後說：「我若不是依靠在座諸位，今天豈能坐在天子的寶座上。可說實話，天子也不好當啊，還不如當個節度使快樂呢！我從早到晚，沒有一刻能高枕無憂啊。」

聽到這話，石守信等人面面相覷，不知發生了什麼事，便細問其故。

此時趙匡胤裝作半醉半醒的樣子，歎道：「你們問這是為何，其實並不難知，誰不想坐我這個位置啊。」

石守信等人一聽這話，不由得心裡一驚，個個趕忙辭座下跪叩首道：「陛下何出此言？如今天下已定，誰敢復有異心？」

宋太祖並不看他們一眼，只是默默舉起酒杯，把酒一飲而盡，黯然神傷道：「我知道在座各位不會有異心，可是假若你們部下有人貪圖富貴，若有一天把黃袍披在你們身上，你們就算想不幹，又怎麼做得到！」

輕輕的幾句話，在石守信等人聽來，卻如五雷轟頂。皇帝這不是暗示他們會謀反嗎？此刻他們一定深深體會到一句傳統名言所包含的真理：伴君如伴虎。被皇帝懷疑，那是百口莫辯之事，古往今來，因為被皇帝懷疑而被殺的人有多少！

石守信等人魂飛魄散，長跪不起，頓首流淚道：「我等雖然愚昧，卻斷斷做不出這等事。望陛下開恩，給我等指示一條活路吧。」

趙匡胤動容道：「唉，人生短暫，如白駒過隙。人人都想要富貴，無非是為了多積累金錢，可享受歡娛，也讓子孫後代不至於貧困。各位何不釋去兵權，到地方去多購置些良田大宅，也好為子孫留一份產業。同時也可以多置些歌女舞女，每天可飲酒相歡，以終其天年。我與各位結為親家，從此君臣之間，兩無相猜，上下相安，這樣豈不是很好嗎？」

這些禁衛軍首領都不是傻子，一下子就全明白了。他們的權勢太大，皇帝是不放心了。說實話，皇帝能這樣把心裡話講出來，也確實是把他們當作自家兄弟，總比背後找藉口一一滅口強吧。誰也沒有據理反駁，只是叩頭謝恩。

酒席散了。望著石守信等人的背影，宋太祖趙匡胤有點惴惴不安。這次攤牌的結果會怎樣？他們會如他所願地自動放棄兵權嗎？或者明天他們將率領禁衛軍殺向皇宮？這一夜注定很漫長，這一夜，皇帝注定難眠。不僅是趙匡胤徹夜難眠，石守信、王審琦等人也一樣。在此之前，他們當趙匡胤是帶頭大哥，親密無間，可是這一天，他們領略到了什麼叫天威難測。

第二天，太陽照常升起，紅霞映天。

皇城一如往昔，沒有任何異動。到了上朝時間了，石守信、高懷德、王審琦、張令鐸、趙彥斌等人陸續來了，紛紛遞交辭呈，稱身體有疾，要求自行解除兵權。這可把朝中眾臣給搞矇了，這些人可都是皇帝的親信與愛將啊。但是趙普臉上露出一絲不易察覺的微笑，趙匡胤卻喜怒不形於色，當即批准辭呈，並下令重賞這幾名將領。

一杯酒，就解去大將們的兵權，趙匡胤果然老謀深算。

皇帝是最大的贏家，從此，趙匡胤可高枕無憂了。

趙普也是贏家，從此，文臣地位在武將之上了。

石守信被任命為天平節度使，高懷德為歸德節度使，王審琦為忠正節度使，張令鐸為鎮寧節度使，皆罷軍職。由於石守信與宋太祖關係密切且屢建戰功，皇帝還是特別照顧他的面子，保留了侍衛馬步軍都指揮使一職，但也不過掛名罷了，不再過問禁軍事宜了。一年後，這虛職也被解除，石守信的名字也徹底從禁軍名單中刪除了。

這些宿將離開後，禁軍仍然存在，那麼如何預防新禁軍將領兵權過重呢？趙匡胤對禁軍實施了一系列的改革，目的在於限制禁軍首領的權力，將兵權牢牢握在皇帝手中。

宋朝開國時，禁軍有兩大系統：殿前司與侍衛司。先說說殿前司系統。杯酒釋兵權前，殿前都點檢一職已不設，杯酒釋兵權後，殿前副點檢一職也被取消，重要職位只剩下殿前都指揮使、殿前都虞侯。再來看看侍衛司系統。在石守信之後，侍衛馬步軍都指揮使一職也被撤銷。侍衛司被一分為二，分別是侍衛馬軍司與侍衛步軍司。經過這一番調整後，禁軍變為三大系統，但兵權更分散了，特別是新上任的將領，在禁軍的威望及影響力，是完全不能與石守信、高懷德、王審琦這些開國功勳相提並論的。

趙匡胤是憑藉禁軍的力量才登上皇帝寶座，如今他不可能讓歷史重演，不能讓其他人利用禁軍來威脅其皇冠。

五代以來多政變，其原因就在於皇帝沒有絕對的兵權。趙匡胤在趙普的協助下，恩威並施，果斷收回兵權，這是宋朝得以長命的一大原因。趙匡胤在「杯酒釋兵權」後，信守承諾，與這些卸職的將領們結為親家。宋太祖長女昭慶公主嫁給王審琦之子，次女延慶公主嫁給石守信之子，妹妹燕國長公主嫁給高懷德，弟弟趙匡美娶了張令鐸的女兒。

除了抑制禁軍首領專權之外，宋太祖也採取種種手段抑制地方節度使的權力，削弱藩鎮的兵權及勢力，加強中央集權，這就是所謂的「強幹弱枝」的政策，這也成為宋朝的長期國策。在宋朝歷史上，儘管外患比較多，但並沒有形成中晚唐以來的「藩鎮割據」局面，這與宋太祖一系列中央集權政策的實施是分不開的。

四、統一之路

中國向來有大一統的觀念，對趙匡胤來說，擺在大宋帝國面前的一件艱巨任務，就是如何一統中國。

當時中國境內還分佈許多地方割據政權，北方有北漢，南方有南唐、吳越、後蜀、楚、南漢、南平等。這些割據，有的稱帝，有的稱王，有的稱節度使，各據一方，擁兵自重。在這些割據政權中，北漢威脅最大。北漢國家面積雖不大，但有契丹人撐腰，並不容易對付。宋太祖趙匡胤與趙普商量之後，決定先對南方用兵。

就在這個時候，一個機會突然降臨。

建隆三年（九六二年）十月，割據湖南的武平節度使周行逢病逝，把湖南軍政大權交給十一歲的兒子周保權。周行逢的部下衡州刺史張文表聞訊後勃然大怒，原來張文表與周行逢乃是老戰友，曾經一起出生入死。他認為節度使之職，非自己莫屬，豈能聽一個小毛孩使喚呢？

張文表起兵反叛，揮師攻入潭州（湖南長沙）。周保權當即派遣大將楊師璠率兵討伐叛軍，並且向荊南節度使高保勖緊急求援。可是此時，割據荊南的高保勖卻病逝了，他的侄兒高繼沖繼承其位。

湖南、荊南的節度使先後去世，對趙匡胤來說，這是掃平這兩個地方勢力的大好時機。

建隆四年（九六三年），宋太祖任命山南東道節度使慕容延釗為湖南道行營都部署，樞密副使李處耘為都監，打著救援湖南的旗幟，出兵討伐張文表。

醉翁之意不在酒。

趙匡胤的真正目的，在於乘機奪取荊南與湖南。他派盧懷忠出使荊南，表面上是外交，實際上則是刺探荊南的虛實。盧懷忠從荊南回來後，向宋太祖報告：「高繼沖麾下控弦之士只有三萬人，荊南穀物收成尚好，但官吏橫徵暴斂，百姓窮困，其勢力已經一天不如一天了，取荊南易如反掌。」

這個情報相當重要，也促使趙匡胤下定收取荊南的決心。如何以最小的代價獲得最大成果呢？趙匡胤不愧是名將出身，他想起了三十六計的「假道伐虢」，便召見宰相范質等人，提出自己的戰略設想：「江陵（荊南首府）已是四分五裂，現在我們以平定張文表之亂為由，向他們借路出師，到時順手牽羊便可攻下荊南，有十足的把握。」大家都覺得這條計謀可行，於是皇帝把密令傳達給在前線督戰的樞密副使李處耘。

李處耘馬上派人前往荊南，向荊南節度使高繼沖提出借道通行的要求。高繼沖剛剛上台，年齡比較輕，政治經驗不足，把軍政大事都委託給孫光憲、梁廷嗣等人。對於宋朝軍隊借道通過的請求，荊南內部有不同看法。

把持大權的孫光憲說：「中原政權自周世宗時，已有一統天下的志向，如今趙宋興起，其氣魄規模較周世宗更為宏遠。如今宋朝興師討伐張文表，這就如同以山壓卵，湖南很快就會被平定了。依我的看法，不如早日以疆土歸附朝廷，這樣不僅荊楚可免於戰禍，諸位也可保全榮華富貴。」

然而並非所有人都是投降派，荊南兵馬副使李景威以屍諫的極端方式抗議孫光憲的主張，這讓高繼沖猶豫不決。然而，宋朝大軍卻馬不停蹄地向荊南挺進，行至距江陵百里的荊門，高繼沖只得先派遣心腹梁廷嗣以犒師為名，前去打探宋軍的真實意圖。李處耘熱情接待梁廷嗣，款待有加，並信誓旦旦地保證宋軍只是借道而已。梁廷嗣眉露喜色，派人快馬通報高繼沖。

豈料「兵者，詭道也」，李處耘完全是放煙幕彈罷了。

他把梁廷嗣挽留在兵營，自己則率數千精銳騎兵，夤夜疾行，第二天已出其不意地出現在江陵城外。高繼沖大驚失色，以為宋軍主力已殺到，手足無措，只得惶恐不安地出城相迎。其實李處耘只是打心理戰，否則以他區區數千人，怎麼攻得下江陵城呢？高繼沖自投羅網，李處耘留下一批部隊看守，等待主力部隊的到來，自己則率其他人馬入江陵城。眼看自己的首領被綁架了，江陵守軍豈敢輕舉妄動，只得乖乖投降。等到慕容延釗率大軍趕到時，江陵城已完全落入宋軍之手了。

緊接著，無可奈何的高繼沖宣佈荊南三州十七縣全部歸順大宋帝國。就這樣，李處耘以自己的智慧與狡詐，兵不血刃地平定荊南，為宋朝一統中國立下殊功。

宋朝大舉發兵，是打著平定湖南張文表叛亂的旗幟。就在李處耘智取荊南的同時，割據湖南的周保權政權已經成功地消滅了張文表。

但是宋軍並沒有止步的跡象，李處耘沒有在荊南駐足，而是調兵遣將，直逼周保權所在的朗州（湖南常德）。周保權憂心忡忡，召判官李觀象商討對策。李觀象直言道：「宋師以平亂為名出兵，如今張文表已誅，而宋師不還，必定是要盡取湖湘之地。荊南已滅，湖南也難以獨存，不如趁早歸順朝廷，也不失榮華富貴。」但這種投降言論同樣遭到軍方強硬派的強烈反對，周保權最後決定武力抗拒宋師進入朗州。

趙匡胤仍想不戰而屈人之兵，他派出一位特使抵達朗州，告訴周保權：「我派遣大軍拯救你等於危難之中，為何反而要抗拒王師？這豈非自取滅亡嗎？」這話說得實在夠厚黑，張文表從叛亂到滅亡，一個宋朝士兵都還未在前線露過臉呢。但是沒關係，欲加之罪，何患無辭！明擺著俺橫豎是要奪你地盤。

周保權當然不肯答應，宋太祖指示慕容延釗、李處耘，即刻發兵攻打朗州。湖南軍陳兵於三江口，與宋師大戰一場。慕容延釗挾平定荊南之威，兵多將廣，士氣如虹，一舉大破敵軍，攻佔岳州。

岳州失守後，周保權調派主戰派領袖、指揮使張崇富駐守澧州南。李處耘率軍擺開作戰的架式，戰還未開打，湖南兵先亂了陣腳，望風而逃。李處耘揮師北逐，追到一個山寨，名為敖山寨，這裡有一夥山賊，見宋軍人多，撒腿便跑，被俘甚眾。精於心理戰術的李處耘又想出一個頗為惡毒的招數，把數十名膘肥體壯的山賊殺了，讓士兵活生生地吃人肉。這可把其他山賊給嚇死了，其餘少壯山賊臉上被刺青後，李處耘下令放他們逃生。這夥年輕人個個嚇破膽，逃到武陵城，逢人便說宋朝士兵吃人肉的事情，武陵軍民也嚇壞了，個個棄城而逃。

此時湖南境內，已是風聲鶴唳，人心惶惶。

慕容延釗乘機發動攻勢，攻入朗州。周保權麾下大將張崇富在戰鬥中被宋軍俘虜後梟首示眾，周保權則躲到一處僧舍中。李處耘的部將田守奇展開撒網式搜捕，終於發現周保權的藏身之所，將他押回大營。周保權被俘，意味著湖南戰事的結束。湖南十四州、六十六縣悉數併入大宋帝國。

以前有光武帝劉秀「得隴望蜀」的故事，對宋太祖趙匡胤來說，則是得荊湖而望蜀。後蜀是盤踞西南的一大地方政權，西元九三四年由孟知祥所建立，孟知祥去世後，其子孟昶繼位。蜀地天府之國，宋太祖自然垂涎欲滴，早有奪取之心。荊南、湖南平定後，宋太祖把精明能幹的張暉調任為鳳州（陝西鳳縣東北）團練使，目的是收集後蜀的軍事情報。

張暉不負所望，通過種種手段，把後蜀的山川地勢險易摸得一清二楚，他把情報上交朝廷，並寫了一紙密奏，細述攻取後蜀的戰略方針。

對於大宋帝國的野心，後蜀當然也是心知肚明。

身為後蜀宰相，李昊預感大宋統一中國的日子不遠了，他對皇帝孟昶說：「依我的觀察，宋與前代漢（指後漢）、周（指後周）不同，天下亂了這麼久，所有人都厭倦戰爭了，能夠一統海內的，也只有宋了。我們不如及早向大宋進貢，這也不失為保全蜀地的長久之計。」也就是說，後蜀成為宋的藩國，仍可保持國家完整與獨立。

孟昶一想，反正只要能保這塊天府之國就行，就聽從李昊的建議，打算派使者向大宋進貢。然而，樞密院知事王昭遠力諫皇帝，說蜀地易守難攻，資源豐富，糧食充足，何必屈居人下呢？孟昶說到底當了三十年皇帝，面子還是要的，給王昭遠這麼一說，又把使者給撤回來了。不當宋的藩國，後蜀便積極備戰，預防宋師入侵。

一年過去了，轉眼間已是西元九六四年（宋乾德二年）。宋太祖趙匡胤並不是把後蜀給忘了，之所以遲遲未用兵，主要原因是北面遭到北漢與遼的牽制。這一年，宋在進攻北漢時，遼師救援，在石州打敗了宋軍。宋軍的失利，對後蜀來說，無疑是一大喜訊，向來自視甚高的後蜀樞密院知事王昭遠乘機遊說皇帝孟昶，聯合北漢，共同對付大宋帝國。

王昭遠經常把自己比作三國時的諸葛亮，他也想與這位前代名臣一樣建立偉大的勳業，其實兩人只有一個共同點，那就是所效力的國家都是蜀國。大家都知道，諸葛亮經常手持一把羽扇，王昭遠別出心裁地執一把鐵如意，自以為這樣更風流倜儻，更為瀟灑。其實王昭遠並沒有什麼實戰經驗，只會紙上談兵，說起來話來滔滔不絕。在他的慫恿下，蜀帝孟昶怦然心動，彷彿中原之地，已入自己的版圖。

孟昶派孫遇、趙彥濤等人喬裝打扮，打算穿過大宋地盤，進入北漢，把一封絕密信件交給北漢皇帝劉鈞。這封密信的大致內容是說，蜀國已經在宋邊界處增兵，約北漢共同出兵，夾擊宋國。出於保密，該信用帛書寫成後封裝在蠟丸之中。

可誰曾想到，這封蠟書竟成為後蜀滅亡的導火線。

問題出在使者趙彥濤身上。他與孫遇等人潛入大宋國境後，心裡盤計著以後蜀的實力，還幻想進攻大宋，豈非天方夜譚！於是他想，我何不以此蠟書，去博取些功名呢？這是可一不可再的機會呢。想到這裡，趙彥濤把蠟丸剖開，取得密信溜了，直奔開封城去。

當趙匡胤得到此密信後，欣然笑道：「現在我西取巴蜀，可謂師出有名了。」他派人把其他幾名蜀國密使抓起來，詳細詢問了蜀國的軍情及戍守要地，與之前張暉的報告相結合，繪製一張詳盡的軍事地圖。

該年十一月，朝廷任命忠武節度使王全斌為西川行營鳳州路都部署，與劉光義、曹彬等共率步騎六萬分路進討後蜀。臨行前，趙匡胤特別囑咐說：「所至勿得焚蕩廬舍，驅略吏民，開發丘墳，剪伐桑柘，違者以軍法從事。」

當後蜀皇帝得悉趙彥濤叛變的消息後，知道聯漢制宋的密謀已洩，不由得懊悔派錯了人選。事已至此，只得硬著頭皮抵抗宋師的進攻。自比諸葛亮的王昭遠並不把宋師入侵當回事，在他看來，憑自己的才華，打敗宋軍那只是小菜一碟。蜀帝孟昶再次犯下大錯，他把只會紙上談兵的王昭遠任命為西南行營都統，全權指揮前線作戰。在餞別宴上，王昭遠幾杯熱酒下肚，勁頭上來了，攘臂喊道：「此行何止是抵抗宋師，我只要率二三萬的健兒，奪取中原也是易如反掌罷了。」

吹牛也吹過了，那麼王昭遠本事究竟如何呢？

很不幸，蜀軍根本不是精銳宋師的對手。

伐蜀之戰的大幕已經拉開。

宋軍兵分兩路，一路從鳳州（陝西鳳縣）出發，由王全斌統率，以陸路行進；另一路則從歸州（湖北秭歸）出發，由劉光義統率，以水路行進。宋朝軍隊戰前準備充分，對敵人的軍事部署瞭若指掌，進攻目標十分明確。

先來看看北線戰事。

王全斌揮師攻後蜀，奪取興州，殲敵七千，並繳獲軍糧四十萬斛，旗開得勝。緊接著又攻破魚關、白水閣等二十幾寨。連吃敗仗後，後蜀大將韓保正退守西縣。宋馬軍都指揮使史延德率前鋒兵臨城下，韓保正見宋師來勢洶洶，不敢迎戰，只是固守。正所謂兩軍相逢勇者勝，蜀師心有怯意，豈能頑抗？史延德果斷發起進攻，大敗蜀軍，生擒韓保正，並奪得軍糧三十多萬斛。

面對戰場上的一系列失敗，後蜀軍隊不得不改變戰略，燒毀棧道，以阻止宋軍深入。唐朝大詩人李白曾經說過「蜀道難，難於上青天」，這也是後蜀自恃的資本，但是歷史證明，地形上的優勢，也難以抵擋外來的進攻。在歷史上，秦取巴蜀、東漢初期西南公孫述政權的敗亡、晉滅蜀等經驗都表明，蜀道雖難，人類可憑意志超越之。

棧道毀後，宋軍確定被遲滯了。但入蜀之路並非只有一條，還有一條通道稱為羅川路，只是這條路極為險要難行，這麼多部隊要穿越，難度更大。王全斌決定兵分兩路，一路走羅川路，另一路留下來修棧道。到了宋朝的時候，工程技術已非秦漢時可比，加上宋軍齊心協力，這條棧道很快便建成，兩路大軍在深渡順利會師。

後蜀軍隊顯然過於掉以輕心，他們不相信宋軍能這麼快克服障礙，故而疏於防備，居然連江上的橋也沒有拆毀。宋軍在夜晚發起突擊，奪取橋樑，大部隊連夜過河，蜀軍大駭，退守大漫天寨。無論是崇山峻嶺或大河，都無法阻止宋軍的步伐。王全斌兵分三路，夾擊大漫天寨，大破蜀軍，生擒蜀軍義州刺史王審超。

在前線坐鎮指揮的後蜀西南行營都統王昭遠屁股再也坐不住了，他仍然那麼瀟灑，手執鐵如意，親自指揮對宋作戰。可惜的是，他畢竟只是個會吹牛的傢伙，一亮相水準就看出來了，三戰皆敗。王全斌的大軍所向披靡，直挺進利州（四川廣元）。垂頭喪氣的王昭遠一路撤退，沿途拆毀江面浮橋，退保劍門。王全斌奪取利州，繳獲軍糧八十萬斛。

再看看東路軍的情況。

東路軍在劉光義、曹彬的指揮下，從歸州出師，以水路進擊，水師溯長江而上，連破蜀軍設在兩岸的松木、巫山等要塞，殲敵五千餘人，生擒蜀軍戰棹都指揮使（水軍司令）袁德宏，擄獲敵艦二百餘艘。

對後蜀皇帝孟昶來說，他對東部防線很有信心，因為蜀軍在夔州設有堅強的防禦陣地。為了預防宋師通過長江溯流攻擊，後蜀很早就開始營造夔州防線，在江面上拉起幾條巨大的鐵索，把巨大的浮木串起來，橫跨兩岸。試想，宋朝水師的戰船行進至此，如何突得過去呢？不僅如此，蜀軍在兩岸還配置大量的大型投石機，一旦宋水師遲滯於此地，巨大的石頭將從兩岸飛出，把江面上的戰船砸得稀巴爛。

可惜的是，夔州防禦的情況，早就被宋朝間諜打探得清清楚楚。早在出兵之前，宋太祖趙匡胤就密囑劉光義，當水師行進到夔州時，切莫在江面上爭戰，應當先暗地裡派出步兵、騎兵，從陸地發起攻擊，在陸上而不是在水上破壞其防禦線。趙匡胤不愧是名將出身，運籌帷幄之中，決勝千里之外。

劉光義謹記皇帝的囑咐，在舟師行進到了離蜀軍防線三十里時，停止前進，秘密登陸，派出步兵及騎兵突襲蜀軍陣地，摧毀投石機，並破壞了鐵索浮木。這次突襲十分成功，蜀軍精心構築的防線瞬間被突破了。此時劉光義、曹彬指揮舟師進攻夔州。蜀軍大敗，放棄州城，退守白帝城。宋師乘勝追擊，前鋒抵達白帝城西。

後蜀寧江節度使高彥儔認為：「宋師涉險而來，利在速戰速決，我們應該堅壁清野，持久抗戰。」可是監軍武守謙反對道：「敵人已經兵臨城下，必須堅決反擊。」武守謙不顧高彥儔的反對，自己私自帶了一千多人馬，出城與宋軍交鋒。劉光義抓住機會，縱兵迎擊，武守謙大敗，退回城內，宋師乘機登城，並很快殺入城內。此時高彥儔也回天乏力，他在與宋軍的巷戰中身受重傷，奔回自己的府第，縱火自焚而死。

這樣，宋軍在北線與東線均取得重大勝利，蜀國的局勢已是岌岌可危了。

又是新的一年。

這一年是宋乾德三年，後蜀廣政二十八年，西元九六五年。新春的到來，並沒有讓後蜀皇帝孟昶感到喜悅，相反，他的臉色陰沉沉的，比天上的烏雲還沉。他曾經相信王昭遠有諸葛亮那樣的蓋世才華，能力挽狂瀾，但沒想竟然損兵折將，有負皇恩。想來想去，還是自家人可靠，於是孟昶把太子元喆派往劍門，又招兵買馬，補充前線兵力的損失。

此時宋軍北線統帥王全斌在經過休整後，從利州直奔劍門。劍門乃是天險之地，一夫當關，萬夫莫敵，易守而難攻，何況蜀軍在此布下上萬名重兵。要如何攻克劍門呢？這是擺在王全斌面前的一道難題。此時，投降的蜀國士兵提供了一條非常重要的情報：有一條秘密小道可以通往劍門以南。

這個情報太有價值了。王全斌馬上派部將史延德率領一支軍隊，從小道直抄劍門後方。當宋軍出其不料地繞道出現在劍門以南時，在前線指揮作戰的王昭遠大吃一驚。此時太子元喆雖然被任命為元帥，但他尚未到達劍門，因而負責指揮的仍是王昭遠。王昭遠被迫分兵，自己率部退守漢原坡，把劍門的防務扔給了手下的將軍。

劍門雖是天險，但此刻兵力不足，王全斌嚴令宋軍猛攻，終於攻破劍門。緊接著，王全斌與史延德合力進攻漢原坡，王昭遠棄甲而逃。宋師經過一番掃蕩，完全佔據劍州。那位目空一切的蜀國大將王昭遠逃跑之後，藏身於民宅，但最終仍然被宋軍所俘，成為階下之囚。劍門之役，後蜀共損失了一萬多人馬，更要命的是，國都的大門已然洞開。

被任命為元帥的後蜀太子元喆也就是個聲色犬馬之人，劍門失守，他也負有很大責任。他從蜀都出發後，一路上不忘美女美酒，日夜嬉戲，全然不理會軍務。在他看來，能享受趕緊享受，好日子說不定馬上結束呢。當他行至綿州時，便傳來劍門失守的消息，馬上掉轉馬頭，逃回成都。一路逃，還一路放火，把老百姓的房舍、糧倉統統燒毀，想用這種三光政策來阻滯宋軍推進。

政府軍對自己的老百姓搞三光政策，豈能不激起民憤呢？太子狼狽逃回成都後，向皇帝孟昶報告，孟昶半晌說不出話來，只是囁囁地道：「計將安出？」

此時有一名老將站出來道：「宋軍遠道而來，肯定無法長久作戰，請陛下迅速集合各地部隊，堅守都城，等到宋師疲弊，自然會退兵。」六神無主的孟昶歎氣說：「父親與我據蜀四十年，老百姓豐衣足食，養了一大批士人，如今遭遇敵人，卻沒有人挺身而出，為我討伐東來之敵。就算我閉關面壁，又有幾人願意為我效死呢？」

皇帝都心灰意冷了，何談別人？

大宋北路軍攻克劍門後，所向無敵。與此同時，東路軍也捷報頻傳。奪取夔州後，劉光義、曹彬繼續溯江挺進。所過之處，蜀軍全無鬥志，萬州、施州、開州、忠州、遂州等刺史紛紛打開城門，舉白旗投降。當時宋朝軍隊還襲承五代風氣，每過一地，動不動就會發生屠戮事件。但是這種屠殺事件在東路軍中卻沒有發生，這歸功於曹彬，他不惜得罪諸將，力禁官兵屠殺無辜。

後蜀司空李昊早就預言，大宋將一統中國，如今敵人兵臨城下，硬拼肯定死路一條。一年前，他就勸孟昶向大宋進貢稱藩，只是受到王昭遠的阻撓未果。如今王昭遠已成宋軍的俘虜，朝中主戰派也沒有人敢挺身而出了。李昊便又勸孟昶，把國庫封存起來，向大宋投降。如今兩路宋軍節節逼近，孟昶也別無選擇了，遂寫了降表，差人遞交給了宋軍統帥王全斌。

從宋軍發兵到後蜀投降，總計只用了六十六天，大約兩個月的時間，伐蜀之役可謂是勢如破竹。至此，後蜀滅亡，全國共計四十六個州、二百四十座縣城以及五十三萬戶人口，全部歸於大宋。趙匡胤一統全國之路，又邁出重要一步。

然而，在孟昶投降後不久，蜀地爆發了大規模的叛亂。

叛亂發生的原因，與宋軍高級將領的惡行有直接的關係。

作為伐蜀總司令，王全斌僅僅用了兩個月便平定蜀國，可謂是一時之良將。然而，入成都後，王全斌及其他一些將領，「日夜宴飲，不恤軍務，縱部下擄掠子女貨財，蜀人苦之」。正直的東路軍副將曹彬屢屢建議班師回朝，但王全斌置之不理。

對於後蜀留下的龐大軍隊如何處置呢？宋太祖下詔，令蜀兵開赴京師，一方面是增加禁軍的力量；另一方面也預防發生蜀兵叛亂。這批蜀兵要從成都開到開封，當然得發給軍餉兵糧，宋太祖為了籠絡蜀人，下令多發錢糧。可是這一詔令的執行結果令人失望，王全斌等將領擅自克扣軍餉，還縱容自己的部隊阻撓、騷擾蜀兵。這些做法令蜀兵大為不滿，當不滿累積到一定程度時便爆發了。蜀兵行至綿州時，軍隊譁變，士兵們推舉蜀國舊將全師雄為統帥，佔據縣城，扯起復國的旗幟，號為「興國軍」。

由於王全斌所部軍隊軍紀極壞，蜀地軍民怨恨已久，興國軍興起後，人數迅速增長到了十萬人之多。鬧出這麼大的事，王全斌心裡也很不安，遂派馬軍都監朱光緒前往招撫叛軍。豈料朱光緒非但不是以招撫為手段，反而將叛軍首領全師雄的全家滅族，還把他的女兒強行納為小妾。悲劇傳來，全師雄咬牙切齒，悲憤萬分，發誓血戰到底，絕不投降宋朝。

全師雄率軍攻克彭州，作為根據地，自稱「興蜀大王」。與此同時，成都附近十座縣城同時起兵，積極回應興國軍。招撫已經是不可能了，只能以武力平定叛亂。王全斌立即遣部將崔彥進、高彥暉率兵鎮壓，分道討伐。在攻蜀一戰中戰無不勝的宋軍居然出師不利，不僅吃了敗仗，連高彥暉也被叛軍擊斃。此役大勝後，全師雄的聲勢愈發壯大，他出兵佔領劍閣，切斷成都與外界的聯繫，並沿江設立兵營，做好進攻成都的準備。在蜀地的四十六個州中，有十七個州追隨全師雄叛亂，蜀地的形勢愈發嚴峻。

此時的王全斌對戰局的惡化憂心忡忡。後蜀畢竟立國三十餘年，儘管蜀帝孟昶投降了，但軍民的國家觀念尚存，特別是一部分宋軍官兵的暴行很快激起民憤，越來越多的人擁護「興蜀大王」全師雄。由於參與叛亂的蜀軍官兵太多，為了預防類似事件的發生，王全斌下令把成都一帶的蜀兵遷到夾城內，解除武裝。

當時宋軍諸將（北路軍）力主殺掉蜀國士兵，以絕後患。這個建議實在太惡毒了，以至於副帥康延澤提出一個折中意見：釋放老弱殘兵七千人，其餘降兵則派一部分軍隊押送，沿水路押回大宋，若是遇到敵人進攻，再殺不遲。可是連這一提議，也遭到諸將的一致反對，本來要對付叛軍就兵力吃緊，哪能再分出一部分兵力押送戰俘呢？最後王全斌一咬牙，把蜀國降兵全部處死，共殺了兩萬七千人，犯下滔天戰爭罪行。

東路軍的軍紀略好於北路軍，這主要是曹彬的功勞。劉光義、曹彬率領水師與叛軍交戰，屢敗對手，全師雄的士氣稍稍受挫。然而當後蜀降兵遭到集體屠殺的消息傳出後，蜀國舊將呂翰在嘉州發動起義，與全師雄的部將劉澤會師後，攻破州城，殺死刺史、通判，部眾達到五萬人之多。曹彬趕緊回師，進攻嘉州。蜀叛軍人數雖眾，奈何戰鬥力不強，在宋軍的猛攻下，嘉州失守，呂翰退走雅州。曹彬緊咬不放，一路跟蹤追擊，大破叛軍，斬首數萬人。

另一位表現卓越的宋軍將領是康延澤，他被皇帝任命為普州刺史，募集一支四千人的部隊，經過一番苦戰後，擊破叛軍劉澤部三萬餘人。劉澤率部向康延澤投降，這對全師雄是一大打擊。

全師雄的起義持續了一年多。乾德四年（九六六年），宋太祖委任丁德裕為西川都檢巡使，領兵數千奔赴蜀地。王全斌也加大了對全師雄的清剿力度，在戰場上連戰連捷。到了該年十二月，全師雄病死，叛軍遂群龍無首。丁德裕、王全斌等分兵招撫叛軍，這場大規模的叛亂方才得以平定。

但是後蜀臣民仍然為堅持自己的權利而不屈不撓地鬥爭，他們改變鬥爭方式。第二年（九六七年），蜀人到皇城開封告御狀，控告王全斌等將領在蜀地豪取強奪的種種罪行。宋太祖下令把征蜀將領全部召回，深究王全斌等人貪污、逼反全師雄、殺蜀降兵二萬餘人之罪行。有關部門調查後，奏請皇帝，要求將王全斌等三名主要將領依法處死。宋太祖考慮到三人在討平後蜀時的功績，赦免其死刑，降級留用。懲罰雖然輕了點，但好歹給蜀人一個交代，也算安撫民心了。

南唐是盤踞在東南的一個地方割據政權。南唐建國於西元九三七年，開國皇帝是雄才大略的李昪。李昪去世後，其子李璟繼位，此時正好遇上如日中天的後周政權。周世宗柴榮對南唐發動大規模戰爭，此戰令南唐元氣大傷，盡失江北之地，同時被迫取消帝號，向後周稱臣。趙匡胤發動陳橋兵變建立大宋政權後不久，南唐國主李璟去世，繼位的便是在中國文學史上大名鼎鼎的南唐後主李煜。

李煜是很有才華的一個人，但他當國主卻是悲劇，非但是個人的悲劇，也是國家的悲劇。原因很簡單，他的才華乃是在文學上，而非政治軍事上。如果僅僅只是沒有政治才能，但兢兢業業、日理萬機也不失為一個好君主。可是李煜完全就是昏君一個，史書上說他「性驕侈，好聲色，又喜浮圖，為高談，不恤政事」，一眼望去，便是個亡國之君的樣子。

大家想想，當時大宋帝國連滅荊、湖、蜀等割據政權，南唐偏安一隅，難道後主李煜就沒有一點危機感嗎？

當然不是了，他也有危機感。

但他並不是勵精圖治、富國強兵，而是沉溺於佛學中，幻想著佛法無邊，幫他度過危機。他信到什麼地步呢？他甚至把國庫裡的錢掏出來，招募人削髮為僧，一時間滿大街都是和尚，國都的僧人就超過一萬人，而這些人的供給都由官府承擔，無疑令國家財政不堪重負。宋太祖趙匡胤知道李煜非常信佛，便耍了一個陰謀，挑選了一些精通佛法、口才又好的人，南渡到了南唐，忽悠李後主說他原本乃是一個佛的轉世。李後主居然信以為真，既然自己是佛，還犯得著擔心宋國入侵嗎？於是他的心思完全不放在治國守邊之上，遂令國家一天比一天糟糕。

正所謂上行下效，後主李煜崇佛，自然有一大堆人跟著吆喝。中書舍人張泊投其所好，每見後主，不談政事，只論佛法，結果很快便得到恩寵。其他大臣為了討國主歡心，也不吃肉食了，只吃蔬菜，持戒修佛。當然，也有一些人不信佛的，比如說中書舍人徐鉉，但這不等於他是務實派，他只是更偏好鬼神之說。

對李煜來說，他並沒有什麼大野心，只要能保住東南地盤不失即可。為此，他仍一如既往地向宋朝納貢。不過，既然是小弟弟，自然要為老大哥幫點忙。

宋太祖要求李煜這個小弟弟幫個小忙，讓他出面，說服南漢政權（盤踞兩廣）歸附宋朝。這個忙，小弟弟自然得幫，於是李煜寫信給了南漢皇帝劉鋹，勸他也向宋朝納貢稱臣。不想劉鋹大怒，給李煜寫了一封回信，罵了個狗血噴頭。灰頭土臉的李煜只得把這封信轉交到宋太祖手中，宋太祖決心對南漢用兵。

開寶三年（九七〇年），宋太祖遣大將潘美率領大軍南征。宋軍勢如破竹，連克賀州、昭州、韶州等地。次年，潘美再克英州、雄州，進逼廣州。劉鋹大為驚慌，他準備了十艘大船，滿載金銀財寶以及宮中妃嬪，打算逃往海外。豈料他還沒上船，這十艘船便離岸遠去了。怎麼回事呢？原來你皇帝要逃命，其他人就不逃命嗎？這時大家也顧不得你是皇帝了，把船給盜了，開走了。劉鋹走投無路，只得向潘美投降。

繼荊、湖、蜀後，南漢全境六十州、二百一十四縣併入大宋版圖。

南漢滅亡，李煜有兔死狐悲之歎，畢竟唇亡則齒冷。

大宋軍隊已經橫掃中南、西南、南方，地位東南的南唐已是風雨飄搖。雖然李煜仍然相信自己乃是一佛出世，可是現實卻不能不讓他有幾分膽戰。他思來想去，為了表示對大宋的效忠，決定把國號改了，不再使用「唐」的國號，而稱為「江南」。同時，他還自己降低了政府部門的規格，比如說，中書門下省改稱為左、右內史府，尚書省改為司會府，御史台改為司憲府。這一切，說白了，是討宋太祖的歡心。

在與大宋帝國的外交上，李煜小心謹慎，以藩臣之禮巴結宋太祖，可是他還是有一個底線的，這個底線，就是保持南唐的獨立。當了那麼多年的國主，他對奢侈的宮廷生活已經習慣了，要他放棄這些怎麼可能呢？

有一件事讓李煜感到惶惶不安：宋太祖要求他入朝。

一旦離開自己的老巢，去了大宋國都開封，那豈非羊入虎口？只要幾個壯漢就可以把他收拾了。他不敢去，找藉口推辭。到了這個時候，李煜開始想到有必要繕甲募兵，預防宋師入侵。

南唐雖然國力不如大宋，但幾代人的經營，使得這個國家文化頗為繁榮，人才也不少。宋太祖意欲一統全國，當然有覬覦南唐之野心，但他顧忌一個人——江南南都留守林仁肇。此人有本事，素有威名。在發兵攻打南唐之前，必須先除掉此人。宋太祖設計了一齣反間計，放出風聲，詐稱林仁肇欲投降大宋。李煜本是昏君一個，輕易上當，不分青紅皂白，處死林仁肇，為宋太祖除一心腹之患。

西元九七三年，宋太祖趙匡胤派遣翰林學士盧多遜出使南唐（江南）。

盧多遜此來別有深意，他對後主李煜說：「朝廷重修天下圖經，史館僅缺江東各州圖，願各求一本。」此言一出，李煜不得由怔住了。別看李煜是昏君，他文化修養極高，十分聰明，豈聽不出盧多遜言外之意嗎？地圖乃是重要的軍事情報，山川形勢，皆在其中。很顯然，盧多遜就是來收集情報的。大宋帝國之所以能在統一中國之戰中連戰連捷，一個重要原因就是非常注意軍事情報的搜羅。

盧多遜非常狡詐，李煜明知他的意圖，可是面對上國大使，不給也不行。李後主讓人繪了一幅複本，交給盧多遜，至於圖上有沒有做手腳，史書上沒寫。此時李後主已經可以確認一件事，大宋對南唐動武，那只是時間早晚的事。盧多遜回國後，立即向宋太祖報告說：「江東衰弱，可以削平。」

古代打仗講究一個師出有名，雖然宋太祖想吞併南唐，可是人家已經低聲下氣、納貢稱臣了，要如何出兵呢？其實找一個藉口並不難。第二年（九七四），宋太祖兩度派人出使南唐，召後主李煜入朝。其實他早就料定李煜肯定不敢來的，事實也是如此，而這正好給了他出兵的理由。

在伐蜀之戰中表現卓越的曹彬被任命為伐南唐軍總指揮，臨行走，宋太祖特別交代說：「南方之事，一以委卿，切勿暴掠生民。務廣威信，使自歸順，不須急擊。」當年王全斌在蜀地殺降的暴行，令宋軍形象大為受損，宋太祖希望仁厚的曹彬能挽回宋師的聲譽。

曹彬是宋初一位優秀的將領，他從蘄陽發兵，攻入南唐，首戰擊破峽口寨，殺敵八百餘人。南唐池州守將望風而逃，宋軍兵不血刃，佔領池州。戰爭爆發後，擅於寫詩的後主李煜把勝利的希望寄託在水師上，然而在緊接的銅陵之戰中，南唐水師大敗，戰艦被曹彬繳獲二百餘艘，士兵被俘八百餘人。

宋軍乘勝而下，連下蕪湖、當塗，屯兵於采石磯。采石磯是金陵的西南門戶，後主李煜當然知道其戰略價值，遂派兩萬兵馬阻敵。然而南唐軍隊的戰鬥力實在不能讓人恭維，曹彬在采石磯大敗南唐軍，俘虜南唐馬步軍副都署楊收、兵馬都監孫震等。

對於南唐來說，長江天險是其固守的根本。

為此，李煜派鄭彥華率水師一萬人，杜真率陸師一萬人，共同抵禦宋朝軍隊渡江。然而，李煜卻萬萬沒有想到，宋朝軍隊並非用戰船強行渡江，而是採用了一種十分冒險的方法：架設浮橋。在寬廣的江面上架設浮橋，這有可能嗎？

當時李煜聽到曹彬架浮橋的消息時，笑道：「此兒戲耳。」

然而他錯了。

宋太祖為了征伐南唐，早就派人秘密研究在寬廣江面搭設浮橋的方法，並且已經試驗成功。曹彬用了三天的時間，用巨纜把大船與竹排繫在一起，建起一座巨大的浮橋，飛跨長江，整個浮橋設計尺寸計算完美，不差分毫。大軍從浮橋過江，如履平地。

南唐軍隊的反應能力低下，待宋軍過了河後，方才如夢初醒。鄭彥華的水師與杜真的陸師與宋軍交上手，但這兩名南唐將領在臨戰關頭，卻不能協同作戰。鄭彥華率水師官兵與宋軍鏖戰，杜真卻按兵不動，致使南唐水師大敗。

此時的李煜有大禍臨頭之恐，下令金陵全城戒嚴，以圖固守。然而曹彬的軍隊仍節節進逼，先後在白鷺洲、新林港口，已兵臨金陵城下。

金陵約有水陸軍計十萬人，要奪下金陵，顯然不是容易的事。為了給李煜施加壓力，宋軍除陳兵於金陵城外，還在多個方向打擊南唐軍隊。在宋朝的授意下，吳越國進攻常州，牽制南唐的兵力。同時，黃州刺史王明在西線發動攻勢，渡江進攻武昌，並打敗南唐守軍。這些軍事行動有力地配合了曹彬對金陵的圍攻。

宋開寶八年（九七五年），金陵之役拉開戰幕。

對宋軍來說，南唐水軍的威脅是很大的，南方人善舟楫，在水戰中比中原人要強。為了削弱南唐水師的力量，曹彬派部將李漢瓊率部渡淮南，進攻設在這裡的南唐水寨。李漢瓊用大船裝滿葦草，順著風向縱火，駛向水寨，在風的作用下，火勢迅猛，迅速把淮南水寨變成一片火海，大量的戰船被摧毀。這一偷襲，令南唐水師遭到重創。

此時曹彬大軍已進抵秦淮，遠眺南唐軍隊的陣地。南唐十餘萬軍隊駐守於城外，背靠金陵城，顯然李煜並不想讓隆隆戰鼓聲影響自己的花天酒地。南唐軍這種佈陣，沒有堅固城牆的保護，給了宋軍擊破的機會。副帥潘美自告奮勇，率自己的部隊渡江，果斷地發動進攻，曹彬大軍隨後開進，大破南唐軍。

為了化被動為主動，南唐軍隊策劃了一個作戰方案，打算動用一支水師，溯江而上，進攻宋軍搭設在采石磯的浮橋，只要破壞了浮橋，宋軍戰船不足，大軍的退路就會被切斷，到時糧草不足，不戰則自亂。可以說，這個戰略頗為高明，只是被曹彬所識破。曹彬馬上派潘美截擊南唐水師，又一次大獲全勝，粉碎了南唐的計畫。

金陵圍城戰持續了十個月之久。

南唐之所以能堅持這麼久，一是因為實力不弱，二則是曹彬有意控制攻城節奏，意圖以最小的代價取得最大的戰果。這場戰爭令南唐國力疲敝，後主李煜把希望寄託在外地援兵上。

南唐將領朱全贇在湖口集結了一支大軍，號稱十五萬，其實沒那麼多人。為了增援金陵，朱全贇修建了巨大的戰艦，長百餘丈，大者可容納千人。這支水師從湖口順流而下，打算攻擊宋師在采石磯的浮橋。

可是朱全贇運氣著實很差，時值長江枯水期，在一些河段，水面乾涸，而戰船太大反倒成了麻煩，沒法開動。南唐水師在江面遲滯，令宋師有機會從容佈陣應戰。當朱全贇的艦隊開到皖口時，宋軍行營步兵指揮使劉遇在江面阻擊。水戰本是南唐軍隊的強項，當時宋軍在北，南唐軍在南，擅長水戰的朱全贇採用火攻戰術，縱火焚燒宋船。眼看著勝利在望時，一件令人意想不到的事發生了。

風向突然大變，颳起強烈的北風，南唐艦隊反而在下風向，火焰倒撲，燒向南唐戰船。為了避開火勢，南唐艦隊大亂，紛紛後撤，主將也控制不了。宋軍乘機反撲，反敗為勝，南唐艦隊指揮官朱全贇眼看前功盡棄，索性與座船同歸於盡，被烈焰吞噬了。

此役，南唐水師損失數萬人，更要命的是，援救金陵的計畫破產了。

李煜最後的希望破滅了。

但他畢竟是一國之主，性格又清高，不願意投降。曹彬多次派人告誡李煜說：「城必破矣，宜早為之所。」但李後主不聽。事已至此，曹彬決定發動最後的總攻。

可是就在宋軍即將發動總攻之前，主帥曹彬卻忽然稱病了。

諸將趕緊前來探望，豈料曹大帥身體根本無恙，只是有一塊心病。曹彬對諸將說：「我這病，不是開藥方能治好的。只要諸位在這裡立個誓言，攻破金陵後，不得妄殺一人，那我的病就痊癒了。」原來曹大帥擔心出現征蜀時殘殺無辜的慘劇，故而特地演了這麼一齣戲給大家看。諸將紛紛表示，絕不妄殺一人，並與主帥焚香立誓。這麼一來，曹彬的「病」好了，可以發動總攻了。

此時金陵城內已是物資匱乏，士氣低落，加上援軍被消滅的消息傳來，將士全無鬥志。金陵城終於被攻破了，李後主神情木訥，他不知道等待自己的將是怎樣的命運。他讓人在宮殿裡堆滿了木柴，若是曹彬不接受他投降，就舉火自焚。

作為一位君主，作為一名藝術家，李煜還是要活得有尊嚴。

曹彬並沒有為難李後主。他進城後，約束軍紀，不殺無辜，很快金陵城內就恢復了秩序。宋軍以往常見的打家劫舍的現象並沒有出現，包括李後主以及南唐諸臣的家都沒有遭到洗劫。對於亡國之君，曹彬也表現出大將風度，並無不敬之處。曹大帥親自領著軍隊，整整齊齊地抵達宮城，李煜與眾臣在宮門處迎拜，奉表納降。曹彬對李後主道：「介冑在身，拜不敢答。」算是十分客氣了。

受降結束後，曹彬留下一千人守住宮門，嚴禁外人擅入。

伐南唐之役前後歷時一年，南唐的歷史被終結，十九州一百零八縣劃入大宋領土。

作為亡國之君，李煜在政治上是蹩腳的，但在文學藝術上，他則是才華橫溢。他能書善畫，精通音律，在詩詞上的成就特別高，成為中國歷史上最傑出的詞人之一。南唐滅亡後，李煜雖然沒被處死，但是從君主到俘虜，心理上的落差之大，可想而知。宋太祖拜他為左千牛衛將軍，封違命侯。這個封侯，明顯帶有貶意。

在半囚徒的最後日子裡，他寫了不少詞章，其中最著名的當屬《虞美人》。

「春花秋月何時了，往事知多少？小樓昨夜又東風，故國不堪回首月明中。雕欄玉砌應猶在，只是朱顏改。問君能有幾多愁，恰似一江春水向東流。」正是亡國之痛，才能寫下如此傳誦千古的詞篇。

回首自己身為帝王時的春花秋月，回想王宮中的雕欄玉砌，再看看如今的自己，被囚禁於小樓，彷若隔世。想到這裡，怎麼能不滿腹憂傷哀愁呢，那愁啊，就像一江春水，綿綿不絕。

在李煜寫下這首詞時，宋太祖趙匡胤已經去世，宋太宗趙炅在氣量上顯然不如哥哥，他見了這篇詞後，非常不高興。一個亡國之君，能保全性命，這已是朝廷莫大的恩賜了，還牢騷這麼多，莫不成想造反嗎？宋太宗不能容忍有這樣的臣子，他送了一杯毒酒給李煜，這位南唐後主終於解脫了。

在臨行前的那刻，他是否在恍恍惚惚中，又回到了繁華的金陵，與愛妾們在富麗堂皇的宮殿裡舉頭望月，飲酒作詩呢？

五、鎩羽而歸：啃不下的硬骨頭

新興的大宋政權在南方作戰如秋風掃落葉，無往而不利，可是在北線卻屢遭挫折，每每鎩羽而歸。

北漢開國皇帝劉崇乃是後漢高祖劉知遠的弟弟。西元九五一年，郭威發動兵變，顛覆後漢政權，建立後周政權。時任後漢河東節度使的劉崇據河東十二州稱帝，建立北漢，這也是「十國」中唯一位於北方的地方政權。北漢自開國始，與後周就勢不兩立，形同水火。但北漢地狹民貧，如何與後周相抗衡呢？劉崇不得不結交遼國，以為後援，並奉遼國皇帝為叔皇帝。劉崇去世後，劉鈞繼位，他更誇張，尊遼帝為父皇帝，自己當個兒皇帝。

陳橋兵變發生後，北漢皇帝劉鈞乘宋政權根基未固，率部入侵河西。對劉鈞來說，這是渾水摸魚的良機，他毫不遲疑地出兵支持李筠的反宋。可是大宋帝國沒有給劉鈞機會，李筠的叛亂很快被鎮壓了，劉鈞只得悻悻退兵。

在接下去的幾年裡，北漢軍隊頻頻擾邊，成為大宋帝國北部之患。

宋太祖趙匡胤巴不得早日擺平北漢，以宋的實力，北漢當然不是對手，可問題是劉鈞有契丹人在後面撐腰。若是與北漢開戰，就意味著與強大的遼國開戰，這就不能不慎重了。

大家想想，北漢原本是個地瘠民貧的國家，又窮兵黷武，財力上怎麼支撐得住呢？結交契丹人是有代價的，每年都要向遼國輸送大量的金銀財寶，因而國家一天比一天貧窮，連朝廷的花銷都捉襟見肘了。正是在這種背景下，大宋帝國開始對北漢發動有限攻勢。

西元九六四年，宋昭義節度使李繼勳率部進攻北漢遼州，遼州刺史杜延滔舉城投降。北漢皇帝劉鈞緊急向遼國求援，遼國派西南招討使耶律撻烈率六萬騎兵入援北漢。說起這個耶律撻烈，也算是遼國一位出類拔萃的人物，他善於用兵，賞罰分明，深得士卒擁護。耶律撻烈揮師入北漢，在石州與李繼勳交手，宋軍敵不過強大的遼軍，落荒而逃。

四年後（九六八年），北漢皇帝劉鈞去世，養子劉繼恩繼位。

宋太祖趙匡胤敏銳地意識到北漢政局將有動盪，想藉此時機掃平北方。他派盧懷忠等人領兵屯駐於潞州，並委任李繼勳為河東行營前軍都部署，一時間北方戰爭烏雲密佈。果不出宋太祖所料，北漢很快爆發政變，皇帝劉繼恩被殺，其弟劉繼元繼位。宋師果斷抓住機會，越過邊界，宋漢戰爭再次爆發。

北漢新主劉繼元只得快馬向遼國求援，同時派軍隊迎擊宋軍。宋將李繼勳的先鋒部隊首戰告捷，陣斬兩千餘人，奪取汾河大橋，兵臨太原城下。劉繼元大驚，又遣大將郭守斌出戰，郭守斌中箭負傷，逃回城內。到這個時候，劉繼元只能把所有希望寄託在契丹人身上了。

契丹人當然不能坐視北漢滅亡，耶律撻烈再次臨危受命，以兵馬總管的身分，統領各路人馬入援北漢。李繼勳曾經是耶律撻烈的手下敗將，曉得此人厲害，不敢戀戰，撤去對太原的包圍，撤回國內。史書上稱，「河東（北漢）單弱，不為宋所併者，撻烈有力焉。」耶律撻烈成了北漢的救星。

宋軍撤退後，北漢仗著契丹人相助，狐假虎威，不僅收復失地，還入侵宋地，大掠晉州、絳州。

小小的北漢，膽敢如此猖狂！宋太祖趙匡胤憤怒了。

他決定御駕親征北漢。

皇帝一生氣，全國軍隊馬上進入緊急動員狀態。

西元九六九年（開寶二年），新年伊始，殿中侍御史李瑩等人奉詔前往各州，徵集糧草及其他物資，調往前線。同時，皇帝還發佈詔令，發諸道兵屯駐於潞州、晉州、磁州等。

二月，宋將曹彬、党進率先頭部隊出發，向北漢進軍。

緊接著，宋太祖下詔御駕親征。曾經兩度北伐的李繼勛仍然擔任河東行營前軍都部署，趙贊為馬步軍都虞侯，各自率自己的部隊開赴前線。宋太祖料定契丹必將出兵援救北漢，遂以韓重贇為北面都部署，密切關注契丹人的動向。

就在宋朝軍隊磨刀霍霍時，一個好消息傳來了：契丹國主遼穆宗遇刺身亡。原來遼穆宗乃是一個殘暴之人，嗜酒好殺，喜怒無常。他的近侍奴僕終日惶惶不安，唯恐哪裡觸犯國君，便稀里糊塗成為刀下之鬼了。人都有求生的本能，奴僕亦然。某一日，遼穆宗喝醉了回到行宮，幾名近侍奴僕鋌而走險，將其刺死。遼國突發如此變局，對大宋遠征軍十分有利，若能以迅雷不及掩耳之勢奪取北漢，契丹人必定難以及時救援。

出乎宋太祖意料的是，北漢抵抗意志之堅強，要遠遠超過他的判斷。

北漢國主劉繼元派遣大將劉繼業、馮進珂率兵駐屯於軍事要地團柏谷，這也是通往太原的門戶。說到北漢大將劉繼業，很多人可能搖搖頭，沒聽說過此人，可是倘若說起他的另一大名，大家就如雷貫耳了。他就是大名鼎鼎、名垂青史的楊家將第一代名將、楊令公楊繼業。日後他成了北宋的一員名將，但如今他卻是北漢的將領，正與宋軍浴血廝殺。

劉繼業深知宋軍實力強大，遂派衛隊指揮使陳廷山領著數百名騎兵，來回偵察巡邏。李繼勛的大軍殺到團柏谷後，陳廷山非但沒有把重要軍情向劉繼業彙報，反而帶著自己的人馬投降了。負責情報收集的將領都投降了，北漢在團柏谷的軍事部署毫無秘密可言。在這種情況下，劉繼業選擇了保全實力，撤往晉陽。北漢皇帝劉繼元一怒之下，把劉繼業的兵權給奪了。

李繼勛突破團柏谷後，進逼太原城。不久後，宋太祖趙匡胤親臨太原前線。宋軍對太原發動了一個月的進攻，卻進展緩慢。

當時有人對宋太祖建議說，應該增調軍隊，加大攻城力度。宋太祖尚未回答，只見旁邊閃出一人道：「陛下自有數千萬兵在左右，為何不用呢？」趙匡胤定睛一看，原來是左神武統軍陳承昭。陳承昭的話令宋太祖有幾分不解，能上戰場的兵都用上，哪來的千軍萬馬呢？陳承昭笑著用馬鞭指向汾水，宋太祖望著滾滾河水，會心一笑。

很快，在太原城東南方，一座人工長壩建了起來，攔截汾河水。待水位高時，決堤灌城。汾水灌進太原，給太原軍民的生活及防禦帶來了很大的困難，一邊要與宋軍作戰，一邊要在城裡抗洪救災。與此同時，宋軍加大周邊進攻，李繼勛攻城南，趙贊攻城西，曹彬攻城北，党進攻城東。

危在旦夕的太原城並沒有淪陷，守城軍隊以積極出擊代替消極防禦。特別是北漢悍將劉繼業，儘管被降職，可是在太原保衛戰中，他表現相當出色，多次領兵偷襲宋軍陣地。但是，倘若無外援，北漢將面臨滅頂之災。

契丹人反應遲緩，原因在於國內政局動盪。

遼穆宗意外被刺身亡後，遼人擁立耶律賢為皇帝，是為遼景宗。遼景宗乃是遼國歷史上頗有作為的名君，他上台後，廢除了穆宗的一些苛政，提拔一批賢才，鞏固了自己的權勢。此時遼國尚無法全力以赴救援北漢，在太原被圍兩個月後，才派出一支實力並不算強大的軍隊救援，但遭到宋軍伏擊，損失一千人。緊接著，遼國從定州方向入侵大宋，試圖以此牽制在北漢作戰的宋軍主力。然而這一企圖又以失敗告終，早有防備的韓重贇在嘉山設伏，大破遼軍。

宋太祖知道，遼國是不會善罷甘休的，必須要盡快拿下太原。

皇帝親自出馬指揮作戰，要是不能攻克，這臉面可不好擱啊。此時已是農曆五月，正是盛夏時節，也是河流的豐水期。若是此刻再決河淹城，威力更加巨大。於是宋太祖親自選址，在太原城北處建壩截流後，將水灌入太原。同時，水軍從城東南方向發動強攻。戰鬥打得極其慘烈，宋軍的進攻遭到頑強的阻擊，損失慘重。馬步軍都軍頭王廷義在戰鬥中被流矢射中腦袋斃命，殿前都指揮使都虞侯石漢卿中箭後落水溺死，高級將領傷亡尚且這麼大，士卒的傷亡更不必說了。

當時太原城的情況是這樣的，城南受洪災最嚴重，外城基本被淹，內城也開始進水，民心恐慌。北漢守軍想方設法要堵住入水口，可是宋軍發射密集的箭雨，破壞守軍的搶修。最後令太原城得以生存的原因，竟然是漂浮著的水草，這些水草積在城門入水口處，累積多了，居然把入水口也堵塞了。

時間已是閏五月，宋軍陳兵於太原城下已歷時五個月，能想的招數都用上，連引水灌城都灌了兩次，可是太原城還巋然聳立。太原一帶成了一片汪洋之地，守城者固然十分吃力，攻城者也不輕鬆。雨季來臨了，宋軍駐紮城外草地上，泥濘不堪，衛生條件惡化，上吐下瀉的病症開始增多。

更糟糕的是，契丹的生力軍出現了。

契丹國內政權平穩過渡，遼景宗終於可以騰出手，大舉出兵救援北漢了。遼北院大王烏珍率領精銳騎兵晝夜兼程，兵鋒已抵太原西。遼軍一路前來，人疲馬困，也沒有氣力馬上投入戰鬥。統帥烏珍要求士兵們擂鼓、點火把、造聲勢，給太原守軍壯膽助威。眼看援軍到來，北漢士兵頓時看到了希望，更加堅定守城的決心。

宋太祖趙匡胤面臨戰或不戰的選擇。若是選擇戰，那麼勝算幾何呢？宋軍已經作戰半年之久，不僅戰鬥傷亡大，非戰鬥減員也不少，這種情況下與精銳遼師相遇，恐怕相當不利。那麼撤退又如何？撤退固然不失為明智之選擇，只是皇帝親征，關乎國家朝廷形象，撤退未免面子上過不去。

但大宋是有人才的，太常博士李光贊先拍了皇帝一通馬屁：「陛下戰無不勝，謀無不臧，四方恃險之邦，僭竊帝王之號者，今與陛下為臣矣。蕞爾晉陽，豈須親討？」這是維護了皇帝的威嚴，保全其顏面。那麼要如何打垮北漢呢？李光贊認為只須打經濟戰，派支軍隊屯兵上黨，「夏取其麥，秋取其禾」，就足以拖垮這個貧瘠之國了。

趙匡胤聽了這一番話後，自然喜上眉梢，又詢問宰相趙普，趙普同意李光贊的見解。於是宋朝大軍從太原撤兵，班師回國。

北漢這根硬骨頭，宋太祖終於沒能啃動。

然而對北漢的幾番攻擊，並非一無所獲。

在宋軍的凌厲攻勢下，北漢軍事力量遭到重創，國家亦損失嚴重，這對貧瘠的北漢政權來說，無疑難以承受。北漢仰賴遼國的支援而自保，但這種支援並非無條件，而是每年都要向遼國進貢大量錢財，使得國用日蹙，入不敷出。大宋天子御駕親征，雖然沒能將北漢從地圖上抹去，卻也釜底抽薪，把北漢境內的居民大量內遷到山東、河南一帶。北漢的國勢，從此一天不如一天了。七年後，即西元九七六年（宋開寶九年），此時大宋帝國已平定南漢、南唐，北漢還能堅持多久呢？

這年八月，宋太祖再度對北漢發起大規模的進攻。當然，這次皇帝並沒有親征，而是派侍衛馬步軍指揮使党進為統帥，下轄潘美等將領，兵分五路，討伐北漢。此時北漢的軍事力量，比七年前還不如，在宋軍的節節進逼下，只有招架之功，全無還手之力。党進的軍隊很快逼近太原城，並大敗北漢軍。北漢皇帝劉繼元只得祭出法寶：向遼國求援。

遼國的救援相當迅速。九月，南府宰相耶律沙率遼師入援。

大宋帝國布武天下，取荊湖、滅後蜀、亡南漢、定江南，何等偉大的事業，何懼契丹人呢？橫掃天下的宋太祖，是鐵了一條心，非要蕩平北漢不可，這就是一個帝王雄霸天下的胸襟。

眼看一場惡戰就要打響了。

可是天空電閃雷鳴，暴雨卻沒有落下來。大戰最後沒打起來，宋軍撤退了。撤退，不是因為害怕契丹人，而是皇城傳來了令人震驚的消息：太祖皇帝駕崩了！

武藝高強、一向身體強壯的趙匡胤，竟然在某個風雪交加的夜晚一命嗚呼，而且事前沒有任何徵兆。宋太祖之死，成了宋朝乃至中國古代史上最難解開的謎團之一，他究竟是自然死亡呢？還是死於政治謀殺？

讓我們回到一千多年前的那個夜晚，來看看這一晚上，究竟發生了什麼事。

六、燭影斧聲：宋太祖死亡之謎

宋朝的史料，較前代豐富，史事記載也十分詳細。可是在宋太祖離奇死亡這件事上，官方的史書卻輕描淡寫，令人懷疑史官企圖在隱瞞著什麼。

我們且來看看《宋史・太祖本紀》上簡略的記載：「癸丑夕，帝崩於萬歲殿，年五十，殯於殿西階。」這簡直只是流水帳，不要忘了在封建王朝，皇帝的死亡是大到不能再大的事情了，何況宋太祖的死因，官方也無意說明。為什麼要遮遮掩掩呢？究竟是誰想要塵封這段歷史呢？揭開這段歷史，將會引起怎樣的動盪呢？

那一晚，皇宮高牆深院內，到底發生什麼事，恐怕無人知曉──除了一個人外，此人便是趙匡胤的弟弟趙光義。

我們把日曆回撥到宋朝開寶九年（九七六年）的十月二十日。

在那晚離奇事件發生之前，沒有人覺得這一天有什麼特別之處。稍稍令人感到意外的，只是天氣變化得太快了。這一天晚上，夜空晴朗，星光閃爍，皇帝趙匡胤登上太清閣，四處張望，似乎心事重重。忽然間起風了，陰霾四起，天氣陡變，雪風驟然飄落，還夾雜著些許的冰雹。

沒有人知道皇帝在想些什麼，但天氣突變顯然讓他不舒服，他下了太清閣，進了萬歲殿。雖說已是夜晚，天氣又寒冷，趙匡胤似乎全無睡意，也沒有哪個后妃娘娘相陪。此時他突然下旨：傳晉王趙光義入宮。

趙光義是皇帝趙匡胤的親弟弟，原來名趙匡義，但是封建帝王家有一種避諱的傳統，皇帝叫「匡胤」，這兩個字，別人就用不得，得改才行，於是趙匡義變成了趙光義。趙光義是陳橋兵變的參與者，可以說，哥哥當皇帝，他也有一份功勞的。宋太祖對這個弟弟也十分器重，先後讓他擔任殿前都虞侯、恭寧軍節度使、開封尹兼中書令，封為晉王。

皇帝召弟弟來做什麼呢？喝酒！宋太祖擺了酒席，哥倆「酌酒對飲」。

可是這裡有讓人納悶狐疑之事。其一，要喝酒解悶，宮裡有的是人陪，犯得著在一個風雪陰霾之夜把弟弟召進宮嗎？其二，皇帝讓太監、宮女全部退出去，偌大的殿裡，只有他與弟弟趙光義兩個人。若只為喝酒何必這樣呢，皇帝一定是要向皇弟說些話，而這些話，是不允許被第三者知道的。

那麼趙匡胤與趙光義兩人究竟密談了什麼呢？除了他們二人之外，沒有人知曉了。

那一夜皇宮內的情形，北宋僧人文瑩在《續湘山野錄》一書中有所體現，這大概是皇宮太監們在那一晚所見所聞的記錄了。

當時雪花紛飛，風聲呼呼，太監們遠望著皇帝寢殿內燭火搖曳，兩個人影被燭光投射在門窗上，也隨著燭火抖動著。他們看到了晉王趙光義的身影有幾次起身離席，而後又坐了回去。

到了三更時分（夜十一點到一點），雪還在下著，殿前的積雪已有數寸了。皇帝的酒終於喝完了，殿門打開了，只看到他手持一把柱斧，在雪地上戳了幾下，然後回頭對弟弟說了一句莫名其妙的話：「好做！好做！」說完後，晉王趙光義告辭離開，皇帝回到寢殿，解了衣服，倒頭便睡，不一會兒時間，就鼾聲如雷了。

看上去一切都很正常。

皇帝喝多熟睡了，太監們當然不敢馬上去把他吵醒。就這樣，到了四更天（一點至三點）時，快接近五更天了，看來皇帝也睡了有兩三個小時了，這時聽不到呼嚕聲了。幾個太監這才躡手躡腳走進去，擔心皇上著涼了。可是他們全都嚇傻了，這時的皇上全身冰涼，沒有氣息，已經駕崩了！

喝幾杯酒就給喝死了嗎？會不會是心臟病突發？或者腦溢血？可是要知道皇帝的身體一直是很強壯的，況且就算突發性疾病，也很少有人一聲沒吭就死了。如果不是自然死亡，那會是怎麼死的呢？這一疑問令人不寒而慄，因為最後一個見到皇帝的人，正是晉王趙光義！難道皇帝竟然是給弟弟害死的嗎？

太監們可以作證，在晉王趙光義離開後，皇帝還沒有死。

可是即便趙光義有不在場的證明，仍然是最大的嫌疑人。倘若他偷偷在哥哥的酒裡下了毒藥，那麼致命的毒性在一兩個時辰後發作奪去皇帝的性命，這種可能性仍然是存在的。有人會站出來反駁了：晉王趙光義是被召入宮，怎麼可能會預謀去毒殺皇帝呢？以犯罪心理學來說，他有什麼動機，有什麼理由作案呢？

在歷史上，認為趙匡胤乃是死於趙光義之手的大有人在。我們且來做一個假設性的分析，假定晉王是殺害皇兄的凶手，那麼他為什麼要殺兄，又為什麼要選擇在這一晚動手呢？

這裡有一個非常關鍵的問題：趙匡胤與趙光義到底在密談什麼呢？顯然這件事是非常機密的，所以沒有第三者在場。這一晚後，趙匡胤死了，趙光義成為皇帝，他也用不著向別人解釋談話內容。因此，寢殿密談的內容永遠也不為人所知了。

可是有兩個細節一定要引起注意，一個是「燭影」，一個是「斧聲」。這是殿外之人唯一能看到的兩個特別的細節，特別在什麼地方呢？

首先看看「燭影」。遠看過去，隱約看到的情況，是晉王趙光義在喝酒過程中，有幾次避席的舉動。避席有何含義呢？如果是權位高的人避席，是一種尊重的表示；如果是權位低的人避席，則是一種謝罪的表示。晉王數次避席，是不是意味著皇帝對他的嚴厲批評呢？

其次再說說「斧聲」。皇帝以柱斧戳雪，這把柱斧哪裡來的呢？皇宮大院之內，有可能在大殿門口放一把斧頭嗎？這不可能，如果這樣，豈非是方便刺客刺殺皇帝嗎？因此，這把斧頭，一定是在大殿裡的，而且趙匡胤把它取下來了。那麼我們再分析一下，趙匡胤扛著一把斧頭，就是為了戳幾下雪地嗎？他如此童心未泯嗎？顯然不可能。只能說，他在殿裡時就已經把斧頭操在手上，出殿時順便帶出來罷了。喝酒用得著斧頭嗎？斧頭可是殺人利器啊。趙匡胤喝酒時操著一把斧頭，是不是動了殺心呢？

如果皇帝對弟弟動了殺心，那只有一個理由：弟弟想奪權當皇帝！如果晉王趙光義非要在這一晚毒殺哥哥，那也只有一個理由：自己的秘密已經被哥哥知道，哥哥不死，他永無出頭之日。

皇位的誘惑太大了，也正因為如此，五代時期中原政權十幾個皇帝，有一半死於非命，且多死於政變。為了皇帝，子弒父、弟殺兄的事情都發生過，這在那個年代只算是尋常事。那麼晉王趙光義是否想當皇帝？這個答案是肯定的。自從他擔任開封尹後，便大量培植黨羽，結交朝中文武官員，其勢力可謂是根深葉茂。宋太祖三十三歲就當皇帝，至今五十歲，仍是年富力強，出於謹慎，他一直未立太子，這也給了趙光義更多的機會。

我沿著這個思路，做一個大膽的假設，情景重播如下：

皇帝趙匡胤得悉了弟弟趙光義企圖當皇帝的陰謀，或者是想通過政變，或者是想要手段成為皇位接班人。皇帝對這個消息感到十分沮喪，那一晚風雪交加，他愁緒難滅，決定召弟弟前來，把話攤開來說。趙光義知道陰謀洩露，此去凶多吉少，遂攜帶毒藥前去。寢殿之上，別無他人，只兄弟倆談話。皇帝嚴厲呵斥，晉王多次避席謝罪，曾有一度皇帝幾乎想殺了弟弟，遂操起一把柱斧，但還是沒忍心砍下去。晉王心知自己就算不死，政治生命也將結束，於今只有冒險一拼了。他假意為哥哥盛酒，暗中把毒藥投入酒中。這種毒藥大約放了蒙汗藥，令人吃了後睏意來襲，昏昏欲睡。晉王乘機告辭，皇帝這時有點走不穩，遂拄著那把長斧出了殿門，在門口戳幾下雪地，喝了一句：「好做！好做！」這句話什麼意思，也是千古之謎，以我的理解，應該是「好自為之」的意思。

以上只是我的猜測，至於歷史真相究竟是否如此，只有趙氏兄弟兩人才真正知曉。那一夜，並不比其他夜晚漫長，可是發生的事情，卻太多太複雜又太蹊蹺離奇了。

讓我們接著那一夜的故事。

在凌晨兩三點時，太監們發現皇帝駕崩了。大家嚇得魂不附體，此時能做的事情，便是火速通知孝章皇后。從睡夢中被喚醒的孝章皇后臉色蒼白，不敢相信皇帝真的駕崩了，他那麼身強力壯，怎麼說沒就沒了呢？可是她確實不是在做夢，一種巨大的恐懼感湧上心頭，頓時嗅到了皇宮內外的血腥味，此時最重要的事，是要趕緊讓新皇帝繼位。

趙匡胤生前沒有立太子，他曾有四個兒子，兩個早夭，剩下兩個，一為二十六歲的趙德昭，一為十八歲的趙德芳。趙德昭遠在興元府（陝西漢中），沒時間通知他回來了，留在皇城的只有趙德芳。孝章皇后果斷密令內侍總管王繼恩連夜召趙德芳進宮。

王繼恩出了皇宮，卻沒有去找趙德芳，而是去了晉王府。我們有理由懷疑，王繼恩就是晉王在皇宮的耳目。

當王繼恩來到晉王府門外時，又有一件怪事，府門之外居然坐著一個人。你想想，凌晨三四點鐘時，天寒地凍，怎麼有個人跑到晉王府門口呢？定睛瞧時，卻是左押衙程德玄。據《宋史》所載，程德玄是晉王趙光義的心腹，「頗親信用事」，還有一點要留意，他「善醫術」。那程德玄為何半夜三四更時跑到晉王府門口呢？

程德玄解釋說：「半夜時有人敲我家門，說是晉王要召見我。但我打開門時，卻看不到人影。豈料一進屋，敲門聲又響起，再去開門，還是沒人。如此三次，我心裡狐疑，遂自己來了晉王府，府門關閉著，我也不敢在這個時候敲門，只得坐等於此了。」

這種說法，簡直是胡說八道。

看來程德玄似乎預先知道今夜有大事發生，他在晉王府外苦苦等待，一定是這個大事與自己有著切身的關係。

讓我們再來發揮點想像力吧。

如果趙匡胤真的是被毒死的，那麼這種秘製的、殺人於無形的毒藥又是從哪裡來的呢？能夠配製如此高明毒藥的人，一定是行醫高手，而被史書稱為「善醫術」的程德玄就是這樣的高手。假設程德玄真的配製這樣的藥丸交給晉王，那他與晉王就坐在一艘船上，這事情若失敗，自己絕對死得很難看。試想想，這個晚上，程德玄哪裡睡得著呢？他急切地等待消息，藥丸究竟有沒有用，皇帝究竟死了沒有，皇帝若死了，誰能當皇帝，會不會追查此事呢？這是生死攸關的時刻，他寧可在晉王府外等待確切的消息。

當他看到王繼恩匆匆前來時，心裡的石頭怕是落了一半了。

王繼恩有要事在身，也聽不得程德玄解釋了，兩人一起去敲晉王府大門。

當王繼恩把皇帝之死以及皇后緊急召趙德芳入宮的消息告訴晉王趙光義後，晉王是什麼反應呢？史書上的寫法是「王大驚，猶豫不行」，這個寫法，很有些為晉王脫罪的味道，似乎他對於皇兄之死真的一點也不知道的樣子。

王繼恩催道：「不能拖啦，不然別人會捷足先登的。」孝章皇后明明是叫他召趙德芳，他卻跑來召晉王，他難道不知道違抗懿旨的下場嗎？他敢這樣做，不是自己比別人多出幾個腦袋，而是因為他早與晉王串通好的。

於是晉王便與王繼恩、程德玄兩人一起冒著風雪趕往皇宮。這裡請注意，程德玄跟著去了，若他只是局外人，斷然不可能一起跟著進皇宮。入宮後，王繼恩對晉王說：「大王先在此等一下，我先進去稟報。」這時程德玄跳出來說道：「直接進去就好，有什麼可等的呢？」看來他心急的程度，絕不亞於晉王。

三人便匆匆奔向太祖寢殿，這個時候，孝章皇后已經守在宋太祖冰冷的屍體之旁。當她聽到一陣急促的腳步聲後，一回頭看到王繼恩的身影，脫口而出道：「德芳來了嗎？」

王繼恩面情冷漠，聲音冷酷：「是晉王來了。」

當看到晉王的臉龐時，孝章皇后驚呆了，彷彿看到魔鬼似的。

在那短短幾秒裡，孝章皇后腦袋裡可能掠過幾個念頭。在此皇宮之內，皇帝已死，名義上說，皇后權力最大，她只要喚上幾個衛兵，立刻可以把自作主張的王繼恩連同晉王一起拿下。

可是，天下有如此輕而易舉的事嗎？

這皇宮中究竟隱藏著怎樣的一股勢力，她完全猜不出、摸不透。皇帝在深宮之內暴死，內侍總管公然違抗懿旨，明擺著要在選帝一事上插上一腳。試問，這皇宮之中，究竟有多少內侍、衛兵已經成為晉王的人呢？孝章皇后不敢再往下想了。在那短短的幾秒裡，在晉王那銳利如箭的目光下，皇后不由得全身發抖，似乎找到丈夫死亡的原因。她屈服了，怯生生地轉向晉王道：「我們母子性命都託付給官家了。」

這句話，無疑承認了晉王的帝位繼承權，「官家」乃是五代、宋時對皇帝的稱呼，取義於「三皇官天下，五帝家天下」，故名為「官家」。

貴為皇后與皇子，竟然把身家性命交給別人。即便一千多年後，我們仍可以從這句話中感受到皇后的恐懼與無奈。雖然宋太祖離奇死亡的原因眾說紛紜，但民間一直認為他死於趙光義的謀殺，雖然沒有鐵證，但是聯想到孝章皇后驚恐萬分的表情，這種說法恐怕並非完全空穴來風。

擅長演戲的晉王從眼角擠出幾滴淚，哽咽地對皇后說：「共保富貴，勿憂也。」

天亮了。

皇宮裡喪鐘敲響。

群臣臉色沉重地趕往萬歲殿，太祖皇帝已經仙逝了，晉王趙光義黃袍加身，接受大臣們的謁見。僅僅一個晚上的時間，短短的幾個時辰，一個舊的時代結束了，一個新的時代開始了。趙光義成為大宋王朝的第二位皇帝，史稱宋太宗。

「燭影斧聲」的故事，在之後一千年的時間裡，為人所津津樂道，大家都試圖尋找更多的證據，解開歷史之謎。但是，想要找出確切的證據已是不太可能了。因為宋太祖生前最後一個接觸的人，正是趙光義，他若不開口，那一晚在寢殿之內發生的事情，就沒有人知曉了。再者，朝廷也沒有披露宋太祖的死因，也就是說，沒有驗屍，僅僅公佈是「猝死」而已。若是要解開宋太祖是否被毒殺之謎，恐怕只有把他的屍骨挖出來化驗了，讓死人「開口」說話，這或許是解開歷史謎團的唯一途徑了。

且不說宋太祖趙匡胤是怎麼死的，他的兩個兒子都已經長大成人，以「父子相傳」的傳統，皇位也不可能由弟弟趙光義來繼承。趙光義雖然搶先一步，當上皇帝，可畢竟名不正言不順。在「燭影斧聲」過去六年後，名臣趙普突然甩出所謂「金匱之盟」的秘密，為宋太宗繼承皇位辯護。那麼，什麼是「金匱之盟」呢？為什麼趙普在時隔六年後才要揭開這個秘密呢，這個秘密是真的還是偽的呢？

七、謎中之謎：「金匱之盟」的秘密

趙光義以「兄終弟及」這樣一種有別於傳統的方式繼承皇位，為了避免眾臣的閒議，他極力表現出一個皇帝的「慷慨」。

宋太宗即位後，便把自己的弟弟趙廷美提拔為開封尹兼中書令，封齊王。由於趙光義自己便是以開封尹之銜繼承帝位，故而此舉頗有立弟弟為皇儲的意味。宋太祖的兩個兒子也得到優待，趙德昭任永興節度使兼侍中，封武功郡王；陰差陽錯沒能當上皇帝的趙德芳任山南西道節度使，同平章事。不僅如此，宋太宗把趙匡胤、趙廷美的子女與自己的子女一視同仁，都稱為皇子皇女，這也暗示趙德昭、趙德芳仍然有繼承皇位的資格。

表示上看，宋太宗沒有食言，他嚴格遵守對孝章皇后所做出的「共保富貴」的承諾。可是，從性格上說，宋太宗真的不是豁達之人，至少與他的哥哥相比，他心胸明顯要狹隘得多。一個例子，宋太祖容得下南唐後主李煜，可是宋太宗即位沒多久，就毒死這位構不成任何威脅的亡國之君。還記得當初孝章皇后那句恐懼萬分的話嗎？——「我們母子性命都託付給官家了。」她是否杞人憂天呢？還真不是。

太平興國四年（九七九年），宋太宗北征遼國，趙德昭隨行。

有一天夜裡，遼軍偷襲，宋兵營大亂，皇帝不知去向。這時，有一批軍官，或許是出於憂心，或許是出於陰謀，打算擁立趙德昭為皇帝。若是把黃袍披到趙德昭身上，那幾乎就是「陳橋兵變」的翻版了。但就在這個時候，宋太宗回營了，擁立新皇帝一事也就不了了之了。

然而，這件事令宋太宗內心充滿狐疑。要知道他乃是當年陳橋兵變的參與者，他不相信有人能抵禦住黃袍加身時的誘惑。從這一夜起，皇帝對侄兒趙德昭已經不信任了。

伐遼之戰，最終以失敗而告終。失敗令宋太宗很沮喪，他遲遲不對戰場上有功將士進行封賞。當時很多將士對此頗有微詞，人心浮動。趙德昭為平息眾怨，親自入宮向太宗皇帝進諫，建議早日論功行賞。豈料這一進言，竟然令宋太宗勃然大怒，他帶著譏諷的語氣訓斥說：「等你當了皇帝，再來論功行賞也不遲！」

這一句話，無疑有弦外之音，你趙德昭，不就是想當皇帝嘛。

語言不是刀，有時卻比刀更鋒利。

趙德昭的心猛然一沉，如同置身於冰窖之中，恐懼如癌細胞擴散全身。當他回到王府時，神情恍惚，忽然問左右：「你們帶刀了嗎？」左右侍者一聽，都覺得不對勁，便說道：「宮府之中，不敢帶刀。」趙德昭也不多問，他走進茶酒閣，把門反鎖了。他記得茶酒閣有一把刀，很小的刀，削水果用的，但是夠了，因為小刀，同樣可以致人於死地。

當侍從破門而入時，趙德昭已經倒在血泊之中了，他自殺身亡了，時年二十九歲。宋太宗不失時宜地作秀一番，他撲在趙德昭的屍體上，撫屍大哭道：「癡兒，何至於此？」

有人會問，趙德昭是不是過於敏感呢？皇帝不過就是斥責了一句，犯得著自殺身亡嗎？可是我要說，他其實並非神經過敏，而是看清了事實。自殺，至少死得明明白白，至少犯不著夜夜驚魂。

相比之下，趙德芳就死得不明不白了。

趙德芳死於太平興國六年（九八一年），即趙德昭死後兩年。與父親一樣，他也死得莫名其妙，死時年僅二十三歲。對於養尊處優的皇子來說，二十三歲意外死去，這真的是很不可思議的事情。因此，歷史學家們多懷疑趙德芳之死，與宋太宗有著直接的關係。倘若宋太祖趙匡胤真的是被毒藥毒殺於睡夢之中，那麼趙德芳也完全可能是被毒殺，只是他的死所受到關注度遠遠不及父親宋太祖。

在短短幾年時間裡，趙德昭、趙德芳兄弟先後死了。這證明了宋太宗上台前信誓旦旦的「共保富貴」不過是忽悠人的把戲罷了。宋太祖的兩個兒子，已經被淘汰出局了，那麼小弟弟趙廷美呢？他真的有機會成為皇帝的接班人嗎？

宋太宗與宋太祖一樣，遲遲沒有正式立太子，但是在大家看來，其弟趙廷美應該是接班人。難道宋朝真的要改變父子相傳的傳統嗎？人都是自私的，誰不想把繼承權交給兒子呢？可是宋太宗實有難言的苦衷。若他非要把皇位傳給兒子，那麼如何解釋他繼承哥哥的皇位，卻不向下傳給弟弟呢？

趙廷美起初也心安理得，自以為接班人非自己莫屬。可是當趙德昭、趙德芳兄弟相後斃命後，他開始變得不安了。作為開封尹，他也有自己的一幫勢力，他與執掌中樞大權的宰相盧多遜來往甚密，勢力不可小覷。可是越來越多的跡象表明，宋太宗要拿他開刀了。

皇帝自然不必親自出馬，自有一班察言觀色的人揣測聖意，替皇上辦事，替自己升官發財。柴禹錫是宋太宗早年的幕僚，他揣準皇帝心思，便告發趙廷美「將有陰謀竊發」。這種告密，絕屬空穴來風，注意哦，他不是發現趙廷美的「陰謀」，而是說他「將有陰謀」。——現在沒有，但未來有。

無憑無據，如何能扳倒開封尹趙廷美呢？

宋太宗想起一個人了，他就是大宋開國名臣趙普。

說起趙普，那是大宋歷史上赫赫有名的人物，在「陳橋兵變」、「杯酒釋兵權」等事件中，都活躍著趙普的身影。在宋太祖時代，趙普當了十年宰相，後來幹了一些非法勾當，陰溝裡翻船，被貶出京師，擔任河陽節度使。宋太宗即位後，趙普回到京師，當了太子太保，但沒什麼實權，又受到政敵盧多遜的處處掣肘，令他鬱鬱不得志。

趙普與盧多遜是政敵，而盧多遜與趙廷美是盟友，那麼豈不是可以利用趙普這個老臣，來對付趙廷美、盧多遜嗎？想到這裡，宋太宗趕緊召趙普前來，給他看了柴禹錫關於趙廷美「將有陰謀」的密奏，並詢問他的意見。

精明過人的趙普馬上意識到，自己重出江湖的機會來了。他馬上向皇帝提出：「只要我能進入中樞，就能查出他們的奸變陰謀。」這是向宋太宗討要權力，皇帝並沒有馬上答應。這天晚上，趙普上了一道密奏，道出了一個天大的秘密，聲稱他手上有一份「金匱之盟」，乃是杜太后（趙匡胤、趙光義、趙廷美的母親）臨終前的遺命。這個遺命，就是要宋太祖百年之後，把皇位傳給弟弟趙光義。

令人驚訝的是，這份「金匱之盟」的存在，只有趙普一人知道。

我們來看看趙普是怎麼解釋的。

那是在大宋開國不久的建隆二年（九六一年），宋太祖趙匡胤的生母杜太后病重，眼看快不行了，便召太祖及趙普前來。杜太后問趙匡胤說：「你知道自己是怎麼得到天下的嗎？」趙匡胤回答說：「這都是祖先與太后積福的結果。」

杜太后身體虛弱，思維卻頗清醒，說道：「不對。你能得天下，乃是因為周世宗把皇位傳給幼子。假若大周由年長的人來統治，你是沒有機會的。因此，你若有個三長兩短，就應當把帝位傳給你弟弟，這才是國家之福。」趙匡胤聽了後跪著說：「我怎敢不聽太后的教誨呢？」於是太后吩咐趙普拿來筆墨，寫成誓書，藏在金匱（就是金櫃）之中，故而又稱為「金匱之盟」。

以趙普的說法，這份「金匱之盟」簽訂時，只有他與杜太后、宋太祖三人在場。如今杜太后、宋太祖都去世了，他就成了唯一的知情人。那麼這份文書在哪裡呢？趙普說，就藏在宮中，秘無人知。

既然趙普是密書的唯一知情人，為何在太宗皇帝登基時，他不掏出這份盟書呢？為何要在六年之後，才向皇帝洩露這個秘密呢？考慮到趙普這個人老奸巨猾，善於權謀，我們有理由懷疑這紙盟書的真實性。不管這份太后遺囑是不是偽造的，趙普在這個時候拋出來，用意何在呢？

很明顯，趙普是要與皇帝做一個交換。

他知道宋太宗唯一擔心的事情，就是皇位的得來並不合法，既沒有太祖皇帝的遺詔，也破壞了「父子相傳」的繼位傳統。如今趙普突然抬出杜太后的遺詔，並且白紙黑字寫得十分清楚，宋太祖百年後，由弟弟趙光義來繼承皇位。這份「金匱之盟」，不管是真或是假，宋太宗都非常需要。有了這個護身符，他就可以光明正大地宣稱，自己皇位的得來，乃是完全合法的。

當了六年的皇帝後，宋太宗終於覺得揚眉吐氣了。在此之前，他不得不面對著各種置疑的壓力，以至於不得不表面上假裝把趙廷美當作接班人，以堵眾人之口。如今，有了趙普所謂的「金匱之盟」，皇帝可以用太后遺詔回擊各種流言蜚語，他不再是一個來路可疑的皇帝，而是杜太后與太祖皇帝所認可的帝國合法接班人。

趙普為皇帝洗去了篡位的惡名，皇帝則重新將他提拔為帝國宰相。

這就是交換的結果，各得其所。

當然，宋太宗之所以與趙普站在同一條戰線上，還有另一個原因。宋太宗有一日特地拜訪趙普，向他詢問接班人的事宜。趙普的回答可有些不客氣：「太祖已是犯錯，陛下豈可再犯錯呢？」言下之意，趙普認為弟弟繼承哥哥的皇位，這是不對的。宋太祖沒立自己的兒子為皇帝已是犯錯，宋太宗怎麼能一錯再錯呢？

趙普重掌大權，矛頭直指皇儲趙廷美。據史書記載：「（趙）普復入相，廷美遂得罪。」有皇帝當他的後台，趙廷美的命運已是可想而知。

次年（太平興國七年，西元九八二年）三月，趙普終於找到機會了。皇帝正打算泛舟前往新建成的金明池水心殿，這時就有人告密了，說趙廷美打算利用這個機會搞政變。真的有這麼回事嗎？這恐怕只是趙普瞎編的一個故事罷了。但是沒關係，宋太宗利用這個藉口，把趙廷美的開封尹一職給撤了，調任西京留守，這無疑就是宣佈取消他繼承人的身分。

緊接著，大規模的清算開始了。

左衛將軍陳從信、禁軍列校范廷召等人，被指控與趙廷美勾結並私下收受其賄賂。同時，趙普的政治死敵盧多遜被指控與趙廷美勾結圖謀不軌，被逮捕入獄。同時被逮捕的還有趙廷美府中的一幫官吏。

作為皇弟的趙廷美究竟是否有謀反的舉動呢？

官方正史一口咬定趙廷美有謀反事實，可是究竟他有什麼計畫，做過什麼，一概都沒有記載。朝廷給趙廷美及盧多遜扣的罪名是「顧望咒詛，大逆不道」，從這個罪名來看，也僅僅看得出趙廷美、盧多遜等人對宋太宗有所不滿，發發牢騷罷了。但是在趙普的慫恿下，朝廷七十四位重臣上書皇帝，要求判處趙廷美、盧多遜死刑，「以正刑章」。

這時宋太宗倒站出來充當好人，他格外開恩，赦免趙廷美與盧多遜的死罪。至於趙廷美、盧多遜的手下涉案官吏，運氣就沒那麼好了，一概處死。盧多遜被流放崖州，趙廷美則遣往西京。

西京就是洛陽，這也是一個大都市，趙廷美待在洛陽，趙普仍然不放心。他再施詭計，指使人上書皇帝，稱趙廷美非但不悔過自新，還心有怨言，應該把他遷徙到更偏遠的地方。宋太宗把親弟弟再貶為涪陵縣公，安置在房州（湖北房縣）。雖然宋太宗並沒有殺死弟弟，但趙廷美的政治生命已經結束。兩年後，鬱鬱成疾的趙廷美死於房州，可以說，他是被哥哥趙光義逼死的。

權力之下，父子情尚不可靠，何況兄弟情。

清洗趙廷美、盧多遜後，宋太宗終於在接班人一事上掃清了障礙，從今往後，他的子孫將統治這個國家。在消滅趙廷美集團一事上，趙普是立下赫赫大功，同時他還以「金匱之盟」確保宋太宗政權的合法性。可是趙普雖然老奸巨猾，卻仍不免只是宋太宗利用的對象。趙廷美案發後第二年，即西元九八三年，失去利用價值的趙普又一次被免相。

宋太宗是有雄心壯志的，不想生存在哥哥的陰影下，他要建立偉大的功業，實現中國的完全統一。

他有這個能力嗎？

他能實現自己的夢想嗎？

八、長車踏破：征服北漢之戰

宋太祖趙匡胤意外於燭影斧聲之夜暴死，一統中國的偉大事業最終沒能完成。宋太宗上台後，尚存有三個軍閥割據勢力，分別是北漢、吳越以及佔據閩南的軍閥陳洪進。在這三個割據勢力中，吳越國與陳洪進實際上早已臣服於大宋帝國，唯一尚在負隅頑抗的，只有老對手北漢。

自奪權以後，宋太宗一直強化帝國的軍國色彩，他對軍事非常熱衷。皇帝相當勤奮，每當退朝後，他總要檢閱禁軍，親自挑選健壯士卒加入親軍，老弱之徒，一律調出京城，分配到外地。皇帝又在開封城西築一座講武台，時常搞盛大的軍事演習，場面十分壯觀。參加軍演的隊伍人數眾多，首尾長達二十餘里，以五色旗為指揮號令，步兵騎兵協同作戰，訓練十分有素。

在大宋帝國多次入侵與經濟制裁的雙重打擊下，北漢已是虛弱不堪，甚至出現嚴重的饑荒。若不是遼國緊急救濟二十萬斛糧食，北漢恐怕要自行崩潰了。與此同時，宋太宗加緊了備戰工作，他下詔晉、潞、邢諸州大量製造攻城器械，並把大量軍糧馬料轉送到邊關，很顯然，大戰已是一觸即發。

北面的戰爭尚未開打，東南已是捷報頻傳。

太平興國三年（九七八年），盤踞福建漳、泉二州的軍閥陳洪進決定結束割據，上表納土，將兩州十四縣全部獻上，共計有十五萬戶人口以及一萬八千多名士兵。陳洪進主動來降，宋太宗自然大喜過望，封他為平海節度使。

陳洪進歸降大宋後，吳越國成為南方唯一的地方割據政權。吳越王錢俶自知這個小政權是保不住的，與其等著人家打上門來，還不如及早獻上土地，也好保全富貴。於是，在陳洪進歸降後一個月，錢俶也步其後塵，上表獻上十三州一郡八十六縣，共有五十五萬戶人口以及十一萬兵卒。

這樣，南方地方割據勢力已蕩然無存，大宋帝國不僅得到大片土地，同時也得到了十幾萬的軍隊，這對於志在北伐的宋太宗來說，真是雙喜臨門。

太平興國四年（九七九年）正月，新年的喜慶尚未過去，宋太宗召樞密使曹彬前來，詢問道：「以前周世宗與太祖皇帝都曾經親征太原（北漢首都），卻都鎩羽而歸，難道太原城果真銅牆鐵壁，不可攻克嗎？」

曹彬答道：「周世宗是因為石嶺關之戰失利，軍心震動才撤退的；太祖皇帝停止進攻，則是因為軍隊傳染病蔓延，兩次北伐未果，並非太原的防禦堅不可摧。」

太宗聽罷點點頭，又問：「如今我想舉兵北伐，卿以為如何？」

曹彬拍拍胸脯說：「如今國家兵甲精銳，人心欣戴，若舉兵北伐，勢必摧枯拉朽。」

這一番話，更加堅定了宋太宗掃平北漢的決心。

曾經在多場戰事中立下赫赫戰功的潘美被任命為北路都招討制置使，下轄崔彥進、曹翰、李漢瓊，劉遇四將，任務是從東、南、西、北四個方向同時進攻太原。

北地戰爭烏雲密佈，大宋帝國咄咄逼人的氣焰，引起遼帝國的擔憂。早在宋太祖開寶七年（九七四年），宋、遼兩國議和，至今已有五個年頭。遼景帝派遣使者出使開封，質問宋帝國何以興師討伐北漢。宋太宗對帝國的武力沾沾自得，根本不把遼人的警告放在心上，他傲慢地回答說：

「河東（指北漢）違逆天命，理當討伐問罪。若北朝（指遼國）不出手援助，宋遼和約依然有效；如若不然，就意味著宋遼兩國處於交戰狀態了。」

此時的宋太宗唾手得到吳越、漳泉之地，信心滿滿的，自認為大宋軍隊無敵於天下。但是大宋皇帝的威脅並沒有嚇倒遼國皇帝，遼景宗非出手不可，他派南府宰相耶律沙為都統，冀王塔爾為監軍，率大批人馬，入援北漢。

為了鼓舞士氣，宋太宗御駕親征。該年三月，他離開京師北上，以示必勝之決心。為了應對宋軍入侵，北漢在隆州依險而建城，作為抵擋宋軍的第一道防線。宋太宗命令郢州刺史尹勳進攻隆州（山西祁縣北），同時也分兵進攻沁州、汾州。

就在宋師節節推進時，遼師也馬不停蹄挺進。宋太宗心裡很明白，能否滅掉北漢，關鍵在於能否成功阻擊遼軍。

在遼國方面，遼景宗一直在調兵遣將。自從派耶律沙、塔爾率部救援北漢後，遼景宗發現大宋精銳幾乎傾巢而出，連皇帝都御駕親征，可見這將是一場硬仗。於是遼國增派後援力量，遼景宗又遣南院大王耶律斜軫、樞密副使穆濟等人率精兵跟進。

為了阻擊遼國援軍，宋太宗早準備了一支精兵。這支精兵為雲州觀察使郭進指揮，他被皇帝任命為太原石嶺關都部署，任務就是扼守天險石嶺關，挫敗遼國援軍。郭進先在西龍門寨擊破北漢軍隊，佔據有利的地形，以逸待勞。幾天後，遼國援軍先鋒部隊抵達白馬嶺，與郭進隔江對峙。

白馬嶺有一條河流，江面寬闊，擋住了遼國兵團的路。遼國大將耶律沙認為應該暫停前進，等待南院大王耶律斜軫的主力部隊抵達後，再發動進攻才有勝算。可是冀王塔爾與穆濟等將領卻認為，兵貴神速，北漢戰局吃緊，若拖延時日將大大不利。耶律沙沒有辦法，只得同意發起進攻。

然而，這幾乎是一次自殺式的進攻。

郭進耐心地等待戰機的出現，他按兵不動，把精銳騎兵埋伏起來。這時，遼軍開始進攻了。塔爾率先頭部隊渡河，部隊剛剛過一半，兵法有云：「半渡而擊之」，這是最佳的反擊時刻。郭進當然沒有浪費機會，他果斷將騎兵投入戰鬥，奮勇出擊。遼軍這裡有一半人還在河裡，只能乾瞪眼啊，在宋軍鐵蹄的衝擊下，遼軍大敗。遼國冀王塔爾及其子戰死，一起戰死的人還有主將耶律沙的兒子以及其他一些將領。耶律沙本人也差點沒命，前進不得，後退不能，眼看老命就要休矣。就在這時，耶律斜軫的後繼兵團趕到，萬箭齊發，逼退宋師，總算救了耶律沙一命。

白馬嶺之戰，是北伐之戰的關鍵一役。遼軍元氣大傷，後來北漢駙馬盧俊再度向遼國告急求援，遼國政府明確表示，不能再發兵救援。這一表態，無疑葬送了北漢。

四月，宋太宗抵達太原城下。

宋軍已包圍太原，從四面進攻，但戰況最艱難的方面是在城西，這裡正對著北漢皇宮，守備最強。宋太宗親自視察城西，督諸位將領攻城，戰況打得非常激烈。身為皇帝，宋太宗的表現是可圈可點的，他身披甲胄，冒著被敵人矢石擊中的危險，指揮軍隊作戰。身邊的人對皇帝的安全非常擔心，太宗皇帝答道：「將士爭先效命於鋒鏑之下，朕豈忍坐視？」這話一說，前線所有將士無不感動，勇氣倍增，個個摩拳擦掌。

為了征服太原，大宋帝國不惜血本，太原城下的弓箭兵就達數十萬人之多，數百萬支利箭射向城內，一時間，太原城內的牆垣之上，都插滿了箭。

在外無援軍的情況下，北漢軍民抵抗也相當頑強，給宋軍造成不少麻煩。宋軍密集的箭雨，反倒為北漢守軍提供武器。北漢皇帝劉繼元下了一個命令，百姓撿了箭矢後可以換成錢，每一支箭換十錢。城內居民當然爭先恐後收集箭矢，靠這種方法，居然儲備了一百多萬支箭矢，這也可以從一個側面反應出這次攻堅戰之激烈程度。

太宗皇帝不斷地巡撫各營，每到一處，都令士氣高漲，攻城更加猛烈。到了五月時，太原城內的局勢急劇惡化。首先是防禦工事幾乎遭到宋軍矢石的破壞，「城無完堞」；其次，不少北漢高級官員、將領向宋軍投降，其中包括馬步軍都指揮使郭萬超等人。

北漢國主劉繼元心裡明白，契丹人是不會來救了，城外的敵人有數十萬之多，而城內的守軍已不足三萬。太原的陷落只是時間問題罷了。無奈之下，劉繼元只得派遣使者，請求投降，上表納款，待罪台下。宋太宗接受劉繼元的投降，接收十個州，四十一個縣，共計三萬五千戶，兵卒三萬。這個彈丸之國在與大宋頑強鬥爭二十年後，最終還是沒能逃脫滅亡的命運。

這裡還要提到一個人，他就是北漢名將劉繼業，也就是千載傳名的楊家將楊繼業。在太原城陷落、北漢國主劉繼元投降後，劉繼業居然還不肯投降，他仍然頑強抗戰。他的驍勇與對國家的忠誠，令宋太宗頗為感動，不忍心殺死這位忠勇雙全的名將，便讓亡國之君劉繼元前去招撫。

面對昔日的國主，劉繼業心中大慟。因為忠誠，他不屈不撓，抗戰到底；因為忠誠，他最後還是在舊主的招撫下，歸降了大宋帝國。劉繼業的歸降，令宋太宗大喜，授予他領軍衛大將軍之銜，出任鄭州防禦使，同時恢復他原來的姓氏「楊」姓，改其名「繼業」為「業」。這樣，劉繼業的姓名變成了楊業，就是千古流傳的楊令公。

九、當頭一棒：自負的代價

平定北漢，是宋太宗引以為豪的偉大勝利。這位大宋帝國皇帝不禁飄飄然了，以周世宗、宋太祖兩位曠世明君的不世才華，都未能吞併北漢，可是他卻做到了。在這一刻，宋太宗自以為超越了前世君王，他要把偉大事業繼續推向前進。

表面上看，中國境內地方割據勢力已經全部被消滅了，但是大宋帝國並未真正意義上統一中國，因為北方還有燕、雲等十六州的土地仍在契丹人手中。

這十六州，是五代後晉皇帝石敬瑭割讓給契丹人的，時間是西元九三八年，距宋太宗平定北漢（九七九年）已過去約四十年。在這四十年裡，中原政權曾多次出兵，試圖奪回燕雲十六州，但此時的契丹（遼）國力強盛，軍事力量也很強大，絕不會將這些地盤拱手讓出。周世宗柴榮曾大舉北伐遼國，不幸在攻打幽州時染病，只得退兵，不久因病去世，遂使北伐事業付諸流水。

大宋開國後，宋太祖把主要精力放在掃蕩地方割據勢力上，一時間騰不出手解決燕雲十六州的歷史遺留問題。他曾經想過以購買的方式收回中國失地，為此建了一個「封樁庫」，就是一個錢庫，打算積蓄到一定數額後，向契丹人購回土地。倘若契丹拒絕購地計畫，則以錢庫的儲備，作為北伐的軍費。

如今北漢已滅，對宋太宗來說，應該挾勝利之威，一鼓作氣，收回燕雲十六州，把契丹這個異族勢力徹底逐出中國境內，這才算真正完成統一大業。

被勝利衝昏頭腦的宋太宗，竟然在攻克太原僅半個月後，便下詔伐遼，直接從太原出發，向東挺進，目標是奪取幽州、薊州，進而光復被契丹所佔領的全部土地。

這個詔令一下，所有將士無不目瞪口呆。

北漢戰事剛剛結束，經過數月苦戰，將士早已疲憊不堪，急需休整。在攻打太原之戰中，宋軍將士表現得相當英勇頑強，他們盡了自己的責任與義務，現在應該是要名正言順得到朝廷的獎賞吧。可是宋太宗這個大老闆卻根本不提發薪水、獎金、提拔幹部這些事，只給精神獎勵，然後又要求大家加班加點，再接再厲。說實話，將士們誰也不想拖著疲倦的身軀，開始新的遠征。可是面對興奮不已的皇帝，誰也不敢吭聲反對。

在平北漢之役中，宋軍與遼軍在白馬嶺交鋒過一次，大獲全勝。這次勝利也令宋太宗相信大宋軍隊的戰鬥力遠在遼軍之上，憑藉這支鋼鐵部隊，必定能把遼人打得落花流水。

宋遼戰爭開始了。一切看上去都十分順利。

宋軍一跨過邊界，遼國東易州刺史劉禹便獻城投降。遼國人確實沒料到宋軍剛收拾北漢，馬上會發起攻擊，備戰不足，狼狽不堪。遼國北院大王耶律希達倉促率軍迎戰，被殺得大敗，損兵折將，被俘五百人。宋軍進軍頗速，皇帝御駕已到涿州，守城的判官劉原德開門投降。

從五月二十日從太原出兵，至六月二十三日，一個月的時間，宋軍已經打到幽州城下。自從遼國從石敬瑭手中得到燕雲十六州後，便把幽州更名為燕京，又稱為南京，是遼國的陪都。在遼國的行政區劃中，南京（幽州）管轄順、檀、涿、易、薊各州，若能一鼓作氣攻克，則其他州必望風而降。

可是遼國畢竟是強國，軍事人才還是有的。

南院大王耶律斜軫在白馬嶺曾與宋軍交過手，知道對手實力強勁，加上皇帝親征，誠不可與之硬碰硬。怎麼辦呢？得有計謀才行。當時耶律希達剛吃了敗仗，宋軍對他的部隊一定會輕視，針對對手這一心理，耶律斜軫設計了一個方案。他首先派一部分士兵，扛著耶律希達的旗幟，作為誘餌，目的是引誘宋軍上當。

既然是誘餌，就必須要付出代價。這些遼軍假扮著耶律希達手下的殘兵，宋太宗接到情報後，對其嗤之以鼻，馬上揮師進擊。皇帝親自指揮，士兵們表現神勇，一戰便擊斃敵人一千餘人。正當宋軍將士沉浸在喜悅之中時，豈料耶律斜軫的主力部隊卻從側背發起進攻，抄截其後路。宋太宗大驚，擔心退路被截斷，只得倉促下令退兵。耶律斜軫的部隊乘機前進到清沙河北，與南京（幽州）遙相呼應，互為犄角。

耶律斜軫的努力減輕了幽州城的軍事壓力，宋太宗不得不分兵對付。即便如此，幽州仍然險象環生。宋太宗派宋渥、崔彥進、劉遇、孟元喆四將分別從四個方向進攻，這也是宋軍攻城的慣用手段。面對宋軍的凶悍進攻，遼將李扎勒燦投降，幽州城內人心惶惶。

幽州之所以未淪陷，得益於遼國御盞郎君（官名）耶律學古的出色表現。幽州被圍後，他帶著自己的部隊馳援。此時城外都是宋軍，他根本無法進城，便秘密挖掘一條隧道，把部隊送進城內。耶律學古在防禦上頗有一套本領，嚴防死守，毫不鬆懈。一時間，宋軍的攻城雖急，卻毫無進展。

當幽州被包圍的消息傳到遼景宗耳中時，他既感意外，又感震驚，緊急派南府宰相耶律沙前往救援。與耶律沙同行的，還有一位自動請纓的將領，他名叫耶律休哥。在此之前，耶律休哥曾經參加過平定烏古、室韋兩個反叛部落的戰爭，有非常卓越的軍事才華。由於他主動請戰，遼景宗讓他代替吃了敗仗的耶律希達，率領精銳兵團前往解幽州之圍。

當耶律沙、耶律休哥的援軍在七月初抵達前線時，他們發現情形對遼軍大大不利。向大宋軍隊投降的人越來越多，其中包括遼國建雄節度使劉延素、薊州知州劉守恩等。沒有幾個人認為幽州城守得住，因為宋軍在人數上佔據絕對優勢。

可是觀察力敏銳的耶律休哥，卻發現了對手致命的弱點：宋軍將士的鬥志並不高昂，對於皇帝攻城的指示，大家消極對待。士氣之所以低落，宋太宗要負很大責任，他沒讓官兵有充分的休整時間，又沒有及時對軍隊論功行賞。沒有名利、沒有休息，卻要讓將士去拼死，誰願意呢？一支沒有士氣的軍隊，即便看上去很強大，實際上也是紙老虎。

時間是七月初六，幽州戰事進入到第十二天。

率援兵前來的耶律沙氣勢洶洶地殺來，已抵達幽州城西的高梁河。在幾個月前的白馬嶺之戰中，耶律沙差點死於非命，自己的兒子也戰死了，因此他對宋軍還是有點畏懼，放不開手腳。在宋軍的反擊下，耶律沙再嘗敗績，一戰即潰。看來耶律沙的軍事才華確實一般，他撤退後，與耶律休哥、耶律斜軫的部隊會合，指揮戰役的重任，遂交到耶律休哥手中。

耶律休哥果然智慧超群，不以常理出牌，大打心理戰術。從軍隊數量上說，遼軍遠遠不如宋軍，大宋軍隊幾十萬人，皇帝親自出馬，把最精銳的部隊都投進來了。為了不讓宋軍窺破自己兵力的多寡，耶律休哥把進攻時間選定在夜幕降臨之後，不走大路，而是走小路，因為大路開闊，一覽無遺，很容易暴露真實兵力。不僅如此，耶律休哥還要求每個士兵手持兩根火把，遠遠望去，火光遍野，造成人多勢眾的假象。

宋軍果然中計。

皇帝親征，雖能鼓舞士氣，但有時也有負面作用。前線將領一定要花費很多精力、兵力以保護皇帝安全，在軍事行動上不敢採取大膽冒險的戰術，而是謹慎保守。在判斷不清遼軍兵力多寡的情況下，宋軍沒敢貿然出擊。耶律休哥抓住戰機，與耶律斜軫兵分兩路，從左、右翼箝擊宋軍。守衛幽州城的耶律學古也乘機打開城門，把隊伍一字排開，其實並不是要出戰，只是擺擺樣子，一邊擂響戰鼓，一邊組織城內百姓大呼大叫，一時間聲震天地。

別看宋軍人數眾多，要保護皇帝，又要預防幽州城內遼軍的反撲，能用於對付耶律休哥的兵力就相當有限了。在戰場上，耶律休哥驍勇異常，他身負三處槍傷，裹創猶戰。主將的戰鬥精神鼓舞全軍上下，戰局開始變得對遼軍有利了。

雖然宋軍將領們力保皇帝的安全，可是飛箭不長眼，特別是在黑夜中，等你發現飛來的箭矢時，要躲避就來不及了。很不幸，太宗皇帝大腿挨了一箭，血流如注。宋太宗一心想超越哥哥趙匡胤，上台後極力鼓吹軍國思想，但挨了一箭後，就可以看出他絕非英雄人物。我們可以把他與漢高祖劉邦做一對比。當年劉邦與項羽爭奪天下，嘗胸中一箭，他跌落馬下後，呼道：「小賊射中我的腳趾了。」把重傷說成輕傷，這是安撫軍心。可是宋太宗挨了一箭後呢？他嚇壞了，第一個當逃兵，乘著一輛驢車，往涿州的方向跑了。皇帝都逃跑了，這仗還怎麼打呢？

高梁河之戰，宋軍在皇帝坐鎮、兵力佔優的情況下，被耶律休哥的遼軍打敗了。此役的勝利，不僅解了幽州之圍，遼人還乘勝追擊，窮追猛打。與宋太宗相比，耶律休哥的傷勢要嚴重得多，他身體虛弱，無法騎馬，但仍堅持坐在馬車上，指揮作戰。遼軍從幽州一路反攻至涿州，沿途繳獲了大量宋軍遺棄的武器、糧食、錢幣等。幽州一戰，令宋太宗蒙羞，他不得不轉攻而守。

遼國並非省油的燈。在遼景宗看來，這場戰爭完全是宋帝國一手挑起的，單方面撕毀兩國和約，戰爭已是全面爆發了。當宋軍被驅逐出境後，遼人越過邊界，攻入大宋。

這是太平興國四年（九七九年）九月，即高梁河之戰的兩個月後，遼國派南京留守韓匡嗣與耶律沙、耶律休哥等將領南伐，以報幽州被圍之仇。

遼軍長驅直入，推進到了滿城（今河北滿城），與宋朝將領崔翰的駐軍對峙。面對漫山遍野的遼軍，崔翰排兵佈陣，擺起了「八陣圖」。說起這個「八陣圖」，據說是三國時代諸葛亮發明的一種陣法，變幻莫測，可抵十萬精兵。其實諸葛亮的八陣圖是什麼樣子，恐怕也沒有流傳下來，那麼崔翰的這個「八陣圖」是從哪兒來的呢？

大家不要驚訝，這個八陣圖，是皇帝所親傳！

原來宋太宗自認為是高明的軍事理論家，別看他在戰場上挨一箭就落荒而逃，他對自己的軍事理論水準那是十分得意的。從幽州撤兵回國後，宋太宗認定遼軍一定會前來報復，便對邊防工作做了安排，還特地把自己軍事研究結果「八陣圖」拿出來與諸將分享。皇帝交代說，遼人來犯，只須以我這個八陣圖排兵佈陣，準能打敗敵人。

現在，崔翰要用太宗皇帝軍事思想來武裝自己，打算按圖佈陣，排為八個陣形，每個陣相距百步。這個排陣法，可把部將趙延進給嚇壞了。他警告主將說：「如今敵人騎兵漫山遍野，我方佈陣卻星羅棋佈，鬆鬆散散，這豈不是給敵人各個擊破的機會嗎？依我的看法，必須把兵力集中起來使用，才有取勝的可能。」

這豈不是否定英明領袖的軍事智慧嗎？崔翰不無憂慮地說：「萬一沒打勝仗，那可怎麼辦？」照英明領袖的「八陣圖」打仗，就算輸了，皇帝也怪罪不得；若自作主張，打輸了可要犯政治錯誤了。趙延進急了，脫口道：「若是打敗仗，我願意獨攬責任。」此時鎮州監軍李繼隆也站出來說：「行軍打仗，要因機變化，哪能預先設定某種陣法呢？若皇帝怪罪下來，我願意承擔責任。」

既然部將們都這麼說了，崔翰也只能把皇帝的「八陣圖」拋在一旁，改八陣形為兩陣形，集中兵力應戰。

為了誘敵，宋軍使出詐降計，派人前往遼軍大營，遞上請降書。遼國主帥韓匡嗣信以為真，他心想宋朝皇帝都被打得落荒而逃，宋軍士氣低落，投降乃是理所當然的。可是耶律休哥卻反對道：「我觀察宋軍軍隊，嚴整精銳，看起來不像投降的樣子，一定是誘敵之計。」韓匡嗣求功心切，壓根聽不進去。

果然不出耶律休哥所料，當韓匡嗣得意洋洋地前去受降時，遭到宋軍精銳部隊的痛擊。此役遼軍大敗，棄屍戰場者一萬餘人。在遼軍各路部隊中，只有耶律休哥的人馬準備充分，邊戰邊撤，基本上沒有受到損失，全師而退。

遼國的入侵被打敗了，宋太宗總算撈回點面子。

可是宋遼戰爭一旦開打，邊界便無寧日。遼軍雖然吃了敗仗，可是從長遠來看，並不吃虧，因為韓匡嗣戰後被遼景宗降罪解職，長於兵略的耶律休哥全權負責對南宋的戰爭。這個人事上的變動非常關鍵，耶律休哥在遼國軍界竄起，在以後的戰爭歲月裡，他將證明自己乃是大宋帝國的頭號剋星。

十、旗鼓相當：宋遼邊界拉鋸戰

戰爭的機器一旦開始運轉，要停下來就沒那麼容易了。

從晚唐到五代，中國陷入軍閥割據的亂局之中，契丹人也乘機崛起於北方，成為中原政權的勁敵。經過宋太祖、宋太宗兩位皇帝的鐵腕掃蕩，中國境內的割據勢力已全部被剪除，大一統後的宋帝國，當然要挑戰契丹人在北方牢不可破的霸權。燕雲十六州是擺在宋、遼兩國面前的最大問題，遼國不願拱手讓出，而宋帝國則志在必得。

宋太宗突襲幽州，拉開宋遼戰爭的序幕。在這場戰爭中，湧現出許多英雄人物，其實最膾炙人口的便是楊家將的故事。

楊家將故事之所以廣為流傳，得益於一部同名小說《楊家將》，小說中的楊老令公，便是歷史上真實人物楊業。楊業本名楊重貴，年輕時善騎射，後成為北漢的一員將領。北漢皇帝劉崇十分器重他，賜予劉姓，改名為繼業，幾乎把他視為皇族成員。在北漢與宋的戰爭中，楊繼業是相當賣力，甚至在北漢滅亡後，他還負隅頑抗。也正是這種忠勇的精神，使他贏得了宋太宗的尊敬，又讓他改回原姓，同時改名為「業」，故而稱為楊業。

楊業打仗勇猛，有拼命三郎的精神，早在北漢為將時，便得到了一個綽號，稱為「楊無敵」。由於宋遼戰火重燃，大宋帝國迫切需要一個熟悉邊關事務的將領坐鎮北疆，楊業在北漢時，對宋、遼兩國軍情都瞭若指掌，正是最佳人選。宋太宗拜他為代州刺史，駐守軍事重鎮雁門關，以防遼軍入侵。很快，楊業就證明了自己價值。

太平興國五年（九八〇年）三月，遼軍入寇雁門關。勇猛無敵的楊業並非一個莽夫，他足智多謀，為了出奇不意打擊敵人，他採取了一個大膽而冒險的計畫。他率數千騎兵悄悄地離開駐地，敵人從北面來，他卻往西面去，當時手下的將士都摸不著頭腦，這位老將軍玩什麼花樣呢？楊業成竹在胸，往西走一段後，他的部隊穿小路北上，繞道到契丹人的背後，冷不防發起突襲。此役契丹人大敗，遼國駙馬蕭咄李被當場擊斃，遼將李重誨被生擒。

雁門關大捷的消息傳到帝都後，宋太宗龍顏大悅，提拔楊業為雲州觀察使。此役的勝利也令楊業的威名傳遍北疆，契丹人對他非常忌憚，只要看到楊業的旗號，他們便躲得遠遠的。可是楊業的英勇表現，卻引起邊關守將們的嫉妒，他們認為楊業不過就是個北漢投降過來的將領，能保住性命已是朝廷莫大的恩典了，居然還如此大出鋒頭，著實可惡。於是一封封中傷攻擊的信件不斷地發往宋太宗那兒，深諳權謀術的皇帝故意把這些信件交給楊業本人過目，以示自己對他的絕對信任。楊業果然感激涕零，誓死效忠皇帝與大宋朝廷。

楊業固然令遼軍聞風喪膽，但遼國的耶律休哥更令大宋帝國膽戰心驚。

耶律休哥的軍事才華毋庸置疑，他是契丹歷史最出色的將領。作為游牧民族，契丹人悍勇而嗜殺，耶律休哥繼承了勇敢的品格，卻不嗜殺。他智勇雙全，這在高梁河一役中盡顯無遺，在兵力不及宋軍的情況下，實施一系列軍事欺騙，以少勝眾，在戰鬥中身披數創，猶戰鬥不懈，實有古名將之風采。

憑藉在戰場上一系列非凡戰果，耶律休哥成為遼國軍政重要人物，被遼景宗封北院大王。自從幽州之圍後，遼國一心要報復大宋的入侵，兩度出兵南下，不料卻損兵折將。第一戰韓匡嗣損失一萬餘人，第二戰駙馬爺被楊業一刀給砍死了。遼景宗乃是遼國歷史上頗有作為的君主，他決定親征大宋，以雪前恥。

遼乾亨二年（宋太平興國五年，九八〇年），遼景宗先祭天祀地，拜了兵神後，大舉揮師南下，入侵宋國，兵圍瓦橋關。

瓦橋關守將張師率部出戰，欲與遼軍一決雌雄。遼景宗親臨戰場督戰，當兩軍激戰猶酣時，只見得身旁一人縱馬而出，此人手舞長刀，胯下的馬甲是十分耀眼的金黃色，在陽光下閃閃發亮。此人正是北院大王耶律休哥。作為戰場上的指揮，他並不是只發號施令，而是身先士卒，衝鋒在前。耶律休哥衝入宋軍中，陣斬敵方主將張師，宋軍大駭，不敢戀戰，退入城門，嬰城固守。

數天後，一支援軍已抵達瓦橋關，與遼軍隔河對峙，遼軍在北岸，宋軍在南岸。耶律休哥披上戰袍、跨上戰馬，就要渡河迎戰。此時遼景宗一眼望見他那匹披著黃金甲的戰馬，這匹馬實在太顯眼了，這豈不是給宋軍弓弩手有狙殺耶律休哥的機會嗎？遼國皇帝唯恐自己的愛將受傷，特地叫他換來一匹披著玄甲的白馬，看上去不太醒目。耶律休哥騎著這匹白馬，率領精銳騎兵渡江，奮勇突擊。宋軍大敗，耶律休哥一直追到莫州，生擒數名宋將，一路上屍橫遍野。

此時的耶律休哥，幾乎成為「戰神」的代名詞。遼景宗賞賜他御馬金盞，並稱讚道：「你的勇敢超過了大家的想像，若是人人像你這樣，何必擔心打不了勝仗呢？」

這一戰的成果，令遼景宗心滿意足，遂引兵退回國內。

但宋太宗卻心有不甘。宋太宗是有進取心的皇帝，也自視甚高，豈肯讓人站在頭上拉屎呢？遼師一退，他又想乘機進取幽、薊之地。這樣殺來伐去，勢均力敵，戰爭何時才是盡頭？很多人反對這種無謂的軍事冒險計畫，提出「峻壘深溝、蓄力養銳」、讓百姓得以休養生息、安內而養外、以仁懷天下等措施。皇帝聽從了這些建議，在北方諸州開運河、通漕運、築水堤等，積極做好戰備。

在之後幾年裡，宋、遼兩國邊界衝突雖多，但規模都不大。比較重要的一次戰爭爆發於太平興國七年（九八二年）。

該年四月，遼景宗親自揮師，再攻大宋。這位契丹皇帝與宋太宗一樣，熱衷於御駕親征，但本領也著實一般。首戰滿城，遼軍便遭重創，守城太尉希達里中箭身亡。遼國大將耶律善布被宋軍伏擊，差點丟了小命，只是耶律斜軫拼死打開包圍圈，把他給救出去了。遼景宗身體狀況本就不太好，遭此敗績後，怒火攻心，竟然病倒了，只得提前回國去了。

戰爭仍在繼續。遼景宗留下三萬人馬，兵分三路，分襲雁門、府州、高陽關。雁門正是號稱「楊無敵」的楊業把守，他與潘美聯手，大破敵軍，反客為主，攻入遼境，俘老幼萬餘口，獲牛馬五萬。在應州戰場，宋將折御卿挫敗遼師，斬首七百級，獲兵器牛羊萬計。在高陽關戰場，宋將崔彥進也取得阻擊戰的勝利，獲兵器牛羊數萬。這樣，遼師的三路進攻，均被打退。

這幾年的邊界戰爭中，宋、遼兩國可以說是勢均力敵，互有勝負，難分高下。就在這個時候，一個大消息傳來了：遼國皇帝遼景宗病逝了。遼景宗是在伐宋歸來幾個月後去世的，他的死給遼國帶來了一個大問題：繼位者耶律隆緒年僅十二歲，這個小孩子有能力領導一個大帝國嗎？

十二歲的小娃娃，當然沒法統治一個國家，於是一個女人從幕後走向前台，她便是歷史上赫赫有名的遼國蕭太后。

蕭太后，原名蕭綽，小名燕燕，出身遼國名門望族。她父親蕭思溫，曾擔任遼國北院樞密使、北府宰相，位高權重。蕭燕燕從小聰慧過人，其父讚道：「此女必能成大事。」十六歲那年，她被選為貴妃入宮，後被冊立為皇后。蕭燕燕政治上的才華，在遼景宗在世時就脫穎而出了。由於遼景宗身體一直不太好，國家大事的決斷，許多是出自皇后蕭燕燕之手。史書中有這麼一段話：「刑賞政事，用兵追討，皆皇后決之，帝臥床榻間，拱手而已。」

遼景宗去世後，蕭太后臨朝稱制，成為國家真正的統治者，這位女強人注定要讓整個世界為之震驚。她與唐朝女皇武則天有許多相似之處，只是沒當皇帝罷了，兩人都有高超的政治手腕，內心之強大常人難以想像。蕭太后剛上台時，地位是很不穩固的，她曾這樣說：「母寡子幼，族屬雄壯，邊防未靖，奈何？」在這個時候，兩位大臣的效忠與輔佐，是政權得以順利交接的關鍵。這兩人，一位是契丹人耶律斜軫，另一位是漢人韓德讓。

韓德讓與蕭太后關係十分微妙，有些野史甚至稱蕭太后下嫁給了韓德讓，這雖然說得離譜了，但有一點可以肯定，兩人維持著情人的關係。由於契丹佔據燕雲十六州，漢人也成為遼國人口構成的重要組成部分，蕭太后執政期間，重用漢人，推行漢化，致力於契丹與漢兩個族的和睦。蕭太后「漢化」思想的背後，未必沒有韓德讓的影響。

且說宋太宗獲悉遼國居然女人當國，心裡未免蔑視一番。在他看來，女人嘛，見識自然長不了，我且用計騙騙她。於是皇帝下旨，北方沿邊諸州，務必守境力耕，不得擅出邊關，不得侵擾契丹人、奪其畜產，違者以重罪論。這詔令下達，營造一派和平的景象，似乎兩國就要罷戰休兵了。

但是宋太宗的伎倆，並沒有瞞得過蕭太后。

蕭太后雖是女流之輩，對軍事卻是十分精通，史書上稱她「習於兵事」，想必當年遼景宗親征，她都隨行的。她知人善任，對耶律休哥的軍事才華大加讚賞，提拔他為南京（幽州）留守兼南面行營總管，全權負責邊關事務。耶律休哥赴任後，細心留意宋軍動向，發現宋太宗的詔令不過是個幌子。宋軍正不斷地把糧食送抵北部邊關，並在黃河北岸修築城堡，顯然是在積蓄力量，以待下次進攻。

耶律休哥將計就計，一方面勸農桑、修武備、積極備戰；另一方面則派出大量間諜，潛入宋帝國境內，傳播假情報。間諜們散佈的消息主要有兩個：其一，遼國國內空虛；其二，遼國邊關將帥都是有勇無謀的傻大個，有蠻力沒智慧。這些消息，令大宋邊關將領十分振奮，上報給了朝廷。

與遼國相比，大宋帝國在軍事情報上遜色許多。以前宋太祖在位時，每當對外發動戰爭時，勢必要摸清對方的虛實，包括收集兵力部署、地形、敵將等情況，以便做一個完整的評估。可是宋太宗在這一點上，顯然遠不如他的哥哥。他對耶律休哥散佈的假情況深信不疑。特別是在這個時候，幾位地方大吏紛紛上書，提議對契丹發動戰爭，奪取幽州。

雄州知州賀令圖、岳州刺史懷浦等上書稱：「契丹主年幼，國事決於其母，韓德讓寵幸用事，國人疾之，請乘其釁以取幽薊。」在他們看來，奪幽州彷彿易如反掌。宋太宗不由得怦然心動，抑制不住北伐的衝動，因為在他內心深處，要成為像秦皇、漢武那樣偉大的君王。

西元九八六年，即雍熙三年，轟轟烈烈的北伐開始了。

這一戰，在大宋帝國歷史上，有著至關重要的影響。

十一、雍熙北伐：虎頭蛇尾的遠征

宋太宗北伐契丹的決定，顯然是過於草率了，因為他對契丹的軍事實力做了一個完全錯誤的估計。蕭太后上台後，遼國的實力不僅沒有削弱，反而比遼景宗時更強大。蕭太后深知大宋帝國頗為強大，未敢輕啟戰端，在南方採取守勢，而把進攻重點放在打擊党項人及女真人。西元九八三年，遼國討伐党項，擊破十五個部落；在太宗發動北伐的前一年，即西元九八五年，遼國大敗女真，俘獲十餘萬人，馬二十多萬匹，軍事力量更加強大。然而，對於這一切，大宋帝國的情報機關卻置若罔聞。

為了這次北伐，大宋帝國精兵傾巢而出，名將個個登場亮相。

宋軍兵分三路出擊，具體部署是這樣的：第一路是主力部隊，由大將曹彬領銜，崔彥進為副帥。曹彬乃是大宋名將，在平後蜀、平南唐之役中有赫赫之功。這位仁兄由於戰功太大，後來當了樞密使，用現在的話說，相當於總參謀長。這次曹彬重新披甲上陣，可見宋太宗對伐遼一戰，勢在必得。第二路兵團以米信為總指揮，杜彥圭為副帥，從雄州（河北雄縣）出兵，這路兵團實力一般，只是協助曹彬的主力兵力作戰。第三路兵團由田重進率領，從定州出發，經飛狐（河北淶源）向北挺進。

在三路大軍出發後，宋太宗覺得還不夠保險，為了確保在戰場上有壓倒性的優勢，又派出第四路人馬。這支部隊以潘美為總指揮，楊業為副手，在西線發起攻擊，任務是迂迴到幽州側背，與曹彬主力部隊夾擊，收復該城。

四路人馬，浩浩蕩蕩殺向敵國，兵精馬壯，士氣高昂。宋太宗躊躇滿志，如此精銳的部隊，別說打下幽州，就是天堂也可攻下。

果不其然，各路宋軍捷報頻傳。

我們先來看看潘美、楊業這一路。潘美與楊業都是一代名將，楊業對遼軍又十分熟悉，故而推進神速。攻入遼境後，潘美向北推進到了寰州，遼刺史趙彥辛望風而降；緊接著，宋軍馬不停蹄，直取朔州，朔州守將趙希贊同樣舉白旗投降。進攻應州之戰仍然不費吹灰之力，遼國守將又投降了。潘美與楊業聯手，果然勇不可擋，不久後，雲州也被宋軍收復。出師不到三個月，潘美與楊業連下四州，戰果驚人。

再看看田重進一路宋軍的進展。田重進是一員老將，當年宋太祖陳橋兵變時，他就有份兒了。田重進攻入遼國後，首戰飛狐，敵守將呂行德投降；緊接著，他兵圍靈丘，守將穆超舉城投降。遼國急忙派一支軍隊以阻擊宋軍深入，結果被田重進打敗了，還損失兩員大將。在蔚州之戰中，敵軍仍然沒有頑抗的意志，很快舉城投降。

協助曹彬進攻的米信兵團，也在新城大破遼師，取得一場勝利。

作為北伐主力的曹彬兵團，又有怎樣的表現呢？

曹彬兵團總兵力十餘萬人，擔任主攻方向。越過宋遼邊界後，這位名將先聲奪人，攻克固安城，而後挺進涿州。遼軍在涿州以東迎戰曹彬兵團，然而力量懸殊，隨即被宋軍擊破。曹彬乘勝追擊，從北門攻入，佔領涿州。涿州是幽州的南面門戶，戰略地位頗為重要，遼國派出一支軍隊南下，企圖收復涿州。曹彬遣部將李繼宣率輕騎渡過涿河，擊退遼師。

從戰爭的第一階段來看，宋軍四路出擊，節節告勝，攻城掠地，反觀遼軍則不堪一擊。難道遼國自蕭太后掌權後，果真一落千丈了嗎？難道在高粱河一役中大敗宋朝皇帝的耶律休哥，竟成為了一頭死老虎嗎？

其實只要仔細分析一下，就可發現宋軍的勝利著實不值得驕傲，為什麼這樣說呢？因為真正的強敵還沒出現呢。我們從史料中可以發現，此期宋軍所打敗的對手，都是遼國中的漢兵漢將。自遼國獲得燕雲十六州後，由於這裡是漢人區，遼國仍保留了漢人官吏、將領以統治漢人。這些漢族將領在與中原政權對抗時，大多數並不積極，稍稍抵抗便舉旗投降了。這是北伐軍頻頻告捷的原因之一。

然而，真正的較量才剛剛開始。

執掌遼國大權的「女漢子」蕭太后竟然帶著未成年的小皇帝御駕親征，這真的是太不可思議了。中國歷史上有許多著名的女政治家，比如西漢的呂雉、東漢的鄧綏、唐朝的武則天等，她們都曾經是帝國最高統治者，但從來沒有一個女人像蕭太后這樣御駕親征。寫到這裡，筆者也不能不為蕭太后的勇敢而喝采。她非但勇敢，也有識人、用人之才，同時也知曉軍事，把兩位契丹名將用以對付兩位宋朝名將。耶律休哥將對陣曹彬，而耶律斜軫則阻擊潘美。曹彬、潘美這對在平定南唐之戰中立下赫赫戰功的大宋雙星，能否再度席捲幽薊之地呢？

開封城內，雖捷報頻傳，宋太宗卻眉頭緊鎖。這位大宋皇帝雖然在戰場指揮作戰的本領略顯蹩腳，對大的戰略卻仍然有獨到見解。他凝視著案台上的地圖，陷入沉思，內心有一種憂慮。他在擔心什麼呢？曹彬推進的速度太快了，軍隊越往前推進，後勤補給線越長，倘若遼軍在這個時候切斷他的運糧通道，那豈非置於危險的境地？

宋太宗的擔心是有道理。

問題是，宋太宗都看得出來的問題，難道久經沙場的曹彬卻看不出來嗎？

當然不是。

那麼曹彬為何要冒這個風險呢？我想可能有以下幾個原因：其一，他過於輕敵了。自宋師出兵兩個多月，戰無不勝，攻無不克，遼人望風披靡，這很難不令他對敵人有輕視之心；其二，他認為耶律休哥丟失涿州後，一定會主動進取，與宋軍展開決戰。只要是速戰速決，他就可以在糧食吃完之前，打敗對手。其三，潘美、楊業連克四州，這也給曹彬很大的壓力，他可不想在戰績上輸給別人。

曹彬是一位優秀的將領，可惜的是，他遇到了一位偉大的將領。既生瑜，何生亮！現實就是如此殘酷。

南京留守耶律休哥在帳中踱來踱去，但目光始終沒有離開地圖。自從全權負責遼國南部軍事以來，耶律休哥一直在構想一個大戰略，其核心就是誘敵深入，然而給予宋軍致命一擊，憑藉一戰來徹底穩定南線戰局。為此，這些契丹名將不斷放出風聲，示弱於敵，引誘宋軍主動進攻。果不其然，宋太宗終於沒忍住，數路大軍深入遼境，勢如破竹。耶律休哥明白，他所面對的曹彬，乃是沙場宿將，且手下有十萬精兵，不可採用硬碰硬的手段，必須要覷準敵人的弱點。那麼曹彬的弱點在哪兒呢？連遠在千里之外的宋太宗都看出來了，在於後勤補給線，十幾萬大軍每天得吃多少糧食啊。

耶律休哥並不急著與曹彬決戰，兩人在較量著耐心。持久戰對遠距離作戰的宋朝軍隊相當不利，耶律休哥採取守勢，同時派出輕騎兵不斷騷擾。在夜間，契丹騎兵利用熟悉地形的優勢，對宋軍薄弱據點發起突襲，打擊宋軍士氣；在白天，耶律休哥則派出精銳騎兵，埋伏於山林草莽，襲擊宋軍的運糧交通線。

很快，曹彬發現問題嚴重了。

十幾天後，曹彬兵團的糧食供應不上了。沒糧食吃，向前推進與遼軍決戰，那是不可能了，守住涿州也不可能，只能後撤。於是曹彬下令，放棄涿州，撤向雄州，等糧食供應上了，再作進攻打算。像曹彬這樣富有作戰經驗的名將，犯下這樣的錯誤，確實不應該。我們只能說，他確實被耶律休哥散佈的假情況忽悠了，對遼軍過於輕視才會貿然深入，結果糧食出問題了，被迫撤了回來。

曹彬的做法，令皇帝十分不滿，他派使者快馬傳達指示，要求曹彬兵團速速與米信兵團會合，按兵不動，養精蓄銳，等待潘美、楊業迂迴到幽州城背後，再聯合起來攻取幽、薊。宋太宗的指示是正確的，既已失去主動權，不如等待時機。

按兵不動！眼看著潘美與田重進這兩路兵馬節節勝利，作為主力的曹彬兵團卻按兵不動，這豈不讓人看笑話嗎？曹彬的部將們出謀劃策，紛紛請戰。身為主將，曹彬有一個大缺點，就是過於仁慈。他在攻打南唐時，為了制止手下將領濫殺無辜，他不是用嚴厲的軍紀來約束，而是用裝病的辦法。他是一個好的將領，但缺乏統御力。在將士們紛紛請戰下，曹彬被輿論綁架了，只得依從部下的建議，再度向涿州發起進攻。

但是，此是涿州的局勢已大變了。

御駕親征的蕭太后及遼聖宗已達抵達涿州以東五十里之處，與太后同來的，是契丹最精銳的騎兵部隊。

蕭太后頗有軍事眼光，她命令耶律休哥等人派出輕騎兵，對曹彬大軍不停地騷擾，遲滯其行軍速度。曹彬一路且戰且行，花了四天的時間才抵達涿州。時值四五月之交，中國農曆，四月已進入夏季，此時天氣開始變得炎熱，經過多日行軍作戰後，宋軍已是疲乏不堪了。到這個時候，曹彬不得不要重新評估戰局了。蕭太后的到來，使耶律休哥手上的兵力猛增，而且是清一色的契丹騎兵，其戰鬥力之強，遠非曹彬之前所遭遇到的對手可比。

怎麼辦？戰，或是不戰？

曹彬已是沒有底氣，他又一次下令，從涿州撤退。兩度兵抵涿州，又兩度撤退，作為一名大將，這種做法著實輕率，同時也大大挫傷了士氣。本來就不該冒進，曹彬偏在部下要脅下出擊，出擊了又沒有戰鬥的決心，那麼這仗如何打？

一直耐心等待的耶律休哥絕不會錯失這次機會，他馬上親率精銳騎兵，全力追擊。宋軍以步兵為多，而契丹人則是騎兵，速度快，耶律休哥終於追上曹彬了。遼國名將與宋國名將在岐溝關（河北涿縣西南）展開較量，但這並不是勢均力敵的對陣，而是一邊倒的戰鬥。兩進又兩退的宋軍將士全無招架之功，被打得丟盔棄甲，曹彬率部突圍，往拒馬河方向退卻。到了拒馬河時，前有河流擋路，後有契丹追兵，宋軍亂得像一鍋粥。在這個時候，曹彬已完全失去對軍隊的控制力，全軍將士只得各自為戰了。

拒馬河成為宋軍的災難之地。由於一片混亂，在渡河時，人馬相踐踏，被踩死者無數，被淹死者無數，被追上來的契丹騎兵殺死者無數。當時為了逃命，宋軍士兵把沉重的盔甲脫了扔在岸上，把刀槍劍戟這些武器也都扔了，拒馬河畔，武器堆積如山，拒馬河中，屍體累累。史書上這樣記道：「沙河為之不流，棄戈甲若丘陵。」不僅是士兵，宋軍中高級官員也死了很多人。被任命為幽州知州的劉保勳，都還沒到幽州城，就溺死於拒馬河，他兒子來救他時，也不幸溺死。殿中丞孔宜同樣在渡河時溺水而死。

若不是副將李繼宣率部與契丹血戰，宋軍的傷亡將更加慘重。這位勇猛的將領把命豁出去了，終於逼退遼師。然而此役宋軍死亡過半，數萬人命喪沙場。垂頭喪氣的曹彬率著殘兵敗將退往高陽，這也意味著雍熙北伐已經失敗。

戎馬一生的曹彬，以北伐的慘敗而暗淡收場。而耶律休哥則成為契丹的民族英雄，蕭太后封他為「宋國王」，注意這個王號哦，耶律休哥的王號是「宋」，這不啻為對大宋帝國的蔑視。豪情萬丈的耶律休哥提議，乘勝南略，把遼、宋的領土分界線南移到黃河一線。但是蕭太后有自己的考慮，未予批准。

這一戰，是宋遼歷史上的關鍵性一戰。從此，遼國進入最強盛的「蕭太后時代」，而吃了敗仗的宋帝國，則完全改變對遼戰略，轉攻為守，積極進攻變為消極防禦，收復幽州的夢想，也如風箏漸去漸遠了。

十二、楊業之死：忠烈楊家將的真實故事

曹彬敗退後，耶律休哥在東線戰場上把宋軍徹底趕出去了。在西線的蔚州、寰州、朔州、雲州、應州仍在宋軍手中，這也是北伐過程中路軍（田重進兵團）與西路軍（潘美、楊業兵團）所取得的戰果。不過，遼國人豈會將此五州之地拱手讓出呢？蕭太后已經指派契丹名將耶律斜軫統率十萬大軍，馬不停蹄殺奔過來。

東線戰事塵埃落定，西線大廝殺不可避免。

耶律斜軫曾擔任遼國南院大王、北院大王、西南面招討使等，有豐富的實戰經驗。在西元九七九年的白馬嶺戰役、高梁河戰役中，他均有出色的表現。蕭太后上台後，他深受信任，繼而在討伐女真的戰爭中再立奇勳，成為遼軍中堪與耶律休哥相媲美的名將。

在耶律休哥大敗曹彬後一個月（雍熙三年六月），耶律斜軫揮師越過太行山，進攻宋軍控制下的安定城。宋軍將領賀令圖在安定城西與遼軍交戰，豈料根本不是敵人對手，只得放棄安定，向南撤退。耶律斜軫追至五台，大破宋軍，此役，賀令圖損失數萬人馬，元氣大傷。遼軍挾勝利之威，於次日攻陷蔚州。

宋太宗接到快馬送來的戰報後，立即指示駐守在應州的潘美率領軍隊增援賀令圖。潘美收到詔令後，即刻點兵啟程，直奔飛狐。然而，耶律斜軫已搶先一步，佔據有利地勢，大敗潘美，而後兵鋒直

取應州。此時應州幾乎毫無防禦力量，部隊都追隨潘美出征了，剩下的守城部隊兵力單薄，如何抵禦遼軍，只得棄城而逃。耶律斜軫幾乎不戰而奪回應州，又把下一個目標對準寰州。寰州守軍沒有棄城而逃，他們選擇了頑抗到底，但面對優勢敵軍，很快便淪陷了，守城的一千多名將士被殺。

潘美知道這四個州是守不住了，可是還有一件事要做，就是盡可能把四州的百姓遷往大宋境內。土地未能收復，但是總要把漢人同胞從契丹人的鐵蹄下拯救出來吧。潘美收羅殘兵敗將，退到朔州狼牙村，此時聽到契丹攻陷寰州的消息。

契丹氣焰囂張，向朔州挺進，距潘美大軍已經不遠了，怎麼辦呢？

副將楊業認為應避其鋒芒，他說道：「如今敵人兵鋒益盛，不可與之爭鋒。我們應該率兵出大石路，先派人通知雲州、朔州守將，先把雲州百姓撤出來，然後我軍直逼應州（應州此時已淪陷），契丹必定要集中兵力與我抗衡，屆時讓朔州軍民出城，向石碣谷轉移。在石碣谷入口處，埋伏一千人的強弩兵，再派一支騎兵支援，那麼雲州、朔州、應州三地百姓可以保全了。」

楊業的這個提議，著力點在於盡可能多地把百姓保全轉移到國內，並不想與契丹人打硬仗，消耗實力。可是我們前面說過，在宋軍將領中，許多人對楊業是有敵意的，一則是他是北漢降將，再則他在邊關名氣很大，令人嫉妒。聽到楊業的發言後，有一個人站出來斥責道：「將軍手握數萬精兵，卻畏懦如此！應該要擂響戰鼓前進，直奔馬邑與敵人決戰。」

說話者何人？卻是監軍、蔚州刺史王侁。從王侁的名頭上，就是個掛名刺史，因為此時蔚州已經被遼軍奪回了。王侁此言一出，順州團練史劉文裕也隨聲附和，表示贊同。楊業斷然否定道：「不行，那樣做必敗無疑。」

王侁臉上露出輕蔑神情，冷嘲熱諷地說：「你平素綽號叫『楊無敵』，如今遇到敵人就逗留不前，莫非將軍心懷他志嗎？」

這句話，讓楊業漲紅了臉，暴跳起來。為什麼呢？因為王侁含沙射影，暗示楊業本來就是個降將，難不成又想向遼國投降嗎？你想想，當年楊業還是北漢大將時，北漢其他人都投降了，就只有他一個人不投降，因為他看重的就是個人的名聲、氣節。如今王侁卻諷刺他不過是個小人，這豈能不讓他憤怒呢？

他悲憤地對王侁等人說：「我楊業並非貪生怕死之輩，只是時局不利，只會令士卒死傷卻不能建立功業。如今各位責備我楊業怕死，我當為諸公做出表率。」

明知此去根本就是做無用功，為了自證忠心，為了捍衛名譽，楊業不得不去做。臨行前，他來到主帥潘美帳中，流著淚道：「我這一去，凶多吉少。我楊業原是太原降將，按理早就該死了。承蒙皇上不殺之恩，還寵幸有加，授我兵權。我並非怯敵不擊，而是想尋找更好的機會，能立尺寸之功，以報國恩。如今諸君責備我避敵不戰，我只能先死以表心跡了。」

身為主帥的潘美一聲不吭，我們不知道他在想些什麼，也許他與其他人一樣，把楊業看成為是威脅自己地位的眼中釘。楊業也沒有想得到潘美的安慰，他之所以前來，除了表白心跡外，主要是不忍心麾下將士跟著他去送死。於是他攤開一張地圖，用手指向一處名為「陳家谷」的地方，對潘美說：「請諸位將軍在此兩側埋伏步兵強弩，等我轉戰到此時，以步兵援救，從左右兩翼夾擊敵人。否則的話，恐怕沒人能活下來了。」

對於楊業這個請求，潘美也不好拒絕了，只得同意。

於是楊業率部出發，向敵人重兵集結的方向挺進。潘美、王侁則按照楊業的要求，在陳家谷口埋設伏兵。

耶律斜軫早就布下天羅地網，就等著宋軍往裡鑽呢。他得悉楊業率軍前來，便親自率軍迎戰。此時的楊業已絕生還的念頭，他勇猛衝鋒在前，銳不可當。老謀深算的耶律斜軫佯裝不敵，向後便撤。其實遼軍早就設下伏兵，以楊業豐富的軍事經驗，在一般情況下會十分謹慎小心，但此時他內心悲憤，就算知道敵人有伏兵，他能後撤嗎？他選擇了向前衝，此時伏兵四起，耶律斜軫也殺了個回馬槍，楊業大敗。

為了保全士卒性命，楊業還是率殘兵敗卒退回狼牙村。他希望埋伏在陳家谷口的步兵、弩兵能給予敵人重大殺傷。楊業一路戰，一路走，邊殺邊退，到了傍晚時，抵達陳家谷口，可是他卻驚愕地發現，谷口空無一人，根本沒有一個宋朝官兵。這是怎麼回事呢？

原來，楊業率部出發後，王侁就在陳家谷口等待其消息。可是等了半天，卻沒有任何消息。王侁便派人到高處瞭望，還是沒發現動靜。他估算了一下，覺得楊業要是打敗仗，那應該早就退回來了，到現在還未回來，肯定是把遼軍打敗了。一想到這裡，王侁心裡琢磨：我可不能讓楊業把功勞給搶了。於是他馬上召集所部，不必在谷口埋伏了，咱們抄小路去追擊敵人。

潘美一聽，這怎麼行，你王侁要是跑了，遼軍打到這裡，我怎麼扛得住？他想制止王侁，可是王侁不理他，自個兒走了。有人會問，潘美不是總司令嗎，怎麼王侁不聽他的呢？原來王侁這個監軍，他就是代表天子監督前線將領的，有皇帝老兒撐腰，不把總司令放在眼裡。潘美大驚，想想這裡不安全了，也顧不得楊業的囑咐，下令軍隊撤退。從這裡我們可以看出宋軍失利的一個原因，無論是曹彬或是潘美，作為前線統帥，他們並沒有一言九鼎的真實權力，反倒處處受制於部將，這樣一支軍隊，哪有凝聚力呢？

話說楊業望著空蕩蕩的陳家谷，他用力捶胸，臉上充滿悲慟的神情。他不是為自己悲，而是為所剩無幾的部下感到悲痛。此時老將軍手下只剩下百餘人，他對眾人道：「你們各自都有父母子女，不要跟我一起死，你們都快走吧。」這些士兵長期追隨楊業，樂為其用，如今大難臨頭，豈有丟下將軍自己逃命的道理呢？大家都流著淚，表示要與將軍一起血戰到底。

這時契丹人已經追了上來，這是最後的戰鬥了。儘管所有人已筋疲力盡，但老將軍一聲令下，大家都投入到契丹的白刃戰中。「無敵」楊業果然神勇驚人，只見他大刀揮舞，砍倒了百十名契丹人，同時身上受了數十處傷，血流不停。打著打著，楊業的士卒已經死傷殆盡，只剩下他的兒子楊延玉與岳州刺史王貴等幾個人。王貴也是一員勇將，箭術極好，他連續射殺數十名遼軍，最後箭矢用完了，便赤手空拳，又殺了不少敵人，最後力竭被殺。楊延玉也是戰鬥到最後一刻，死在父親身旁。

楊業再也沒有氣力了，這時，他心愛的坐騎撒腿便跑，衝破遼軍的包圍圈，一頭衝到深林之中。這匹馬很通人性，可是它也傷得極重，跑不動了，只得找了個樹叢，藏了起來。

就在這個時候，契丹將領耶律希達一眼望見馬背上的戰袍，引弓上箭，瞄準便射。楊業不幸中箭，翻身落馬。契丹人一擁而上，把失去知覺的楊業生擒活捉了。

對於楊業，契丹人十分熟悉。他以前是北漢將領，而北漢是契丹的保護國。就說契丹統帥耶律斜軫吧，在七年前（西元九七九年）遼國援救北漢時，耶律斜軫與楊業（當是叫劉繼業）是屬於同一陣線，一起抵抗宋軍的入侵。

然而有一個事實，即便在北漢時，楊業似乎也是屬於反對與契丹結盟的。據《遼史》所記，耶律斜軫在俘獲楊業時曾說過這樣的話：「汝與我國角勝三十餘年」，由此可見，楊業在民族立場上，始終是反對契丹人入主中原，佔據中國故土的。

作為一代名將，楊業文化水準比較低，什麼四書五經之類的東西，他不太懂，也沒這興趣。但是他忠誠、勇敢、會打仗、有謀略。他在軍事上的本領，應該是長期作戰中總結、學習來的。楊業有點類似於西漢名將飛將軍李廣，既作戰勇敢，同時也很會帶兵，因為能與士兵打成一片，同甘苦、共患難。

楊業武藝相當高強，身體強健。他歸順大宋帝國時，已經五十多歲，駐守在雁門關一帶，這裡冬天十分寒冷，一般人都得穿氈裘禦寒。他卻不怕冷，經常夾一件棉衣，露天坐著講習軍事，旁邊也沒有火爐。站在一旁的侍者都快凍趴下了，他卻一點寒意也沒有。可以說，他天生就是打仗的料。他與李廣一樣，軍中政令十分簡單，但士兵樂於為其效命，這點從他最後的戰鬥中可以看出來。

契丹是游牧民族，崇尚英雄，而楊業是個令人敬重的英雄，故而契丹人對他好生照顧。可是楊業卻已下了必死的決心，他歎息道：「皇上厚遇我，我本期待以捍衛邊關殺敵立功以報答皇恩，只是為奸臣為嫉，逼我赴死。如今王師敗績，我有何顏面苟且偷生呢？」於是他絕食三日，吐血而亡。

這次慘敗的消息與楊業自殺殉國的噩耗傳到開封城後，宋太宗大為痛心。監軍王侁被除官，發配金州；潘美被降三級留用；追授楊業為太尉兼大同軍節度使。皇帝這麼做，一方面是表彰楊業的功勳，另一方面也是樹立一個忠勇的榜樣。楊家將的故事，後來廣為流傳，成為中國人家喻戶曉的經典傳奇。這既是百姓對楊門忠烈的景仰與傳頌，也有官方宣傳的痕跡。

在著名歷史小說《楊家將》中，塑造了楊氏家族四代忠烈的人物形象，小說裡面當然有虛構，那麼歷史上除了楊業外，還真的存在其他楊家將嗎？答案是肯定的。楊業死後，他的五個兒子均被朝廷錄用，其中比較著名的是楊延昭，也就是小說人物中的楊六郎。

在楊業的數個兒子中，楊延昭的性格與父親最像。楊業曾說：「此兒類我。」確實如此。楊延昭嘗追隨父親參加雍熙三年的北伐，後來鎮守大宋北疆，頗多戰功。宋真宗也稱讚他「治兵護塞有父風」，堪稱楊家將第二代的出色人物。

楊家將第三代的代表人物是楊文廣，他是楊延昭的兒子。他的才華曾得到北宋名臣范仲淹的賞識，後來追隨狄青南征。考慮到楊文廣是名將之後，宋英宗多次提拔他，官至定州路副總管、步兵都虞侯。與祖父、父親一樣，楊文廣也是精忠報國，因公忘私。

可以說，楊氏家族為大宋帝國的邊防做出過巨大的貢獻，也正因為如此，他們幾代人抗擊外敵的英勇事蹟，得以在民間廣為流傳，後來逐漸演變為小說《楊家將》，其高尚的愛國主義情操，遂成為國人寶貴的精神財富。

十三、諸神之戰：耶律休哥與李繼隆

在許多人的印象裡，宋朝是一個比較弱的王朝，總是挨人家的打。其實在北宋初期，大宋帝國還是挺強大的，宋太祖、宋太宗兩任皇帝在對外戰爭上都積極進取。雍熙北伐失利後，大宋帝國的國策才由進攻轉為防守。

曹彬被打敗了。楊業死了。可戰爭還沒完。

宋太宗顯然打錯了算盤，孤兒寡母不可欺也，蕭太后是可怕的對手。遼國的復仇，很快如疾風暴雨般襲來。

時間仍然是雍熙三年，這一年的年底，攻守格局發生逆轉。蕭太后英姿颯爽，檢閱南征部隊，並任命耶律休哥為先鋒都統，揮師南下。

耶律休哥詭計多端，《孫子兵法》裡的那些軍事原則，他是爛熟於胸，而且運用自如。他知道鎮守雄州的賀令圖，乃是宋軍中最堅決的主戰派，積極鼓吹收復燕雲十六州。可是賀令圖有勇無謀、頭腦簡單、又貪功好事，耶律休哥便想了一個計策：詐降。他派間諜潛入雄州，對賀令圖說：「我獲罪於契丹，願歸附大宋。」怎麼歸附呢？耶律休哥說，賀令圖得率一支軍隊前來接應才行。賀令圖心想，要是耶律休哥投降，那可是大功一件啊，他都沒有細想，便率一支騎兵去接應。豈料肉包子打狗，有去無回，騎兵被殺得片甲不留，而賀令圖自己成為耶律休哥的階下之囚。

搞定賀令圖後，耶律休哥又在望都打敗宋軍。時任瀛州都部署的劉廷讓大怒，率數萬人馬出戰，揚言要踏平幽州。可是戰爭不是靠吹牛打得贏的，耶律休哥是實幹家，他搶在劉廷讓之前，佔領了各個重要的戰略據點，進逼瀛州。劉廷讓自恃兵精馬壯，與耶律休哥在君子館（河北河間北）一帶相持。可是兩大因素導致宋軍大敗：其一，遼國蕭太后率領主力趕到，投入戰鬥，形成絕對優勢，包圍劉廷讓兵團；其二，寒潮驟至，天寒地凍，宋軍的弓弩無法使用，武器優勢發揮不出來。

朝廷急令滄州都部署李繼隆救援劉廷讓，可是李繼隆發現解圍並不現實，遂退守樂壽。在這種情況下，劉廷讓只得全力突圍，除了極少數人得以生還之外，他麾下的數萬人馬全軍覆沒。戰後，宋太宗把戰敗責任歸於李繼隆，沒有追究劉廷讓。可是在追究李繼隆時，又發現他的做法並無不妥，最後也取消調查。就這樣，這場大敗仗，最後居然無人負責。

在一年之內，宋軍連續遭遇慘敗，將領受責卻很輕，由是可見宋朝的軍事制度有著巨大的缺陷。這幾次慘敗後，「邊將莫敢有議取燕雲者矣」。

此時，大宋帝國北疆已是岌岌可危了。由於精銳喪失殆盡，整個邊界線上的戍卒加起來不滿萬人，地方政府緊急之下，把根本沒訓練過的百姓編入隊伍。可是這些民兵確實沒有戰鬥力，契丹騎兵一路長驅直入，如入無人之境。遼軍接連攻下邢州、深州，而後攻破束城、文安，盡殺其丁壯，俘其老幼。

這下子可把太宗皇帝給氣瘋了，他咆哮了——朕要發兵攻契丹！

可是兵在哪裡？

帝國人這麼多，還怕沒兵嗎？太宗皇帝派使者到河南、河北徵兵，抓壯丁充數，八個男丁徵一人。此令一出，可急壞了宰相李昉，他急忙寫了一摺奏章道：「河南百姓不同於邊關百姓，只知農桑，不知戰鬥。如此大規模徵兵，人心動搖，不少人逃到山林落草為寇。不僅如此，農作之事也大受影響。」

說真的，能征善戰的士兵多葬身於北疆，還能指望這些烏合之眾嗎？皇帝不得不收回成命，繼續對遼國保持守勢。

雍熙北伐的慘敗，讓太宗皇帝對「雍熙」這個年號不滿意了，西元九八八年，他改元為「端拱元年」。

與大宋帝國相比，遼國積極進取。遼聖宗又一次御駕親征，當然，大家要注意一點，這裡打著遼聖宗的旗號，其實真實指揮全域的人，都是鐵娘子蕭太后。

遼軍南下，勢如破竹，宋軍屢戰屢敗，契丹兵鋒直指長城口（河北徐水北）。蕭太后親自壓陣，契丹人發起潮水般的進攻，宋軍抵擋不住。遼將耶律斜軫向守城官兵招降，但遭到拒絕。宋軍突圍南竄，蕭太后派韓德讓追擊，全殲宋軍。之後，契丹人拔滿城、下祁州、破新樂，一直殺到唐河北。

遙控戰局的太宗皇帝從帝都發來指示：堅壁清野，勿要出戰。此時大宋皇帝也沒有作戰到底的底氣了。

皇帝的詔令，按理說是違抗不得的。但定州監軍袁繼忠卻慷慨陳辭道：「敵寇已近在眼前，我城中駐屯重兵卻不迎戰，眼睜睜看著敵人長驅直入，那麼要軍隊幹什麼！我當身先士卒，與敵人決一死戰。」此話一出，可把幾個前來傳旨的太監給嚇壞了，忙舉著詔書，叫眾人不要違詔。

這時只聽得一人聲如洪鐘道：「閫外之事，將帥得專。」什麼意思呢？中國自春秋戰國始，就有「將在外君命有所不受」的傳統，閫外就是門外、皇城之外，戰場上形勢變化多端，將領要審時度勢，就算皇帝的命令，也不一定要服從。說這話的人是誰呢？正是都部署李繼隆。李繼隆繼續說：「前年我在河間之戰時撤軍，之所以苟且偷生，就是想要有機會報效國家。」

李繼隆說的河間之戰，就是兩年前的君子館之戰。當時宋軍劉廷讓兵團被耶律休哥包圍，李繼隆擔任救援任務，可是他認為毫無勝算，遂撤軍而去，導致劉廷讓兵團全軍覆沒。這件事令皇帝震怒，下令調查李繼隆，但後來不了了之。李繼隆堅持認為自己沒錯，為國家保留下一支精銳部隊。可是，很多人卻認為，他之所以沒受追究，是因為一個特殊的關係：皇帝是他的妹夫！

我們且來說說李繼隆這個人。

他出生於將門之家，父親李處耘是宋初名將，平定湖荊的主要將領。他的妹妹嫁給趙光義，後來成為明德皇后。李繼隆從軍後，剿過匪，從征過南唐，後來又參加滅北漢的戰爭。在與遼國的漫長戰爭中，他有不錯的表現。雍熙北伐後，曹彬、潘美等將領作戰不力，退居二線，李繼隆逐漸成為邊關最重要的將領之一。

李繼隆被認為是宋代最傑出的將領之一，可是他在君子館之役中不戰而撤，這成為其軍事生涯的一個難以洗刷的污點。如今契丹再度兵臨城下，皇帝下詔堅壁清野，李繼隆若再度成為縮頭烏龜，恐怕永遠被人恥笑了。因此，他堅決支持袁繼忠的主張，迎擊契丹。在李繼隆軍中，有一支相當精銳的騎兵，稱為靜塞騎兵。這支騎兵的家屬原先都居易州，然而在契丹的進攻下，易州失陷，他們的妻兒子女都被俘虜。現在終於有了復仇的機會，靜塞騎兵們個個義憤填膺，摩拳擦掌。

正所謂眾志成城，李繼隆率領這支英勇的軍隊，抵抗遼師進攻。在戰鬥中，李繼隆、袁繼忠身先士卒，靜塞騎兵一馬當先，勇不可當。遼軍遭遇到南侵以來的第一場敗仗，全線潰敗，被宋軍一路追擊到曹河。

李繼隆的反擊，令遼軍傷亡不輕，遂撤回南京，宋軍乘勢收復易州、滿城等失地。最寒冷的冬天過去了，轉眼間迎來了新的一年。

端拱二年（九八九年），契丹大軍再度來襲，遼聖宗依然御駕親征。易州再次被圍，駐守滿城的宋軍急急來援，然而被遼軍鐵林軍（重甲騎兵）擊退，損失慘重，僅指揮使便有五人被生擒。易州城孤立無援，刺史劉墀只得舉白旗投降。然而守城將士不肯投降，向南突圍。這次突圍沒有成功，被追上來的契丹騎兵一網打盡。

可以說，在宋遼交鋒中，大宋帝國已是漸落下風了。

當時大宋帝國在北疆設有一兵營，稱為「威虜軍」，該兵營在選址上是非常不理想的，置於平原上，周圍無險可守，駐軍數千人。遼國不斷派兵襲擾交通線，令威虜軍的糧食運輸出現大麻煩了。

對耶律休哥來說，要擊破威虜軍並不是問題，但他並不發動進攻。為什麼呢？他是要放長線釣大魚，把威虜軍當作誘餌，宋帝國不可能置之不顧。

果不其然，宋太宗很快下達詔令，由定州都部署李繼隆統率鎮、定兩州兵力，押送數千車軍糧，前往威虜軍處。耶律休哥聞訊大喜，親率精銳騎兵數萬人，準備半途襲擊李繼隆的押糧部隊。只要吃掉李繼隆這支部隊，威虜軍沒糧食只能舉手投降，那麼大宋北疆的防禦勢必全線崩潰。耶律休哥心思縝密，計畫部署井井有條，就等著李繼隆掉到陷阱裡了。

可是，這位契丹名將百密一疏，而正是這一疏忽，毀了他「戰神」的不敗金身。

李繼隆的部隊還未到，先來了一支巡邏隊。這支巡邏隊有一千多人，有步兵也有騎兵，頭頭名叫尹繼倫，他的官銜是北面緣邊都巡檢，就是負責在邊界巡邏的。尹繼倫巡邏時，突然望見遠處有大量敵軍，人數眾多。當時所有人都嚇了一大跳，敵人要是猛地撲過來，那麼區區一千人的部隊，恐怕要全軍覆沒了。可是令尹繼倫感到奇怪的是，契丹騎兵卻沒有動，似乎根本沒發現他們。巡邏隊的士兵們都喘了一大口氣，好險啊。尹繼倫越想越不對勁，按理說，我這一千號人馬也不少，怎麼契丹人個個像瞎子一樣，視而不見呢？其中必然有詐。

尹繼倫的判斷是對的。耶律休哥確實發現了這支巡邏隊，可是他並不攻擊。消滅這一千人的小部隊，耶律休哥一點興趣也沒有，他的目標是宋軍中戰鬥力最強的李繼隆部。現在發起攻擊，打草驚蛇，因小失大。他本來想，這支宋軍小分隊一定暗自僥倖死裡逃生，遼軍數萬人馬向前開進，他們也不敢折回去彙報敵情。

可是，我們不能不說，這次耶律休哥真的要栽跟頭了。

因為他猜錯了。

尹繼倫把部下召來開會，商量要怎麼辦。他分析說：「契丹人故意放過我們，一定是要襲擊運糧隊。我們現在就是案板上的魚肉，契丹人若偷襲成功，回過頭來就會把我們都生擒；若他們偷襲失敗，也會拿我們開刀出氣解恨。不管怎麼樣，到時我等都必死無疑。」

聽到尹大人這麼一說，大家都覺得有道理，可是要怎麼辦呢？尹繼倫繼續說道：「於今之計，我們只能走一步險棋了。敵人的注意力都放在前方的李繼隆軍，後防肯定很薄弱。我們跟在他們後面，出其不意襲擊其後。若是力戰而勝，大家都立大功；若是打敗了，我等也不失為忠義之輩。這總比任人宰割，稀里糊塗成為刀下之鬼要好吧。」

看來尹繼倫的口才著實不錯，把大家說得熱血沸騰，激憤從命。要跟蹤遼軍並不難，這支巡邏隊本來就是搞偵察的，況且敵人數萬人馬行動，不可能沒動靜。入夜時分，尹繼倫率這一千名兄弟，手操短兵刃，一路跟蹤了數十里，來到了唐州徐河。耶律休哥為了搶奪先機，契丹人一晚上行軍，沒有睡覺。他們根本沒有意識到屁股後面還跟有一小股宋軍，同時一夜不睡。

天色未亮，此時契丹大軍距離李繼隆只有四五里的距離。耶律休哥吩咐下來，先吃飯，吃完飯後天也差不多要亮了，到時便可對李繼隆發起總攻。就在遼軍吃飯之際，尹繼倫把手下一千人排成行陣，出其不意地猛攻遼軍的後方，並斬殺一員大將。遼人一下子被打矇了，不曉得宋軍來了多少人，陣腳大亂。

正所謂「射人先射馬，擒賊先擒王」，這支敢死隊衝進敵營後，就直找耶律休哥的身影。當時耶律休哥也正在吃飯，一見宋軍殺來，把小刀、筷子一扔便走。可就在此時，幾名敢死隊員已經衝上來，在短兵交戰中，耶律休哥手臂受傷，而且還傷得不輕，但他畢竟功夫過人，跳上一匹戰馬，跑了。

尹繼倫的這次進攻，把遼軍計畫全盤打亂了，不僅未能先發制人，偷襲李繼隆軍，反倒被李繼隆發現了。這時遼兵營兵戈交錯，喊殺聲震天，李繼隆能不發現嗎？此時不衝鋒，更待何時？李繼隆果斷下令，全體士兵集合，殺向遼軍。耶律休哥真是陰溝裡翻船，被尹繼倫這一折騰，整個軍隊亂了套，此時李繼隆的精兵又殺過來，遼軍大駭，不戰自潰，翻身躍馬奪路便逃。這一逃沒關係，馬踩人，人也踩人，被踩踏而死者不計其數。這時真是恐慌到了極點，以耶律休哥的聲望與統御力，在這裡也用不上派場了。

一場精心準備的偷襲戰，就這樣泡湯了，耶律休哥不由得仰天長歎，天佑大宋，有什麼辦法呢？只得全線撤退。想全身而退那麼容易嗎？要知道李繼隆可不是平庸之輩，豈能放過打擊契丹的良機呢？他縱馬大追，直追到徐河，過了河後又追十來里，俘敵無數。這一戰，宋軍大敗耶律休哥，讓遼軍付出沉重的代價。

這場戰役的勝利，首先歸功於尹繼倫，戰後他被皇帝提拔為長州刺史，同樣照樣負責邊關巡檢任務。尹繼倫長期巡邏，風吹日曬的，長得比較黑，契丹人送給他一個綽號，叫「黑面大王」，他們還相互告誡說：「可千萬別遇到黑面大王啊。」在尚武的契丹人眼中，尹繼倫以一千人的微弱兵力，偷襲數萬遼軍，那真是勇士中的勇士，英雄中的英雄啊。當然，我們也得肯定李繼隆的表現，他能當機立斷，把握戰機的能力是相當強的，若是他優柔寡斷，晚片刻發起進攻，尹繼倫這支小分隊說不定就被消滅了，那到時鹿死誰手，就難以預料了。

被視為戰神的耶律休哥生平第一次敗得這麼慘，這對契丹也是一大心理打擊。蕭太后心裡也明白，此時契丹並沒有打敗大宋的實力。連年的戰爭，對於宋、遼兩國都吃不消，雖然誰也沒有主動提出議和，但戰爭實際上告一段落了。從這一年（九八九年）一直到宋太宗去世（九九七年），宋遼之間沒有再出現大規模的戰事。

北方戰爭的壓力減輕了，可是在帝國西南，一場規模浩大的農民起義，卻悄悄醞釀著。

十四、盛世危機：王小波、李順起義

淳化四年（九九三年），太宗皇帝的統治已進入第十七個年頭，帝國看上去風平浪靜，誰也沒有預見到，一場大風浪就要到來了。

之所以沒人預料得到，是因為風浪來臨之前，僅僅只是微波蕩漾罷了。這一年二月的某天，西南的一座名為青城的小縣城，氣氛與往日不同。一大群人聚在一起，手上揮舞著菜刀鋤頭棍棒，聚精會神地聽著台上一個人的演說，當那人說到「吾疾貧富不均，今與汝均之」時，台下這些人熱情之火焰被點燃了，個個熱血沸騰。

他們是要幹什麼呢？造反！

在台上喊出「均貧富」口的這個人，叫王小波，是青城縣人，他為什麼要造反，其他人為什麼要跟著他造反呢？這就說來話長了。

青城縣位於四川，在大宋帝國統治之前，屬於後蜀。我們前面說過，當年宋軍平定後蜀時，在這裡燒殺搶掠，無惡不作。蜀地人民奮起反抗，在全師雄的領導下，與宋軍浴血奮戰，但最後失敗了（請參閱前文）。武裝反抗失敗後，不屈不撓的蜀地人民又上訪，到京城告御狀，宋太祖不得不處分了一些宋軍將領，以平民憤。但是，處分太輕，這也導致一種現象，被朝廷派到四川當官的人，總想方設法撈點好處。在王小波起義前，朝廷曾派秘書丞張樞到四川巡視，他一口氣就挖出官員貪贓枉法者一百多人，可見這裡腐敗到什麼程度。

大家都知道，四川號稱「天府之國」，物產豐富，按理說，百姓生活水準不低，幹嘛要造反呢？其實不然。其一，宋朝平定後蜀，把大量的金銀財寶搜刮一空，要麼運往京城，要麼中飽私囊；其二，賦稅太重；其三，政府在四川設置「博買務」，就是壟斷布帛買賣，商旅不得私下交易，後來又壟斷茶葉。

話說這個王小波，原本是個販夫走卒，做茶葉生意為生。打從政府實施茶葉、布帛專賣後，大量以此為生的蜀民陷入生存危機中，沒活路啊，怎麼辦呢？蜀民有鬧革命的傳統，你大宋朝廷不是好東西，派來的地方官不是好東西，我反了！就這樣，王小波糾集一批失意落魄的貧民，操起棍棒菜刀鋤頭，打出「均貧富」的口號，造反了。

起初，造反軍規模很小，一百人罷了。可是王小波點燃了蜀民的憤恨之火，許多窮苦百姓一聽說有人鬧革命，還均貧富，這誘惑力太大了，紛紛前來投奔，造反軍的規模迅速膨脹。王小波頗有眼光，他心裡盤計著，若想更多人參加造反軍，就得殺掉幾個百姓深惡痛絕的官。殺誰呢？他想到一個人：彭山縣令齊元振。

這齊元振是什麼樣的人，為什麼人神共憤呢？他是貪官、惡吏，但這並不是他區別於別人之處，他的厲害之處，在於陰險狡詐。我前面說過，朝廷曾派張樞到四川，張樞一下子抓了百來個貪官，但是，貪官名單上並沒有齊元振。齊元振不僅沒上貪官名單，反而被張樞列在清官名單的第一位，上面還標注他「清白強幹」。這就是齊元振，貪婪、殘暴，卻沒讓朝廷抓住任何把柄，還博得好名聲。可是百姓的眼睛比皇帝特使的眼睛明亮，朝廷不能懲罰惡人，就讓人民群眾來懲罰吧。

王小波帶著造反隊伍，殺向彭山縣，很快攻破縣城，把齊元振給逮住了。這位造反派頭頭把縣城百姓都叫過來，做了兩件事：第一件事，當眾處決貪官齊元振，殺死後還不夠，把他肚子給剖開來，幹什麼呢？這個貪官就是滿腦袋想錢嗎，我就用錢填飽你。於是把錢幣倒進他的肚子裡，看你還得享用不？第二件事，把齊元振這些年搜刮到的財物，全部分給百姓。「均貧富」不是口號，王小波說到做到。

這麼一來，王小波的威名在蜀地傳開了，越來越多的人前來投奔起義軍，起義規模越來越大。不過很可惜，這位出色的起義軍領袖，在不久後的一場戰役中重傷而死。當時王小波率領起義軍，與西川都巡檢使張玘所率的政府軍在江源縣激戰。此戰起義軍大勝，斬殺張玘。可是在戰鬥過程中，王小波也被張玘射中一箭，射入額頭，這是致命傷，不久後就死了。大家便推舉王小波的妻弟李順為大首領，繼續領導起義軍。

李順繼承王小波「均貧富」的思想，頗有早期共產主義色彩，他每攻克一地，總是召集鄉里富人大姓，把家裡財物、糧食統統拿出來，除了保留一部分生活必需品之外，其餘全部沒收，用於賑濟貧苦百姓。這支起義軍紀律嚴明，對尋常百姓秋毫無犯，因此得受民眾支持，影響力也越來越大。

起義軍的隊伍擴大到了數萬人，接連攻陷蜀、邛諸州，殺死官吏無數。後來又攻破雙流等縣，目標直指成都。李順第一次攻打成都並不順利，儘管打到了西郭門，攻勢還是被守軍遏制了。李順便轉而進攻漢州、彭州，連連得手。此時起義軍如日中天，發起第二次成都攻堅戰。這次大宋守軍終於沒有頂住，守衛成都的郭載、樊知古等人落荒而逃，逃往梓州。

一個割據的勢力又出現了。

李順，這位一年前還沒沒無聞的人，如今成為卻自立為王，建國號為大蜀，改元為應運。為了鞏固起義成果，李順又派軍隊四處出擊，北抵劍關，南達巫峽。此時四川全境多數地方都為起義軍所控制，大宋朝廷震驚了！

皇帝再也不能等閒視之了，立即召見昭宣使、河州團練使王繼恩，給他掛了一個「西川招安使」頭銜，率軍入川，全權負責軍事。

王繼恩這個人，大家當不陌生。在宋太祖趙匡胤暴死的那一夜，他違抗皇后的密詔，擁宋太宗奪權，可謂是立了頭功。他乃是一名太監，太監不都待在皇宮裡嗎，為何宋太宗居然會派他去鎮壓起義軍呢？王繼恩是太監沒錯，但他長年不在宮裡，而是擔任排陣都監，長期在河北領兵，手握兵權。

宋太宗從禁衛軍中撥出部分精兵，追隨王繼恩入川。此時，守衛劍門關的宋軍正與李順的起義軍展開激戰。劍門關乃是天險之地，佔據劍門，就控制了棧道。當時朝廷對劍門的局勢非常悲觀，因為這裡僅有幾百名守軍，而前來進攻的起義軍則多達數千人。在敵眾我寡的情況下，都監上官正表現神勇，接連打敗起義軍的進攻。當時有一支從成都潰敗後逃出來的宋軍部隊，前來劍門投奔上官正。這支部隊的到來，扭轉了劍門戰局，宋軍轉入反攻，大破起義軍。起義軍數千人馬，死傷殆盡，只剩三百人逃回成都，但這三百人被憤怒的「大蜀王」李順下令全部處決。

劍門之戰，對於宋軍來說乃是一次決定性的勝利，否則棧道一旦被李順所控制，入川的路就被堵死了，想鎮壓起義軍就沒那麼容易了。由於這條通道的暢通，王繼恩的部隊得以順利入川，並展開攻勢，在研口寨大破義軍，平定劍州。

顯然，李順也低估了宋軍的實力。

自王小波起事後，義軍所對付的官兵，不過只是地方武裝，戰鬥力不強，故而屢戰屢勝。而這次李順要對付的，卻是來自京師的精銳禁軍，戰鬥力之強，遠非義軍這群烏合之眾可以相比。在這種情況下，若李順主動放棄成都，與宋軍展開游擊戰，避實擊虛，或許可以堅持下去。可是當了幾天的大蜀王後，人性的弱點出來了，在放棄這種富貴舒服的生活，重新回到艱苦的環境中去，這確實很難了。因此，李順選擇與宋軍硬拼，抱著僥倖心態去賭，這正是王繼恩求之不得呢。

此時已是淳化五年（九九四）四月，李順接連發起的兩次進攻，無異於自殺。他派五千人在柳池驛與宋軍交鋒，同時又派三千人進攻廣安軍。這兩次攻擊非常不明智，不僅均告失敗，士氣更是一落千丈。自此之後，宋軍一路推進，勢如破竹。

五月，捷報如雪片，不斷地飛入皇城。王繼恩先是獻上戰報，政府軍攻克綿州；緊接著，部將曹習率領一支軍隊，從葭萌直奔老溪，擊破義軍一萬多人，收復閬州；不久後，巡檢使胡正遠率部收復巴州。就這樣，各路宋軍齊頭並進，逼近成都。

直到這個時候，李順還心存幻想。他把起義軍全部集中在成都，企圖固守，此時成都的義軍多達十萬人。怎麼會有這麼多呢？我想這十萬人裡，多數只是臨時拼湊的人數，比較有戰鬥經驗的那些戰士，多數已經在前面的戰鬥中犧牲了。表面上看，十萬大軍，怎麼說也能撐個一年半載吧。可實際上，成都在短短幾天內就淪陷了。史書上甚至這樣說：「王繼恩至成都，引師攻其城，即拔之。」

「即拔之」三個字，可見義軍的抵抗力是多麼弱。因為這是烏合之眾與訓練有素、久經沙場的禁軍的不對等交鋒。儘管懸殊很大，義軍表現出來的勇氣還是令人欽佩的。有三萬人戰死沙場，他們寧可帶著「均貧富」的夢想死去，也不願成為被奴役的人，這種追求平等的偉大精神，將永遠不會滅亡。

關於起義軍領袖李順，有的說他被俘，有的則說下落不明。下落不明，定然是戰死，因為成都失陷後，起義軍殘餘力量仍在堅持作戰。

成都被攻破，十萬義軍死了三萬人，剩下的七萬人，有的投降了，有的則殺出重圍，繼續與官兵周旋。李順舊部張余退出成都後，收羅舊部，轉戰並攻陷嘉州、戎州、瀘州、渝州、涪州、忠州、萬州、開州八個州。起義軍之所以還能轉戰各地，主要原因，乃是宋軍主帥王繼恩治軍無方。

說到底，王繼恩就是有功於皇帝的太監，說到行軍打仗，那是外行。他攻下成都後，天天大吃大喝，手握重兵，又待在成都不出，甚至還縱容部隊掠奪百姓子女錢帛。由於王繼恩無所作為，起義軍有死灰復燃之勢，張余的起義軍已經發展到數萬人，向東挺進，進攻夔州。

夔州靠近巫峽，乃是從長江進出四川的戰略要地。義軍在西津口處大舉進攻，矢石如雨。太宗皇帝緊急派白繼贇統領數千精銳士卒，晝夜兼行，奔援夔州。白繼贇的援軍抵達夔州後，趁義軍無備，與夔州守軍前後夾擊，大破義軍。這一戰，起義軍共死了兩萬多人。據說當時整個長江江面漂著屍體，「水為之赤」。

在接下來的幾次戰役中，義軍又遭重創。在嘉陵江口之戰中，義軍損失了兩萬人；在陵州之戰中，損失了五千人。如此一來，起義軍大勢已去，張余已是回天乏力。

歷時兩年的王小波、李順起義，震動西南，其原因就是官逼民反。朝廷當然也知道這一點，宋太宗決定要派個正直的官員前去治理，挑來選去後，選中了樞密直學士張詠。不僅如此，皇帝還下了個罪己詔，做自我檢討。我們來看看皇帝是怎麼認錯的：「朕委任非當，燭理不明，致彼親民之官，不以惠和為政，筦榷之吏，惟用克削為功，撓我烝民，起為狂寇。」這份檢討書，應該說寫得還是比較深刻的，至少表明皇帝意識到四川之亂，主要原因在於官吏上。

這次，皇帝沒用錯人，張詠赴川後，大力整飭軍政，問疾民間，安撫民眾。宋太宗這樣稱讚他：「此人何事不能了，朕無慮矣。」

張詠赴任後次年（九九五年），起義軍餘黨首領張余在嘉州戰死，意味著這場轟轟烈烈的大起義，最終以失敗而告終。儘管「均貧富」的理想未能實現，但是蜀人以自己的反抗精神，爭取到了一定的權利，迫使朝廷著手解決吏治腐敗的問題，從某種程度上說，這也算是一種勝利。

十五、千鈞一髮：呂端大事不糊塗

至道三年（九九七年）三月某日，開封。

這一天，帝國宰相呂端又像往常那樣進宮問疾。問誰的疾呢？皇帝宋太宗。五十九歲的皇帝快不行了，儘管在宮中沒人敢私下這麼說，但大家都心裡有數。當呂端跨進皇帝寢宮時，一眼看到了兩個熟悉的面孔，一個是明德皇后，另一個是大太監王繼恩。他的眼光還在搜索另一個人，可是沒看到，他的內心不由得一沉。皇帝病入膏肓，隨時可能駕崩，但太子居然不在身旁！

父皇病危，作為接班人的太子居然沒在身邊，可見這其中有文章。熟悉歷史、洞悉人性的呂端馬上意識到：有人想阻止太子登基。誰呢？只要看看誰待在皇帝身邊就知道了，正是明德皇后與王繼恩。呂端探望了皇帝，已經不省人事了，皇帝若是死了，這皇宮之內，會不會掀起驚濤駭浪呢？

不行，一定要通知太子。呂端沒有帶紙，他在笏板上寫了兩個字「大漸」，然後交給親信，要他火速送往東宮。「大漸」什麼意思呢，就是「病危」，告訴太子皇上已經病危了，趕緊入宮，遲則生變。

呂端這麼著急，是因為他知道王繼恩的陰謀：這個翻雲覆雨的大太監想廢掉太子！

為什麼王繼恩想廢掉太子呢？

這事，我們還得從宋太宗立太子說起。

當年宋太宗以皇弟的身分竊取大權，因為名不正言不順，他遲遲不敢立自己的兒子為太子，因為宋太祖的兩個兒子以及弟弟趙廷美都有繼位權。幾年後，太祖皇帝的兩個兒子，一個自殺，一個暴死；皇弟趙廷美同樣遭迫害而死。這麼一來，宋太宗可以名正言順地把皇位傳給自己的兒子了。可是誰又想得到，立儲一事，竟然非常不順利。

有人會問，古代不都長子繼承嗎？立長子為儲君不就完事了嗎？確實，宋太宗是想讓長子趙元佐接班。可是趙元佐這個人比較有同情心，也比較脆弱。叔父趙廷美被迫害致死，對趙元佐刺激太大了，他居然精神失常，甚至有一回自己放火燒了寢宮。太宗皇帝大怒，把長子趙元佐廢為平民，讓次子趙元僖擔任開封府尹，這是宋太宗當皇帝之前的官職，被外界解讀為「準太子」。

然而，準太子趙元僖尚未轉正，卻在西元九九二年時意外病死，年僅二十七歲。趙元僖之死，對宋太宗是一次沉重的打擊，他一夜之間，變得蒼老了。

太宗皇帝還有六個兒子，那麼要立誰呢？大兒子不行，二兒子死了，三兒子趙元侃當然成了首選。出於謹慎，宋太宗遲遲未下定決心。立儲這件事，關係到國家的未來，小心是必要的。這時，皇帝想到了一個人，此人正是以正直敢言著稱的寇準。他想聽聽寇準的意見，可是這時寇準在哪裡呢？被貶到青州去了，原因是頂撞皇帝。敢頂撞皇帝的人，就是敢說實話的人，宋太宗把寇準召回，徵求他的看法。寇準的回答是：「知子莫若父，陛下覺得可以，那定是可以。」對立趙元侃為太子表示認可。

就這樣，趙元侃被立為皇太子，改名叫趙恆。冊立皇太子，意味著大宋政權將會平穩過渡，因為京師百姓對此非常支持，大家對皇太子的評價不錯，稱他「真社稷之主也」。換作其他人，聽到兒子被人吹捧，那肯定是開心的。但是這句話傳到宋太宗耳中，他卻覺得刺耳無比。為什麼呢？宋太宗這個人是比較厚黑的，他有沒有對哥哥下手這個尚有疑問，但對侄兒、弟弟都是鐵石心腸的，甚至對長子也不客氣，貶其為庶人了。從五代過來的人，對子弒父的情況已是見怪不怪，權力超越親情，這是政治生存的基本法則。

如今他還沒死呢，百姓就這樣擁戴皇太子，把他這個老皇帝放哪兒呢？他對寇準抱怨說：「四海心歸太子，欲置我於何地？」這不是想讓我早點下台，想咒我早死嗎？還好寇準這個人反應敏捷，忽悠說：「這不正說明陛下您有眼光嗎？這可是國家之福，萬世之福啊。」皇帝聽了後，便也消了氣了。

但是皇帝的反應，卻被一個人記著了。此人正是王繼恩。

在「燭影斧聲」的那一夜，王繼恩奮力一賭，贏來了二十年的榮華富貴。一個太監，權傾朝野，手握兵權，甚至還到四川當了一回平亂英雄。若是當年他遲疑片刻，恐怕人生就得改寫了，恐怕他只能默默地待在後宮院落，看庭前花開花落，一生為奴為僕了。而今皇帝立了太子，他有一種深深的危機感。為什麼呢？因為皇太子根本就不喜歡這個老太監。

你皇太子不喜歡我，我便讓你接不了班。王繼恩開始四處活動，密謀把太子拉下馬。那麼他有人選嗎？有，這個太子候選人就是宋太宗的長子趙元佐。趙元佐一度精神失常，被皇帝廢為庶民，但時間長了，病自然慢慢好起來了。為什麼王繼恩看中趙元佐呢？其一，他是長子，長子繼承皇位，天經地義的。其二，他被廢時間長，沒有任何勢力，容易控制擺佈。

有了人選後，王繼恩就開始計畫了。

首先他要得到一個人的支持，這個人就是明德皇后。如果皇帝死了，有權廢掉太子的人，只有皇后。明德皇后曾生有一個兒子，但夭折了，因此無論誰當太子，都不是她的親生子。王繼恩畢竟是宦官，見皇后的機會多，時不時說說太子趙恆（趙元侃）的壞話，久而久之，皇后也對太子有所疑慮。除此之外，王繼恩還拉攏參知政事李昌齡、知制誥胡旦等人，謀立大皇子趙元佐。

王繼恩想離間皇帝與太子的關係，卻沒能成功，原因是太子的表現中規中矩。在擔任開封尹時，太子趙恆表現十分出色，特別在斷獄上，表現出過人的本領。史書上是這樣記的：「載決輕重，靡不稱愜，故京獄屢空，太宗屢詔褒美。」皇帝多次下詔表揚皇太子的表現，這就成了最好的防彈衣。

幾年過去了，王繼恩沒能扳倒太子。

就此放棄嗎？還沒結束呢！王繼恩還有最後的絕招。決戰的時刻到來了，這是沒有硝煙的戰場，卻有無形的刀光劍影。太宗皇帝病倒了，一病不起了，生命之燭火已燒到最後。這時，王繼恩與明德皇后已握有先手，傳詔的權力在他們之手，只要不傳皇太子，皇太子也不能隨隨便便就進宮。他們在等待著，只要皇帝死亡的消息確認，立即把皇長子、被廢為庶民的趙元佐立為天子。

這是赤裸裸的政變。王繼恩不是第一次幹這種事，他駕熟馭輕，胸有成竹。可是這次他要栽跟頭了，因為呂端壞了他的大事。且說呂端差人火速趕往太子處，急喚太子入宮。皇太子趙恆一看到笏板上寫著「大漸」二字，心裡明白，此千鈞一髮之際，不得遲疑，便急急趕往宮中。

事實證明，呂端的警告太及時了。

太宗皇帝終於駕崩了。王繼恩這隻老狐狸開始行動了，他對悲傷的皇后說，現在得召宰相呂端前來，商議皇帝的人選。王繼恩心裡想，只要呂端一來，就被我捏在手心裡，諒他也不敢反對。他打心眼裡瞧不起呂端這個人，不僅是他，當時朝廷有許多人都不太看得起呂端，為什麼呢？大家覺得這個人做什麼都稀里糊塗的，好像沒什麼頭腦。

當初宋太宗要把呂端提拔為宰相時，有人就反對說：「呂端為人糊塗。」頗有識人之明的皇帝笑道：「呂端小事糊塗，大事不糊塗。」王繼恩忘了宋太宗的這個評價，他小看了呂端。呂端內心對王繼恩的陰謀一清二楚，但卻裝得一無所知的樣子。

王繼恩到中書省找到了呂端，催他入宮。呂端對他說，書房中有一份太宗皇帝以前親筆所寫的詔書，咱們啊，得把這份詔書帶上才行。王繼恩一時矇了，他壓根兒不知道有這麼個詔書，便與呂端一同到書房中去找。豈料他前腳一踏入書房，只聽得背後「咣」的一聲，大門關上了——呂端把王繼恩給鎖在房中了！

呂端把王繼恩軟禁起來後，直奔宮中。此時，皇太子趙恆也已經到了宮中，呂端先進宮向明德皇后稟報。皇后一見王繼恩沒來，知道事情有點不對頭，便對呂端說：「皇上駕崩，依照慣例，應該立長子為接班人。現在到底要怎麼辦？」呂端一拱手，鏗鏘有力地答說：「先帝立太子，正是為了今天接班，豈能還有異議呢？」皇后自知理虧，況且王繼恩也失蹤了，不敢堅持己見，默不作聲。

緊接著，呂端馬上令參知政事溫仲舒宣讀遺詔，皇太子在太宗皇帝靈柩前宣佈即位，成為大宋帝國的第三任皇帝，史稱宋真宗。

呂端果然大事不糊塗，憑藉自己的機智果敢，消除了一次可能毀滅大宋根基的政變，可謂是帝國柱石，居功至偉。

宋真宗即位後，對試圖政變的王繼恩等人採取了寬大的處理辦法，只對為首幾個人削官放逐，其他的人不予追究。這種寬大的處理方式，在中國歷史上還是比較罕見的，以王繼恩的所作所為，就算處於極刑也不過分，但是宋真宗做法顯然是仁慈的。這可能跟皇帝的性格有關，他性格比較溫和，不像父親那麼厚黑。當了皇帝後，他還恢復了哥哥趙元佐的爵位，顯然是比較注重親情的。對一度想廢掉自己的明德皇太后，他也極盡孝心。

這麼一個皇帝，在封建社會裡，算是一個難得的好皇帝了。

可是宋真宗也有缺點，就是缺乏開拓精神，宋朝的政策逐漸轉為「守內虛外」，在外交、軍事上顯得軟弱。

在宋真宗即位後一年（九九八年），遼國軍事天才耶律休哥去世。這位曾多次重創宋軍的契丹名將死了，不少人要拍手稱快，以為大宋帝國少了一個強勁的對手。其實不然。耶律休哥之死，對大宋帝國絕對不是好消息。為什麼呢？因為他是力主遼、宋和平的。燕雲十六州的歸屬問題，是遼與宋兩國的領土糾紛所在，這是五代遺留下來的歷史問題。經歷數年交鋒後，宋、遼兩國互有勝負，然而戰爭卻令人民生活水準一落千丈。

耶律休哥主持南京（幽州）軍政，政績卓著，史稱他「省賦稅、恤孤寡」，更重要的，他嚴令部下不得侵犯大宋邊境，若大宋邊關的牛馬走失到遼國境內的，一律送還。因此，在宋太宗統治的最後幾年，宋、遼保持相對和平的局面，這是來之不易的。因此，耶律休哥晚年實際上是遼國軍界中力主與大宋和平的人物，他的去世，對大宋帝國來說，意味著新的戰爭臨近了。

十六、澶淵之盟：走向綏靖的策略

耶律休哥死後十個月，即咸平二年（九九九年）十月，遼師大舉南侵，宋遼戰爭再度爆發。

對於遼人的進攻，宋真宗是有所準備的。在三個月前，他便任命馬步軍都虞侯傅潛為鎮州、定州、高陽關三處行營總指揮，轄八萬人馬，密切監視遼人動向。這個傅潛只是平庸之輩，為什麼派他防禦契丹，而不是戰功卓著的李繼隆呢？皇帝當然有自己的考慮。李繼隆乃是明德皇太后的哥哥，這位皇太后差點與王繼恩聯手奪走宋真宗的皇位，因此皇帝上台後，就削去了李繼隆的兵權。

按理說，傅潛手握八萬重兵，實力也不弱了。可是遼師南下，他卻下令閉營自守，不敢與敵人交鋒。有些部將看不下去，便紛紛請纓出戰，結果遭到傅潛大人的一頓痛罵。遼師在沒有遇到強有力抵抗的情況下，進攻宋軍守備薄弱的遂城。幾乎沒有人相信小小的遂城能抵擋遼軍的進攻。可是，有一個人挺身而出，拯救了遂城，此人正是楊家將的二代傳人、楊業之子楊延昭（又稱楊延朗）。

那麼楊延昭是怎麼創造奇蹟的呢？

當時正是冬季，天氣寒冷，氣溫零度以下，楊延昭召集城內壯丁，連夜在城牆上注水，到了次日凌晨，水全結成冰塊了，整個遂城在一夜之間，加上了一層冰甲，變得堅不可摧。遼人一看，要攻破遂城不容易，遂引兵而去，大掠祁、趙、邢等地。

為了鼓舞士氣，宋真宗御駕親征，從開封北上大名府。

皇帝都親自出馬了，可是前敵總司令傅潛仍然按兵不動，這可把一些部將給氣壞了。定州都部署范廷召當著傅潛的面破口大罵：「你小子膽小得連個老太婆都不如。」傅潛被他罵得臉上一陣紅一陣白，不得已撥一萬人馬給范廷召，包括八千騎兵與兩千步兵。看到這裡，諸位可能以為這范廷召真是一條好漢，其實不然，不要看他會吆喝，真上了戰場，比傅潛強不到哪兒去。

范廷召率一萬人馬向瀛州挺進，與遼國梁王隆慶的部隊遭遇了。范廷召一看，對方人強馬壯，我得向高陽關守將康保裔求援。康保裔這個人很有義氣，兄弟部隊有難，我得相助，便親率精銳抵達瀛州西南的裴村。此時范廷召派人來，約定明天早晨，同時向遼軍發起進攻。豈料范廷召還未進攻，遼軍先攻上來了，把他的一萬人馬打得七零八落。他一路狂逃，卻忘了通知友軍取消次日的行動。第二天，到了約定的時間，康保裔還在想著聯合軍事行動，哪裡想得到范廷召早就逃之夭夭了，結果他的部隊陷入遼師的包圍，幾乎全軍覆沒。

遼軍大勝之後，渡過黃河，大掠淄、齊，而後心滿意足的凱旋回師。

然而，大宋皇帝卻很樂觀。

宋真宗有點得意，朕一出馬，敵人望風而逃，這怎麼行？沒幹上一仗，不過癮啊。他馬上命令，貝州、冀州行營副都署王榮，率領五千騎兵，追擊敵人。王榮的水準，比傅潛、范廷召等人強不了多少，虛張聲勢，根本不敢與契丹交手，只是聽說契丹人已經渡過黃河去了，沒敵人了他才出來「追擊」。

契丹人一退，宋朝大將個個亮相了。在瀛州之戰中逃之夭夭的范廷召不知從哪兒冒出來，跟在契丹人屁股後面，撿了一些他們遺棄在路上的物資，然後往上一報，號稱「大破契丹於莫州」。皇帝太高興了，當場賦詩一首，此詩名為「喜捷詩」，群臣紛紛道賀。

當然也有一個人倒楣了，他就是總司令傅潛，被革職流放了。

對遼國蕭太后來說，這只是一次試探性的進攻，摸摸宋朝新皇帝的底細。很顯然，與前些年相比，宋軍的戰鬥力更差了，而且將領的軍事素質也不怎麼樣。當然，遼國也有一些問題，耶律休哥、耶律斜軫先後去世，高級將領層也有點青黃不接。

在接下來的幾年裡，契丹不斷地主動進攻，挑起事端。在踢了幾腳後，蕭太后認定，大宋帝國就是隻紙老虎，契丹應大舉進攻，撈取更多的好處。於是，在西元一〇〇四年，契丹對大宋帝國發動了規模空前的進攻。

閏九月，天氣已寒。

契丹二十萬大軍越過邊界，對大宋帝國發起猛烈的攻擊。女強人蕭太后與遼聖宗御駕親征，志在必得。蕭太后雖是女流之輩，實為出色的軍事家，她派蕭撻凜、蕭觀音奴為先鋒，兵分兩路，攻打威虜軍、順安軍。蕭撻凜是繼耶律休哥後一名出色的戰將，他橫衝直撞，攻陷遂城，生擒宋守將王先知，而後與蕭太后、遼聖宗會師，進攻定州。

宋真宗派北面都部署王超駐軍於唐河，王超水準也不怎麼樣，按兵不動。如此一來，遼師氣焰更為囂張，長驅直入，一時間，前線告急書如雪片般飛往開封，一晚上居然就有五份加急文書。這些邊報送到宰相寇準手裡，按道理說，既然如此緊急，宰相應該馬上呈給皇上才對，可是寇準神色自若，不慌不忙，把五份告急文書全部壓下。加急戰報寇準都敢壓下不上報，這位帝國宰相莫非吃了豹子膽麼？他要幹什麼呢？

第二天，早朝。皇帝一看到那麼多急件，頓時傻了眼，連忙質問寇準。寇準之所以壓下急件，是要一起亮出來，讓皇帝意識到局勢的嚴重性。他對皇帝說：「陛下要搞定這件事，只需要五天的時間。」什麼意思呢？寇準明白地說，請陛下御駕親征，前往澶州。御駕親征這件事，宋真宗是做過的，但只不過是作作秀。這次可不同往日，契丹入侵規模之大，兵鋒之猛，都是史無前例的。前線宋軍節節敗退，這時讓皇帝到前線去，寇準有沒有搞錯！

與宋太祖、宋太宗不同，宋真宗是溫室裡長大的皇家子弟，沒有在戰場上摸爬滾打過。讓他躲在安全的地方指揮作戰，那是件樂事，可是要到前線，敵人的矢石可是不長眼睛啊，要是被砸死可怎麼辦？皇帝面有難色，又不好意思說不敢去，乾脆先退朝好了，於是他起身就要離開。就在這時，只聽得寇準喊道：「陛下這麼一走，大勢去矣。」

這一喊，把皇帝給喊住了。

也許在那一刻，宋真宗腦袋裡飄過父親太宗皇帝的身影，當年他父皇親征，不也在戰場上挨了一箭嗎？看來皇帝位置要坐得穩，必要時還得拿出點勇氣來才行。皇帝停住了腳步，回頭看到了寇準那雙帶著感激與欣賞的眼睛。

宋真宗鼓足勇氣，御駕北上。

可是說實話，他確實不是一個勇敢的人，一路上他內心都在掙扎。特別是有些人，時不時危言聳聽，有的說皇上應該往南走才對，到金陵去；有的說應該往西去，到成都。說這些話的人，顯然認為沒有打勝仗的把握，開封位於黃河邊上，契丹鐵騎一到，想逃都逃不掉。

這些消極言論確實影響皇帝的信心，他囁囁地對寇準說：「南巡如何？」寇準一聽，有沒有搞錯，敵人在北面，皇帝卻想南逃了。為什麼寇準強調皇帝親征呢？顯然這位宰相對帝國的軍事防禦體系是不滿意的，從前幾年的交鋒可以看出，宋帝國沒有能勝任的大將，前線將領打仗消極。在這種情況下，只有皇帝親自壓陣，才能扭轉局面。寇準警告說：「那些大臣的話，怯懦無知，跟鄉下老太婆一般見識。如今敵人騎兵迫近，人心惶惶，陛下只可前進，不可後退。只要鑾駕一到，河北軍民勢必士氣百倍；若陛下後退幾步，軍心立刻瓦解，敵騎乘機從背後急追，就是想逃到金陵也不可能。」

皇帝一聽，沒辦法，只得硬著頭皮向前了。

此時，有一個人給宋真宗吃了一粒定心丸。

誰呢？

大宋名將中碩果僅存的一人，曾經打敗耶律休哥的李繼隆。

在宋真宗上台後，李繼隆被解了兵權。後來宋、遼戰爭爆發，宋軍屢屢被擊敗。看到這種情形，李繼隆很是心痛，便多次上書，請求到朝廷之上面見皇上分析敵情，並表示自己願率軍保疆衛土。由於帝國軍事人才緊缺，宋真宗任命李繼隆為山南東道節度使。但是這個方向，並不是直接抵禦契丹的。在宋真宗做出御駕親征決定後，李繼隆又一次自告奮勇，上書請求為皇帝保駕護航。有李繼隆在身邊，至少比較有安全感吧。宋真宗委任李繼隆為駕前東西排陣使，隨軍出發。

皇帝還未抵達澶州，澶州的情況已是大大不妙了。

古黃河把澶州城一分為二，其北為北城，其南為南城。當時契丹大軍一路攻城掠地，打到澶州北城，這裡距離大宋帝國心臟開封已經很近了。宋真宗不敢貿然前往，派李繼隆先去佈置防衛。

聽說皇帝即將抵達的消息，澶州守軍果然士氣大振。但是光靠士氣大振，也不一定能打敗敵人。李繼隆的到來所起的作用，比皇帝作秀要重要得多。當時遼軍企圖先攻下澶州北城，而後再渡河進攻南城，故而把北城三面團團圍住。李繼隆渡過黃河入城，巡視城防，做出一個重大決定：在各個險要處，設伏強弩。強弩一直是中原步兵對付游牧騎兵的看家法寶，在宋代，強弩技術發展到極致，床子弩便是其中代表，屬於巨弩，威力巨大，射程遠。

李繼隆的這手妙棋，對後來戰事發展產生了決定性的影響。

遼軍前敵總指揮蕭撻凜自恃驍勇，親自赴陣前觀察澶州地形，可是他萬萬沒想到，自己已經成為宋軍的狙殺目標。完成狙殺任務的乃是澶州城內威虎軍頭張瓌，要當軍頭沒點本事也不行，他是一名神射手。其實張瓌也不知自己狙殺的對象竟然是遼軍前敵總指揮，只是知道此人當是高級將領，便用床子弩瞄準，一箭正中蕭撻凜的額頭。

蕭撻凜死了。他是契丹軍隊中最出色的將領，文武雙全，通曉天文地理，屢立戰功。他與耶律休哥不同，是堅定的南侵派，力主大舉進攻宋帝國。蕭撻凜之死，震動遼軍，蕭太后撫其柩車痛哭，傷心不已。契丹南侵之謀，蕭撻凜是始作俑者，他一死，遼軍中與大宋議和的想法開始滋生。

此時遼軍大將方死，士氣低落，李繼隆快馬將捷報告予宋真宗，並建議皇帝先不過河，暫時駐於南城。但是寇準卻不這樣認為，他向皇帝說：「陛下不過河，則人心益危，敵氣未懾，非所以取威決勝也。」說實話，這個寇準膽子也夠大的，硬逼著宋真宗往火坑裡跳。李繼隆建議不過河，那是顧及皇帝的面子，可是寇準卻不給皇帝一點面子，讓他下不了台。那一刻，宋真宗真有一種被綁架的感覺，無可奈何之下，只得勉強同意過河，前往北城。

寇準是對的。

皇帝的到來，確實大大鼓舞了人心士氣。宋真宗入北城後，登上門樓，張黃龍旗，旗正飄飄，諸軍皆呼萬歲，聲音之響亮，數十里外也聽得到。

此時，無論是宋帝國還是遼帝國，都想體面結束這場戰爭了。

對於宋帝國來說，皇帝御駕親征，可是澶州仍然還在遼軍的包圍之中，危局未解。這個所謂的親征，其實十分勉強。以前太祖皇帝、太宗皇帝親征，都是在別人的地盤上作戰，是主動性的征伐。而真宗的親征，只是被動的防禦罷了，底氣嚴重不足。況且自親征以來，宋真帝多次打起退堂鼓，若不是寇準的堅持，他恐怕一路逃到金陵去了。因此，皇帝夜長夢多，巴不得早點結束戰爭。

那麼遼國又如何呢？

蕭太后首先得考慮一件事，遼軍能不能繼續深入，直搗開封呢？若是沒有勝算，那麼這戰爭打下去有什麼意思呢？顯然，蕭太后沒有勝算。蕭撻凜一死，軍心已是動搖，士氣已是受挫。反觀大宋軍隊，卻因為皇帝的到來而備受鼓舞。此消彼長，遼軍的軍事優勢已經無存了。更重要的是李繼隆的復出，他一出馬便出手不凡，伏擊蕭撻凜得手。可以料想得到，如果戰爭拖延，這位可怕的對手還會創造出奇蹟的。

既然雙方都想結束了，議和就順理成章了。

宋真宗派了個和談代表前往遼營，此人名叫曹利用，他拜見蕭太后，就具體和談事項進行磋商。當然，曹利用權力有限，有些條款他不能作主，於是蕭太后便派韓杞與他一起入澶州，直接向宋真宗提出條件。

韓杞拜見宋真宗後，提出了一個條件：遼國要索取關南之地。所謂關南之地，就是瓦橋關以南的地區。為什麼遼國提出這個要求呢？自從五代時石敬瑭割燕雲十六州給遼國後，歷代中原政權都想收復這十六州，但是只有周世宗柴榮取得部分成功，收復了關南之地。如今宋遼和談，這個歷史遺留問題又擺到檯面上了。遼國人的看法是，他們得到燕雲十六州是完全合法的，既不是偷也是搶，因此大宋必須把關南之地歸還。

這個條件，宋真宗無法答應。

要知道大宋帝國繼承後周的政治遺產，從開國始，關南之地就屬於大宋，怎麼可能割讓呢？談判陷入困局了。怎麼辦呢？最後，宋真宗做了妥協。首先，皇帝明確一點，土地問題，絕不可割讓，否則只能血戰到底了；其次，大宋帝國每年可以提供一定數額的金帛給遼國，以換取和平。

宗真宗早早亮出底牌，這無疑是談判之大忌，明擺著示軟，急於簽約的心態一目了然。蕭太后也利用此機會，開出一個不低的價碼：大宋帝國每年向遼國交納銀十萬兩，絹二十萬匹。蕭太后果然是個絕世女政治家，她撈足好處，不忘給宋真帝保留面子，讓自己的兒子遼聖宗同宋真宗稱兄道弟，宋真宗是阿哥，遼聖宗是阿弟，這無疑讓大宋皇帝虛榮心得到點滿足。

澶淵之盟終止了宋遼兩國戰爭，贏得了長期和平的局面。但這種和平的代價就是帝國雄心的喪失。宋朝在中國歷史上屬於長期王朝，可是在政治軍事上只是一個二流王朝，根本無法與漢唐的偉大成就相提並論。從第三任皇帝開始，帝國就沒有進取的雄心，後世帝王中，也沒出現漢武帝那樣雄才偉略的君主。宋朝給人的印象是比較弱的，追溯其積弱的起點，正是始自澶淵之盟。

十七、西夏開國：從李繼遷到李元昊

澶淵之盟定下了大宋帝國在國防問題上的基調，用四個字概括便是「苟且偷安」。當然，宋真宗會以保護人民免受戰爭之苦的藉口來為自己的怯懦辯護，花錢消災，雖然錢不少，總比戰爭的開支少吧。可惜的是，那個時代的歷史，就是優勝劣汰的競爭史，強大了要維持和平容易，弱小了戰爭是避不開的。

與契丹停戰，並不意味著天下太平。一股在西北崛起的勢力，已漸漸成為大宋帝國的心腹之患。若要推溯這股勢力的來龍去脈，那就說來話長了，我們還是長話短說吧。

且說唐朝後期，安史之亂後藩鎮割據，西北党項（羌人的一支）部落也乘機興起，其首領拓跋思恭被唐朝廷封為夏州節度使（又稱定難軍節度使），後因平黃巢起義有功，被封夏國公，並賜李姓，成為雄踞一方的地方武裝集團，其勢力範圍以夏州為中心。

唐滅亡後，歷史進入五代十國，中原政權頻頻易手。夏州李氏採取的原則是，中原政權不論誰上台，咱都歸附。在趙匡胤陳橋兵變取代後周建立大宋王朝後，夏州李氏依然一馬當先歸附。名義上是歸附，實際上只是掛名，李氏世代經營夏州，世襲「定難軍節度使」的頭銜，這塊地方早就是針插不入、水潑不進的割據政權了。

豈料到了西元九八二年時，定難軍節度使李繼捧突然宣佈，率族人入朝覲見皇帝，同時放棄世襲割據，獻上銀、夏、綏、宥四州八縣。此舉大出世人意料，其實李繼捧有難言的苦衷，此時夏州內部爭權奪利，李繼捧遭到叔伯、兄弟的反目，無奈之下，才把四州之地交付朝廷。宋太宗自然大喜過望，他早就想削奪這個藩鎮的權力，如今機會從天而降了。但是他高興得太早了，這絕對是個燙手的山芋。

有一個人不向朝廷妥協，此人是李繼捧的族弟李繼遷。

李繼遷聯合党項豪強，起兵反宋。可是出師不利，被宋軍偷襲得手，損失五百人，被俘一千四百帳落，連妻子老母也成俘虜了。這時，歸附朝廷的李繼捧出來幫他說話，稱他有悔過之心。宋太宗不能不給李繼捧點面子，便授予李繼遷銀州刺史。可是李繼遷根本沒有投降的想法，拒絕接受。

說實話，李繼遷屬於那種性格極為堅忍的英雄人物，在落魄時，他沒有放棄，因此許多党項人前來投奔他，他的力量也悄悄增長著，漸漸變得強大。西元九八五年，他佯裝投降，伏擊誘殺宋都巡檢使曹光實，襲據銀州。考慮到自己與大宋實力懸殊，李繼遷向契丹稱臣，蕭太后大喜，封他為「定難軍節度使」。

由於宋、遼對峙，李繼遷得以在兩個帝國間遊走，見機行事，一會兒倒向契丹，一會兒倒向宋國，反反覆覆。

西元九九〇年，契丹封李繼遷為夏國王，承認西夏為割據政權。可是一年後，李繼遷卻上書大宋皇帝，表示願意歸順。朝廷授予李繼遷銀州觀察使，但這隻狡猾的狐狸只是耍耍手段，並非真心投降，他仍然不斷地攻擊宋軍在靈州等地的兵寨。宋太宗終於忍無可忍，派名將李繼隆率軍討伐李繼遷。在李繼隆的窮追猛打下，李繼遷落荒而逃，宋太宗下令摧毀夏州城。

李繼遷的臉皮不是一般的厚，為了自保，他寫了一封謝罪書，並聲稱不再幹劫盜擄掠的勾當。朝廷也被這傢伙搞得很頭疼，能招撫就招撫吧，又授予他鄜州節度使一職，但李繼遷又不奉詔，他才不肯放棄自己的地盤到鄜州上任呢。

很快，李繼遷又讓朝廷大丟面子。

西元九九六年，他突襲大宋的押糧部隊，搶走朝廷送往靈州的四十萬石糧食。而後，又率一萬人馬圍攻靈州城二百多天，但未能攻下。既然與大宋撕破了臉皮，李繼遷又重新歸附於契丹，契丹封他為西平王。

自從李繼遷起兵以來，朝廷雖屢屢用兵，卻始終無法剿滅。宋太宗去世後，宋真宗接手這個燙手的山芋，詢問群臣意見。參知政事李政說，靈州肯定是堅持不住，還是要以招撫李繼遷為上策。於是宋真宗又積極拉攏李繼遷，授予他定難軍節度使之銜。可是事實證明，這一招根本沒用。朝廷給予李繼遷的，他照單全收，可是並不聽話，照樣攻打周邊州府，侵擾麟州、府州，搶劫糧餉。

可以說，大宋朝廷為自己的綏靖政策而嚥下苦果。西元一〇〇一年，李繼遷攻克清遠軍（寧夏靈武東南），靈州城形勢孤危。宋真宗召集群臣商議對策，最後決定由王超率六萬人馬馳援靈州。然而靈州還是在西元一〇〇二年被李繼遷攻陷，並改名為西平府。

李繼遷可以稱得上是一代梟雄，但他最後還是馬失前蹄。在西元一〇〇三年，他揮師進攻西蕃控制的西涼府，大敗而回。更要命的是，他在此役中為流矢所傷，後因傷勢過重而去世，時年四十二歲。他是西夏帝國的實際奠基者，在十分艱難的環境下，殺出一條血路，屢仆屢起，由弱轉強。大宋帝國恩威並施，可是最終對他仍然無計可施。後來，他孫子李元昊稱帝後，尊祖父為西夏的太祖皇帝。

李繼遷死後，其子李德明繼承其志。

此時，宋、遼兩國簽訂了澶淵盟約，結束戰爭，實現和平。李德明十分聰明，他在宋、遼兩國之間走鋼絲，對兩國同時稱臣。宋真宗本來就沒有蕩平西夏的雄心壯志，寄希望於李德明能恪守承諾，不惜送上「定難軍節度使」與「西平王」兩頂帽子，實際上是承認了李氏割據地位。李德明比較識相，沒有進攻大宋控制區，而是把矛頭指向西蕃、回鶻部落佔據的河西走廊。事實上，這時候一個新的帝國已經呼之欲出了，只是仍受制於宋、遼兩國，因為李德明的實力還不夠，他還要繼續儲存實力。

西元一〇二二年，宋真宗去世。他當了二十五年的皇帝，靠著綏靖策略，與契丹妥協，與西夏李氏妥協，換來短暫的和平假象。可是，這種妥協政策最終還是要付出代價的。宋仁宗繼位後，對外政策並沒有多大改變，同樣缺乏進取之心。

正當大宋帝國開始暮色沉沉之時，西夏李氏政權卻如乳虎嘯谷。李德明的兒子李元昊更是少年英雄，他性格與祖父李繼遷相仿，堅忍不拔，自幼便熟讀兵書，精於騎射，精通佛學，通曉漢、蕃文字。更重要的是，他志向遠大，深謀遠慮。

他對父親向大宋稱臣一事很不滿，李德明回應道：「吾久用兵疲矣，吾族三十年衣錦綺，此宋恩也，不可負。」由於西夏這個地方土地貧瘠，大宋朝廷為了羈縻李氏，每年贈予不少金帛，李德明心滿意足。

可是，李元昊對此卻嗤之以鼻，他對父親說了這麼一句話：「英雄之生，當王霸耳，何錦綺為！」一個偉大的人物，是為了王霸事業而生，豈只是為了穿綾羅綢緞、華麗衣裳呢？這一番話，可謂擲地有聲，作為父親的李德明也不免對兒子刮目相看。

西元一〇二八年，二十五歲的李元昊率軍打敗甘州回鶻（甘肅張掖）。在之後幾年，西夏勢力不斷向河西走廊擴張，舉兵攻拔西涼府（甘肅武威）。

李元昊的時代到來了。西元一〇三二年，李德明去世，李元昊成為西夏領袖。依照世襲慣例，大宋朝廷遣使封李元昊為定難軍節度使兼西平王；同樣，契丹遼國也封他為夏國王。然而，此時的李元昊已經不甘心當宋、遼兩國的小弟弟，他要與兩國皇帝平起平坐。大宋朝廷很快就意識到不對勁了，李元昊統治下的西夏，開始一改李德明的政策，出兵入寇大宋府州（陝西府谷）。

這僅僅是開始。

從西元一〇三四年開始，李元昊反宋的跡象愈加明顯。首先他加強了集權統治，嚴刑峻法，以鐵腕手段約束諸羌部落；其次，他恢復党項人的舊俗，制定禿髮令，下令全國所有男人全部剃髮，估計也不是光頭，應該是像清朝那樣，留了個小辮子之類的。命令下達後，三天不禿頭者，殺無赦。後來清朝政府推行的「雉髮令」，就是向李元昊學習的。禿髮令的實施，敵我的界限就分明了，沒禿頭的，你就是敵人了，此舉實際上是表明他脫離大宋的決心。

不過，在與大宋徹底決裂之前，李元昊還必須先做一件事：擺平西部諸武裝勢力。

西夏所處的地理位置並不好，屬於典型的四戰之地，周圍強敵環伺，有大宋帝國、契丹、西蕃、回鶻等。當然，西蕃與回鶻實力較弱，為了反宋，李元昊必須先解除後顧之憂。一〇三五年，西夏進攻西蕃人控制下的河湟谷地，結果大敗而回。李元昊不得不調整戰略，轉而進攻回鶻控制下的沙州、瓜州、肅州等地，把整個河西走廊收入囊中。

李元昊並不是個魯莽之徒，而是深謀遠慮。他考慮到一旦同大宋宣戰，大宋必定會與西蕃聯手，到時西夏可能會陷入雙線作戰的窘境。因此，他必須切斷宋與西蕃的聯繫。一〇三六年，李元昊發動蘭州之戰，此時蘭州控制在幾個羌部落手中，說起來與西夏的党項羌也算是同種。他一路進攻，直至馬銜山，在這裡築了一座城堡，留軍隊駐守，切斷西蕃與宋的交通線。至此，西夏的疆域已經比宋初時要大上幾倍了，從原先的四個州擴張到了十幾個州。更可怕的是，西夏的軍事力量空前發展，李元昊設十八監軍司，委派酋豪分統其眾，兵力總計達到五十萬人。

如今，李元昊已是羽翼豐滿，他要振翅高飛了。

大宋帝國雖然在武力上並不很強大，可是畢竟是個大傢伙，就像兩個人打架時，身材高大的力不虧，因此李元昊雖有窺邊之志，還是得小心謹慎。李元昊十分聰明，他打著供佛的旗幟，派出一大幫人前往五台山，其實是搞間諜活動，偵察河東道的守備情況。

在西夏，並非所有人都願意與大宋斷交甚至開戰。李元昊便想盡一切辦法，把這些反對派一一清除。他召集各部落酋豪喝酒議事，與諸酋豪歃血為盟，約定共同出兵，分三道進攻大宋帝國。此論一出，便遭到部分酋豪的反對，李元昊二話沒說，下令推出斬首，其他人無不駭然，不敢再吭聲。

李元昊大開殺戒，有一個人害怕了。此人乃是他的從父，名為山遇。在此之前，山遇以長輩的身分，多次勸諫李元昊，應該與宋帝國和平相處，勿啟戰端。李元昊雖然覺得他十分囉唆，但畢竟是自己的堂叔伯，也算給他一點薄面，沒有下毒手。可是，當反對派被逐一清洗後，山遇惶恐不安，害怕有一天會被殺，便帶著妻兒逃出西夏，逃到宋帝國的延州。可是延州政府官員卻認為山遇私下叛逃，若是收留勢必要引起外交糾紛，於是把他遣送回西夏。這次，李元昊沒有心慈手軟，他把這位叔父當作騎兵的活靶子，萬箭穿身而死。

這些無能的宋朝官吏對李元昊的野心一無所知，又漠視山遇帶來的情報。我們不得不說，大宋帝國在國防上真的很糟糕，非但一味綏靖，連必要的軍事情報也沒有，以至於李元昊突然宣佈稱帝的消息傳來，帝國朝廷手忙腳亂，無以應對。

在處死從父山遇後的第二個月，即一〇三八年的農曆十月，李元昊正式宣佈稱帝，國號為「大夏」，史稱西夏。

十八、奇恥大辱：大國打不贏小國

皇帝很生氣。

這裡說的皇帝是大宋皇帝宋仁宗，李元昊這個狂妄之徒，他也配稱皇帝嗎？只是朝廷和平主義思潮興起，誰也不想開戰，也沒那個底氣開戰，只能象徵性地做出兩個制裁：其一，立即中止宋、夏的邊關貿易；其二，以十萬錢的高額賞金緝捕西夏間諜。

就在這時，西夏使者抵宋，帶來了李元昊的親筆信，要求大宋帝國承認西夏的獨立，並且建立友好外交。宋仁宗看完後「呸——」的一聲，把李元昊的信扔在一旁，斷然拒絕其要求。要知道西夏所處的河西地區，在漢、唐時都是中原政權的地盤，豈是想獨立就獨立的呢？朝廷再出賞懸令，凡能擒殺李元昊者，即授予定難軍節度使之銜。

自從澶淵之盟後，大宋帝國戰事少了，國家比較安定，經濟發展了，相對富庶了。因此，朝廷以為只要花點錢，就可以把李元昊擺平了。可事情並不那麼簡單。李元昊反宋，並非一時頭腦發熱，而是從一開始就有明確而宏遠的規劃。假如宋帝國能早點發現苗頭，運用經濟手段還可能有成效，可是機會錯過了，如今的李元昊已是下山猛虎，不可抵擋了。

正當朝廷還在想著怎麼對付西夏時，李元昊卻率先發難了。

一〇三九年末，西夏大舉出兵，進攻保安軍（陝西志丹），拉開宋夏戰爭的大幕。

說實話，這幾十年來，大宋的國防事業可謂是一落千丈。朝廷對外沒有進取雄心，對周邊的諸多勢力，只是不斷送予財物，以此維持邊疆穩定。在這種消極思想的影響下，國家武備嚴重失修，將官對軍事多缺乏專業知識，怯懦寡謀，軍隊的訓練不足，更缺少實戰經驗。可想而知，戰爭一開打，大宋軍隊便一敗塗地了。

在戰爭開始後幾個月，西夏軍隊屢戰屢勝，攻陷保安軍，進逼金明寨，一直打到延州城下。時任延州知州兼沿邊經略安撫使的范雍大驚失色，快馬加鞭檄召副都部署劉平前來援助。劉平接到命令後，不敢拖延，帶著一萬多人馬向延州開進。行至三川口時，遭到西夏軍隊的伏擊，幾乎全軍覆沒，劉平也被西夏兵生擒。

三川口一戰，大宋帝國顏面盡失。偌大的國家，居然被小小的西夏打得丟盔棄甲，國家之尊嚴何存？朝廷把最能幹的大臣派往邊關，曾經提出禦敵十策的夏竦出任陝西經略安撫使，韓琦與范仲淹兩人為副使。這個組合看上去不錯，都是名重一時的人物，可是一個問題產生了：意見不合！

韓琦力主與西夏決戰，他認為李元昊入侵的兵力只有四五萬人，宋軍若採取守勢，分兵把守各要塞，就無法形成一個鐵拳搗碎敵人。范仲淹的看法則不同，他反對貿然進攻，認為應該嬰城固守，持久作戰，耐心等待機會出現時，再乘機出討。兩位副使，一個力主進攻，一個力主防守，把安撫使夏竦搞得左右為難，索性提交給皇帝裁決。皇帝一看，韓琦的方案好，速戰速決，省得天天操心，於是大筆一揮，批准其計畫。

康定二年（一〇四一年）二月，李元昊率領十萬大軍入寇，進攻渭州，直逼懷遠城。敵人這個數量，遠遠高出了韓琦的估計。韓琦派任福領兵數萬前往迎擊，臨行前囑咐說，大軍應直插敵後，見機行事，能戰則戰，不能戰則據險設伏，截敵歸路。韓琦雖是力主決戰，但並非魯莽行事，而是頗為小心謹慎。

任福領命而去，在張家堡遭遇到西夏軍隊，他率數千輕騎兵發起進攻，殺敵數百，贏得了一次小戰鬥的勝利。西夏士兵打了敗仗後，把牛羊駱駝一扔，調轉馬頭就逃。任福見狀，你們這些小賊還想逃嗎，追！於是一路追擊，追到了好水川（寧夏隆德東）。此時，這位宋軍總指揮早把韓琦的吩咐忘得一乾二淨了，他哪裡曉得，從一開始自己就被李元昊牽著鼻子走，西夏軍隊佯裝不敵，把這支大宋軍隊引誘到了預定的戰場：好水川。當宋軍行進到六盤山前時，夏軍突然殺出，佇列齊整，顯然是有備而來。這時任福也意識到中計了，只能硬著頭皮迎戰了。

西夏鐵騎率先出擊，猛衝向宋軍陣地。李元昊原本在兵力上就有優勢，現在又佔據天時地利，以逸擊勞，很快宋軍便支撐不住。戰局本就十分吃力，此時夏軍伏兵又從兩旁殺出，宋軍防線立刻崩潰。此役宋軍傷亡慘重，死亡人數超過一萬人，主將任福戰死，其下副將、偏將也死亡殆盡。在臨死前，任福歎道：「吾為大將，兵敗，以死報國耳。」倒是還有一點血性與勇氣，只是由於他指揮失當，即便一死也難以彌補其過失。

好水川之戰是繼三川口之戰後宋軍的又一次慘敗。在李元昊看來，大宋帝國不過就是隻紙老虎罷了，他甚至讓人寫了一首打油詩，在宋朝邊關廣為張貼。這首打油詩是這樣寫的：「夏竦何曾聳？韓琦未足奇。滿川龍虎輩，猶自說兵機。」諷刺大宋邊關重將夏竦、韓琦不過浪得虛名罷了，還配得上談論兵事嗎？

不久後，夏竦被撤職了，韓琦、范仲淹的權力也被削弱了。除了韓、范兩人之外，朝廷又增派兩人，共分四路守備陝西。

一連串的軍事失利，令大宋帝國威風掃地，國家疆域雖然遼闊，但軍事力量著實與之不相匹配。這個時候，在一旁冷眼觀戰的契丹人覺得有機會了。

自澶淵之盟後，宋遼兩國大體上還是能和平相處的。遼國人收了錢帛，也確實恪守承諾，並沒有違約大舉南侵。在宋、夏戰爭爆發時，遼國的蕭太后、遼聖宗都已去世，在位的皇帝是聖宗的兒子遼興宗。

當宋軍在好水川大敗的消息傳到遼國時，遼興宗不由得怦然心動，沒想到大宋帝國的軍事力量如此不濟，連小小的西夏都打不贏。他心裡盤計，若是在這個時候發動南侵，勢必可以漁翁得利。

可是宋遼兩國畢竟和平近四十年，這期間遼國也得到許多金帛，貿然開戰，說不過去啊，得找個理由才行。什麼理由呢？當年澶淵之盟談判時，兩國曾經在一塊土地問題上陷入僵局，這塊土塊就是所謂的關南之地，瓦橋關以南十縣之地。這塊土地爭端當年並沒有完全解決，如今遼興宗便以此為藉口，派使臣出使大宋，要求索取關南之地。

這不明擺是趁火打劫嗎？

宋仁宗也擺開架式，在真定、定州、天雄、澶州四地各備兵馬十萬，總共集結四十萬人，同時招募一批義勇軍，還打造五萬副器甲。這是在告誡契丹人，我是有備的，不怕你的軍事威脅。備戰是備戰，朝廷還是打算和談。其實我們大可懷疑宋仁宗的抵抗決心，一個西夏就讓帝國吃盡苦頭了，何況契丹的力量，較西夏更為強大。這位溫室中長大的皇帝在心裡已經做出讓步，不惜犧牲部分利益，以維持同契丹的和平。

大宋朝廷派遣富弼為特使前往契丹談判。對於割關南之地的要求，朝廷堅持給予拒絕，但是並非無條件地拒絕。宋仁宗的底線是，要麼與契丹和親通婚，要麼增加歲幣，二選一。富弼把宋朝的意見提了出來，但是遼國談判代表卻不同意，堅持要割關南之地。富弼強硬地回擊道：「你們若堅持割地，便是毀壞以前的盟約，要是這樣，我朝只有橫戈相待了。」同時他還以史為鑒：「當年澶州被圍困，險象環生，真宗皇帝尚且不肯割讓關南之地，如今兩國修好，豈有肯割地之理？」

其實大宋外交底氣真的很虛弱，明明是契丹人無理取鬧，還得做出重大讓步，忍耐的功夫真是到家了。富弼提出來，大宋方面可以把輸給契丹的歲幣提高，增加白銀十萬兩，絹十萬匹。你遼國不必動一兵一卒，唾手而得大量財物，還有什麼話可說呢？確實，遼興宗沒得說了，他同意了。

這樣，大宋又一次以屈辱的外交贏得了和平。

又是花錢消災，窩囊，但沒辦法。誰讓偌大的帝國邊防如此孱弱呢？

與契丹新訂立的盟約墨跡未乾，西夏大軍又一次大舉入侵。

慶曆二年（一〇四二年）閏九月，李元昊入寇鎮戎軍，宋將葛懷敏率軍迎敵。在宋夏戰爭中，宋軍作戰雖然積極，在兵略機謀上卻遠不及李元昊，這位西夏皇帝善於用兵，精於偽裝，總能設下圈套，引誘對手上鉤。葛懷敏的軍隊在定川寨又遭到西夏軍隊的圍攻，陣亡九千餘人，其中包括主將在內的十六名將官。李元昊挾勝利之威，長驅直入，攻入渭州，燒殺搶掠，並揚言要「親臨渭水，直據長安」，一時間，陝西為之震動。

宋夏戰爭開戰三年，三次會戰（三川口之戰、好水川之戰、定川寨之戰）宋軍無不敗北，而李元昊則創造三戰三捷的輝煌勝利。

然而，李元昊並非真正的勝者。幾年戰爭下來，他有點吃不消了。大宋帝國雖然損兵折將，但財力還在，人員可以得到及時補充。西夏本來就不富裕，戰爭更加深了經濟的惡化。在經歷幾次挫折後，大宋邊防在范仲淹、韓琦的主持下，也有很大的起色，防禦能力大大提高了。這些都迫使李元昊不得不考慮與大宋和談的事宜。

促使西夏與宋和談，還有一個重要原因，那就是西夏與遼國的關係逐漸惡化了。

遼國在蕭太后統治時，曾多次發動對党項人的戰爭，控制了党項人的一些地盤。李元昊稱帝後，不僅不把大宋放在眼裡，對契丹遼國也是心有不滿。一〇四三年，西夏出兵，討伐歸附契丹的党項人。遼興宗十分不高興，派出使者，嚴厲譴責西夏的侵略行徑。但是李元昊不為所動，加緊策劃党項人脫離遼國的統治。

慶曆四年（一〇四四年），原本歸附契丹的党項部落叛入西夏。遼興宗豈能同意，他馬上發動大軍前往鎮壓党項人。李元昊率西夏軍隊前來支持党項人的叛亂，實際上也等於向契丹宣戰。心高氣傲的遼興宗大怒，下令征全國諸道兵馬，在西部集結，準備大舉入侵西夏。西夏與遼國的戰爭已是一觸即發。對李元昊來說，必須盡快與宋帝國達到和平，不然就陷入兩線作戰了。

為了與大宋和解，李元昊放下面子，取消皇帝稱號，改用國主稱號，並向大宋稱臣。而後，西夏使者抵達開封，與宋朝商議和談具體事項。

在宋夏談判期間，遼夏戰爭爆發。遼興宗親率契丹大軍，西征西夏，兵分數路，分進合擊。李元昊重施故伎，一路撤退。遼興宗豈肯放過，全力追擊。哪知大風忽起，西夏原本是比較乾旱之地，多荒漠，風一起沙土飛揚，遼軍逆風而進，戰士們的眼睛完全睜不開。老天爺真是幫了李元昊的大忙，他當機立斷，率師反撲，大敗遼軍。看來李元昊不愧是一代梟雄，不論大宋還是遼國，都敗在他手下。

這次大勝，加重了李元昊與大宋的談判籌碼。在遼軍潰敗後的第二個月，宋夏達成和議，這個和議有點好玩。首先，西夏向大宋稱臣，但是注意哦，大宋每年要交給西夏十三萬匹絹、五萬兩銀以及兩萬斤茶，說得好聽點，是朝廷賜給的賞金，說得難聽點，就是被西夏勒索。這些還不是全部，在乾元節（皇帝生日）、元旦等重要節日，西夏前來祝賀還可以得到二萬二千兩銀、兩萬匹絹及一萬斤茶。大國被小國勒索，這當然不是光彩的事，付出這麼多，換得西夏的「臣服」，保住帝國的面子，這也是宋仁宗阿Q式的精神勝利法。

十九、慶曆新政：夭折的改革

宋夏戰爭，把宋朝的各種弊政全都暴露出來了。

此時距大宋開國已經過去了八十年，當初那種積極進取的開拓精神已經蕩然無存了。這也是中國封建王朝難以克服的一個問題，每個王朝的前幾個皇帝都是比較有作為的，之後就一路向下，一代不如一代，偶爾可能冒出一兩個中興之君，但也不能改變這種每況愈下的趨勢。為什麼呢？其一，開國君主多是馬上得天下，那種在亂世中培養出來的能力是後世君主所缺乏的；其二，不管最初的國策如何好，時代在變，如果只知道因循守舊，日久則生弊，這是必然的。

宋太祖、宋太宗都是從五代亂世中過來的人，槍桿子裡出政權，有非凡的能力與見識。宋太祖雄才偉略，掃蕩群雄，初定天下；宋太宗雖然本領不及哥哥，卻也能平定北漢，與遼國對峙。但是到了宋真宗時，便可看出帝國失去進取心了，趨於保守，特別是澶淵之盟的簽訂，喪權辱國，開了一個壞頭。

與契丹和解後，宋朝進入一個相對平靜的時期。沒有了戰爭，經濟迅速發展起來，文化也繁榮了，政治上也相對清明。史家把這段時期吹噓為「咸平之治」，不過這個充其量就是小治，與「文景之治」、「貞觀之治」這樣的大治相比，差距不小。宋真宗除了對外軟弱之外，還有一點得批評，那就是他非常迷信，沉迷於宗教中，曾經搞個轟轟烈烈的「天書」封祀運動，勞民傷財。在他執政後期，奸臣當道，有「五鬼用事」之說，這也造成了吏治上的敗壞。

盛世的泡沫在西夏凌厲的攻勢下被戳穿了。在這場戰爭中，大宋帝國可以說是一敗塗地，最後與西夏議和，每年支付高昂的「賞金」。同時，契丹人也乘機落井下石，以戰爭作為威脅，迫使宋帝國提高歲幣。這樣，大宋帝國在歲幣的支出，每年增加大約十七萬兩白銀、二十五萬匹絹以及三萬斤茶。這成為國家一筆沉重的財務負擔，但最後，還是要分派到老百姓頭上。

帝國的危機不僅僅是社會矛盾的激化，官僚階層暮氣沉沉，國家大權把持在一班守舊的老官僚手中。空前的危機降臨帝國了。一〇四三年，正當帝國被西夏打得潰不成軍時，國內的動盪也開始了。該年六月，沂州虎翼卒王倫聚眾起義，縱橫數州，如入無人之境。朝廷緊急調派幾路大軍「圍剿」，總算把起義給鎮壓下去了。然而僅僅兩個月後，又爆發商州張海、郭邈山的起義，原因是饑荒，沒有飯吃。這次起義堅持了四個多月，轉戰十餘州，震動朝廷。

在這種情況下，改革派人士開始走向前台。

宋夏戰爭暴露了老官僚的腐朽無能，也使得一批有才幹的改革派官員脫穎而出，其中便包括在邊疆捍土有功的韓琦、范仲淹等人。

時任樞密副使的韓琦在寫給皇帝的奏摺中，提出七件事：清政本、念邊事、擢才賢、備河北、固河東、收民心、營洛邑。韓琦所提的建議，還是停留在表層，可以說是溫和的改革。七件事中，念邊事、備河北、固河東這三件實為一件，就是武備之事；經營洛邑這種事也算不上當務之急。

相比之下，參知政事范仲淹的奏疏要全面得多、深刻得多，涉及許多國家根本的問題。在奏疏中，范仲淹寫道：「歷代之政，久皆有弊，弊而不救，禍亂必生。」此見解目光宏遠，足其見政治家之遠見卓識。那麼，宋朝的政治，弊端在哪裡呢？又要從哪裡下手呢？范仲淹拋出了一攬子解決的改革方案，要點有十條：

第一，明黜陟。和平年代的吏治很容易淪為官僚主義，趨於平庸化，官場進階講的是排資論輩。管你做好做壞，時間到了，自然升遷一級。這是很大的弊病，造成統治階級死氣沉沉，缺乏生氣。因此范仲淹飛出的第一刀，指向吏治。

第二，抑僥倖。古代當官有一種制度叫恩蔭，就是老子有功於國家，朝廷便照顧其子孫，讓他們得以享有特權。這就造成人才選取，不是靠真才實學，而是靠老子的庇護，沒有公平可言。

第三，精貢舉。宋朝文化相當發達，科舉考試十分注重辭賦，寫一手漂亮書法文章，就被認為是人才。但文章寫得詞藻華麗，不見得能經世致用。故而范仲淹認為要改革科舉，義理比辭章重要，要吸收實用型人才。

第四，擇長官。對地方長官的任免要嚴格審查。

第五，均公田。公田就是職田，這是宋朝官員的收入來源之一。建國時間長了後，職田分配上便出現不均的現象，會影響官員辦事的積極性。

第六，厚農桑。農桑是國家經濟之根本，必須重視。

第七，修武備。宋夏戰爭已經完全暴露出宋朝在武備上的種種弱點，范仲淹提出一些具體建議。

第八，減徭役。減輕百姓負擔。

第九，推恩信。就是朝廷的各種惠民措施有沒有得到執行呢，是否存在「上有政策，下有對策」的欺上瞞下行為呢，皇恩再浩蕩，若沒有執行，百姓也不會感恩的。

第十，重命令。朝廷不能朝令夕改，否則就無法取信於民。頒佈的法令，要得到有力的執行。

皇帝看了范仲淹的上書後，龍顏大悅。試想想，哪個皇帝想窩窩囊囊的呢，天下若太平，皇帝寶座坐起來才舒服。於是宋仁宗採納其建議，開始改革，這個改革自慶曆三年開始，故而被稱為「慶曆新政」。改革派的核心人物，除了范仲淹、韓琦之外，還有富弼、歐陽修、余靖等人。

在韓琦的改革版本中，根本沒有整治吏治，而在范仲淹的版本中，改革吏治是重中之重，是成敗的關鍵。改革吏治，說來簡單，實則最難，你得去得罪一大批權貴。哪個官員沒有自己的關係網呢，你罷免這個人，就得罪那個人了。在中國，自古以來，改革變法最難，改革家多半沒有好下場。沒有把生死置之度外的勇氣，就沒有變革的決心。從這點看，范仲淹無疑有著過人的勇氣，他勇敢地向官僚主義宣戰。

據說，范仲淹查閱官員名冊時，看到有不稱職的人，就會用筆做個記號。這一筆下去，意味著一個官員被削職了，意味著他改變了一家人的命運。改革派的主將富弼對范仲淹激進的做法也大為擔憂，他說：「范公同是一筆，焉知一家哭矣。」范仲淹答道：「一家哭何如一路哭！」我撤了這些昏官的職，固然導致「一家哭」，可是這些昏官上台，老百姓豈非是要一路哭。

聽到這裡，吾不禁要為范仲淹鼓手叫好。

咱們老百姓都渴望有范仲淹這樣為民請命的好官，可是在保守官僚權貴的眼中，范仲淹則成了不共戴天的敵人。保守派的代表人物就是范仲淹與韓琦的老上級夏竦，他不擇手段地採取種種方式反對、攻擊、誹謗、誣陷改革派，咒罵改革派人士結黨營私，斥之為「朋黨」。

面對反對派的瘋狂造謠，時任諫官的歐陽修寫了一篇著名的文章《朋黨論》給予堅決還擊，指出所謂「朋黨」有君子與小人之分別，君子與小人不同，「所守者道義，所行者忠信，所惜者名節。以之修身，則同道而相益；以之事國，則同心而共濟；終始如一，此君子之朋也。故為人君者，但當退小人之偽朋，用君子之真朋，則天下治矣。」這也是歐陽修散文中的代表作，如匕首如標槍，刺向詛咒新政的反對派。

然而，君子不敵小人，其原因在於君子不做暗事，而小人盡耍陰險手段。為了打擊革新派，夏竦甚至不惜偽造所謂廢立皇帝的信件，欲置改革派領袖人物富弼於死地。范仲淹、富弼等人為了避開所謂謀反之嫌，不得不自動要求離開京師，前往陝西、河北主持地方軍政。宋仁宗哪裡想得到改革遭到如此多的反對，也不由得心灰意冷，再加上宋夏達成和解，戰爭的危機總算過去了，對改革的迫切心也大大降低。新政由是陷入低谷。

即便范、富兩人已經離開京師，流言之攻擊始終未停歇。一〇四五年范仲淹、富弼等人被貶黜，朝中支持新政的官員也遭清洗。甚至連溫和派韓琦因為對富弼被罷表示同情，也丟了樞密副使的烏紗帽。「慶曆新政」還沒全面鋪開，就被扼殺在搖籃之中了。

范仲淹被貶官後，寫了一篇流傳千古的佳文《岳陽樓記》以表志向，文章寫道：

「嗟夫！予嘗求古仁人之心，或異二者之為，何哉？不以物喜，不以己悲，居廟堂之高則憂其民；處江湖之遠，則憂其君。是進亦憂，退亦憂；然則何時而樂耶？其必曰：先天下之憂而憂，後天下之樂而樂乎？噫！微斯人，吾誰與歸！」

「先天下之憂而憂，後天下之樂而樂」，這句不朽名句，千年後讀來，亦是擲地有聲，其憂國憂民的愛國情操以及為公忘私的偉大人格，實為後人留下無價的精神財富。

二〇、文武之道：包拯與狄青

新政夭折後，大宋朝廷又回到以前那種平淡無奇的狀態中，得過且過。之所以還能夠得過且過，是因為遼國與西夏都沒來進攻，邊境寧靜。

由於西夏的崛起，對遼國是一大威脅，宋夏戰爭結束了，而遼夏戰爭剛剛開始。遼國三次對西夏發動大規模進攻，然而這個西北小國果然厲害，居然三次都把遼國給打敗了。遼夏兩國矛盾激化，對大宋來說無疑是有利的，因此大宋帝國國運長久，並不是真正強大，而是運氣不錯。

當然，我們也不能說宋仁宗時代一無是處。宋朝皇帝有一個特點，暴君是比較少的，多數皇帝都有文藝範兒，溫文儒雅，這也導致宋代文化高度繁榮。總體上說，宋朝是比較文明的一個朝代，對大臣的殺戮是很少的，這也是宋太祖遺留下來的傳統，不殺功臣，而且「不以言罪人」，就是不因為你的政見不同，就抓起來殺頭。

這種文明的政治氣氛下，也湧現了不少清廉的官吏，雖然不能從根本來杜絕官僚主義，但畢竟給百姓帶來一點希望。其中最著名的清官，那便是大名鼎鼎的包青天包拯。

黑臉包公大名在中國是無人不知，小說、戲曲、電影、電視不斷地演繹包公的形象，當然，這些都是經過藝術加工後的包公形象，那麼，歷史上真正的包公是個怎麼樣的人呢？俗話說，人民的眼睛是雪亮的，包公故事千年流傳，經久不衰，這是出於民間對這位清官的愛戴。他是一位清官、鐵面無私，這點是絕對沒有問題的。

包拯出生於西元九九九年，他的政治生涯主要是在宋仁宗當朝時期，二十八歲考中進士，在大理寺（略相當於今天最高法院）任職，包公斷案的本領，大概就是在這裡學來的。後來到地方當過知縣、知州，善於斷案，政績突出，加之為官清廉，在一〇四三年時調回京師任監察御史，負責彈劾貪官污吏。時值慶曆新政，包公屬於無黨派人士，既不站在范仲淹的改革派一方，也不站在夏竦的保守派一方，只是埋頭做好自己的本分事。

《宋史》是這樣寫包拯的：「公性峻直，惡吏苛刻，務敦厚。」他是那種嫉惡如仇的人，對惡吏深惡痛絕。他出自大理寺，長期與刑獄打交道，但並不推崇嚴刑峻法，務求敦厚，顯然這是受到儒家思想「忠恕」之道的深刻影響。與其他官吏不同，他幾乎沒有關係網，從不加入哪方陣營，史書稱他「與人不苟合，不為辭色悅人，平居無私書，故人、親黨皆絕之」。堪稱為公忠體國之表率。也正因為如此，包拯在官場上升遷是比較慢的，他靠的是自己的實力與絕佳的口碑。

包拯最為人稱道的，一是清廉；二是不畏強權；三是為民申冤，這也是包青天的形象。包拯為官數十年，可謂是兩袖清風。在地方任職時，比如知端州時，端州盛產硯，以前官員總是巧取豪奪名硯以賄賂權貴，而包拯「歲滿不持一硯歸」。史傳稱他「雖貴，衣服、器用、飲食如布衣時」。在吃、穿、住、用方面，當官時與沒當官時並無兩樣。他甚至還立了家訓：「後世子孫仕宦，有犯贓者，不得放歸本家，死不得葬大塋中。不從吾志，非吾子若孫也。」與包拯同時代的歐陽修稱讚他「清節美行，著於貧賤」，可見其清廉的美名，在生前便是朝野盡知了。自己坐得正，才有攻擊貪官污吏的底氣。

說到不畏強權，包拯也是出了名的。包拯當過監察御史、諫議大夫等，職責之一就是彈劾不法官員，可以說，這就是他的職業。古代的監察制度雖然發達，具體實施時未必有多少作用，說到底，監察官也是人，也害怕得罪人後遭到打擊報復。但包拯很猛，攻擊火力很強，天不怕地不怕，官修《宋史》中的《包拯傳》中這樣說：「拯立朝剛毅，貴戚宦官為之斂手，聞者皆憚之。」為此，他甚至得了一個「閻羅」的稱號。

被包拯彈劾落馬的人無數，普通官員就不說了，就是朝廷重臣也得挨「奏」。

我們來說一個包拯彈劾三司使的故事。

三司就是鹽鐵、戶部、度支三個機構，三司使即此三大機構的長官，總管國家財政，相當於財政部長。一聽這名字，就知道是肥缺，誰坐上這位置，中飽私囊的機會多的是。三司使張方平購買了一富豪的地產，估計是低價買來，肥水不少。豈料被包拯抓住尾巴，一把揪下馬來了，丟了這個肥差。繼任三司使的宋祁是一位史學家、文學家，可是有個毛病，生活奢侈，出手闊綽。讓這種人管國家財政怎行，包大人又上書皇帝，把他給拉下馬了。順便說一下，宋祁有個哥哥，名叫宋庠，當過樞密使、兵部侍郎、同中書門下平章事，簡單地說，就是宰相級的人物，也被包拯給彈劾下台了。

當然，必須承認，包拯能彈劾這麼多人，與皇帝的開明是分不開的。若是遇上個暴君，你不畏強暴，只能意味著死得比別人早。

說實話，包拯給人的印象並不友善。他並不是那種和顏悅色的人，而是整天板著臉，一點笑容也沒有。當時有人這樣說：「包拯笑，黃河清。」什麼意思呢？包拯要是能笑，那麼黃河水也得變清了，因為這是不可能的事。他有許多稱呼，如「黑包公」、「包黑子」、「包侍制」、「包龍圖」，前面是說相貌黑，後面是說他的官職。但最貼切的一個外號，應該是「閻羅王」，大家可曾聽過有會笑的閻王嗎？包拯就是那個不會笑，大筆一揮可奪人魂魄的閻羅王。

我們不要被他酷酷的外表欺騙了，他是一個外冷內熱的人。他不會衝著百姓微笑，但絕對會為民伸冤。我們看慣了包公破案的故事，他在大理寺待過，在地方為官多年，後來又出任開封知府，確實破案無數，但具體是什麼案件，史書僅僅記了一件。不過小說流傳的包公案，也未必都是虛構，民間能流傳，自有其藍本。

一〇五七年，包拯任開封知府，他修改了一些規章制度。比如說，以前開封府講排場，小民是不能直接進去告狀的，而要先轉呈給胥吏。這樣子，府中官吏貪敗滋生，於是乎「衙門八字開，有理無錢莫進來」。包拯把府衙大門打開，百姓可直接進門找包大人，既杜絕腐敗，又提高辦事效率。開封百姓，莫不拍手叫好。

由於性情耿直，包拯一生仕圖起起落落，但總來說，他是幸運的，他治下的百姓也是幸運的。一〇六一年，包拯成為樞密副使，躋身於最高決策層，只是不久後便病逝。斯人雖已逝，但他作為「清官」的形象卻在民間廣為流傳，在老百姓心裡樹起了一塊千年不朽的豐碑。

如果說包拯是宋仁宗時代最負名望的文官，那麼狄青則堪稱是最有才華的武將。

作為一代名將，狄青的軍旅生涯是從一名普通士兵開始的，他一步一腳印，以自己的才華以及堅忍不拔的精神，實現從士兵到統帥的人生飛躍。

一〇三八年，李元昊稱帝，宣佈西夏獨立，次年，宋夏戰爭爆發。在這場歷時四年多的戰爭中，大宋軍隊整體表現不佳，多次在決戰中被西夏軍重挫。開戰之初，宋軍屢戰屢敗，全軍上下士氣低落，從將軍到士兵對西夏軍隊都深持恐懼之心。

當時狄青是三班差使，僅僅是軍隊中的一個小頭目，大家都不敢出戰，他就自告奮勇，充當先鋒。在四年多的戰爭中，狄青聲名鵲起，每次戰鬥，他都衝鋒在前，而且臉戴了一個銅面具，令人看了毛骨悚然，這也成了他的招牌標誌。在四年多的戰爭中，他總共參加了二十五次戰鬥，身負八處箭傷，但都大難不死。他以無所畏懼的英勇表現以及拼命三郎的頑強作風，為自己贏得了未來。

由於戰功卓著，狄青被提拔為延州指使。有一回，經略判官尹洙巡視前線時，與狄青交談一些軍事上的事，認為此人非常有才華，便把他推薦給了經略使韓琦、范仲淹，推薦詞是：「此良將材也」。

正苦於手下無幹將的韓琦、范仲淹馬上召見狄青，經過一番交流後，發現這個小夥子武藝高強、精明強幹，在行軍作戰上也極有天賦。韓琦、范仲淹一致認為，狄青乃是不可多得的將材，須好好培養才行。可是范仲淹也發現，狄青雖有軍事天賦，卻有一個很大的缺點：他的知識水準比較低。倘若要成為統率千軍萬馬的將領，沒有知識是不行的。范仲淹扮演了伯樂的角色，他送了狄青一本《春秋左傳》，並語重心長地說：「一位將軍若不知道古今中外的事，那也不過只有匹夫之勇罷了。」從此之後，狄青發憤讀書，不僅讀了《左傳》，還把秦、漢以來的兵法書全都研究了，其軍事理論水準也得到極大提高。

奠定狄青一代名將地位的一戰，是平定儂智高之役。

儂智高是何許人呢？

這裡我們先簡單說些背景資料。

宋朝在疆域面積上，與全盛時期的漢、唐是不能相比的。此時西南的交趾（今越南北部）已經脫離中原政權的統治，在交趾與大宋邕州（廣西南寧）之間，有一個廣源州，其首領就是儂智高。廣源州這個地方，崇山峻嶺，有大山大河，盛產黃金、丹沙，民風強悍，善於戰鬥。儂氏家族歷來是廣源州的酋豪，臣服於交趾。儂智高這個人頗有野心與抱負，他曾經與交趾打仗，但戰敗被俘。考慮到儂氏的勢力，交趾把他釋放回廣源州，可是這改變不了儂智高獨立的決心。

仁宗皇祐元年（一〇四九年），儂智高出兵佔據安德州，宣佈脫離交趾統治，建立「南天國」。儂智高上表大宋朝廷，請求歸順，但是大宋朝廷抱著「多一事不如少一事」的心態，拒絕其要求。這位南天一霸索性廣招亡命之徒，於一〇五三年率五千精兵，攻破邕州，改國號為「大南國」，自稱「仁惠皇帝」，之後連續佔領橫州、貴州、藤州、梧州、封州等，一路向東，直逼廣州城。儂智高圍困廣州五十七日不克，遂解圍攻破昭州。一時間，南方局勢惡化，大宋帝國又一次面臨嚴重的外患。

在這個時候，已經升任樞密副使的狄青自告奮勇，他上書皇帝說：「臣起自行伍，非戰伐無以報國，願得蕃落騎數百，益以禁軍，羈賊首致闕下。」仁宗皇帝任命狄青為荊湖南北路宣撫使，討伐儂智高。

狄青抵達前線後，發現情況非常糟糕。

起初駐紮在南方的宋軍對儂智高多抱有輕視之心，正因為輕敵，故而損兵折將。狄青下令，所有將領不得輕舉妄動，等待他統一部署。可是有人急於立功，對統帥的命令置若罔聞。陳曙擅自發兵八千出戰，大敗而還。狄青毫不客氣地將陳曙斬首示眾，所有人無不大驚失色。

儂智高發現新來的宋軍統帥按兵不動，不由得譏笑大宋帝國的將軍都是些貪生怕死之輩罷了，等了十來日沒發現動靜，稍有鬆懈。豈料狄青正是故意迷惑敵人，在敵人鬆懈之時，正是他進擊之日。靜如處子，動如脫兔，這正是狄青的帶兵風格。宋軍急行軍一晝夜，一舉越過天險崑崙關，出其不意地出現在邕州東北的歸仁鋪（廣西南寧東北）。儂智高緊忙出動大軍應戰，狄青正面以步兵接敵，將蕃落騎兵作為奇兵，在戰鬥關鍵時刻投入作戰，從左、右兩翼包抄，儂智高大敗，是役損失數千人。

吃了敗仗後，儂智高退回邕州城內。狄青緊追不捨，推進五十餘里，儂智高精銳盡失，自知不是狄青對手，遂縱火燒了邕州城，在夜色的掩護下，倉皇出逃。收復邕州城後，宋軍繳獲了儂智高留下的金帛巨萬，並且發現了一具屍體，身著金龍袍。當時有些將領認為這是儂智高的屍體，打算向朝廷邀功。狄青答道：「安知這不是儂智高的詭計呢？我不敢在沒確認的情況下，向朝廷假報邀功。」

狄青的判斷是對的。據史料所記，儂智高的確沒有死，他逃到了大理（今雲南），不過其政治生涯從此畫上句號。

狄青平定儂智高之役，其規模是比不上宋遼戰爭或宋夏戰爭。然而儂智高憑藉廣源州區區一塊地盤與數千蠻兵，居然能蹂躪兩廣，從邕州一路殺到廣州，可見宋朝國防力量之孱弱。這次勝利對兵事不振的大宋帝國來說，仍然算是注了一針強心劑。自太宗皇帝後的兩百多年，大宋帝國在對外戰爭上勝少敗多，弱勢明顯，狄青的勝利，對朝廷乃是莫大的慰藉。也正因為如此，狄青成為帝國的英雄，他一路高升，直至升任樞密使，成為帝國的頂樑柱。

狄青的人生就是一部奮鬥的勵志書。他出身低微，早年因為當兵，在額頭上有刺字（宋募兵時多有刺字），後來成為國家重臣，刺的字還在。皇帝看不過去，親賜藥水讓他把刺字除掉。狄青用手指著刺字對皇帝說：「陛下乃是以戰功提拔微臣，而不是問臣的出身門第。臣之所以有今日，正是從此刺字當兵開始。臣想保留此刺字，以勸勉諸兵士能留在軍隊中，請恕臣不奉詔之罪。」也就是說，狄青留著額頭上的刺字，就是要給普通士兵樹立榜樣，只要肯奮鬥，就有出人頭地的機會。

在仁宗時代，狄青是最負盛名的將領，他的故事後來也同樣被改編為小說，廣為流傳。狄青與漢代名將衛青頗有類似之處，兩人均出身低微，後來均成為軍界的一號人物。只是衛青崛起還沾了外戚的光，而狄青則完全是靠自己的奮鬥。兩人的性格也有共同點，縝密而寡言，沉勇而有大略，居於高位時不忘卑微，始終懷著戒慎之心。在行軍作戰上，狄青與衛青一樣，用兵上深謀遠慮，審時度勢，耐心等待最佳戰機，不戰則已，戰則必勝。所不同的，衛青生於漢朝最強盛的時代，狄青所處的宋朝則相對孱弱，故而他雖有不世之才，終究未能取得衛青那麼偉大的功績。

二一、熙寧變法

在宋朝三百多年的歷史裡，宋仁宗在位時間長達四十一年。他算得上是一位好皇帝，正是由於他的寬厚仁政，才湧現出像包拯這樣剛正不阿的文臣，以及像狄青這樣從士兵到統帥的武將。可是仁宗皇帝缺乏開拓進取的雄心，整個大宋政壇暮氣沉沉，特別是「慶曆新政」失敗後，黨爭紛起，朝廷弊政日益顯現。

西元一〇六三年，宋仁宗去世後，宋英宗繼位。英宗在位時間僅僅四年，屬於典型的過渡型政權。此時大宋帝國表面上風平浪靜，實際上已是危機重重。帝國的危機可以簡要地歸結為兩個方面：其一是財政危機；其二是軍事力量薄弱。

有些人會感到奇怪，既然天下太平，為什麼帝國會出現嚴重的財政危機呢？這裡面原因很多，最重要的是制度上的種種缺陷所致。「冗兵」「冗官」「冗祿」是造成財政虧空的三大原因。

在宋太祖時，帝國軍隊（包括中央禁軍及地方廂軍）數量是三十七萬人；到了宋英宗時，軍隊猛增到了一百一十六萬人，每年光軍費的支出，就佔財政總收入的一半以上。不僅兵員多，官吏也多。在宋真宗時，帝國官吏人數是一萬多人，到了宋英宗時，已經達到兩萬四千人，幾乎翻了一倍。宋朝以高薪養廉，每年官俸都是一筆沉重的負擔。

除此之外，朝廷還會發放許多額外的「冗祿」，比如高官在退休後還有發放「祠祿」，對於其後代還有「蔭俸」等，以示皇恩浩蕩。只是隨著官吏數量以及「恩蔭」人數的不斷增多，這筆開銷幾乎成了無底洞。我們不要忘了，帝國為了維持與遼、西夏的和平，每年還提供大量的「歲幣」，這也是極大的開銷。以上種種原因，造成帝國表面風光，實際上財政已是捉襟見肘。

再來說說大宋的軍事力量。

光從數量上看，英宗時代一百一十六萬的常備軍，放在今天也算是龐大的武裝。可是大宋軍事上的孱弱，在仁宗時代就盡現無遺了。且不說與西夏交鋒時完全處於下風，就連西南算不上強大的儂智高，憑著數千兵力就可蹂躪兩廣，一路向東打到廣州城下。這麼多的軍隊幹什麼用呢？

宋朝在軍事上積弱，是有歷史原因的。

當年宋太祖陳橋兵變篡取政權後，吸取唐末以來藩鎮勢力強大、中央政權脆弱的經驗，採取「強幹弱枝」的政策，把兵權收集於中央，大大削弱地方兵權，建立起「內重外輕」的軍事制度。在宋初統一中國的戰爭中，這種軍事制度的弊端尚未明顯體現，當時用於掃平諸雄的主要力量，都是中央的禁軍。

自「澶淵之盟」後，帝國進入長期和平時期，這種軍事制度的弊端顯露無遺。全國主要軍事力量都集中於中央，那麼邊防怎麼辦呢？於是朝廷採取了一種輪戍的辦法，中央禁軍輪流到邊疆戍兵。邊疆將領沒有一支固定的軍隊，軍隊沒有固定的指揮官，「兵無常帥，帥無常師」，將領與士兵長期嚴重脫節，士兵的訓練水準很低。遇到邊疆有戰事時，匆匆派中央軍前往，結果士兵既不熟悉敵情，也不熟悉地形，更不熟悉將領，戰鬥力自然十分低下。

朝廷積貧，國家積弱。

帝國已經到了非改革不可的地步。

時勢造英雄。在這個時候，一位偉大的人物橫空出世，他便是以變法光耀史冊的王安石。

西元一〇六七年，過渡皇帝宋英宗病死，他的兒子趙頊繼位，史稱宋神宗。

是年宋神宗年僅二十歲，正是血氣方剛的年齡。在宋朝諸帝中，除了開國的宋太祖、宋太宗之外，就屬這位宋神宗比較有雄心壯志。面對暮氣沉沉的政壇，年輕的皇帝自然心有不甘，偌大一個帝國，卻要受制於契丹、西夏，這皇帝臉上也沒有光彩。他渴望著能像秦皇漢武那樣，把帝國建成為一個超級強國，可是要怎麼做呢？這時他想起了一個人，此人便是王安石。

為什麼是王安石呢？

我們且來簡單說說王安石的經歷。他出生於一〇二一年，二十一歲考中進士，任淮南判官，開始其仕途生涯。二十七歲時，王安石任鄞縣知縣，在任四年，政績卓著，後調任舒州通判。大家都知道，王安石是「唐宋八大家」之一，他的文章、學問著稱於當世，得到大文學家曾鞏、歐陽修以及宰相文彥博等人的一致交讚，聲名顯於當世。一〇六〇年（仁宗嘉祐五年），王安石入京，出任三司度支判官，相當於財政部預算署署長。當時他便向仁宗皇帝上了一道萬言書，提出變法主張，但是未被採納。英宗皇帝即位後，王安石因母親去世，依舊例守喪數年，暫時離開政壇。

王安石不僅是一位出色的文學家，還是一位出色的政治思想家，他對時局有清醒的認識，有非凡的見解，故而即便在野，仍有相當影響力。宋神宗之所以對王安石印象深刻，主要是從韓維那裡得知其政治見解的。

韓維乃是王安石的好友，宋神宗還是太子的時候，韓維是太子府的書記官，經常給太子講學論道，說到精彩之處時，他總是停下來謙遜地說：「這不是我的見解，這是王安石的見解。」正因為如此，宋神宗即位後，試圖振衰起弊，重整國家雄風時，自然想到了王安石。

很快，王安石復出了。神宗皇帝先是任命他為江寧知府，幾個月後召為翰林學士兼侍講。熙寧元年（一〇六八年），王安石進京，皇帝親自召他入對。

神宗皇帝開門見山便問：「治理國家，以何為先？」

王安石答道：「擇術為先。」

神宗又問：「唐太宗如何？」

王安石回答說：「陛下當效法堯舜，何以效法太宗皇帝呢？堯舜之道，至簡而不煩，至要而不迂，至易而不難。只是末世學者不能通達，以為高不可及罷了。」

我們都知道，堯舜在古代被認為是最為聖明的君主，王安石強調，為政就必須向最高的堯舜之道看齊。在中國歷史上，最著名的變法有兩次，一次是先秦的商鞅變法，另一次便是王安石變法。但是兩人的路線是截然不同的，商鞅變法走的是法家路線，而王安石變法走的則是儒家路線。

神宗又問了一個問題：「祖宗守天下，能百年無大變，粗致太平，以何道也？」

這是一個很大的問題，王安石並沒有當場回答，而是寫了一篇文章作答，在這篇文章中，王安石變法的思想已經十分明確了。他指出，「本朝累世因循末俗之弊」，並且矛頭直指「積弱」、「積貧」兩大問題：「兵士雜於疲老，而未嘗申敕訓練，又不為之擇將，而久其疆埸之權。其於理財，大抵無法，故雖儉約而民不富，雖勤憂而國不強。」

可以說，君臣二人通過問答的形式，談得相當融洽。宋神宗在王安石身上看到了帝國的希望，而王安石感於宋神宗的知遇，也竭忠盡智輔佐皇帝，推行改革。

熙寧二年（一〇六九年），王安石被任命為參知政事，轟轟烈烈的大變法開始了。

變法的目的，可用四個字概括：富國強兵。

王安石變法，便是圍繞著「富國強兵」這條主軸而展開。主持變法的總機構是「制置三司條例司」，由陳升之、王安石負責，王安石為其靈魂人物。自秦漢後，中國政治的創新精神不足，守舊思想濃厚。只要改變祖宗之法，總會遇到一大堆人的反對。因此，從一開始，王安石就處於四面受敵的尷尬處境。為了確保變法的推行，他向皇帝推薦呂惠卿、章惇、曾布等具有革新精神的人物進入條例司，協助變法。

我們先來說說變法的第一項重要內容：富國。

富國並不單純只是增加國家的財政收入，同時也要提高百姓的生活水準。百姓殷實了，國家才能真正富裕。因此，王安石在解決「積貧」這個問題上，是採取多管齊下的政策，略述於下：

其一，青苗法。

青苗法實際上就是給農民提供貸款。農業耕作有季節性，農作物生長週期較長，從耕作到收成期間，需較大投入。許多農民一時拿不出這麼多錢，只得向富人高利貸款，一旦還不了款，土地便被兼併。因此，到了宋神宗時，土地兼併現象十分嚴重，許多人流離失所，無以為生。青苗法就是政府以二分的年息貸款給農民，穀物成熟時還錢，若遇到災荒年，可延期還款。此法乃是以金融手段助民增產，同時防止富人兼併窮人的土地。

其二，免役法。

宋代徭役眾多，也就是平常百姓家，每年都要給政府幹活，只出力而沒有任何報酬，甚至還要倒貼錢，而官吏將校僧道等，則可以不服役。免役法就是廢除役法，改由百姓出錢充役，稱為免役錢。免役錢得交多少，則具體按照各家富貧情況而有所不同，極為貧困的家庭可免交。以前不必服役的官吏僧道等，則按半數繳交。據當時的實現情況來看，這項改革是惠民之政，大大減輕百姓的負擔，但是卻損害到了官吏階層的利益。

其三，方田均稅法。

這項改革是針對田賦不均的情況而定的，重新丈量全國土地，按肥瘠不同而分五等定稅。

其四，農田水利法。

政府大力建設水力工程，保護農田正常生產，這是最惠民的一項政策。

其五，市易法。

市易法目的是為了防止富商壟斷市場，控制物價。具體做法是在若干重要城市設市易務，由政府撥給本錢，在市場上貨物滯銷時，由市易務收購。商販們可以向市易務抵押借款或賒貸貨物，每年以二分計息。

其六，均輸法。

為了確保首都的消費需要，宋初設立六路發運司，每年地方都要按規定向京城輸送定量的物資。但是這種規定非常死板，既沒有考慮需求與儲備的變化，也沒有考慮地方生產的實際情況，沒有按照實際供需情況來求得平衡，是久弊端重重。均輸法就是改地方上供為中央直接採購，根據採購價就低不就高、採購地就近不就遠的原則，節約採購成本與運輸費用。

以上六大變革，重在理財與惠民。

再來看看變法的第二項內容：強兵。略述於下：

其一，保甲法。

保甲法有兩大目的，一個是訓練民兵，另一個是防止百姓造反。具體措施是這樣的：十家為一保，五十家為一大保，十大保為一都保。每家若有兩個男丁以上的，抽一人為保丁。實際上就是組建民兵或地方治安隊，是維繫地方治安的重要力量。

其二，保馬法。

馬匹在古代是重要的戰略資源。宋代馬匹主要是由官府牧監飼養，不僅成本高，而且不能滿足需求。保馬法就是由百姓代官家養馬，每戶可養一到兩匹。養馬者可免交一部分租稅，但如果馬死了，則須賠償。

其三，裁兵法。

前面說過，宋朝到了英宗時，軍隊多達一百一十六萬，光軍費的開銷就佔財政收入的一半以上。帝國軍隊雖然多，卻沒戰鬥力，並不精銳。王安石執政後，大刀闊斧裁軍。在熙寧年間，軍隊由一百多萬削減到了六十萬左右，差不多砍掉一半人。

其四，置將法。

針對軍隊中存在的「將不知兵，兵不知將」的情況，在全國設置九十二個集中訓練的軍分區，每個軍分區由一位主將負責。全國共設九十二將，其中京幾、河北有三十七將，西北有四十二將，主要用於保衛首都及防禦契丹、西夏，其餘地區有十三將。

其五，軍器監法。

宋代軍器製造原本歸三司胄案管轄，不過三司作為國家財政機構，對兵器製造顧及甚少，導致武器品質低劣。新法設置獨立的軍器監，統一管理全國武器製造。此項改革大大改進了宋軍的裝備水準，宋代在武器發明上也多有創新，火藥的使用是最典型的例子。

除了理財、強兵之外，變法還涉及吏治與教育等諸多方面。

可以說，王安石變法是大宋帝國一次史無前例的大變革，規模宏偉，涉及面之廣，要遠遠超過范仲淹的慶曆新政，這也是繼商鞅變法之後，中國歷史上最大的一次改革。可是這次改革並沒能改變大宋帝國的根本面貌，改革中出現的問題之多，爭議之大，都遠遠超出王安石的預料。那麼問題究竟出在哪兒呢？

從王安石推行變法的那一天起，失敗的影子便隱約可見了。

為什麼會這樣？難道說富國強兵的出發點也是錯的嗎？

富國強兵固然沒錯，可是這次變法有其致命的弱點。我們可以把王安石的熙寧變法與范仲淹的慶曆新政做個對比。無論在變法的廣度上或具體措施，王安石的變法都要超過慶曆新政，但是兩者重心卻是不同的。慶曆新政，重心在吏治上。范仲淹的十大改革措施中，前四項是明黜陟、抑僥倖、精貢舉、擇長官，都是針對吏治。而王安石變法重心則在理財技術上，加大國家宏觀調控的力度，金融成為重要的手段，政府對經濟的干涉明顯增加。

固然，王安石變法主要內容包括經濟改革與軍事改革兩個方面，但經濟改革是根本。而經濟改革所遭遇到的問題與困難也最多，幾乎從一開始便受到朝野的廣泛攻擊。從王安石的本意來說，經濟改革的目的是促生產、均賦稅、抑兼併，出發點是很好的，但在實際實施過程中，卻遇到了難以克服的問題。

問題主要集中在兩個方面：其一，政策自身的問題；其二，在具體執行過程中的問題。

比如說青苗法。王安石的本意是要救濟百姓於青黃不接之時，出發點是很好的。可是政府發放的貸款並非免息，而是年息二分，雖然比民間借貸要低，但對於普通百姓家，也是一筆沉重的負擔。歐陽修曾批評說「直是放債取利耳」，國家這是變相收刮民財，與民爭利。更嚴重的是，在具體執行過程中，貸款利息要遠遠超過所規定的二分。有的地方執行三分的利息，更有些地方官吏在規定的利息外，還有種種勒索，導致實際利息達到百分之八十甚至百分之百。這與變法的初衷已全然是南轅北轍了。

再比如免役法。變法的初衷，百姓交了免役錢後，可免除義務勞役。但是一旦政策到了地方，完全變了樣。免役錢交了，地方政府又巧立名目強迫百姓服役，活照幹，錢還得交，兩頭受罪。就連神宗皇帝都說：「已令出錢免役，又卻令保丁催稅，失信於民。」

再說說市易法。王安石的目的是「通有無、權貴賤、以平物價、所以抑兼併」，目的是抑制商人對商品價格的壟斷。可是在具體操作中，市易務作為資本雄厚的「央企」，卻取代富商壟斷了市場。

大學者梁啟超對熙寧變法曾經有這麼一段議論：「蓋其初意本欲裁抑兼併者，而其結果勢必至以國家而自為兼併者也。」起初朝廷的意思是要抑制兼併，最後國家卻成了最大的兼併者、壟斷者。

那麼我們不禁要問，好的政策為什麼成為壞的政策呢？問題出在執行上。

上有政策，下有對策。

我們來對比一下王安石變法與歷史上一些其他著名變法的不同之處。在中國歷史上，變法的黃金時代是戰國時代，著名的變法有秦國的商鞅變法，楚國的吳起變法，趙國的胡服騎射等。戰國時代的變法，都是由上而下的變法，即從權貴階層開刀。為什麼要自上而下呢？手握權力的權貴階層若不接受新法，試問新法如何推行？變法的內容固然重要，倘若得不到執行，那也只是畫餅充饑，只是作秀罷了。故而整頓吏治，是變法能否順利推行的先決條件，政策的貫徹執行，必須要一以貫之。商鞅變法之所以是最成功的改革，就在於其入手處，就是從打擊權貴階層開始。

前面說過，宋朝積貧積弱，主要原因有三冗：冗兵、冗官、冗祿。熙寧變法只解決了冗兵的問題，而在冗官、冗祿上，非但沒有減少，反倒增加了。冗兵問題之所以得到較好的解決，乃是因為士兵是底層階級，沒有什麼權力，裁撤起來比較簡單。至於冗官、冗祿，都是有權力的官僚階層，在這一塊上，王安石並沒有大刀闊斧的改革。說實話，他也沒有能量改革吏治，作為熙寧變法的總設計師，王安石的權力是有限的，他從來沒有商鞅獨斷專行的大權。正是因為官僚階層的腐敗現象得不到有效的遏制，新法在執行過程中往往變樣了，好的政策也淪為惡的政策。

知道以上這一點後，我們就可以發現，王安石經濟改革的重要性，在於開源，而不在於節流。也就是說，他努力增加國家的財政收入，而不是削減財政支出。他在金融領域、流通流域上做文章，但是效果是比較局限的。在古代，科技對生產力的影響並不像今天那麼大，國家的生產能力達到一定水準後，就難以大幅度增長。如果國家總體財富維持穩定，那麼國家財政這一部分增長了，相應的百姓的收入就要相應減少。因此，自從經濟改革以來，新法被認為是「與民爭利」，國家發放利息不低的貸款，實行專賣制，搞市場壟斷等，都嚴重打擊民間經濟。

正是因為新法存在種種弊端，特別是執行不力，王安石遭到了來自各方的攻擊。值得注意的是，反對新法的人，有許多都是當世名重一時的人物。比如反對青苗法的人有韓琦、富弼、歐陽修、程顥等；反對均輸法的有蘇軾、蘇轍等；反對市易法的有文彥博等；著名史學家司馬光幾乎反對王安石的每一項政策。他們反對的理由也往往是有事實根據的，這也使得新法的推行遭到極大的阻力。

在這次轟轟烈烈的變法運動中，宋神宗的態度是比較明確的，他對王安石是支持的、信任的。然而這並未能減輕王安石身上巨大的壓力，隨著變法運動的推進，王安石面對種種責難，越發孤立無援。

王安石在熙寧二年參知政事，兩年後躋身宰相。隨著新法的推行，反對聲一浪高過一浪，王安石為了表示自己並非棧戀權位，只是一心希望國家富強，遂於熙寧七年（一〇七四年）上書稱病辭職。宋神宗一再慰留，但王安石去意已決，連上六表求辭。神宗皇帝最後沒辦法了，只得同意。不過新法並未因此中斷，在韓絳、呂惠卿等人的努力下，新法仍然不屈不撓地得到推行。

一年後（一〇七五年），神宗皇帝再召王安石入相。然而，二次入相對王安石來說，徒留傷心回憶罷了。反對派的攻擊依然如疾風暴雨般襲來，而新法集團卻已不是鐵板一塊了。改革派的分裂是必然的，因為不是所有的改革派人物都像王安石那樣高風亮節，有些人純粹就是投機份子，投皇帝所好，把變法視為求取功名的途徑。改革派分裂了，王安石與改革派的另一重要人物呂惠卿分道揚鑣。更要命的是，宋神宗對王安石已經不再無條件地言聽計從。在變法的一些重要問題上，皇帝與宰相的觀點有了很大的分歧。不僅如此，王安石的新法還遭到後宮及皇親國戚的壓力，這位改革的總設計師已是心力交瘁。而在此時期，王安石的長子又去世，令他更加孤單與悲戚。熙寧九年（一〇七六年），復相後一年，王安石又一次遞交辭呈。宋神宗雖仍極力挽留，但王安石還是毅然退出中樞。

王安石主持變法，總計六年。新法並沒有因為王安石的離去而中止，應該說，宋神宗在變法這件事上，是堅定不移的，從這點看，他堪稱是宋朝三百年歷史中最有改革進取精神的皇帝。

儘管當時許多著名人士不同程度地反對王安石變法，但是他們也只是反對其政策，對於其道德操守、學問文章，仍然充滿敬意。譬如變法的最大反對派司馬光曾在私人書信中這樣評價王安石：「介甫（王安石的字）文章節義，過人處甚多。」

後世學者梁啟超對王安石有一段精彩的議論，試錄於下：「荊國王文公安石，其德量汪然若千頃之波，其氣節岳然若萬仞之壁，其學術集九流之粹，其文章起八代之衰。其所設施之事功，適應於時代之要求，而救其弊，其良法美意，往往傳諸今日，莫之能廢。」

儘管變法在實施過程中差強人意，但還是取得一定成效。在王安石執政期間，大宋帝國在軍事上取得的一個重大成就，這就是王韶開河熙之地。

在宋神宗即位前後，宋夏再度爆發戰爭，西北局勢緊張。熙寧元年，當時還是無名之輩的王韶上了一道「平戎三策」的奏章，他寫道：「國家欲平西賊，莫若先以威令制服河湟；欲服河湟，莫若先以恩信招撫沿邊諸族。」這個戰略主張就是先收復河湟，令西夏陷入腹背受敵之境，扭轉與西夏戰爭的不利局面。這個戰略，與西漢時張騫的「斷匈奴右臂」戰略有異曲同工之處。

王韶乃是宋代一位傳奇人物，他早年曾經考科舉不中，索性遊歷陝西，這不單純是旅遊，更是細心地了解西北邊疆的形勢。在若干年後，他的付出沒有白費，他成了西北問題的第一流戰略專家。這份奏章令宋神宗暗暗稱奇，特地召王韶前來詢問邊事方略。

熙寧四年，在皇帝與王安石的支持下，王韶被任命為主洮河安撫司事，經營河湟。河湟谷地在漢、唐時就是一塊戰略要地。東漢時，漢與西羌多次爭取河湟谷地；到了唐朝時，河湟谷地則是唐與吐蕃的一塊主戰場。宋朝與漢朝、唐朝相比，帝國土地面積小了許多，如北方燕雲十六州落入契丹之手，河西走廊落入西夏之手，而戰略要地河湟谷地則被控制在西蕃手裡。

王韶抵達秦州後，先招撫了西蕃俞龍珂所部十二萬人。有意思的是，俞龍珂之所以願歸附宋朝，乃是因為他是包公的粉絲，十分仰慕包青天的人品。歸順之後，他甚至向宋神宗提了一個請求，要求皇帝賜「包」姓，與偶像包青天拉近距離。

俞龍珂部歸附後，王韶乘勢西進，進攻西蕃諸羌部落。王韶有謀有勇，宋軍的進攻遇到諸羌的頑強抵抗，幾乎要放棄的時候，王韶親自披甲上陣，力挽狂瀾，竟然奇蹟般地反敗為勝，並且佔領武勝，建鎮洮軍。宋神宗下詔，在新開拓的土地上設熙河路（相當於現在的省），王韶升任經略安撫使。王韶開疆拓地的意志不可阻擋，很快，他又進攻河州，河州酋豪瞎藥投降，宋神宗同樣給他賜「包」姓，看來包公的威名真是馳名中外、飲譽東西啊。

到了熙寧六年，王韶的軍隊接連收復河州、岷州、宕州、洮州、疊州，進軍一千八百里，斬敵數千人，取得了輝煌的戰果。可以說，在大宋歷史上，王韶是最有進取精神的一位將領，他的偉大成就令宋神宗大喜過望，戰後被提拔為左諫議大夫。

然而，王韶離開河熙奔赴朝廷之後，西蕃的勢力又捲土重來。

西蕃首領木征乘王韶離去之機，反攻倒算，在熙寧七年的踏白城之戰中大敗宋軍，河州知州景思立戰死。之後，木征又進攻岷州，繼而圍攻河州。西部局勢一時間惡化了，宋神宗不得不又一次把王韶派往前線。

王韶非但是一流的戰略家，也是一流的將軍。抵達熙州後，他並沒有馬上援救被圍困的河州，而是採取圍魏救趙的計謀，出動兩萬精兵，進攻定羌城，以切斷木征的後援。此計果然大獲成功，木征不得不放棄對河州的圍困而退兵。然而王韶並不罷手，他對木征窮追猛打，斬首七千餘級，打得木征走投無路，最後只得繳械投降。

先是開熙河六州之地，拓地兩千里，收復中原政權淪陷二百年之地；後又解河州之圍，擒木征以致闕下；王韶奇蹟般的表演，非但是大宋歷史上的傳奇篇章，同時對改革派也是一次巨大的鼓舞。王韶之所以能立不世之功，與王安石的極力推薦提拔有直接的關係，而他也以偉大的勝利，讓所有人看到「強國夢」的希望。

後人對王韶有這樣的評論：「韶以書生知書，誠為不出之才，而謀必勝，攻必克，宋世文臣籌邊，功未有過焉者也。」他為帝國收復了大約二十萬平方公里的土地，這無疑是令人瞠目結舌的動績。

王韶後來官至樞密副使，他從沒沒無聞的小官吏，一舉為國家立下不朽之勳業，也實現自己的理想抱負，可謂是奇人也。有人戲稱他為「三奇副使」，三奇，指是是奇計、奇捷、奇賞。奇計，說的是他的平戎奇策；奇捷，是他在戰爭中所取得的令人不可思議的勝利；奇賞，指的是他最後官至樞密副使，跟以前的包拯包大人一樣大的官。

二二、新舊黨爭：從元祐更化到紹聖紹述

熙寧變法運動，從一開始便備受攻擊，風雨飄搖，然而新法卻能在一片反對聲中頑強地推行，這全倚仗著一把強有力的保護傘。這把保護傘便是神宗皇帝，這位胸懷大志的皇帝以堅忍不拔的意志推行新法，即便是在王安石辭職後，變法運動仍然維繫下來。

神宗是一位有理想有抱負的皇帝，史書稱他「去華務實」，並不熱衷於典禮、祭祀、封禪之類華而不實的東西，在生活上比較節儉，對民間疾苦比較關心，不務虛名。應該說，他是繼仁宗皇帝後的又一個好皇帝。可惜的是，神宗皇帝壽命不長。西元一〇八五年，他去世的時候不過三十八歲。神宗皇帝一死，變法運動戛然而止。

年僅十歲的趙煦被立為皇帝，是為宋哲宗。十歲的小孩子如何統治國家呢？他的祖母太皇太后高氏垂簾聽政，成為大宋帝國的實際統治者。新法的保護傘倒了，帝國的政策將何去何從呢？高太后也有點不知所措了，是繼續維持新法呢，還是推倒重來？

就在這個時候，一位老臣從洛陽來到京城，為神宗皇帝奔喪。

他的到來，徹底改變了朝廷的政策。

此人正是王安石的死對頭、著名史學家司馬光。

此時的司馬光剛剛完成了一部史學巨著，這就是大家所熟知的《資治通鑑》。這是中國歷史上

一部大部頭的編年史，早在宋英宗末年，司馬光就開始著手編撰這部史書。從書名中可以看出，司馬光寫這本書的目的，是為了讓統治者熟悉歷朝歷代史事，「知興亡」，「明得失」，以史為鑒。

在王安石變法開始後，司馬光便不遺餘力地反對變法。以前我們教科書裡總說司馬光是守舊派份子，其實這種看法有失偏頗。與王安石的激進相比，司馬光確實比較保守，但他對新法的攻擊，並非完全感情用事，因為新法的確存在許多難以克服的弊端。在宋神宗時代，司馬光的立場顯然不吃香，故而被排斥出中央，到洛陽當了個西京留台，說白了就是個閒差，總計待十五年之久。在這段時間裡，他埋頭著史，不問政事，與史學家劉攽、劉恕、范祖禹等人共同完成了《資治通鑒》的編撰，為中國史學再增添一瑰寶。

對於司馬光這樣對歷朝史事爛熟於胸的人，高太后當然十分倚重，謙虛地向他求教國家的大政方針。司馬光的答覆是：「朝廷應當下明詔、開言路，凡知朝政缺失與民間疾苦者，皆得盡情亟言。」就是說，先聽聽大家的意見。

高太后一聽，也對，便下詔讓百官寫奏摺，討論朝政的缺失。我們前面曾說過，王安石的變法，理想高遠，但在具體執行過程中卻弊疾叢生。不僅守舊派份子反對新法，甚至民間對新法也反感。這言論一開，不得了，成百上千的奏章紛至沓來，大多數都是批評新法的不當。

看來宋神宗一死，新法就走到頭了。

面對洶洶議論，高太后「從諫如流」，任命司馬光為門下侍郎（相當於副宰相），議除新法。大家想想，這司馬光老頭原本就是最頑固的反新法者，現在讓他來主持議除新法，這不等於宣佈變法的終結嗎？當然，有也人站出來反對，但不是站在新法是否合理的立場上，而是站在「三年無改於父之道」的古訓上。宋神宗剛死，就要推翻他的政策，這合適嗎？

對於這樣軟弱的反對意見，司馬光當然不放在眼裡，他呵斥道：「若王安石、呂惠卿等所建，為天下害，非先帝本意者，當改之，猶恐不及。」一把宋神宗說得彷彿是被王安石、呂惠卿一幫人脅迫似的，司馬光揣測聖意也太大膽點了吧。

當然，有高太后的支持，廢除新法堪稱神速。在宋神宗去世當年，保甲法、方田法、市易法、保馬法等就被廢除了。

但是司馬光對這個速度還相當不滿意。第二年（元祐元年，一〇八六年），司馬光晉升為尚書左僕射，此時的他已經六十七歲，身體不太好，擔心自己不能在去世前盡廢新法。在他眼裡，新法中殘留的青苗法、免役法、置將法，與盤踞西北的西夏一樣，乃是帝國的心腹之患，並稱為「四患」。他曾經這樣說：「四患未除，吾死不瞑目矣。」當然，在這四患中，西夏之患，司馬光是除不了的，也沒這能耐。對於其他三患，也就是王安石變法中的三項，他還是有能力除掉的。在之後短短的幾個月裡，新法基本都廢除了。

這一年四月，王安石死了，他是目睹著自己的理想灰飛煙滅而死的。

這一年九月，司馬光死了，他在有生之年打敗了王安石。

在宋哲宗即位後幾年，新法人物紛紛失勢，而擁護舊法的人物紛紛捲土重來，這就是所謂的「元祐更化」。

舊黨復辟了，新黨落荒而逃。

在大宋王朝歷史上，黨爭是一大問題，正所謂黨同伐異，一吵起來便喋喋不休。那麼新黨倒台後，舊黨執政，朝政應該和氣融融了吧？其實不然。黨爭的頑疾並不因為新黨被逐出中央而停止，反倒愈演愈烈。

原來舊黨內部也不是鐵板一塊，而是分裂為三大陣營。

這三大陣營分別是洛黨、蜀黨、朔黨。洛黨以大儒程頤（洛陽人）為首，幹將有朱光庭、賈易等人；蜀黨以大文豪蘇軾（蜀人）為首，幹將有呂陶等；朔黨劉摯（河北人）為首，幹將有梁燾、王岩叟、劉安世等人，其精神領袖是已經去世的司馬光，此黨的勢力最大。

此三大黨的政見上是有所不同的。朔黨是司馬光的門生信徒，對於王安石的新法，他們一概否定。以程頤為首的洛黨，受到傳統儒學觀念的影響，以實現堯舜傳說中的王道為己任，他們總體上反對新法，但對王安石變法中的復古部分並不排斥。蜀黨的政治立場，則是屬於調和折中派。

三黨中不乏士人領袖。譬如程頤乃是宋明理學的奠基人之一，赫赫有名的哲學家；蘇軾乃是文壇領袖，著名詩人與散文家。然而兩人在政治上卻是對手，爭論不斷。程頤對新法中科舉改革的復古部分很贊成，如考試內容改詩賦為經義，經義是他的拿手好戲，可是作為詩人的蘇軾卻反對。蘇軾對新法中的免役法舉雙手認同，但尊司馬光為領袖的朔黨卻反對。今天我攻擊你的政策不近人情，明天你攻擊我誹謗，紛爭擾擾，不可終日。

黨爭從朝廷內到朝廷外，大臣們在口水戰的戰場上英勇奮戰。可是有一個人不高興了，這個人就是皇帝宋哲宗。

你們整天吐口水，你們把我這個皇帝置於何地？宋哲宗十歲當皇帝，高太后臨朝，大權旁落，整天像個木偶一樣坐在皇帝的寶座上，事事不能作主。這算什麼皇帝！隨著年齡一天天增長，皇帝心裡的怨氣也越發深重，憤恨難平。對於一個年輕人來說，這種心理反應實屬正常。久而久之，這種不滿的情緒悄悄滋長，從對高太后把權的不滿，延伸到了對舊黨的不滿。

鬱積的不滿，總有一天會爆發的。

西元一〇九三年（元祐八年），老太婆高太后終於死了。這一年宋哲宗也已經年滿十八歲，到了親政的年齡了。

在哲宗當皇帝的前八年，朝臣們只知有高太后，幾乎要把泥菩薩皇帝忘了。可是現在，泥菩薩變成了活菩薩。對於這尊活菩薩，大臣們既熟悉又陌生，熟悉的是他的模樣，陌生的是他的思想。

總有人具備超級敏感的政治嗅覺。

禮部侍郎楊畏就是這麼一個人。

俗話說，「一朝天子一朝臣」，對宋哲宗來說，前八年只是高太后的時代，如今才是自己真正的時代。既然如此，豈能重用這群從來沒把自己放在眼裡的朝臣呢？楊畏看清了皇帝的心思，搶先一步上疏道：「神宗更法之制，以垂萬世，乞賜講求以成繼述之道。」就是說，高太后與司馬光這夥人破壞了宋神宗的變法，現在應該要改過來，繼續完成神宗皇帝未竟的事業。

此言大投宋哲宗所好。

說實話，宋哲宗對新法了解多少尚是疑問，但他對這幫投靠高太后的朝臣不滿是實實在在的，只有換一批人，自己才是貨真價實的皇帝。皇帝問楊畏：「先朝舊臣誰可召用？」時間才僅僅過去八年，當年新法健將多數尚在人世。楊畏一口氣羅列了章惇、呂惠卿、鄧潤甫、王安中、李清臣等人，他還大大讚揚了神宗皇帝變法的偉大精神與王安石的道德情操。宋哲宗大受鼓舞，遂下詔重新起用章惇、呂惠卿等人。

政策變了，宋哲宗把年號也改了。西元一〇九四年，年號由「元祐」改為「紹聖」，紹就是「紹述」，即繼承的意思，「聖」就是指神宗皇帝。從年號的更改可以看出宋哲宗的決心，他就是要推翻舊法，把神宗變法發揚光大。

於是一大批新黨人物迎來了政治的第二春，而舊黨如劉世安、蘇軾、范祖禹等紛紛被踢出中央。正所謂「三十年河東，三十年河西」，新黨不必等上三十年，只用了八年時間，便捲土重來了。大宋的政治又為之一變，從「元祐更化」變成為「紹聖紹述」，新黨全面把持朝政。

問題是，爭議不休的朝政是否因此變得祥和？在新法與舊法之間折騰日久的國家是否從此長治久安呢？

答案是否定的。

問題出在哪兒呢？

大海航行靠舵手。在熙寧變法中，帝國航母的總舵手便是宋神宗，他胸懷大志，銳意進取，對舊法弊端有深刻的認識。而在紹聖紹述中，總舵手宋哲宗並沒有父親的魄力與才幹，他起用新黨人物，只不過是對舊黨人物不滿而已。熙寧變法的總設計師王安石大公無私，立法儘管有問題，但基本出發點乃是富國強兵，為國為民。元祐更化中的復辟份子，儘管在政治上是保守主義，但在道德品行上並無虧缺，甚至被譽為「元祐諸君子」。而紹聖紹述中的新黨領袖章惇、呂惠卿、曾布等人，在自身修養、道德人品上都不是無可指責的，他們意氣用事，假公濟私，迫害政敵，反攻倒算。

從宋神宗時代開始，新舊兩黨便勢不兩立，但是王安石與司馬光這兩個死對頭，也僅僅只是政見不同，對事不對人，私底下都佩服對方的學問、人品。即便是司馬光復辟，舊黨掌權，也沒有對新黨進行人身迫害。可是在紹聖年間，新黨的胸襟卻遠不及舊黨中的士人君子。

已經去世的舊黨領袖司馬光、呂公著都遭到反攻倒算，章惇甚至要求把這兩個「罪大惡極」的人開棺暴屍。宋哲宗雖沒有同意，仍然下詔奪去兩人的贈謚。對死去的人如此，對活著的政敵，新黨更是磨刀霍霍，四處出擊，甚至屢興大獄。在元祐諸君子遭到流放命運後，章惇等人甚至主張將其斬盡殺絕，從肉體上消滅政敵。

在大宋開國之初，宋太祖曾經留有一條遺訓——「不以言罪人」。在一百多年的時間裡，宋朝並未發生歷朝歷代中難以避免的誅戮功臣的惡性事件，這個文明國度雖然武力並不算強大，但在仁慈方面超越以往任何一個朝代。元祐舊黨之所以大難不死，得益於皇帝張開保護傘擋住了射來的冷箭，宋哲宗雖不算是英明過人的皇帝，仍然堅守太祖皇帝的遺訓：「朕遵祖宗遺志，未嘗殺戮大臣，其釋勿治。」正是這個指示，才把迫害舊黨的行動約束在一個合理的範圍。

裝著變法的瓶子表面上是舊的，可是裡面的酒卻已變質。新法的目的與其說是發憤圖強，不如說是耍政治陰謀、爭權奪利的工具。帝國滑向深淵的命運，已然是不可改變了。

一三、宋徽宗：皇帝與藝術家

宋哲宗是短命的皇帝，他十歲當皇帝，在位十五年，二十五歲就死了。哲宗去世後，他的弟弟趙佶被推上皇帝寶座，他就是歷史上著名的宋徽宗。宋徽宗之所以著名，有兩個原因：其一，他是中國皇帝史上首屈一指的藝術家；其二，他是大宋王朝歷史上有名的昏君。

有些人天生不是當皇帝的料。南唐後主李煜如此，宋徽宗趙佶也是如此。這兩人的共同點實在太多了。李煜是大詞人，一曲《虞美人》傳誦至今，仍舊是詩詞史上最動人的篇章；而宋徽宗則是大書法家與大畫家，他的瘦金體書法與花鳥畫，在藝術史上佔據一席重要地位，他對藝術的貢獻，要遠遠多於對國家的貢獻。可以說，他們的專業都在於藝術，而不在政治。身為一國之君，沉溺於藝術領域，必顧此而失彼。有一句話說得好：「天才也怕入錯行」，李煜與宋徽宗都是天才級的人物，可惜的是，兩人都入錯行了。他們的生活空間，應該是在書房畫室，與琴棋書畫為伴，而不是坐在皇帝的寶座上，呆若木雞。

歷史有時真的會開玩笑。

宋徽宗趙佶可能做夢也沒想到自己居然會成為皇帝。他與宋哲宗一樣，都是宋神宗的兒子，但排名相當靠後，僅僅是第十一個兒子。依照古代立長不立幼的傳統，皇位要輪到他，機會可以說小而又小。在宋哲宗即位後，皇帝傳給弟弟的可能性就更小了。然而造化弄人，偏偏宋哲宗英年早逝，趙佶居然鬼使神差地被推到前台，當了皇帝。

其實，很多人對宋徽宗繼承大統持反對意見，理由很簡單：他不是一個老成持重的人，有著藝術家常有的輕佻與隨性。然而群臣的反對敵不過向太后的堅持，向太后的理由也很簡單：先帝神宗對這個兒子有良好的評價，認為他有福相，而且仁孝。

為了使政權平穩交接，向太后採取了一種折中方法，仿元祐年間高太后之例，臨朝聽政。向太后與高太后一樣，在政治上是傾向於保守的，對新法並不太熱衷。不過她的做法比較溫和，知道倘若盡棄新黨，那麼無疑「朋黨之爭」還要無休止地鬧下去，因而採取了較為穩妥的處理，起用一部分舊黨，留用一部分新黨。

這十幾年來，大宋朝廷真是亂得像一鍋粥。一會兒新黨得勢，一會兒舊黨復辟，一會兒新黨又捲土重來，政策變來變去。在宋哲宗時代被列為罪人的司馬光、呂公著等人又恢復名譽了，范純仁、程頤、蘇軾等元祐君子復官或結束流放。曾經迫害舊黨的章惇、蔡京、蔡卞等人被罷黜了，但是相對溫和的曾布則得以留用。

經過一番精心的人事調整，向太后以為萬無一失了，便放心地把政權移交給宋徽宗，她聽政的時間不過才七個月。太后之所以急急歸政於皇帝，乃是因為宋徽宗的情況與宋哲宗有所不同，他即位時已經十八歲，若遲遲不放權，難免受到朝臣的議論。徽宗親政後，出於對太后的尊敬，尚不敢對政策有所更張，然而五個月後，傾向於保守的向太后便去世了。對新黨來說，這正是重新崛起的良機。

新黨人士當然不會放棄此良機，於是曾布遂一而再地向皇帝提出，應該重新回到新法的路線。

宋徽宗對政治的興趣顯然遠遠不及對書畫藝術的興趣，但既然父親與哥哥都是新法的擁護者與執行者，他下意識裡也是傾向於新法。於是稍稍受阻後的新法運動又一次佔據上風，這一點從年號的更變就可以明顯地看出來。西元一一〇二年，即宋徽宗即位後的第二年，改年號為「崇寧」，推崇熙寧變法的思想相當明確。

在此背景下，被罷官的蔡京又一次被起用。蔡京就是一個披著新黨外衣的陰謀家。

他是精明的政客，有獨到的政治嗅覺與深藏不露的野心，善於偽裝自己，只在乎利益而不在乎原則。步入官場之時，蔡京正好趕上轟轟烈烈的王安石變法。皇帝要變法，宰相要變法，聰明的蔡京當然不會愚蠢到加入守舊黨的行列。他的弟弟蔡卞娶了王安石女兒為妻，蔡家與王家成了親家，蔡京更加理所當然地成為新黨中的一員大將。在神宗一朝，他官運亨通，爬到龍圖閣侍制、知開封府的地位，當年包公就坐過這個位置，還被稱為「包龍圖」。

可世事偏偏難料。宋神宗死後，新黨失勢，保守派領袖司馬光殺回來了。司馬光一上台，便大力剷除新法，他下了一道命令，要求各地在五日之內廢除「免役法」，全面恢復「差役法」。五天的時間要變更實行已久的法令，這豈非難於上青天。可是令所有人大跌眼鏡的是，第一個在限定時間內完成艱巨任務的人，竟然是被當作新黨的蔡京。對他來說，什麼新法、舊法，保住烏紗帽的才是辦法。此舉給他帶上小人的帽子，毫無抵抗便向舊黨投降，算得上正人君子嗎？可是蔡京從來就沒想過當正人君子。

儘管蔡京以自己的高效響應司馬光的號召，可是他還是栽了跟頭。因為不久後司馬光死了，掌權的舊黨並不認可他的「叛變」，仍然當作新黨處理，貶出中央。

此時的蔡京有理由為自己的「新黨」身分而懊惱，重返權力之路似乎變得渺茫而遙不可及了。但是命運又鬼使神差地變化，幾年後，親政後的宋哲宗又一次把國家政策推倒重來。一時間，新黨又奪取政權，大獲全勝。

有趣的是，當年在廢除「免役法」時，蔡京一馬當先；如今在恢復「免役法」時，他又身先士卒。這種反反覆覆的態度未免有小人之嫌，但蔡京毫不在意，能討得皇帝的歡心、新黨的認可，這才是最重要的。新法對蔡京來說，只是打擊異己以求高升的工具罷了，他紹述新法的堅決態度使他儼然成為新黨的靈魂人物，除了章惇之外，蔡氏兄弟幾乎稱得上是最有權勢的人了。

官場仕途的賭局，正如股市中的五浪上升一樣，同樣很少單邊上行，非得再起再落後，才進入波瀾壯闊的主升浪。眼看蔡京只差一腳就可躍上巔峰之時，第二次調整開始了。宋哲宗死後，朝政又為之一變，蔡京又一次從雲端跌落，被貶去當了一個杭州洞霄宮提舉的閒職。

此番調整雖深，時間卻不長。宋徽宗親政讓蔡京看到了機會，而且是前所未有的機會。為什麼這麼說呢？因為他發現了皇帝致命的弱點——皇帝乃是徹頭徹尾的藝術家，有了弱點，就可以充分利用，甚至操縱。

原來這個蔡京非但是政壇的投機份子，也是一個頗有天分的書法家，他的書法在當時也算得上是數一數二的人物。這豈非與皇帝志趣相投嗎？可是皇帝在開封，他在杭州，如何才能把這種志趣相投變成一種資源呢？機會總是不期而至。

徽宗皇帝不僅酷愛藝術，也喜歡收藏藝術品，即位不久後，他就在杭州搞了一個「金明局」，專門搜羅各種書畫古玩，為皇帝跑腿的是太監童貫。說起這個童貫，也是個會耍花招的人，不僅長於拍皇帝的馬屁，也長於察言觀色，處處投皇帝所愛，自然得到徽宗的寵幸。童貫到杭州待了一兩個月，蔡京自然不肯放過這個機會，極力巴結。說起來蔡京是有兩下子，他自己操筆，畫屏風，畫紙扇，把自己的作品源源不斷地通過童貫之手轉交到皇帝手上。不僅如此，他還四處搜羅藝術品，憑藉自己高超的藝術鑒賞力，挖掘珍品送入宮中。對此，皇帝豈能不心花怒放呢？不僅僅是因為藝術品，在他眼裡，蔡京堪稱是懂藝術的同志、知音，真乃難得的人才哩。

皇帝龍顏大悅，蔡京的好日子還會遠嗎？

很快，蔡京東山再起了。

崇寧元年三月，他被任命為翰林學士承旨；五月，升為尚書左丞；七月，升為尚書右僕射兼中書侍郎，正式登堂入相。

詔令下達的那天，徽宗皇帝特賜蔡京坐延和殿。皇帝問道：「神宗創法立制，先帝繼之，兩遭變更，國是未定，朕欲上述父兄之志，卿何以教之？」蔡京當即頓首，慷慨激昂地說了一句話：「敢不盡死？」這一句話，拳拳忠心，擲地有聲，皇帝聽了豈不感動呢？

被中斷的新法又一次鋪開了。對於蔡京來說，權力遠比新法來得重要，他重拳出擊，把矛頭對準曾令他大吃苦頭的元祐黨人。折騰死人乃是中國古代的政治藝術之一，我們以前常說「蓋棺定論」，但對於元祐黨人來說，蓋了棺，卻不能定論。像司馬光、呂公著這樣的舊黨份子，活著時是復辟英雄，死了後成了朝廷罪人，在「紹聖紹述」時被奪去贈謚，在向太后臨朝時，又恢復名譽。蔡京當政後，還要把這些死人再折騰幾下，讓他們永世不得翻身。

入相兩個月後，蔡京把舊黨黨魁司馬光、呂公著、文彥博、呂大防、蘇軾等人一概列為奸黨。

為了達到「蓋棺定論」的目的，又請御書把奸黨的姓名刻石於端禮門，稱為「元祐黨人碑」。這個黨人碑，就是恥辱柱，是讓大家吐口水的地方。奸黨的子孫被剝奪政治權利，世代不得為官，這也是宋代規模最大的黨錮之禍。

當然，在打擊奸黨的同時，蔡京也得表彰新法功臣。崇寧三年，熙寧、元豐年間的新法功臣們被一一畫成像，懸於顯謨閣，以鼓舞正氣。當然，作為變法運動的靈魂與總設計師的王安石得到最尊貴的待遇，得以配享孔子。

蔡京的打擊面如此廣，免不了得罪人，反對他的也大有人在。

崇寧五年（一一〇六年），彗星忽然出現。這本是尋常的天文現象，不過在古代，天象被認為是上天的某種啟示，宋徽宗居然被上天異象搞得心神不寧，趕緊自我批評，並且下詔讓官員直言。中書侍郎劉逵把矛頭對準蔡京，認為這都是因為打擊元祐黨人引起的。這種說法當然也是無稽之談，不過宋徽宗認了。在皇權與寵臣之間，他還是選擇了皇權，連夜令人把黨人碑給搗毀了，並下令解除黨禁，並且廢除新法。

看來宋徽宗對新法舊法也根本不在意，說毀就毀了。彗星的出現，讓蔡京丟了官。可是如今的蔡京羽翼豐滿，哪裡這麼容易就認輸呢？他不動聲色地躲在幕後，指使爪牙向宋徽宗訴冤。說的內容，無非是蔡京搞新法，完完全全是遵承皇上的意旨，並沒有任何私心，現在把新法推翻了，有違初衷。宋徽宗原本對蔡京就十分信任，聽到這樣的辯白後，也稍稍覺得有愧。一年後（一一〇七年），神氣活現的蔡京又回來了，又一次登閣拜相，而且他的兒子蔡攸也被任命為龍圖閣學士，權力非但沒減少，反而更大了。

在宋徽宗一朝，蔡京先後四次入相，掌大權達二十年之久。這位在皇帝眼中忠心不二的宰相，實際上不過是個翻手為雲、覆手為雨的弄權者罷了。在此之前，大宋朝政雖然混亂，仍然有像范仲淹、包拯、王安石、司馬光這樣的正直大權，邪惡的風氣並不濃厚。可是到了蔡京把權的時代，朝廷烏煙瘴氣，奸佞橫行。

蔡京以新法之名義，打擊政敵，結黨營私，與太監童貫狼狽為奸，把皇帝玩弄於掌股之間。徽宗一朝，奸臣當道，如王黼、朱勔，以及《水滸傳》中所寫的高俅，都是這一時期的奸臣。更糟糕的是，為了拍皇帝的馬屁，蔡京大興土木，他有個理論叫「豐亨豫大」，就是說，咱天朝不能小家子氣，吝惜財費，應該要大手大腳，極盡繁華才行，這才顯得帝國的氣派。於是搞了一大堆名堂，置立應奉司、御前生活所、營繕所、蘇杭造作局等，名目雜多，主要就是搞一些奇巧的東西，以滿足藝術家皇帝對美的追求。

在這些勞民傷財的事中，以「花石綱」為害最大。藝術家皇帝如果只是寫寫書法，畫畫花鳥倒好，但宋徽宗還有一大愛好，喜歡奇木異石。蔡京只怕皇帝沒喜歡的東西，有喜歡的東西就容易搞定了。他便指示手下一幫人，搜求奇木異石押送進京，這稱為「花石綱」。花石綱折騰到什麼地步呢？比如有一回，朱勔在太湖採一巨石，有數丈高，乃是奇石珍品，可是怎麼運到開封呢？動用一千人拉大船，水路不通的地方鑿河，橋擋住則拆橋，花了好幾個月才運到京師。花石綱導致無數百姓家破人亡。

在宋徽宗眼裡，世界很美好，放眼望去，看到的都是層台聳翠，飛閣翔丹，優雅而藝術。可是底層百姓卻沒活路了，當憤怒的火焰熊熊燃起，大規模的民變已是不可避免了。

二四、方臘起義與水滸英雄

當一個王朝走向沒落時，其象徵性的標誌便是大規模的農民起義。當宋徽宗在蔡京、童貫等人的忽悠下，過著紙醉金迷的生活時，底層百姓卻生活在水深火熱之中。說實話，在儒家教化一千多年的影響下，中國百姓性情溫和，對於各種壓迫，一忍再忍。然而，人的忍耐力終究有個極限，超過這個限度了，勢必忍無可忍，一旦反抗的烈焰點燃，將會演變成一場燎原大火。

江浙向來是富饒之地，魚米之鄉。自從蔡京一干人倒行逆施，設應奉、造作二局收刮民脂民膏後，尋常百姓已被剝削得一貧如洗。再加上花石綱無盡的掠奪，平民破產，無家可歸，掙扎在死亡線上。現世幾乎看不到盼頭，一種宗教的興起給無數的人看到了未來的希望。這種宗教便是傳自波斯的摩尼教。

摩尼教是波斯人摩尼在西元三世紀時所創建，在唐朝時傳入中國，曾經興盛一時，又稱為明教。在唐武宗時，摩尼教被政府取締，然而在民間仍然有許多人信仰。摩尼教認為存在著兩個對立的世界，即光明與黑暗，光明是善，黑暗是惡。我們從「明教」這個詞中，便可以看出，信奉此教者，是站在光明的一方，其使命便是與黑暗戰鬥，直到光明世界最終到來。到了宋朝時，明教已成為重要的秘密宗教，在浙江一帶有廣泛的影響。方臘，便是這個秘密宗教的領袖之一。

方臘原是歙州人，後來到了睦州（浙江建德）青溪萬年鄉，他出身寒微，靠給當地地主打工維持生計。在這裡，他接觸到了明教（摩尼教），對其教義產生濃厚的興趣並篤信不疑。很快，他便全身心地投入到傳法活動中，宣揚「二宗三際」說，二宗即明與暗，三際指過去、現在、未來三世。在他看來，此時的大宋王朝天數已盡，正是屬於黑暗的現世，必須將其推翻，以迎來光明。史書上稱他「托左道以惑眾」，許多人對大宋朝廷已失去信心，在方臘的鼓動下入教，這個秘密宗教有嚴格的教規，入教者男女平等，不吃葷酒，分財互助，夜聚曉散，因而長期存在而地方政府卻毫無察覺。

當時朱勔在江浙一帶督花石綱，致使民怨沸騰，即便是深山窮谷之民也不得安居。方臘認為機會已經成熟，遂糾集教眾，聚於幫源洞。在這裡他導演了一齣戲，假裝受到上天的啟示而得到天符牒，這也是古代農民起義慣用的伎倆，本來不算高明，但虔誠的教眾對此深信不疑，遂跟隨他揭竿而起，轟轟烈烈的大起義開始了。

起義時間是在徽宗宣和二年（一一二〇年）的十一月。

從一開始，起義的目的就十分明確，不僅是打倒土豪劣紳，而且要推翻宋朝黑暗的統治。因此，方臘馬上制定了「永樂」的年號，並自稱為「聖公」，把這個月改為「正月」，對廣大教眾來說，光明元年開始了。不過這支農民起義軍幾乎沒有任何裝備，「無弓矢介胄」，但是沒有關係，因為他們有堅定的信仰。可以說，方臘是有備而來的，他迅速建立政權，置官吏將帥，把教眾分為六部，每一部以不同顏色的巾飾作為區別，其中第一部是紅巾。

起義軍揭竿為旗，斬木為兵，以這種最原始落後的武器向政府軍發動進攻。天下苦於暴政久矣，起義軍所到之處，許多人前來投奔，不到十天的時間，隊伍已經擴大至數萬人，並攻陷青溪縣城。起義的爆發十分隱秘而突然，地方政府事先根本毫無察覺，只得倉促應戰。兩浙都監蔡遵、顏坦率一支軍隊去鎮壓起義軍，結果大敗而回，蔡遵等人被擊斃。

在之後的一個月裡，起義軍幾乎所向無敵。

方臘首先攻陷睦州，殺死官兵一千多人。此役令官兵喪膽，附近的壽昌、分水、桐廬、遂安等縣也紛紛被義軍所攻克。參加起義軍的都是下層民眾，對魚肉百姓的官吏十分痛恨，每當抓到政府官員時，必以酷刑處死，或將其肢解，或挖腸掏肺，或亂箭射死，讓這些官員受盡苦楚而死，以此來發洩心中的怨氣。但是對於某些清官，起義軍還是另眼相看的。比如說休寧知縣麴嗣復被俘後，來自休寧縣的義軍將領對他說：「公身為縣令，有善政，前後官員中，沒有一人比得上你的，我豈忍心殺害你呢？」遂將其釋放。可見官員是好是壞，人心自有公論。

我們說過，宋朝軍事制度是「強幹弱枝」，精兵集中於中央禁軍，地方部隊戰鬥力並不高。面對來勢洶洶的方臘義軍，地方政府軍完全潰敗。繼睦州淪陷後，歙州也被義軍攻佔，宋將郭師中戰死。婺源、績溪、祁門、黟縣等官吏一箭未發，棄城而逃。起義軍一鼓作氣又進攻富陽、新城，提出「殺朱勔」的口號，民眾紛紛響應。朱勔是徽宗時代的奸臣之一，因花石綱而臭名昭著。起義軍進軍神速，如入無人之境，輕而易舉攻下杭州，東南為之震動。杭州是後來南宋的首都，重要性可見一斑，可是居然連像樣的抵抗也沒有。

宋徽宗開始坐臥不安了，倘若不及時出動精銳部隊鎮壓起義軍，後果不堪設想。為了對付方臘，大宋帝國把血本都押上去了。皇帝任命譚稹為兩浙制置使，童貫為宣撫使，率領中央禁軍及秦晉蕃漢兵共計十五萬人，殺向浙江。帝國最精銳的部隊，除了中央禁軍外，就是陝西、山西一帶防備西夏、契丹的駐軍，主力都調去討伐方臘軍了。

冬去春來，時間已是宣和三年（一一二一年）。

童貫兵分兩路，一路向杭州，一路向歙州，打算得手後會師於起義的發源地睦州，徹底剷除農民軍。

在童貫領兵出征時，宋徽宗給了他很大的許可權：「如有急，即以御筆行之。」就是說，倘若有必要，童貫可以直接發佈皇帝旨令，而不必事先徵得皇帝同意。話說這個童貫雖然是個小人，但腦袋瓜還是比較靈的。他到了吳地，就發現問題出在哪兒了——百姓造反，都是造作局、花石綱這些苛政惹的禍。如果不從根子上剷除苛政，根本無法平息民眾的不滿情緒。

我們不要小看這個太監，他頗有當機立斷的本領，立即下令其下屬代皇帝寫了一份「罪己詔」，代表皇帝向大家說聲對不起，寡人有過錯。然後，他又以最快的速度罷除蘇杭造作局與花石綱。與此同時，宋徽宗為了自保，也不得不採取某些平民怨的措施，罷免了朱勔父子以及其家族其他當官的成員。在偉大的農民起義運動面前，大宋朝廷做出了必要的讓步，這個做法是相當明智的。

在朝廷調兵遣將之際，方臘軍又攻佔婺州、衢州、處州，總共佔據六州五十二縣之地。但是方臘畢竟沒有經過專門的軍事訓練，作戰太分散了，未能集中力量對付官兵。很快，官兵乘方臘攻陷處州之際，收復杭州。這時方臘回師再攻杭州，可是敵人的力量已是今非昔比，方臘在杭州城外被擊敗了。

大宋軍隊在對外戰爭中表現不佳，但在對付方臘手下這些散兵游勇則綽綽有餘。十幾萬大軍節節進逼，連續收復衢州、婺州。對方臘來說，此時的局勢已經完全逆轉了。起義軍不得不退守睦州，宋朝官兵從杭州發兵，在桐廬之戰中挫敗義軍的反撲，佔領睦州，並攻陷青溪縣。當初起義是從幫源洞開始的，現在還要在這裡終結。

方臘的部隊在短短的三個月時間裡，被打得潰不成軍，只得回到老巢幫源洞。這時義軍還有二十萬之眾，被圍困在山區之中。幫源洞一帶山高林密，地形複雜，義軍據險而守，與官兵打游擊。來自中央及邊疆的官兵對地形不熟悉，找不到一條大軍可以開進的路，故而久攻不下。在這個時候，有一個宋軍將領打開局面。這名將領此時還是個小人物，只是一名裨將，但日後卻成為一代名將，他就是韓世忠。

韓世忠是怎麼找到路的呢?他率領一支小分隊，沿著溪谷潛行，在半路上時，遇到了一個山村匹婦，向她打聽山路。在得知秘密通道後，他立即悄悄潛入，突襲方臘的指揮部，竟然僥倖得手，殺數十人，擒方臘。在方臘被擒後，義軍群龍無首，終無法突圍，遭到官軍的血洗，共有七萬人死難。

方臘從起義到失敗，只有短短的半年時間。時間不長，地域也不算廣闊，死於戰亂的人口卻高達兩百萬以上，可謂是一場殘酷的戰爭。與方臘起義幾乎同時發生的，還有以宋江為首的梁山泊英雄好漢的武裝起義，這場起義儘管規模遠不如前者，卻因為《水滸傳》一書而名揚天下，成為中國婦孺皆知的一段英雄傳奇。

事實上，宋江起義在正史上的記載十分簡略。正是因為簡略，反倒給予人無盡的遐想，故而在民間廣泛流傳著梁山泊英雄的傳奇故事，而且說得活靈活現，特別是《水滸傳》這部小說問世後，梁山泊英雄更是無人不知無人不曉了。

根據宋代的一些筆記資料，《水滸傳》中的一些重要人物，在歷史上都確有其人，而且也有相應的渾號。比如大家所熟悉的呼保義宋江、智多星吳用、玉麒麟盧俊義、浪子燕青、花和尚魯智深、行者武松、黑旋風李逵、青面獸楊志等，都是真實人物。小說雖是文學作品，但也包含基本史實，更重要的是，民間傳說實際上寫出民眾的心聲。正如小說所述，起義的原因乃是「官逼民反」，屬於革命無罪、造反有理，起義軍打出的旗號是「替天行道」，這些都可視為平民百姓對起義軍的無限同情以及對腐敗官府的深切痛恨。

宋江起義是以鄆州（山東東平）梁山泊為中心，主要首領有三十六人，時間與方臘起義差不多同時。在起義軍最盛時，橫行於河朔，轉掠十郡，官府出動數萬人馬「圍剿」，卻收效甚微。當時朝廷正傾其力量鎮壓方臘起義，亳州知州侯蒙建議說：「宋江的才能必有過人之處，不如赦免其罪，招撫其部以討伐方臘。」

徽宗皇帝同意侯蒙的建議，並委任他負責招安工作，但侯蒙尚未赴任便發病而死，招撫計畫遭到挫折。與此同時，梁山泊英雄好漢們從沂州（山東臨沂）攻略淮陽軍（江蘇邳縣西），後又轉攻海州（江蘇連雲港）、楚州（江蘇淮南）。朝廷只得派遣海州知州張叔夜前往鎮壓。

張叔夜頗為通曉兵事，為了探知義軍底細，便派遣間諜潛入其中，掌握了義軍的一舉一動。當時宋江等人頻繁活動於海濱一帶，有大船十數艘，打家劫舍，滿載而歸。張叔夜便招募敢死隊一千多人，埋伏在險要之處，自己率領輕兵引誘義軍上岸作戰。宋江不知是計，窮追猛打，結果一直闖到設伏區。此時兩邊伏兵殺出，張叔夜乘勢反戈一擊，義軍大敗。就在這個時候，官兵已派一支奇兵偷襲義軍船隻，十數艘大船被焚毀殆盡。義軍已無退路，張叔夜藉機打出招安的旗子，宋江已是進退兩難，遂舉部投降。

宋江被招安後還參加了「剿滅」方臘的戰爭，後來他的名字便從史書上消失了。有史學家認為，宋江很可能是死於童貫之手。

梁山泊起義的持續時間並不長，但是梁山英雄好漢的故事卻廣為流傳，對後世文化、歷史產生深遠的影響。宋之後的歷代農民起義，乃至像近世的天地會、哥老會等秘密會社，都可以看到梁山泊故事的影子。與此同時，梁山泊好漢們的形象也在傳說中變得更加豐滿，他們那義薄雲天的氣概，成為民間豪傑形象的標竿，成為俠義精神的象徵。

二五、與虎謀皮：海上之盟始末

就在大宋君臣們醉生夢死之際，境外形勢也出現了巨大的變化。

在東北白山黑水之間，一股強大的勢力正在興起，女真人在其酋長完顏阿骨打的領導下，正悄悄地改變著東北方的政治版圖。女真是一個民風強悍的民族，長期歸附於契丹遼國。此時遼國皇帝為天祚帝，乃是一個荒淫失道的暴君，對女真採取高壓、奴役的統治政策，女真人的反抗之火已是一觸即發了。

自從澶淵之盟後，宋遼兩國維持了一百多年的和平。和平固然是好，可是有代價。作為一個大國，宋不得不每年向遼國繳納歲幣，這不僅是沉重的經濟負擔，也有損國家尊嚴。故而一百多年來，收復燕雲失地、擺脫屈辱的外交地位，一直是大宋帝國的夢想。宋徽宗雖然是一個書畫皇帝，但同樣抱著收復燕雲的夢想。宋徽宗有夢想，卻缺乏野心。

有一個人，有野心，卻是個太監。

他就是徽宗一朝權傾朝野的童貫。童貫雖是宦官，卻頗通軍事，帶過兵，打過仗。政和元年（一一一一年），童貫向皇帝提了一個建議，認為遼國可圖，請派遣使者入遼國，以偵察其國情。宋徽宗同意了，便派端明殿學士鄭允中為正使，童貫為副使，出使大遼。此行童貫攜帶了大量奇珍異寶，實際上就是在遼國搞間諜活動，刺探各種情報。您還別說，有錢能使鬼推磨，居然打探到不少內情。

童貫此行最大的一個成果，是認識了一位遼國破落貴族，此人名為馬植，本來也算是遼國之一大族，只是行為不端，搞得聲名狼藉，在國內混不下去。馬植偷偷拜會童貫，自稱有取燕雲之計。這個馬植畢竟是貴族出身，對遼國政局十分熟悉，更知曉其弱點。童貫聽了馬植的話後，暗自稱奇，便偷偷把他帶回大宋，推薦給了宋徽宗。

馬植向皇帝提出滅遼計畫，其核心是：遼國氣數已盡，女真正在崛起，大宋應從登州、萊州渡海，與女真人取得聯繫，與之約定聯合發動進攻，勢必可瓜分遼國。他最後對宋徽宗說：「遼國必亡，陛下念舊民遭塗炭之苦，復中國之舊疆，以治伐亂，必能克服。」

這一番話，令宋徽宗備受鼓舞，開始打起聯合女真共同打擊契丹的如意算盤。只是這個計畫一旦付出實施，勢必將使宋遼兩國平靜百年之久的邊關戰火重燃，故而遭到朝臣們的極力反對，不得不暫停。

在童貫出使遼國後第二年（一一一二年），女真與契丹的關係急轉直下。這一年，遼國天祚帝到混同江釣魚，包括女真在內的各蠻族部落酋長紛紛前來朝拜。天祚帝設宴款待，酒席過半時，遼帝勁頭上來了，命令各部落酋長跳舞助興。

大家想想，在宴會上獻舞的原不過都是些地位低賤的戲子歌伎，讓堂堂酋長跳舞，這著實有侮辱之意。其他部落酋長不敢抗命，只得硬著頭皮手舞足蹈一番，可是有一人卻堅決拒絕了，此人正是女真部落的首領完顏阿骨打。阿骨打的理由很簡單：我不會跳舞。天祚帝正在興頭上，見有人膽敢抗命，心裡十分憤怒，遂一而再地要求阿骨打「獻技」，但阿骨打一身錚錚鐵骨，終不屈服。

這次事件後，天祚帝發現了一個事實：阿骨打心有異志，腦袋長有反骨。他原本想找個藉口殺了阿骨打，可是就憑宴會上不跳舞這個理由殺人，顯然不能令人心服口服。精明、倔強的阿骨打當然也看出遼帝目露殺機，他步步小心謹慎，每當遼帝召見時，他總是謊稱生病，以免入朝後成為甕中之鱉。

阿骨打與天祚帝的攤牌只是遲早的事。攤牌時間比所有人想像的要來得快。

僅僅兩年後，完顏阿骨打便鋌而走險，向強盛百年的遼國宣戰。契丹人建立的遼帝國，在一百多年的時間裡傲視天下，南方的大宋帝國不敢北面爭鋒，可謂八面威風。那麼完顏阿骨打憑什麼挑戰契丹遼國呢？

憑的就是遼天祚帝的荒淫暴虐。火車跑得快，全靠車頭帶。封建王朝的強盛與否，與統治者的能力、素質是密不可分的。天祚帝倒行逆施，人神共憤，不僅外族離心，國內也人心動盪，反抗之潮暗流湧動。表面強大的遼帝國，實際上已是四面楚歌了。

女真部落雖然人數不多，但民風強悍，平常從事漁畋射獵等生產活動，到了打仗時，則全體壯年男子都是戰士，不管是步兵還是騎兵，打仗用的武器、糧食，都是自備的。兵在精而不在多，完顏阿古打起兵後，連敗遼師。西元一一一五年，阿骨打索性自立為帝，國號為「大金」，後來他被尊為金太祖。

契丹帝國大廈的支柱已腐朽，只消有人踢上一腳，就搖搖欲墜了。阿骨打踢出第一腳後，一系統連鎖反應隨之而來。渤海人古欲率先聚眾起義，人數達三萬餘人；在遼宋邊關，漢人也乘機而起，暴動迭迭。阿骨打藉機渡過混同江，攻陷遼國北方軍事重鎮黃龍府。

天祚帝對阿骨打恨之入骨，遂起兵十萬親征，號稱「七十萬」。孰料剛到了混同江，遼師內訌，遼師副帥耶律章奴突然造反，並聯合起義軍共同抵抗天祚帝。此舉大大打亂了天祚帝征女真的計畫，儘管耶律章奴的叛亂被鎮壓，遼師已軍心動搖，不得不放棄遠征。善於捕捉戰機的完顏阿骨打尾隨遼師，以兩萬之弱師，大敗遼軍，追擊百餘里。天祚帝落荒而逃，遼軍屍橫遍野。

屋漏偏逢連夜雨。遼國再度爆發大規模起義，義軍首領董龐兒發難於南京（幽州），擁眾萬餘人，轉戰於聖、雲、應、武、朔諸州。

一時間，遼國內憂外患，風雨飄搖。

由於宋與金之間隔了一個遼國，陸路不通暢，朝廷對遼金之間的戰爭，所知甚少。西元一一一七年，一樁偶然事件，令「聯金攻遼」的戰略構想死灰復燃。

由於金、遼之間戰爭迅速升級，遼東大亂。當時居住遼東的漢人高藥師、曹孝才等，便帶著親屬兩百餘人，乘一艘大船，打算逃往高麗避亂。豈知在海上遇到強風，船隻被颳到駝基島，此島屬大宋帝國的地界。上了岸後，高藥師等人便向當地官府彙報了情況，詳細說了遼金戰爭的情況，其要點有兩個：其一，女真人已渡過遼河，向契丹發動進攻；其二，契丹國內起義頻繁，遼國不能平定。

鑒於這個情報的重要性，登州知州王師立即快馬上報朝廷。宋徽宗、童貫等人原本就有聯合女真打擊契丹的構想，獲悉遼金戰爭實情後，更是驚喜。於是宋徽宗與童貫、蔡京等人商量一番，決定以買馬為名，在高藥師等人的引導下，渡海前往遼東，與金太祖完顏阿骨打秘密聯絡。

隨後，完顏阿骨打也派人出使大宋。雙方你來我往，最後在一一二〇年時達成聯手夾攻遼國的協定。該協定內容大致如下：其一，宋、金共同出兵攻遼，燕雲等漢地，歸宋朝所有；其二，在宋朝尚未收回燕雲之地前，金朝不可單方面與遼國媾和；其三，宋朝每年給金朝一筆歲幣，標準同遼國舊例；其四，約定共同進攻遼國的方案，到時金兵主攻古北口，宋兵主攻白溝，夾擊遼國。和約規定，如果宋國不如期履行和約，將不能得到燕雲之地。

這份盟約，是宋、金兩國使節多次往返海上後達成的，故而史稱「海上之盟」。海上之盟的簽訂，令宋徽宗相當興奮。在他看來，兩國打一國，遼國腹背受敵、兩線作戰，此役大宋必可一鼓作氣奪下燕雲，一雪國恥。

可是，計畫趕不上變化。

就在「海上之盟」簽訂後的三個月，轟轟烈烈的方臘起義爆發了。這場起義，完全打亂了朝廷的部署。原來準備北伐的精兵宿將，不得不被抽調到江浙以鎮壓方臘起義，伐遼一事只得一拖再拖。

完顏阿骨打對宋軍的延誤時機大為不滿，但是他乃是真正的豪傑，即便沒有宋軍策應，他仍然只憑自己的力量對遼國發起猛攻。一一二二年，金兵對遼國發動強大攻勢，一鼓作氣攻下中京（遼寧寧城西），遼天祚帝帶著五千騎兵狼狽逃往西京（山西大同），在逃跑途中，還把傳國玉璽給弄丟了。金兵攻陷中京後，再陷北安州（河北承德西），然後一路向西。此時的遼軍可謂是一潰千里，遼天祚帝三戰三敗，逃往夾山（內蒙古薩拉齊西北）。

在遼國歷史上，哪曾遇到如此之慘敗。天祚帝逃跑後，留守南京的張琳、耶律大石等人立耶律淳為皇帝，稱為天錫帝。這麼一來，遼國有兩個皇帝，分裂已是不可避免。天錫帝據有燕州、雲州、平州以及遼西之地，天祚帝只得到西南、西北兩都招討府諸蕃部族的支持。天錫帝上台後，想用外交手段結束戰爭，但是金、宋兩國都有自己的算盤，豈肯答應呢？雙方均給予明確的拒絕。

眼看著新興的金帝國攻城掠地，宋徽宗再也坐不住了。大宋帝國若不趕緊出兵，履行夾擊遼國的協議，到時燕雲之地恐怕也要成為完顏阿骨打的盤中餐了。

領軍作戰的統帥還是大宦官童貫，因為「剿滅」方臘立了大功，他幾乎成為大宋帝國最高軍事統帥了。宣和四年（一一二二年），童貫被任命為河北河東路宣撫使，蔡京的兒子蔡攸為副使，統兵十五萬，兵分兩路，向遼國發動進攻，意在收復燕雲之地。宋軍兵分兩路，一路由种師道統率，另一路由辛興宗統率，分進合擊。

表面上看，宋軍來勢洶洶，然而其戰鬥力卻令人大跌眼鏡。

遼天錫帝得知消息後，遣耶律大石、蕭幹分路抵禦。別看遼師不是金兵的對手，對付宋軍卻是兩路宋軍都被打得狼狽而逃，不得不班師回朝。遼天錫帝試圖瓦解宋、金聯盟，他派人前來交涉，指責道：「女真背叛本朝當亦為南朝（指宋）所惡，今圖一時之利，棄百年之好，結豺狼之鄰，基他日之禍，可謂得計乎？」

應該說，在一百多年時間裡，遼宋關係雖是以金錢維持和平，宋朝服軟，但遼國也大體能恪守協定。如今宋朝單方面撕毀澶淵之盟的協定，終究不太光彩。面對遼使的指責，大宋君臣有些不知所措了。就在這個時候，遼天錫帝意外病死，在位時間僅有短短的幾個月。遼天錫帝死後，太后蕭氏成為遼國實際統治者，宋徽宗聽到消息後，想趁遼國政局不穩之際，一鼓作氣拿下燕雲，便詔令童貫、蔡攸再度北伐。

駐守涿州的遼國將領郭藥師率部向宋軍投降，這無疑對遼國是一次沉重的打擊。童貫大喜，遂以郭藥師為前導，遣大將劉延慶率十萬大軍從雄州出兵，浩浩蕩蕩殺向遼國。宋軍渡過白溝後，進至良鄉，不料再遭敗績。遼國大將蕭幹在憫忠寺與宋軍決戰，劉延慶大敗，遼軍一路追擊，追殺至涿州，沿途留下宋軍累累屍體。

在金軍的頻頻打擊下，遼國已成瘦死的駱駝，但無能的宋軍依然不是其對手。宋軍之所以能發動大規模的進攻，得益於熙寧、元豐時代施行變法，積累了許多軍用物資，然而短短幾個月，數十年的儲備便耗之一盡，還在戰場上兩度蒙羞。

在宋軍發動兩次北伐期間，完顏阿骨打攻陷了遼國西京，並對遼天祚帝窮追猛打。當他得知宋軍進攻燕雲時，便掉轉馬頭，發兵南下，直逼燕雲。阿骨打之所以急著南下，是怕宋軍憑藉自己的力量佔領燕京，若金人不出點力，以後怎麼向宋朝索取錢財呢？豈料宋軍如此不給力，金兵抵達聖州（河北涿鹿）時，便傳來宋師潰敗的消息了。

阿骨打心裡竊喜，果斷發動進攻。金軍兵分三路，大舉南下，金太祖完顏阿骨打親自攻打居庸關。居庸關乃是守衛燕京之門戶，遼國派精銳部隊駐守。經過多年交鋒，遼人對金兵畏懼如虎，當金兵抵達居庸關時，遼人居然不戰而潰。阿骨打揮師猛進，從南門攻入燕京，遼國自宰相以下的文臣武將紛紛投降，耶律大石與蕭幹護衛太后蕭氏出逃，投奔天祚帝去了。

至此，遼國五京全部落入金人之手，遼國名存而實亡矣。

三年後，遼天祚帝為金人所俘，契丹遼國的歷史被徹底終結。

遼國完蛋了，大宋君臣拍手相慶，似乎淪陷一百多年的燕雲之地已是唾手可得了。聯金攻遼的戰略構想是大宋帝國首先提出的，並且通過外交努力才變成現實。但問題是，在出兵伐遼過程中，大宋軍隊幾乎是顆粒無收，在戰場上的拙劣表現無疑只增添了金人的蔑視罷了。金人掃平遼國，靠的是自己的努力，如今把燕雲吞到肚子裡了，能輕易吐出來嗎？

二六、引狼入室：宋金開戰

宋朝是中國歷代王朝中文化最為繁榮的一朝，史學發達，其中司馬光的《資治通鑑》更是千古流傳的名著。可是宋朝廷在與女真達成夾攻遼國協約時，卻犯了一個巨大的錯誤。

當初宋與金的約定是，聯手打敗遼國後，宋將收回後晉石敬瑭割讓給契丹的土地，也就是燕雲十六州。可是大宋朝廷卻忘了一件事，在契丹所佔領的漢地中，實際上還有三個州並非石敬瑭所割讓，這三個州是平州、營州、灤州，乃是唐末五代時劉仁恭所割讓。當朝廷意識到這一重大錯誤後，便想重新與金國約定，一併收回這三個州，但遭到了金太祖完顏阿骨打的拒絕。

完顏阿骨打顯然認為金國吃了大虧。儘管宋、金有過聯手攻遼的約定，可在實際實施過程中，宋帝國執行不力：其一，由於受方臘起義的影響，宋師並沒有如期發動進攻；其二，宋師大舉出兵攻打燕京時，沒有按約定通知金國；其三，宋師表現蹩腳，燕京乃是金人憑藉自己的力量攻下來的。

在整個滅遼的戰爭中，大宋軍隊根本沒有像樣的表現，現在卻要接收大片被契丹遼國侵佔的土地，豈不是太便宜了嗎？

在土地問題上，宋、金之間的爭議驟起。

宋朝廷要求收回所有淪陷的漢地，而金太祖譴責宋朝方面失約失期，只肯交還燕京以及薊、景、檀、順、涿、易六個州的地盤。這麼一來，雙方的口水戰不可避免了。

宋徽宗派趙良嗣使金，令他務必爭取到平、營、灤諸州。當趙良嗣硬著頭皮到了金太祖帳中時，金太祖毫不客氣地說：「數年相約夾攻，而宋國不出師，復不回報，今將如何？」這位雄才大略的金國創立者還不無譏諷地說：「為何寡人到燕京師，竟不見貴國一兵一卒呢？」

在談判過程中，金太祖堅持只移交燕京等六州之地，並嚇唬趙良嗣說：「宋朝在夾攻遼國一事上違約且不說，平、灤等州的歸屬，在約定中本未提及，如何能移交。若貴國堅持要收取平、灤之地，那麼我連燕京也不移交了。」

不僅如此，在移交燕京之事上，金國方面條件也很苛刻。金太祖表示，燕京移交後，其州縣所得的租稅歸金國所有。對此趙良嗣大為震驚，提出異議說：「土地與租稅豈能一分為二呢？」就在這時，金國大將完顏宗翰喝斥道：「我得燕京，稅賦自然應歸我。」

在土地問題的談判上，宋朝處處處於劣勢。

別看大宋國土遼闊，在軍事上很難稱為強國，沒有強大的國防力量作為後盾，在外交上豈能折衝樽俎呢？經過雙方的討價還價，最後達成妥協：宋國接收燕京及六州之地，每年向金國輸銀二十萬兩、絹二十萬匹。金國不再提出收取租稅，作為補償，宋朝另外年輸一百萬緡的「燕京代稅錢」。

「海上之盟」乃是宋朝率先倡議的，表面上看，朝廷收回淪陷一百多年的部分漢地，可喜可賀，實則不然。若是遼國是一匹狼，那麼金國無疑是一頭虎，去了一匹惡狼，卻來了一頭猛虎，大宋豈可長保燕京之地呢？

在金國內部，不乏強硬的鷹派人物，完顏宗翰便是其中一人。他打心眼裡瞧不起大宋軍隊，宋師在戰場上一敗塗地，憑什麼獲得燕京之地呢？在移交土地時，他拒絕把涿州、易州兩塊土地拱手讓出。最後還是金太祖完顏阿骨打出面擺平此事，他對宗翰說：「海上之盟，不可忘也。」

金太祖完顏阿骨打儘管也看不起宋朝，但好歹能恪守盟約精神。然而不久後，金太祖便去世了，他的弟弟繼位，史稱金太宗。金太宗花了兩年的時間，到西元一一二五年撲滅遼天祚帝之殘餘力量，遼國遂亡。此時宋、金兩國的邦交卻正悄然惡化，處於破裂的邊緣。

大宋朝廷在軍事上乏善可陳，沒有雄厚的武力作為後盾，在外交上又無遠見。當時有一些遼國將領投降金國後又叛變，轉而投奔大宋，宋朝廷給予接納，這無疑被視為對金人的挑釁。在遼天祚帝流亡期間，宋徽宗又派人與他秘密往來，試圖扶植遼國殘餘力量以遏制金人勢力的擴張，這種做法大大違背當年「海上之盟」不得單方面與遼國談判的約定。

在金人看來，宋朝的做法簡直是背信棄義。

金太祖的二兒子完顏宗望向金太宗建議：「宋人無信，若不先下手，必為後患。」從建國（一一一五年）到滅掉遼國（一一二五年），金國只花了十年時間，取得了令人難以置信的戰績，自其自信力也空前高漲，自然想得寸進尺。宋王朝在這個微妙時間點上，又犯下一系列外交錯誤，自然輕易地被人抓住小辮子，有了發動戰爭的藉口。

宋宣和七年十月（金天會三年，一一二五年），金太宗下詔，大舉侵宋。金兵分為兩路，西路由完顏宗翰指揮，由大同進攻太原；東路由完顏宗望指揮，由平州進攻燕京。根據其戰前制定的計畫，兩路大軍得手後，將會師於大宋首都開封城。

我們先來看看西線戰事。

金國大將宗翰在發動侵略同時，派遣使者入太原城見童貫，指責大宋方面背棄海上盟約精神，招降納叛。宗翰原本就是鷹派人物，在寫給童貫的信中，他語氣十分強硬，把責任統統推到大宋一方。當童貫得知金軍已傾巢而出的消息後，他目瞪口呆，問金國使者道：「如此大事，何不早來交涉？」

金國使者冷冷道：「大兵已發，不須先告。童大王何不速割河東、河北之地，以大河為界，這樣大概還可以保存宋朝宗社吧。」

童貫為什麼被稱為「童大王」呢？原來當年宋神宗留有遺訓，若能收復燕雲之地，則進王爵。童貫首倡「海上之盟」，又是北伐軍的總指揮，儘管沒打勝仗，但還是要回了燕京。朝廷依神宗遺訓，封他為廣陽郡王。

這位童大王慌了手腳，金兵大舉入侵，很快就會殺到太原城下。金兵的戰鬥力，他是見識過的，自己那三腳貓的功夫，打遼兵都不行，如何與金兵交鋒呢？看來三十六計，走為上計啊。童貫找了個藉口，稱自己要回朝廷請示，說得冠冕堂皇的。此言一出，眾皆譁然，這豈非明擺著是臨陣逃跑嗎？太原知府張孝純趕忙勸道：「大王若臨陣而去，人心士氣動搖，河東非宋所有矣。」可是童貫哪兒聽得進去，弄了輛馬車，頭也不回向開封急奔而去了。

大統帥都逃了，士兵們哪有決死一戰的信心呢？很快，朔、武、忻、代等州先後被金兵佔領，完顏宗翰兵圍太原。太原軍民在張孝純、王稟等人的率領下，英勇抵抗，才勉強阻止敵人的攻勢。

再來看看東線戰局。

完顏宗望率領的東路軍從平州出發，連陷檀州、薊州。鎮宗燕京的郭藥師原本是遼國降將，如今金兵大舉壓境，他索性舉部投降。宗望原本就輕視宋朝，得到郭藥師後，更打探到宋軍的底細，越發不把對手放在眼裡。金兵以郭藥師為嚮導，長驅直入，如入無人之境。

此時的大宋京城已是亂成一鍋粥。

自從澶淵之盟後，京城百姓一百多年沒有經歷過戰火，如今金兵馬不停蹄向這裡進軍，人心震動。別說尋常百姓，就是皇帝與大臣們也驚慌失措。不得已之下，皇帝下了一道「罪己詔」，並發佈一系列新政策，革除一些弊政，企圖挽回民心。可是臨時才想到抱佛腿，哪裡能立竿見影呢？

宋徽宗，這位著名的藝術家皇帝，面對危局時並比不童貫高明多少。他的第一個念頭同樣是逃跑，因為時局的發展已經遠遠超出他所能控制的能力。金兵從北殺來，宋徽宗打算向南逃竄，可是一國之君逃跑了，國家怎麼辦？國都怎麼辦？宋徽宗便把太子趙桓任命為「開封牧」，目的是讓太子留守國都，讓他去處置這個爛攤子。

時任太常少卿的李綱認為：「如今敵人猖獗，若不正式傳位給太子，不足以招徠天下豪傑。」他與吳敏等人聯合向宋徽宗進諫，要求傳位給太子趙桓。這位藝術家皇帝說了一句話：「我平日性剛，不意金人敢如此。」一直到這個時候，他還自以為是個性格剛強的皇帝，其實內心深處，他只不過是個膽小怕事的皇帝罷了。說完這句話後，他突然間一陣心悸，胸口被一股氣堵住似的，忽然不省人事了。等到他醒來時，吩咐左右取來紙筆，用漂亮的瘦金體寫下：「皇太子可即皇帝位，予以教主道君退處龍德宮。」

國難當頭，宋徽宗並沒有自己說的「性剛」，而是選擇了逃避，採納李綱等人的意見遜位，由兒子趙桓繼位，即宋欽宗。

宋欽宗在風雨飄搖中尷尬登基，可是壞消息卻不斷傳來。金兵的鐵騎正呼嘯而來。金東路軍統帥宗望攻破信德府後，宗弼緊接著攻取湯陰，進逼濬州（河南浚縣）。面對金兵強大的攻勢，宋軍的防線全面崩潰，士兵望風而逃，濬州很快失陷，金兵渡過黃河，已經遜位的宋徽宗也顧不上顏面，從開封府出奔，一直逃到了京口（江蘇鎮江）。

新朝廷出現了對立的兩派，一派主張逃跑，一派主張抗戰。主張逃跑的人認為新皇帝不能待在危險的都城，應該馬上南渡長江，或是西奔關中。被提拔為兵部侍郎的李綱則堅決主張抗戰，並建議宋欽宗親征。宋欽宗搖擺不定，他先是答應親征，但當金兵逼近開封時，他又想開溜，被李綱所制止。

李綱力駁各種逃跑主義言論，他說：「為今之計，當整飭兵馬，固結人心，相與堅守，以待勤王之師。」可是宋欽宗猶心存疑慮，他舉目四望，誰人可抵擋金兵呢？李綱毛遂自薦，挺身而出，並表示願意「以死相報」。李綱的勇氣與責任感感動了皇帝，宋欽宗任命李綱為「親征行營使」，全權負責開封城的防務。

此時金兵已經開始對開封發起進攻，李綱嶄露出卓越的軍事組織才能，他領導開封軍民英勇備戰，修樓櫓、安炮座、設弩床、運磚石、施燎炬、垂檑木、備火油，嚴防死守。其實從兵力的對比上說，開封的宋軍在數量上並不少於金兵，可是說到戰鬥力，連皇帝都沒信心。李綱把禁軍、廂軍、保甲兵等安置於開封城四面，布下數道防線，又組織馬步軍四萬人，日夜操練。金兵幾度進攻，都被李綱所擊退。

正當李綱在前線苦戰時，朝中主和派乘機在皇帝面前煽風點火，乙太宰李邦彥為首的主和大臣主張割地求和。宋欽宗畢竟不是雄才之君，在生死關頭，他的信心再度動搖，遂依了李邦彥，遣使請和。

為了討好金人，宋欽宗打算花錢消災，把每年輸給金國的歲幣提高到三五百萬兩，另外還將以「犒軍費」的名義賠償金國白銀三五百萬兩。想當年海上之盟時，宋朝許給的歲幣不過二十萬兩銀，如今猛增了十幾二十倍，這已是遠遠超過大宋朝廷所能承受之範圍。

可是金兵統帥宗望卻獅子大開口，要求將「犒軍費」增加到黃金五百萬兩、白銀五千萬兩，同時宋朝還要割讓太原、中山、河間三鎮，並以親王、宰相入為人質。這些條件簡直苛刻到了極點，宋欽宗為了保命，竟然打算同意。

李綱驚駭地說：「犒師金幣，其數太多，雖竭國內之財且不足，況都城乎？太原、河間、中山為國家遮罩，割之何以立國？」然而宋欽宗已被嚇破了膽，他一方面搜刮京城中的金銀財寶以作為戰爭賠款；另一方面把弟弟康王趙構、少宰張邦昌送到金營充當人質。

不久後，宋欽宗有點後悔了。

在一陣驚慌失措後，皇帝忽然又看到希望了。

希望來自於各路勤王之師，自從朝廷發出勤王令後，大宋帝國各路兵馬打著「勤王」的旗號救援開封，种師道、姚平仲等各路兵馬相續抵達京師，兵力達到二十萬人之多。此時開封城外的金兵，總數不過才六萬人，而且大部分是歸附於金的奚、契丹、渤海等部落，驍勇善戰的女真部落騎兵人數並不多。敵我力量對比發生重大變化，宋軍在兵力上已佔據明顯優勢。

李綱不失時宜地提出：「吾勤王之師集城下者二十餘萬，固已數倍之矣。彼以孤軍深入重地，當以計取之。」宋欽宗的對敵政策又如同鐘擺一樣擺回主戰一方，以多打少，勝算總有把握吧。

靖康元年（一一二六年）二月，宋將姚平仲提出偷襲金營的計畫，企圖一舉活捉金兵統帥完顏宗望，救回康王趙構。想法固然很好，可是這次軍事行動卻為金兵所料知，姚平仲偷雞不成反蝕把米，被金兵殺得大敗而回。完顏宗望乘機發動心理戰術，派遣使者指責宋朝一方失信，破壞達成的和約。

面對宗望的威脅，宋欽宗的信心再度崩潰。主和派領袖李邦彥主動派人到金營謝罪，低聲下氣地說：「此乃李綱、姚平仲之謀，非朝廷意也。」大敵當前，大宋朝廷居然內部紛爭不斷，毫無信心，這戰還怎麼打？為了討好金人，宋欽宗把主戰派領袖李綱解職，派使臣攜國書及割三鎮詔書、地圖，前往金營談和。

李綱被解職激起了開封城軍民的強烈憤慨，太學生陳東率諸生數百人跪在宣德門下，上書為李綱抱不平，並要求懲罰李邦彥等投降派份子。城中軍民有數萬人參加集會，這引起皇帝的恐慌，擔心釀成民變。不得已之下，宋欽宗只好重新起用李綱擔任尚書右丞兼京城防禦使，但這也只是為安撫民心罷了。

宋欽宗的勇氣，比起當年澶淵之盟的宋真宗還不如，一次反擊的失敗就讓他對勝利失去了信心。李綱雖然復職，但不意味主戰派控制局面，朝廷與金人的和談仍在繼續。其實宋欽宗並不知曉，金兵孤軍深入後，兵力上又居於絕對劣勢，連完顏宗望也沒有把握能佔領開封。眼看著李綱重新起用、開封防禦線密不透風，宗望也見好就收，遂不再堅持所提出的五百萬兩黃金以五千萬兩白銀的戰爭賠款，同意宋朝方面所提出的和談條件。

宗望的讓步，令宋欽宗喘了一口大氣。根據和約，宋朝方面割讓太原、河間、中山三鎮，賠償黃金二十萬兩，白銀四百萬兩，另以肅王趙樞代替康王趙構為人質。宗望在撈足了好處後，終於引兵退去。這時宋欽宗心裡的石頭總算落地了，對皇帝來說，保住小命最重要，什麼金銀土地都是浮雲。強敵退去，皇帝與一幫主和大臣拍手相慶，國家終於轉危為安了。

國家真的轉危為安了嗎？

事實上，一場更大的風暴正悄然醞釀呢。

二七、靖康之亂：兩個皇帝當了俘虜

宋欽宗是一個意志薄弱、優柔寡斷之人。大敵當前，他毫無信心；大敵退後，他又覺得大丟面子，在群臣面前失去尊嚴。皇帝當然不願承認自己的無能，便把喪權辱國條約的責任一古腦地推給了投降派，於是李邦彥等投降派份子被免職，而李綱則入樞密院。這意味著皇帝的鐘擺又擺向主戰方了。

正好在這個時候，發生了一件事。

當初金兵分東、西兩路進攻宋朝，東路軍統帥宗望兵臨開封城下，迫使宋朝割地賠款請和，可是西路軍統帥宗翰卻在太原城下遭遇宋軍的頑強阻擊，久戰無功。本來宋朝方面已經答應把太原割讓給金國，只是尚未完成交割。宗翰聽說宗望撈到那麼多好處，心理不平衡，遂也派人使宋，索取戰爭賠償。宗翰的無理要求，遭到大宋方面的斷然拒絕。要是就這麼空手而歸，那麼風光豈不都讓宗望獨佔了麼？宗翰索性出兵，越過太原，攻打隆德府，進逼澤州。

這件事，正好給了宋欽宗一個毀約的藉口。

既然金人不遵守和平協約，擅自出兵進攻大宋，那麼宋朝一方也不必守約，太原、中山、河間三鎮，不再割讓給金國，三鎮軍民，應當誓死固守。宋欽宗與宗望所達成的城下之盟，一年數百萬兩白銀的歲幣及三鎮之地，就這樣一筆勾銷了。

我們得思考一個問題，在對外政策上，宋欽宗為何如此輕率呢？他一會兒主戰，一會兒主和，剛簽訂完盟約，馬上又要撕毀，變化之快，令人瞠目結舌。說實話，沒有任何一個皇帝願意蒙羞，他之所以沒有自信，在於大宋王朝積弱太久，特別在對外戰爭上乏善可言，心裡著實沒有底氣。那麼積弱的原因在哪呢？宋欽宗認為是奸臣當道，特別徽宗時代，蔡京、童貫等人把持朝政，搞得烏煙瘴氣，民怨甚大。在開封解圍後，宋欽宗獲得了喘息之機，他認為只要剷除奸臣，重整朝綱，大宋帝國自然有實力與金國對峙。

在之後的幾個月裡，朝廷發起了大規模的除奸行動。最惡名昭著的奸臣有六人，分別是：蔡京、梁師成、李彥、朱勔、王黼、童貫。王黼最早遭到清算，他被宋欽宗流放後，賜死於途中。緊接著，李彥被賜死，朱勔被流放，梁師成被貶官後賜死。政壇不倒翁蔡京也未能倖免，被流放儋州，途中死於潭州。與蔡京同樣曾經權傾朝野的童貫命運更慘，他被宋欽宗下令誅殺。

在宋欽宗上台後短短幾個月內，徽宗一朝的奸臣們悉數被剷除，這固然是大快人心。可是這些奸臣玩弄權術這麼久，早把國家整得國將不國了，想要恢復元氣，還需時間。在撕毀與金國簽定的條約後，金國卻不留給大宋帝國一丁點兒時間了。

完顏宗望從開封城下滿載而歸後，滿心歡喜地準備接收宋朝所割讓的中山、河間兩鎮。豈料宋欽宗突然反悔，中山、河間兩鎮軍民響應朝廷號召，堅守不降。宗望勃然大怒，遂發兵攻打中山、河間。此時宋欽宗又派大將种師中率軍增援兩鎮，宗望既攻不下兩鎮，又受到宋援軍的威脅，不敢戀戰，便引兵北去。

此時，宋欽宗對局勢做了錯誤的估計。他認為在前一階段的戰爭中，大宋軍隊之所以丟盔棄甲、潰不成軍，乃是因為金兵不宣而戰。如今大宋保住了太原、中山、河間三鎮，精銳部隊開赴前線，首都開封城的危局不再，總算站穩了腳跟，就算金兵再度發起進攻，頂多也就是邊界線上的交鋒罷了。

然而金國既然有消滅遼國的實力，其軍事力量絕不是吹出來的。

既然宗望在接收中山、河間兩鎮中受挫，金國便把爭奪的焦點集中於太原。

在此之前，太原軍民已經受住金兵的多次進攻。為了守住太原，宋欽宗命姚古、种師中會師後，率兵前往救援。在宋軍高級將領中，种師中以老成持重見長，在當時被譽為名將。當种師中的援軍抵達壽陽時，遭到金兵的襲擊。种師中與金兵交鋒五次，勝了三次。由於姚古的援軍沒有按照約定的時間抵達戰場，導致种師中陷入金兵的重圍之中，最終力戰而死。

种師中戰死後，救援太原的另一名宋軍將領姚古也被金兵擊敗。此時太原城已經為金兵圍攻達數月之久，若無外援，勢必難以堅守。在這種情況下，宋欽宗任命李綱為河北、河東路宣撫使，負責救援太原。李綱本是文臣，無法節制其麾下諸將，這個統帥可謂是有名無實，沒有實權，如何能打勝仗呢？

朝廷對太原城的救援行動以失敗而告終，太原附近的汾、晉、澤、絳等六州出現了大恐慌，老百姓紛紛渡河南逃，以躲避金兵，各州縣幾乎成為空城。

金國人的野心，絕不僅僅只是一座太原城。

在圍困太原的同時，金太宗正悄悄地醞釀著一次大規模的進攻。

靖康元年（一一二六年）八月，完顏宗翰出雲中（山西大同），完顏宗望出保州（河北保定），兵分兩路，對大宋帝國再度發起疾風暴雨般的進攻。

太原保衛戰注定結局慘烈。張孝純、王稟等人堅守孤城兩百多天，糧盡援絕，而金兵的攻勢卻有增無減。宗望把攻城重武器全用上場了：金兵在太原城外列炮三十座，炮就是大型投石機，投擲出的巨石，呼嘯般地飛入城內，凡被砸中者無不毀壞。在金兵的瘋狂進攻下，太原終於淪陷，張孝純被俘，王稟戰死。太原失守後，宗望率金兵長驅直入，一鼓作氣攻陷平陽、隆德府，進破澤州。金兵所到之處，官吏棄城而逃，根本沒有強有力的抵抗。

宗翰在西路節節進逼，宗望也不甘示弱，在東線戰場連連得手。宗望兵出保州後，大破宋軍於井陘，之後圍攻真定府。真定府的宋軍不滿兩千，面對強敵壓境，英勇頑抗，堅持了四十天之久。真定失守後，金兵攻陷中山，向大宋都城挺進。

面對金人的二度南侵，大宋朝廷大驚失色。

宋欽宗高估了自己的力量，卻遠遠低估了金人的力量，他沒料到金兵在短短的幾個月內再次大舉南犯，根本沒做好充分準備。

此時京城內又亂成一鍋粥了，朝廷之上，主和派與主戰派又打起口水戰。主和派認為，金人南犯，原因在於宋朝毀約，現在趕緊割讓北方三鎮，與金人和談才是上策。更有甚者，他們誣衊主戰派領袖李綱「專主議戰，喪師費財」。溫室裡長大的宋欽宗六神無主，聽信饞言，把李綱貶為提舉洞霄宮，閒置不用了。緊接著，皇帝又派王雲為和談使臣，與康王趙構前往金營，欲割三鎮求和。

豈料趙構與王雲行到半途時，被憤怒的老百姓圍攻，國土淪陷，大敵當前，朝廷居然只知投降。憤怒的人群把王雲視為賣國賊，殺之而後快，康王趙構見民怨沸騰，也不敢去金營，便躲到相州。與此同時，金人也向宋朝開出和談條件，價碼自然又提高不少，割讓三鎮已經不能滿足其要求了，必須再割讓兩河之地。

對於金人如此苛刻的條件，宋欽宗又答應了。

人家是狗急跳牆，皇帝是狗急投降。

割地投降，動作還得快，慢了敵人就殺到頭上了。宋欽宗又派了兩個特使出使金營，一個喚作耿南仲，一個喚作聶昌。不料出發不久後，聶昌又被殺了，耿南仲見勢不妙，也不敢前去金營，索性投奔康王趙構了。看來民眾不可欺，國難當頭，大家都強烈要求政府全力抗戰。

正所謂民意難違，宋欽宗傻了眼，想割地投降都這麼難。不得已之下，皇帝只得又改變立場，下詔勤王。宋欽宗的弟弟趙構被任命為天下兵馬大元帥，負責招募義勇軍保衛京師。朝廷在戰與和之間反反覆覆，白白錯失抵抗良機，在此猶豫徘徊之際，金兵正以迅雷不及掩耳之勢向開封進軍。十一月初（靖康元年），宗翰與宗望兩支部隊在開封城外會師，大宋朝廷再度處於極度危險之中。自八月大舉南征，金兵只用了兩個多月的時間，便橫掃河東、河北，大宋帝國國防之脆弱，可見一斑。

在幾個月前，京師的勤王軍最多時達到三十萬之眾，但這些軍隊後來被分派去救援太原或者遣散回地方，此時的京師只有七萬軍隊，要頂住金人的進攻，顯然不容易。更糟糕的是，京城中的居高官顯位者，沒有哪個有能力來領導抗戰。

身為國防部長的兵部尚書孫傅，居然向皇帝推薦了一位所謂的奇人。此人實乃市井無賴，名叫郭京，自稱能施六甲神術，足以退敵。皇帝彷彿看到一根救命的稻草，頭腦一發熱，給郭京封了個官，賜金帛數萬，讓他招募七千七百七十七名六甲神兵。騙吃騙喝的還不僅郭京一人，還有一個劉孝竭，也以禦敵為名募兵，或稱六丁力士，或稱北斗神兵，反正就是裝神弄鬼。

這些天兵神將能否靠得住，宋欽宗心裡也沒底。

那如何是好呢？

有人便提出來了，於今之計，不如先移駕洛陽，以避敵鋒。這種逃跑主義自然遭到另一些人的唾棄，宋欽宗臉上也掛不住，若是敵人一來便逃，那麼皇帝的尊嚴何在呢？這位優柔寡斷的皇帝跺了跺腳，牙縫裡擠出一句話：「朕今日當死守社稷，絕不遠避了。」

可是戰局不容樂觀。

殿前指揮使王宗濋拍拍胸脯，請纓出戰，宋欽宗大喜，撥給一萬名士兵。豈知他剛出城，才一交鋒，便狼狽鼠竄了。東道總管胡直孺率軍入衛，還沒進城便被打敗，成了金人俘虜，還被綁到城下示眾。范瓊率一千人出城偷襲，蹈冰過河時，冰面裂開，淹死五百人。這些失利極大挫傷了宋軍士氣。

這個時候，郭京的六甲神兵應該出場亮相了吧。這個江湖騙子騙了許多金帛，招募七千多名所謂的神兵，過了幾天瀟灑的生活。朝廷屢促他出城退敵，郭京又神秘兮兮地說，神兵出城退敵，你們都不能看。這七千神兵哪有什麼本事，一下子被金人殺得屁滾尿流，死的死，逃的逃。郭京一看謊言的泡沫要破了，便說：「待我出城作法，包管退敵。」這位江湖巨騙把朝廷耍弄一番後，出了城便逕直逃命去了。

宋軍反擊全線告敗，金兵大舉攻城。此時京城之內，可謂是風聲鶴唳、草木皆兵，豈有抵抗的決心。很快，金兵已從四面八方登上城牆，宋軍統制姚友仲、何慶言、陳克禮等人皆戰死，守御使劉延慶也被金兵所殺。開封城輕而易舉地被攻破了！

不過此時宗翰、宗望並沒打算佔領開封，聲稱只要太上皇（退位的宋徽宗）前往金營談和，便可主動撤軍。此時的宋欽宗已是走投無路，又不忍心讓老爹前往金營受辱，索性親自前往。

曾經高高在上的一國之君，就這樣低聲下氣地以戰敗者的身分前去議和，那種內心的失落與羞愧可想而知。宗翰、宗望以勝利者的姿態居高臨下，開出的議和條件令人看了心驚肉跳：除了割讓三鎮、兩河之外，大宋還須納金一千萬錠、銀兩千萬錠，帛一千萬匹。如今人為刀俎，我為魚肉，宋欽宗能有迴旋的餘地麼？不得已之下，只得全部應允。

從金營歸來後，宋欽宗淚流滿面，沿途見到天子尊容的士人百姓，也無不流涕不止。自大宋開國以來，何嘗有過如此之屈辱呢？即便是當年澶淵之盟，與今天城下之盟之比，不過小巫見大巫罷了，何值一提。

宋欽宗一面派使臣前往河東、河北交割土地，一面四處搜刮金銀財寶，可是這兩項工作都遭遇到極大困難。兩河地區的軍民們被朝廷出賣了，他們自發組織起來，拒絕投降金人。金人欲求無度，除了所索取的金銀之外，還索取糧草、騾馬、女人。許多女人擔心被金人糟蹋，索性投水而死。

大家想想，那麼一大筆賠款，豈是一時間能湊齊的？但是宗翰、宗望沒耐心了，再度指示宋欽宗前往金營。這次，金人要把宋欽宗當作人質，只要皇帝在手，不怕大宋賴帳。沒辦法，沒了皇帝的朝廷四處搜刮，好不容易湊了黃金三十八萬兩，銀六百萬兩，衣帛一百萬匹。與金人要求相比，這還真是杯水車薪。宗翰等人極不滿意，無奈之下，留守大臣們又絞盡腦汁，搞到七萬兩黃金與一百一十四萬兩白銀——實在沒辦法搞到更多了！

宗望、宗翰大怒，以金太宗的名義廢宋徽宗、宋欽宗為庶人，並逼太上皇宋徽宗及太后等出城當金人俘虜。藝術家宋徽宗長歎數聲，不堪忍受其辱，想飲藥自盡，但被人所阻，只得出城前往金營。同樣被逼迫入金營的還有皇帝諸妃、公主駙馬。想當年皇室是何等威風，彼一時此一時，當繁華散盡，一切如夢幻泡影矣。

金國沒打算滅了大宋，並非沒有野心，而是難吞下去。女真在短短十數年時間裡，崛起於白山黑水之間，其部族人口頂多幾十萬人，卻西向吞併遼國，北方諸夷，莫不臣服，兩度南征，兩度迫使宋廷簽下城下之盟。可是面對急劇擴張的領土，得到容易，如何治理卻成難事。女真人一而再地上演蛇吞象的故事，但面對大宋帝國這頭巨象，一時間卻是吞不下去的。那怎麼辦呢？金人想到了一個絕佳的辦法：扶植一個傀儡政權。

二八、南宋開國：不進取的朝廷

誰來當傀儡皇帝呢？

在金人看來，大宋帝國前宰相、親金份子張邦昌就是最佳人選。靖康二年（一一二七年）三月，張邦昌被金國冊立為偽皇帝，改國號為楚，定都金陵。

一個月後，金兵放火燒了開封城，押著宋徽宗、宋欽宗以及后妃太子宗親等三千餘人連同大量的金銀財寶北去。大宋帝國的歷史分為兩段，從陳橋兵變到靖康之恥稱為北宋，之後的稱為南宋。

兩個皇帝被擄走，張邦昌偽楚政權的建立，宣告了北宋的終結。

然而張邦昌何德何能，當皇帝誰會聽他命令呢？這個所謂的「大楚」政權形同虛設，政令不出朝廷，北宋舊臣們強烈要求還政於趙氏。張邦昌灰頭土臉，說實話，他當皇帝也是被逼無奈，坐在寶座上如坐針氈啊。怎麼辦呢？皇帝的位置是燙手的山芋，不如早扔掉好了。可是趙室宗親基本上都被金人擄走，誰能出來主持大局呢？

事還真湊巧，京城裡還留著一位孟太后。

這位太后乃是當年宋哲宗的皇后，又稱為元祐皇后，那她為什麼沒被金兵擄走呢？因為她是被廢的太后。因為被廢，反倒令她逃過一劫，沒被列入擄掠的名單中。她自己也沒想到命運居然如此難料，在張邦昌狼狽不堪之時，她被請出來垂簾聽政。張邦昌知道自己沒那個本事當皇帝，便去了帝號，改稱「太宰」，這個由金人扶植起來的傀儡楚政權，前後才三十來天就宣告結束了。

政權又回到趙氏手中，要立誰為皇帝呢？

看來看去，能當皇帝的，只有一個人，他就是宋徽宗的第九個兒子康王趙構。在靖康之難時，康王趙構僥倖躲過了，因為他當時並不在開封城。在金兵大舉南侵時，宋欽宗派趙構出使金營談和，但是當趙構到了磁州時，知州宗澤對他說：「肅王一去不回，難道大王欲蹈前轍嗎？」這一番話，令趙構惶恐不安。在金兵第一次兵臨開封，迫使宋廷簽下城下之盟時，康王趙構險些成為人質，只是後來宋欽宗以肅王趙樞代替他為人質，這才使他擺脫羊入虎口的厄運。聽了宗澤一席話，趙構決定不前往金營，而是駐留於相州，並被任命為天下兵馬大元帥。

如今宋徽宗、宋欽宗被俘，皇室親宗也紛紛被抓到金國，趙構便成為宋室接班人的不二人選。張邦昌在金人的威逼下當了傀儡皇帝，這在當時可謂是大逆不道，為了保全性命，爭取趙氏皇室的諒解，他一面請出孟太后聽政，一面向康王趙構上表勸進。身為徽宗皇帝的第九子，若排資論輩，趙構就是八輩子也當不上皇帝。但歷史卻陰差陽錯地選擇了他。

五月初一，趙構在南京應天府（河南商丘）登基，是為宋高宗。金人試圖建立偽政權的計畫破產，帝國仍然是趙氏的帝國，南宋的歷史也以此為開端。宋高宗即位後，改年號為建炎。在中國五行說裡，火是剋金的，宋高宗的這個年號，不是一個火字，而是兩個火字，似乎用了這個年號，就可以克制住金國似的。

以常理而論，在經歷國破家亡的慘劇後，新建立的南宋朝廷自然應以收復失地為首要任務。可是宋高宗與他的父兄一樣，著實沒有雄才偉略。他上任伊始，朝廷「主和派」的勢力很大，擁立皇帝有功的黃潛善、汪伯彥都身居顯位，掌握著軍政大權，當了一個月傀儡皇帝的張邦昌被封太保。當然，主戰派也在朝中佔有一席之地，因為金國的軍事威脅仍然很大，隨時可能發動第三次大規模南侵。

曾經一度被貶的名臣李綱東山再起，被任命為尚書右僕射兼中書侍郎，實際上就是宰相之職。李綱的上台，可謂是眾望所歸，大家看到了光復河山的希望。這位堅定的主戰派領袖以滿腔熱忱投入到抗金事業中，力圖重振朝綱，加強國防力量。

此時的宋高宗儘管起用李綱為相，實際上他對抗戰並不熱衷，仍然幻想著以投降妥協的方法，來換取與金國的和平。李綱勉勵高宗說，和不可信，守未易圖，而戰必可勝。他認為應該「法勾踐嘗膽之志」，「一切罷和議」，「專務自守之策」，積極備戰，力期在三年時間裡「雪震古所無之恥」。

要鼓舞士氣，就得打擊投降派與變節份子，嚴懲賣國賊。

被金人強迫當了三十幾天傀儡皇帝的張邦昌自然成為李綱首要攻擊目標。儘管他很快還政於趙氏，擁立宋高宗有功，可是在士民百姓眼中，他就是不折不扣的賣國賊。張邦昌未能保住自己的榮華富貴，他先是被貶到潭州，不久後被誅殺。其他變節份子或被殺，或被流放，投降派的氣焰稍被遏制。

南宋政權還面臨一個大問題：國都應該選擇在哪裡呢？

這是關係到國家穩定的大事。

開封是北宋都城，但宋高宗並不打算以此為都。固然，在經歷金人破壞後，開封已是殘破不堪，但這並不是宋高宗放棄的理由。金兵兩度南下，都輕而易舉地打到開封城，還擄走二帝，這樣的都城，皇帝怎麼放心得下呢？

高宗內心深處充滿對金人的畏懼，他想把都城遷往長江以南，離金人越遠，他就越有安全感。李綱則堅持認為，開封乃是「宗廟社稷之所在，天下之根本」，新政權可先在長安、鄧州、襄陽三城中選一個為臨時都城，等到開封城重建完畢後，便遷回舊都。

李綱寄厚望於宋高宗，希望這位年輕的皇帝能發憤圖強、臥薪嘗膽、收復河山。希望越大，失望也越大。宋高宗的最高目標，就是能使自己的小朝廷苟且偷安，除非金國一意要徹底滅掉大宋，否則的話，總有迴旋的餘地。

表面上看，李綱在朝中是「一人之下，萬人之上」，實際則不然。李綱忠正耿直，講原則，不怕頂撞皇帝，時間一長，宋高宗對他越發冷淡。這不是一個好兆頭。此時真正掌控著朝中大權者，卻是兩位主和派人物：黃潛善與汪伯彥。他們兩人摸準了皇帝的心思，皇帝根本不想與金國開戰，你李綱在瞎忙什麼呢？

很快，李綱便遭到暗算。

黃潛善等人唆使殿中侍御史張浚彈劾李綱，羅列罪名，比如私殺侍從、典刑不當、杜絕言路、獨擅朝政等。李綱忠心為國，不料卻遭到無端攻擊，又事事受到阻撓排擠，遂上書求辭。宋高宗竟然罷李綱為觀文殿大學士，提舉洞霄宮。

此時距李綱就相位僅僅七十五天。

李綱深孚眾望，公忠體國，他被罷相的消息傳開後，朝野譁然。太學生陳東挺身而出，上書力請朝廷挽留李綱，罷免黃潛善、汪伯彥，並力主皇帝返回開封，率師親征。與此同時，進士歐陽澈也上書痛罵朝廷中用事的投降派。但是這種抗議令宋高宗勃然大怒，黃潛善又在一旁煽風點火，宋高宗竟然下令將陳東、歐陽澈兩人斬首於東市。自大宋開國以後，歷代皇帝都恪守太祖趙匡胤立下的「不以言罪人」的祖訓，可是惱羞成怒的宋高宗卻把祖訓拋到九霄雲外了。

就在宋高宗的小朝廷苟且偷安之際，河北、河東的抗金運動正如火如荼地展開。

當初宋欽宗在金軍兵臨城下時，被迫割讓河東、河北之地。金兵北撤後，分兵把守河東太原、河北真定等地。然而，河東、河北的民眾不甘心被金國統治，奮起反抗，各地義軍、民兵如雨後春筍般湧出，少則數千人，多則數萬人，成為抵抗金兵的重要力量。李綱主持朝政時，為抗擊金兵，以張所為河北招撫使，王燮為河東經制使，宗澤為東京留守，知開封府，招兵買馬，恢復中原地區的防禦。

金國吞併兩河的決心是不可動搖的，大將完顏婁室率領重兵，向河東重鎮河中府發動凶悍的進攻。河中守將席益臨陣逃跑，知府郝仲連率軍民力戰，但實力懸殊，且外援不至，最終被金人攻陷。完顏婁室挾勝利之威，連下解、絳、慈、隰諸州。

消息傳到應天府，南宋小朝廷大為震動。黃潛善、汪伯彥這兩個跳樑小丑又迫不急待跳出來，密請宋高宗趕緊移駕東南。宋高宗本來就是貪生怕死之輩，聞之膽寒，決定南逃。這一決定，令主戰派人士大為惱怒，東京留守宗澤連連上表，力請皇帝返回開封，以固民心士氣，領導抗金戰爭。

開封曾兩度被金兵圍攻，為什麼宗澤力勸皇帝返回呢？

因為此時開封的防禦力量，比任何一個時候都要強大。

此時距金兵燒毀開封城不過才短短幾個月，宗澤是如何讓一座廢墟在很短的時間內變為固若金湯的堡壘呢？

我們且來了解一下宗澤這個人。

宗澤是宋金戰爭爆發以來最出色的一位大宋將領，他與李綱一樣，是堅定的抗戰派。在靖康元年（一一二六年），金兵大舉南侵後，他曾率軍在河北孤軍奮戰，被宋欽宗任命為兵馬副帥（兵馬大元帥是康王趙構），此時的他已是六十七歲高齡。宋欽宗割河東、河北後，兩河軍民紛起抗金，宗澤在一一二七年（靖康二年）初，在大名與開德一帶奮勇抗擊金兵，取得連勝十三次的非凡戰績。

宋高宗即位後，李綱推薦宗澤擔任開封府尹，後又任東京留守。宗澤便從河北率軍返回開封，負責保衛故都。此時的開封城殘破不堪，守備軍隊數量也嚴重不足，而且多數是各地來的「勤王」部隊，戰鬥力低下。但這並沒有難倒老將軍，宗澤首先聯絡各地義軍，以自己的真誠及影響力將這些雜牌師團結起來，許多義軍首領，如王善、丁進、王再興、李貴、楊進等，都投其麾下。一時間，義軍、民兵的數量達到一百多萬人，聲勢大振。

為了守衛開封，宗澤憚精竭力籌畫各種防禦工事。為加強軍隊的機動能力，他打造一千二百輛戰車，每輛戰車可載五十五人；他又考察開封城四周地形，在城外設立二十四壁壘，駐兵數萬；又在黃河沿岸設置許多營壘，開通五丈河以便利交通。為擴大防禦區，他下令京郊近河七十二里範圍內的十六個縣分守禦敵，每個縣都開挖濠溝，置各種障礙物，以防金兵南下。

一座被燒毀的城市，竟然奇蹟般地成為銅牆鐵壁的堡壘。

宗澤滿心以為，只要宋高宗能回到開封，振臂一呼，天下莫不響應，把這一百多萬的義勇軍團結為一個整體，何愁不能光復失地，迎回徽宗、欽宗二帝呢？可是他實在高估了宋高宗，這位亂世皇帝早被金人嚇破了膽，不要說反攻，若是金人不主動來犯，他就謝天謝地了。

令老將宗澤更加失望的是，宋高宗不僅不回開封，最終仍聽了黃潛善、汪伯彥兩人的話，把都城從應天府遷到揚州。這時李綱已經罷相，沒有人可以阻止高宗南逃了。高宗一路逃到揚州，這裡距離金兵甚遠，皇帝總算喘了一大口氣。

看來金兵一時半刻是打不到揚州的，宋高宗有充分的時間來談和。這位開創南宋的皇帝沒想著如何籌畫反攻，而是只想討好金人，他派遣特使王倫前往金營，幻想休戰議和，能偏安一隅他就心滿意足了。

但偏偏事與願違，金人並不想談判！

起初金國扶植張邦昌偽政權，本想藉此控制南朝。豈料所選非人，宋高宗趙構登基後，又貶斥張邦昌，令金人的計畫破產。在對待南宋小朝廷的立場上，金國兩大巨頭宗望與宗翰的態度是不同的。宗望想釋放徽、欽二帝，與南宋修好，而宗翰則堅決反對。也算是宋高宗倒楣，在這個時候，宗望偏偏去世，宗翰則大權獨攬。

當宋高宗特使王倫抵達雲中見宗翰時，宗翰不僅不談判，反倒把他給押留了。在金國高層，宗翰是著名的鷹派人物，對宋朝特別藐視。金兵一進攻，南宋皇帝便望風而逃，這無疑更令宗翰輕視了。一國之君沒用到這種程度，還有什麼談判的資格呢？

宗翰決意要把戰爭進行到底，他兵分三路：自己率兵由河陽渡河，攻河南；右副元帥宗輔與其弟兀朮自滄州渡河，攻山東；陝西諸路都統婁室自同州渡河，攻陝西。金兵來勢洶洶，大有一舉消滅南宋小朝廷之氣勢。

南宋能否頂得住金兵此雷霆般的一擊呢？

二九、苦撐危局：力挽狂瀾的宗澤

宋高宗別出心裁地把年號命名為「建炎」，乃取「火剋金」之意，豈料建炎元年（一一二七年）尚未過完，他非但沒能剋住「金」國，反倒又喪失大片國土。

金兵鐵騎威震天下，果然名不虛傳。

很快，南宋軍隊幾乎全線潰敗。

金將婁室連陷同州、華州，宋沿河安撫使鄭驤兵敗自殺。金兵攻破潼關，河東經制使王燮放棄陝州，逃奔入蜀。另一名金國大將銀朮可攻陷鄧州後，分兵陸續攻陷襄陽、均、房、唐、陳、蔡、汝、鄭州及潁川府等地。此時唯一能抵抗金兵、保衛河南的，只有東京留守宗澤。

由於開封乃是大宋故都，在軍事政治上都有極其重要的地位，若再次攻破開封，勢必能瓦解南宋軍民的士氣。故而金兵統帥宗翰在佔領汜水關後，向開封進逼。與此同時，兀朮（宗弼）也率另一支金兵，從東面向開封進逼，試圖配合宗翰的主力部隊，一舉奪取開封城。

可是這回，金人遇到了強有力的對手。

當金兵前鋒離開封越來越近時，宗澤仍然不慌不亂。當時宗澤正與客下圍棋，忽接到金兵來犯的情報，屬僚皆驚，獨宗澤神色自若，不動聲色地說：「我早有備矣。」原來老將軍早有部署，他派部將劉衍、劉達各率一支軍隊牽制敵勢，又精選數千騎兵作為機動部隊，繞道敵後，截敵歸路。

金兵前鋒部隊在幾路宋軍的夾擊下，大敗而還。

不過宗翰絕不會因為一次挫折而打退堂鼓，他親率大軍繼續深入。在一場阻擊戰中，南宋將領閻中立戰死，李景良臨陣逃跑，另一名將領郭俊民倒戈降金。宗澤毫不客氣地把逃跑的李景良抓起來，斬首示眾。投降金兵的郭俊民也沒好下場，宗翰派他與一名特使前往開封城，勸降宗澤。所謂兩國交兵，不斬來使，但宗澤對投降份子深惡痛絕，把郭俊民與金使一同殺了，把宗翰的勸降書撕個粉碎。

在開封周邊戰中，金兵的進展很不順利。

金兵以將近兩萬人之眾攻入滑州，宗澤部將張撝率部前往增援，此時他手中只有一兩千人馬，與敵人的兵力相比十分懸殊。張撝部下紛紛勸道，敵強我弱，應避其鋒芒。張撝慨然道：「避敵偷生，我有何面目見宗公呢？」於是率部馳援。宗澤得悉後，急遣部將王宣前往支援，但趕到時已為時太晚，張撝以寡擊眾，力戰而死。王宣奮起武士之心，擊敗金兵，金人放棄滑州逃走。

此時的宗澤，已儼然成為南宋帝國的中流砥柱。在他堅強的防禦下，開封城巍然屹立，宗翰、兀朮只能望城興歎，夾攻開封的計畫也不了了之。

開封地處中原之心臟地帶，因不能攻克此堡壘，金兵不敢越過開封城而繼續南掠。在南宋軍隊各個戰場大潰敗的背景下，可以毫不誇張地說，是宗澤保住了半壁江山。宗澤是繼李綱之後，大宋抗金的一面旗幟，他的功績絕不僅僅只是守住開封，遏制金人進攻，而且他還積極聯絡河東、河北的抗金義軍，力圖建立起一個全方位的抗金防禦體系。

在宗澤領導開封保衛戰的同時，河東、河北淪陷區活躍著許多抗金義軍，其中最著名的當屬王彥所領導的「八字軍」。

王彥是建炎初年南宋名將，聲望與功績僅次於宗澤。王彥為人豪爽，精通兵法，年輕時曾參加過征討西夏的戰爭。靖康之變發生後，在國家危急關頭，王彥捨家為國，毅然投奔到河北招撫使張所麾下，被提拔為都統制。當時王彥帳下有一員裨將，這個人後來大放光芒並成為中國歷史上最偉大的英雄之一，他就是岳飛。

建炎元年（一一二七年）九月，王彥率岳飛等十一名裨將及七千人馬渡過黃河，一舉收復新鄉。在此役中，岳飛勇冠三軍，斬將奪旗，搶下收復第一功。金人糾集數萬人馬，圍攻王彥部。在敵人優勢兵力的重圍下，王彥損失慘重，只得率部突圍。當時岳飛年少氣盛，對王彥老成持重的指揮風格不滿，遂自領一軍而去。

王彥突圍後，轉戰數十里，收散亡卒伍七百餘人，退守西山。這支人數不多卻英勇非凡的部隊，在王彥的領導下東山再起，軍士們為表愛國之心，均在臉上刺上八個字——「赤心報國，誓殺金賊」。後來他們得到一個綽號：八字軍。王彥有卓越的指揮才能，他滿腔熱情，與士卒們同甘共苦。隨著八字軍聲名遠揚，隊伍也不斷擴大，發展到一萬多人。同時在太行山一帶的義兵十餘萬人，也都接受王彥的號令。

在南宋朝廷消極抗戰、兩河淪陷之際，王彥卻在敵後站穩腳跟，開闢抗戰根據地，他所控制的勢力範圍，綿亙數百里，成為金人的心腹之患。在金兵對南宋發動大規模南侵時，王彥在北方的抗金活動更加頻繁。金兵之所以未敢深入南方，除了宗澤主持下的開封府如釘子般紋絲不動外，還有一個因素，便是以王彥「八字軍」為首的義軍對金兵的後方構成巨大的威脅。

金人試圖剿滅王彥的「八字軍」，多次召集諸部酋長商討進剿事宜。然而諸部酋長紛紛表態說：「王都統砦堅如鐵石，未易圖也。」採取強攻手段，勢必難以奏效。此時有酋長提議說，不如派出精銳騎兵襲擾義軍的糧道，只要義軍陷入無糧草的困境，自然可不攻而破。此提議得到大家的一致贊同，於是金國騎兵發起了一場經濟制裁戰。只是王彥早識破金人企圖，多次設下伏兵大破金人，斬獲甚眾。

鑒於王彥的出色表現，東京留守宗澤任命他為「兩河制置使」，聯合河東、河北廣大忠義民兵，共同抗金。

在開封府保衛戰後，金兵統帥完顏宗翰對南宋的攻勢告一段落，便集中力量對付淪陷區的抗金義師，使得王彥的處境更加艱難。宗澤擔心王彥的孤軍被金兵消滅，遂於建炎二年（一一二八年）五月，令王彥放棄太行山根據地，退守滑州。王彥奉令率主力部隊一萬餘人渡河南返，金國派出重兵尾隨王彥，卻不敢貿然出擊。

宗澤強烈認識到，兩河地區的抗金義師雖然人數頗多，可是得不到朝廷的援助，兵力分散且各自為戰，最終難免被金人各個擊破。作為東京留守，宗澤已經盡自己的能力支援兩河抗金義師，可是他畢竟權力有限。在宗澤看來，最好的計策，莫過於宋高宗回到開封城，以開封「八方風雨會中州」的戰略地位，虎視中原、鷹揚牧野，以此作為收復兩河的橋頭堡，在軍事上與政治上都有重要意義。

在留守東京的一年時間裡，宗澤鍥而不捨地上書宋高宗，要求移駕開封，領導對金戰爭。金兵對開封的挑戰已遭挫折，皇帝還在擔心什麼呢？老將宗澤的拳拳愛國之心，可以感動上蒼矣，但卻絲毫也沒能打動宋高宗。宗澤一連上了二十四道奏疏，請求皇帝回鑾開封，但是這些奏疏石沉大海。

在召回王彥「八字軍」的同時，宗澤積極為渡河作戰做準備。他派人前往兩河各山寨、水寨，與抗金義軍首領聯絡，相約只要南宋大軍渡河作戰，各路義軍將展開軍事行動，牽制金兵，配合王師作戰。在部署完畢後，宗澤再度上疏皇帝，提出在六月（建炎二年）渡河北上、收復失地的計畫，並強烈要求高宗皇帝回到開封，指揮北伐戰爭。

但宗澤的幻想又一次破滅了。

黃潛善、汪伯彥這兩位佞臣非但不支持宗澤的北伐計畫，還百般阻撓。宋高宗原本就畏懼與金人開戰，又聽得兩位佞臣的胡言亂語，不消說對宗澤的北伐計畫置之不理。國難當頭，兩位前任皇帝蒙塵沙漠，淪陷區數百萬生靈塗炭，而朝廷居然沒有進取之心，偏安一隅，苟且偷生，醉生夢死。

眼看著奸臣當道，自己的理想在現實面前破滅，老將宗澤憂憤成疾。他以將近古稀之歲，每天超負荷工作，身心俱疲，終於背疽發作，一病不起。宗澤病倒的消息傳出後，許多將領紛紛前來探望，宗澤掙扎著從床上坐起來，對諸將說：「我因二帝蒙塵，積憤至此，汝等若能殲敵，我死亦無恨矣。」

人格的力量是偉大的。

老將軍在病榻上彌留之際，心裡仍然只裝著國家，而不顧及任何個人的事，拳拳愛國之心是何等崇高。諸將聽罷莫不起敬，禁不住流下激動的淚水，齊聲道：「敢不盡力！」

眾人退出後，宗澤意識到自己大限將近。在國家最需要他的時候，就這樣離去，他不甘心，他還要領著子弟軍渡過黃河，收復失地，迎回二帝。可是他注定要含恨而終了，因為死神已經沒有給他留下更多的時間。他躺在病榻上，嘴裡喃喃地念著杜甫描寫諸葛亮的詩句：「出師未捷身先死，長使英雄淚滿襟。」

這一天夜裡，風雨交加。老將軍宗澤終於走完了他人生的全程。在他垂危之際，沒有一句話提到家事，有國才有家，「匈奴未滅，何以家為」。他用盡全身的力氣喊道：「過河！過河！過河！」這也是他生平的最後一句話。他帶著巨大的遺憾離開了人世，他未能在有生之年看到國家收復失地，他未能完成渡河北伐的使命。是的，他抱憾終生。但是，當我們在一千年後回顧這位南宋偉大的愛國將領時，我們發現，事業是一時的，精神是永恆的。他為愛國主義樹立了一個標杆，他的精神跨越若干的朝代後，仍然激勵著後人為國家民族之興盛而奮鬥。

缺憾還諸天地，是創格完人！

宗澤之死，意味著南宋帝國防禦長城的崩塌。

在金人眼中，宗澤乃是第一號強敵。特別進攻開封失利後，愈加憚忌宗澤，他們還送給宗澤一個綽號——宗爺爺。宗澤無論在軍事上或政治上的能力，在南宋朝廷中都是首屈一指的，他的去世所帶來的損失無可估量。誰來頂替宗澤呢？宋高宗任命才能平平的杜充擔任東京留守一職，以宗澤的兒子宗穎為判官。

杜充到任後，一反宗澤之所為，而且他為人陰險冷酷，致使士民大失所望。宗穎屢屢進諫，可是杜充我行我素，心灰意冷之下，他索性職辭返回故里。與此同時，原先被宗澤所招攬的豪傑志士，因不滿杜充的所作所為，紛紛離去。

固若金湯的開封城，如今已是士氣渙散矣。

更令志士寒心的是，朝廷已派出宇文虛中為祈請使前往金國議和。國難當頭，朝廷不思恢復，反倒處處示弱於敵，徒令愛國者傷心失望。從太行山退守滑州的王彥再也不能沉默了，他獨自前去謁見宋高宗及執政大臣黃潛善、汪伯彥，力陳兩河忠義之士延頸以望王師，願朝廷順應民意，大舉北伐。說到動情處，王彥言辭激憤，涕淚滿襟。可是他的努力徒勞無功，反倒令黃、汪二人反感，兩人遂請高宗下旨罷免王彥。王彥心灰意冷，遂稱疾致仕。

繼李綱罷相後，宗澤去世、王彥離去，主戰派遭到嚴重的打擊。不僅收復兩河失地的計畫遙遙無期，獰猛梟鷙的金人又豈能錯失鯨吞蠶食的良機呢？

在宗澤留守東京期間，金兵由於無法拔除開封這一顆中原大地上的釘子，便打算轉移戰略方向，先攻取西夏，而後再集中力量攻掠南宋。但宗澤去世的消息傳來後，金太宗便改了主意，決定先滅掉南宋，而後再擺平西夏。

南宋帝國，又一次面臨著生死考驗。

三〇、高宗南渡：一路狂奔的皇帝

自宋高宗即位以來，一直奉行投降議和政策，可問題是金人無意媾和。一方虎視眈眈，一方卻毫無作戰準備。戰爭結果，可想而知。金太宗計畫兵分兩路出擊，一路以大將婁室統領，進攻陝西，另一路以宗翰統領，大舉南侵。

先來看看西線戰事。

建炎二年（一一二八年）十一月，婁室攻陷延安府，宋安撫使折可求以麟州、府州、豐州共三州九寨之地降金。在進攻晉寧軍時，金兵遭到宋將徐徽言的頑強抵抗，直到次年二月糧盡援絕，晉寧才被金兵攻破。緊接著、鄜州、坊州、翟州三地又落入金人手中。至此，秦隴一帶，幾乎完全被金兵所佔領。

再看看東線戰事。

宗翰揮師南下後，勢如破竹，連續攻陷濮州、開德府（河南濮陽）、相州（河南安陽），目標直指東京開封。頂替宗澤出任東京留守的杜充慌亂之下，竟然決黃河水入清河，以阻滯金兵的攻勢。開封城暫時保住了，只是不知有多少無辜之平民，死於這場人為的洪水中了。

在金兵面前，南宋軍隊似乎是一群不會打仗的士兵，屢戰屢敗。十二月，金兵攻克大宋重鎮北京大名府（河北大名）與山東濟南府，濟南知府劉豫繳械投降。金兵南下速度之快，遠遠超出宋高宗的預料。

宗翰做出一個大膽的決定，他決定繞過開封，沿著濟南府從東線長驅南下。應該說，這個戰略是有一定風險的，因為開封府集結著南宋的重兵集團，若是在金人繞道南下時，截其糧道，斷其歸路，那麼金兵將面臨著全線潰敗的危險。可是宗翰早覷準了，杜充絕不是宗澤這樣的英雄人物，他絕不敢輕舉妄動。

金兵沿濟南府南下，席捲東部，如入無人之境。

在宗翰在猛攻下，徐州失守。正好此時朝廷派遣韓世忠率一支軍隊救援前線，宗翰探知消息後，回兵迎戰韓世忠，韓世忠不敵，退保鹽城。擊敗韓世忠後，宗翰長驅直入，攻取彭城，並走小路直趨淮東，入泗州（安徽泗縣東北）。

這下子宋高宗有點慌了，急忙派江淮制置使劉光世率兵守淮。豈料這時早已是人心惶惶，皇帝與執政大臣都沒有抗戰的勇氣，士兵們誰想賣命呢？金兵還未到，劉光世手下的這些士兵便跑的跑、逃的逃，還沒交戰就潰不成軍了。很快，金國鐵騎殺至楚州，守將朱琳投降，緊接著，宗翰乘勝南進，攻破天長軍（安徽天長），前鋒距離宋高宗所在的揚州只有數十里！

這時的宋高宗，還在揚州臨時宮殿裡醉生夢死呢，當他聽說金兵已殺至揚州，嚇得魂不附體，都顧不上問明情況，便拉來馬匹，馳往城外，隨行人員只有王淵、張俊等幾人。到了瓜洲後，找來一艘小舟，渡江到了對岸的鎮江府。

此時揚州亂成一團，誰也沒料到金兵來得這麼快。

執政大臣黃潛善、汪伯彥本來還氣定神閒地在廟裡聽高僧說法，聽罷剛想用餐，豈料有人來報，金兵已殺到，聖上已南渡了。兩人面如土色，來不及吃飯便策馬南逃了。朝中官員、後宮妃嬪都相繼出逃，百姓們也爭先逃命，混亂到了極點，踩踏而死者，不計其數。

到了鎮江後，宋高宗驚魂未定，與諸臣商討何去何從。吏部尚書呂頤浩認為皇上不能再逃了，就待在鎮江，聲援江北抗金。這顯然不合皇帝胃口，這時近臣王淵說，金兵若打過來，鎮江是守不住的，不如逃往杭州。

不消說，宋高宗採納了王淵的建議，一路逃到杭州去了。

當初宗澤連上二十四道奏疏，請求宋高宗返回開封，宋高宗不幹，就是擔心開封城離敵人太近，朝不保夕。豈料遠遠躲到揚州後，仍然不安全，臨時首都也被端了，君臣們一個個斯文掃地，落荒而逃。作為一個皇帝，卻不能守土捍疆，總得對臣民們有個交代吧。不得已之下，宋高宗煞有其事地下了一道「罪己詔」，大赦天下，求直言，召回被放逐的罪臣，只有一人除外：李綱。

為什麼李綱獨不被赦免呢？

別看宋高宗表面上下詔罪己，實際上他內心還是打著投降的算盤。大家都知道，李綱是堅決的主戰派，若是宋高宗起用李綱，與金國就無法和談了。宋高宗又派人持著當年張邦昌與金人約和的文件，到金營去議和了。正好此時宗翰覺得孤軍深入太久，心裡也不踏實，遂把揚州搶掠一番後，放把火燒了，然後揚長而去。

金兵退去後，宋高宗稍覺心安。戰爭打得一塌糊塗，總得有人負責任吧。若要說戰爭責任，宋高宗當然是第一責任人，但皇帝高高在上，彈劾的目標只能是他的近臣。於是中丞張徵上書彈劾黃潛善、汪伯彥，列舉二十條罪狀。皇帝這時候也得找個替罪羊，遂將此二佞臣罷斥，稍慰士民之心。

逃到杭州後，宋高宗自以為又可以過上一段醉生夢死的生活了。豈知世事無常，外患剛去，蕭牆禍起。

一起突如其來的政變，令宋高宗差點永久失去皇帝的寶座。

原來黃潛善、汪伯彥被罷斥後，舊權貴倒了意味著新權貴的崛起。朝中有兩個人深得皇帝的寵幸，一個是王淵，一個是內侍康履。這兩個人沒什麼本事，就是當初宋高宗從揚州狂奔到鎮江時，兩人鞍前馬後，一路隨從，也算是「護駕有功」。王淵又建議宋高宗逃到杭州，故而皇帝對他青睞有加。不久後，王淵掌管樞密院，一下子竄到顯位，引起一幫人的強烈不滿。

苗傅、劉正彥兩人在軍中有一定威望，對王淵、康履的竄起十分惱火，便密謀幹掉這兩個傢伙。苗、劉二人先是埋伏一支軍隊，在王淵退朝後，在半途將他殺死。而後率軍殺到行宮，抓住康履後，立刻處死。苗傅、劉正彥敢公然造反，自然有自己的打算，他們控制行宮後，強迫宋高宗退位，傳位給皇太子，由隆祐太后垂簾聽政。

這個宋高宗原本就是貪生怕死之輩，在叛軍的劍戟之下，焉敢討價還價，遂宣佈遜位。這時皇太子還只是個幾歲大的孩子，不消說，大權就落在苗傅、劉正彥二人手中了。

宋高宗的退位詔書發往各地，平江留守張浚懷疑皇帝被叛臣脅迫，遂聯合呂頤浩、韓世忠、張俊（張俊與張浚是兩個人）、劉光世等人，共同起兵勤王。

勤王軍很快殺向杭州，苗傅、劉正彥哪裡抵擋得住，幾回合下來，便落荒而逃。呂頤浩、韓世忠等將領率軍進入杭州，殺死苗傅與劉正彥，平定了這場政變。這次政變前後只持續了一個月，宋高宗在被迫退位後，又一次坐回皇帝寶座。

平亂諸功臣都得到升遷。呂頤浩遷尚書右僕射兼中書侍郎，劉光世為御營副使，韓世忠、張浚為御前左右軍都統。

想想這位皇帝也夠倒楣的。

在揚州被金兵追著屁股跑，在杭州又被手下的將領拉下皇帝寶座，可以說一路上沒好日子過。如今金兵退去，亂臣伏誅，他總算得以平靜一段時間了。當初他逃到杭州時，並沒想把這裡當作國都，因此他又選擇了一個地方：江寧。

建炎三年（一一二九年）五月，宋高宗來到了江寧，並把江寧改稱為建康府。事到如今，皇帝還是念念不忘投降，只要金人大發慈悲，給他一塊清靜之地，他就知足了。為了讓金人滿意，他索性面子也不要了，尊嚴也不要了：我當金國的藩臣，這樣總行吧。

宋高宗派使臣洪皓到金國議和，宣佈願意去正朔尊號，就是說不用皇帝稱號了。俗話說，弱國無外交，你越軟弱，只是越讓敵人瞧不起而已。一向輕視宋人的宗翰又一次把宋使扣押了，在他看來，一隻狼是絕不會與一隻羔羊談判的。在金人眼中，南宋廣袤的土地，乃是上蒼賜給金國的禮物罷了。

既然和談不成，宋高宗也不得不做好應付敵人再度入侵的準備。這個時候，勤王有功的張浚乘機上書皇帝，提出自己的戰略主張。張浚認為，中興要計，當自關、陝為始。關、陝盡失，東南亦不可保。張浚自告奮勇地說：「臣願為陛下前驅，肅清關、陝。」事到如今，宋高宗也只能同意了，遂任命張浚為川、陝、京、湖宣撫處置使。張浚動身前往川、陝，走的時候他帶走了一個人：八字軍的領袖王彥。

朝廷既有像張浚這樣勇於任事的人，也有渾水摸魚的人。就在張浚從後方奔向前方時，東京留守杜充卻藉口糧草不足，擅自離開東京開封，返回建康。令人驚訝的是，宋高宗不僅未加責罰，還讓他充當江淮宣撫使，領兵十萬守建康。

一個人的性格是很難改變的。宋高宗儘管派張浚經營關、陝，又在建康陳兵十萬，擺出一副守土捍疆的姿態，實則骨子裡的投降主張從來沒改。他甚至給金國統帥宗翰寫了一封哀求乞憐的信，幾乎連一丁點兒的尊嚴也沒有，我們且來看看片段：「古之有國家而迫於危亡者，不過守與奔而已。今以守則無人，以奔則無地。……故前者連奉書，願削去舊號，是天地之間，皆大金之國，而尊無二上，亦何必勞師遠涉而後快哉！」

這封信的唯一作用，是讓金人無所顧忌地對南宋發動史無前例的大進攻。

金國此番南征，以四太子兀朮為統帥，動員了轄下蕃漢之師，南侵兵力之多，為歷年來之最。南宋帝國的防禦線，再次輕而易舉地被全面突破。

建炎三年（一一二九年）九月，金兵攻陷南京應天府。十月，兀朮兵分兩路，一路出擊江西，一路出擊浙江。自戰爭爆發後，宋高宗自然沒有勇氣待在建康，他一下子又逃到杭州去了，還把杭州改為臨安府。豈料兀朮獲悉高宗去向，便分兵前來，想要生擒大宋皇帝。高宗在臨安剛待了七天，發現大事不妙，趕緊撒腿便跑，竄至越州（紹興）。

在宋高宗一路狂奔之際，金兵攻城掠地，所向披靡。

宋高宗寄希望於建康留守杜充，他手握十萬大軍，應該可以抵擋一陣吧。孰料建康根本就沒有像樣的保衛戰，在兀朮的利誘下，杜充投降了。其實說來也不奇怪，有投降派的皇帝，就有投降派的臣子。建康失守，兀朮的金兵長驅南下，高宗皇帝又慌了。

正如高宗皇帝自己說的：「今以守則無人，以奔則無地。」天地茫茫，他能往何處去呢？這是擔任尚書左僕射的呂頤浩建議說：「萬不得已，莫如航海。敵善乘馬，不慣乘舟，等他退去，再還兩浙。敵出我入，敵入我出，這也是兵家奇計呢。」好一個兵家奇計！在解放戰爭期間，紅軍也有「敵進我退，敵退我進」之戰術，那是積極主動的防禦與進攻。而對於一千年前的宋高宗而言，純屬逃跑主義。高宗一聽，彷彿抓到一根救命稻草，便逃往明州（浙江寧波）。

金兀朮攻陷臨安（杭州），發現宋高宗已經逃往明州了，便命部將率四千精騎一路急追，馬不停蹄殺向明州。宋高宗別的本事沒有，逃跑的經驗還是比較豐富的，他在明州失陷前，乘船逃到舟山群島上的定海縣。金兵沒能逮住大宋皇帝，把怒氣發洩到明州的平民百姓身上，以屠城的方式大開殺戒。

宋高宗不是要玩「敵出我入，敵入我出」嗎，金國統帥兀朮就陪著他玩。金兵雖不善乘舟，但為了進攻浙江，也組織了一支舟師，兀朮派舟師入海追擊宋高宗。可憐的宋高宗還未來得及喘上一口氣，又開始新的逃亡之路，從定海逃到了溫州。金兵在海上追了三百里，算宋高宗命大，沒有落入敵人之手。

自從金兵大舉南下，短短幾個月的時間裡，蹂躪江、浙、皖、贛，戰果可謂輝煌矣。說實話，南宋軍隊的表現十分糟糕。宋軍在局部戰場上有過小勝利，比如岳飛在廣德與金兵交鋒六戰六勝，但在大會戰中，金兵是以壓倒性的優勢獲勝。在狂飆突進東南後，兀朮遇到一個難解的問題，南宋帝國面積太廣袤了！不管金兵攻下多少城池，大宋皇帝都還有後路可以撤退。

要知道女真雖是驍勇善戰之民族，但人口數量畢竟很少，在吞併遼國後，又吞掉半個宋國。可以說，金人已經創造了歷史，創造了奇蹟，但是還吞不下整個南宋帝國。兀朮沒能活捉宋高宗，沒能滅掉南宋，經歷千里奔襲後，金兵的進攻力幾近極限，已是強弩之末矣。在這種情況下，兀朮決定引兵北還。

三一、以漢制漢：劉豫與偽大齊政權

金兵在撤退途中，縱火焚燒明州、杭州、平州等地，擄掠女子財帛，滿載而歸。所過之處，無不斷垣殘壁，留下無辜百姓的累累屍體。僅在平江府一地，被屠殺的百姓便有數十萬之多。金兀朮從平江府撤軍後，打算在鎮江一帶渡過長江北去。然而在這裡，金兵卻遭遇到南侵以來最大的一次阻擊戰。

在南宋軍隊兵敗如山倒的背景下，是誰以莫大的勇氣阻擊金兵呢？

此人正是南宋著名將領韓世忠。

韓世忠在得悉金兵北撤的消息後，決定從長江口移師鎮江，利用長江天險，阻擊金兵。當時南宋軍隊在陸戰上，幾乎不是金國精銳鐵騎的對手，但是在水戰上還是佔有優勢的。韓世忠糾集了海船一百多艘，八千名水師官兵，埋伏於鎮江焦山寺一帶的水面上，以阻止金兵過江。

金兀朮起初並不把韓世忠放在眼裡，在他看來，宋軍都是不堪一擊的，況且金兵擁眾十萬，在兵力上遠遠佔優。雙方在長江水面上展開激烈交戰，金人不習水戰，始終無法突破宋軍的水上防線。為了鼓舞士氣，韓世忠的妻子梁紅玉親自擂戰鼓助陣，連女人都披甲上陣了，大宋男兒們豈能不拼死殺敵呢？在韓世忠頑強的阻擊下，金兵無法渡過長江。

此時金兀朮孤軍深入的弱點暴露無遺，若是退路被截斷，後果不堪設想。時值農曆三月，若不及時北撤，長江的雨季就要到來，到時金兵的行動將更加困難。金兀朮試圖與韓世忠做個交易，他答應把所擄掠的財物全部送還，以換取韓世忠放行。但是這一要求遭到韓世忠的斷然拒絕。

怎麼辦呢？兀朮心想，長江這麼大，這裡不能渡江，我就溯流西上，惹不起你韓世忠，我總躲得起吧。但他沒想到韓世忠竟是塊硬骨頭，偏偏不肯相讓，金兵的船隻溯江西上，韓世忠的水師也沿著長江北岸且戰且行，緊咬不放。

韓世忠的兵力雖然不佔優勢，但是船隻上卻大佔便宜。南宋的造船業發達，宋軍的戰船性能要遠遠優於金軍。雙方一路相持至距離建康東北約七十里地的黃天蕩。金兀朮並非水戰專家，對水文條件了解不夠，這黃天蕩固然適於船隻停泊，然而出港處卻較狹窄，被南宋水師一封鎖，便成了甕中之鱉了。

宋、金兩師在黃天蕩相持了四十八天。

在水戰中，宋軍的大船牢牢控制主動權。韓世忠發明了一個戰法，令戰士們手持大鐵鉤，待敵船迫近時，在接舷戰中，便用大鐵鉤鉤住敵艦，將其曳沉。金兀朮沒了脾氣，又一次派人前去與韓世忠商議放行條件。韓世忠義正詞嚴地說道：「還我兩宮，復我疆土，則可以放行。」

為了解兀朮之困，金國大將撻懶從濰州派遣一支軍隊馳援，援軍在江北，兀朮軍在江南，對韓世忠的水師形成南北夾擊之勢。更要命的是，這時有一個頗懂水戰的漢奸向金兀朮獻策：應該在船上裝土（增加穩定性），在船板上鑿穴安置棹槳（增加機動性），在無風時進擊宋舟師（宋船大，依賴風力），用火箭攻擊。兀朮聽罷大喜，遂依計而行，果然大敗韓世忠的水師。韓世忠被迫撤回鎮江，阻擊金兵北撤的計畫最終失敗。

在金兀朮北撤的同時，大宋舊都東京開封也被金兵攻陷。

在宗澤留守東京時，把開封建設成為一座堅不可摧的堡壘。然而人在政舉，人亡政息，宗澤去世後，杜充留守東京，一反積極備戰的政策，致使士民離心，原被宗澤招攬麾下的義軍首領紛紛離去。更有甚者，杜充甚至擅自離開開封，前往建康府。當時岳飛曾極力諫言：「中原地尺寸不可棄，今一舉足，此地非我有，他日取之，非數十萬眾不可。」可是杜充根本不聽。

杜充離去後，宋高宗先後派幾個人擔任東京留守，但這些人也都是庸才，開封的防務已跟宗澤時不可同日而言了。在兀朮大舉南下時，派一支金兵圍攻開封。此時的開封城缺糧日久，更難以堅守。建炎四年（一一三〇年）二月，東京開封終於被金兵攻破。至此，大宋四京（東京開封、西京洛陽、北京大名府、南京應天府）全部淪陷。

金兵此番南下作戰，戰績赫赫，再次顯示出其強大的軍力。但是隨著戰爭規模的擴大，金兵的不足之處也體現出來了。其一，金兵攻城掠地無數，但由於兵力有限，對於南方諸多城池無法據為己有，一旦北撤又被南宋政府所接管；其二，水戰是金兵的一個短板，這一點在黃天蕩之戰體現得十分明顯。儘管黃天蕩之戰並沒能阻止金兵北撤，但在未來的時間裡，金軍很少再越過長江南下，這正是忌憚宋軍的水上力量。

我們不要忘了，從大金建國（一一一五年）到兀朮南侵（一一二九年—一一三〇年），也不過才十五年的時間，金國的土地一下子擴張幾十倍。得天下，未必能治天下。金國的擴張遇到最大的瓶頸，就是難以統治如此龐大的土地與民眾，吃得太撐了，一時還消化不了。怎麼辦呢？在兀朮北歸後不久，金國出籠了一個政策：以漢制漢。

以漢制漢，便是扶植一個傀儡政權。

那麼由誰來擔任傀儡政權的皇帝呢？

先前金國曾經立過一個傀儡皇帝張邦昌，但並不成功，有點趕鴨子上架的味道，他們是逼迫張邦昌當皇帝。膽小怕事的張邦昌才當了一個多月的皇帝就當不下去了，把「皇位」拱手讓給了康王趙構。鑒於上次失敗的經驗教訓，金人在傀儡皇帝人選上比較慎重，這個人得有一點才能，要忠心可靠，同時還要有權力欲。

有一個人符合條件，他就是原大宋濟南知府劉豫。劉豫是在金兵攻打濟南府時投降的，後來被金太宗任命為東平府知府，這個人野心不小。為了當偽皇帝，他向金國大將完顏撻懶大肆行賄。在撻懶的推薦下，建炎四年（一一三〇年，金天會八年）九月，金太宗立劉豫為大齊皇帝，世代對金稱子禮，也就是當金國的兒皇帝，奉金朝正朔。

這個中原傀儡政權定都於北京大名府，後又遷都至大宋舊都開封，改名為汴京。金國把自山東到陝西的佔領地交付給劉豫統治。劉豫為人殘暴，他統治下的偽齊政權賦斂苛重，刑法嚴峻，大肆搜刮民財，致使民不聊生。

除了扶植劉豫的偽大齊政權外，金國還實施了一個更大的陰謀。

這個陰謀就是把大宋變節份子秦檜釋放回國，打入南宋朝廷內部。

這年頭變節份子多矣，為什麼金國偏偏相中秦檜呢？

因為秦檜曾經是「大宋忠臣」！

這還要從靖康之變說起。當年金國攻破開封，俘徽、欽二帝，欲立張邦昌為傀儡皇帝，時為御史中丞的秦檜寫下一封洋洋灑灑的反對信，言辭激昂慷慨：

「檜荷國厚恩，甚愧無報！今金人擁重兵，臨已拔之城，操生殺之柄，必欲易姓，檜盡死以辯！……必立邦昌，則京師之民可服，天下之民不可服；京師之宗子可滅，天下之宗子不可滅！檜不顧斧鉞之誅，言兩朝之利害，願復嗣君位以安四方。」

好一個「不顧斧鉞之誅」，此信一出，忠臣形象躍然紙上矣。金人閱信後勃然大怒，索性把秦檜也抓入金營，連同徽、欽二帝以及一幫皇親宋臣，統統押往北方去了。在此後三年多的時間裡，秦檜消失在宋人的視野中，但他的「忠臣」形象卻還深深留在人們的心中。

可是誰能料想到，在這三年多的時間裡，秦檜也悄然從「大宋忠臣」淪變成為「金國鷹犬」了。當秦檜意識到自己可能以戰俘的身分終老於荒涼的北地時，他的思想發生巨大的變化，他開始討好金國權貴。在金國的那段時間裡，秦檜出籠他的政治理論——「南自南，北自北」，就是說，南宋完全放棄中原之地，北方歸於金國，南方歸於南宋。顯然，與宗澤、李綱、岳飛等力主收復中原的忠臣相比，秦檜這個所謂的「忠臣」就是個冒牌貨。金太宗看出此人有利用價值，遂把秦檜賜給了大將完顏撻懶。

完顏撻懶與宗翰、兀朮這些鷹派將領有所不同，在對待南宋問題上，他並非一味主張武力解決，而是主張政治攻勢與軍事打擊雙管齊下。特別是兀朮大舉南侵後，金國的軍事入侵政策暴露出許多問題，戰線太長，兵力太分散，無法長期佔有攻下的地盤。在這種情況下，撻懶更是傾向「以漢制漢」的方針，推薦劉豫當偽大齊皇帝，而後又再施妙計，縱秦檜南歸，這一步棋，可謂是深謀遠慮，意味深長。

建炎四年九月，南宋殘留於淮河流域的軍事重鎮楚州（江蘇淮安）被金國大將撻懶攻陷。戰役剛結束，身為撻懶手下軍事參謀兼隨軍轉運使的秦檜突然失蹤了。

幾天後，一艘船停泊在距離楚州六十餘里地的南宋控制區，船上的人員包括秦檜與妻子王氏，還有他的兩個老部下以及一僕一婢。曾經的「大宋忠臣」，被擄到北地的秦檜回來了！當地官府把秦檜一行人送到越州（紹興）的天子行在，交給朝廷處置。

一個被擄到北方的俘虜，居然在三年多後神不知鬼不覺地回來，這怎麼可能呢？秦檜必須給宋高宗以及諸大臣一個合理的解釋。當然，秦檜早把答案背熟了：我為金人所擄後，此番被迫隨金兵南下，我是乘機殺掉了金國的看守人員，冒險奪了一條船才得到回來了，可謂是九死一生啊。

正如三年前他把自己塑造成一位「忠臣」一樣，如今他又編故事把自己塑造成從敵後生死歸來的「英雄」。

可惜的是，他瞎編的故事，完全禁不起推敲：其一，若秦檜是被金人脅迫隨軍南下，何以他的妻子還能隨行呢？其二，何以被擄掠的宋臣中，只有秦檜一人能脫身呢？其三，秦檜一介書生出身，何以竟能殺掉看守，從容逃脫呢？其四，若秦檜是乘亂逃脫，何以還能攜帶不少金銀財物呢？

總之一句話，對於秦檜「南歸」的神奇故事，朝臣們沒有幾個相信的。

當然，懷疑歸懷疑，可是若要指證秦檜是金國的奸細，那證據也不足。畢竟這三年多以來，他音信全無，再加上兵荒馬亂的，誰還有空去理會他在金國究竟幹了些什麼呢？

但是不要忘了，秦檜有一塊護身符，就是當年他不顧個人安危反對張邦昌稱帝以保全趙宋的忠義招牌，這塊招牌為他擋住了來自四面八方的質疑聲。時任參知政事的范宗尹與知樞密院事的李回與秦檜關係不錯，更是極力為他辯解，聲稱秦檜忠誠可任。

當然，皇帝的看法才是最重要的。

在此之前，宋高宗對秦檜這個人不了解，也沒深交過。但是秦檜對宋高宗卻是太了解了，了解他對金人的畏懼，了解他苟且偷安的心理。現在機會來了，皇帝召秦檜入對，問及對時局看法。秦檜不慌不忙、胸有成竹地說出一句話：「如欲天下無事，須得南自南，北自北。」緊接著，他呈上所寫的向完顏撻懶的求和書。

秦檜太知道皇帝需要什麼了，所以他一語中的，震撼皇帝內心。宋高宗對秦檜有相見恨晚之心，竟然激動地對輔臣說：「秦檜樸忠過人，朕得之喜而不寐。」

在此之前，宋高宗多次遣使與金和談，但使臣總被扣押，金人根本就不想談判。對宋高宗來說，管他秦檜是不是金國奸細，他在金國待了這麼多年，熟悉其內情，若能通過他與金國和談成功，那麼自己這個皇帝才能享享清福啊。

很快，秦檜被任命為參知政事，進入南宋朝廷的權力中樞。

當這個消息傳到金國時，完顏撻懶會心一笑，因為他知道，他布下的這一顆棋子，總有一天會發揮巨大的作用。

三二、血戰關陝：吳玠的表演舞台

金國在中原扶植偽大齊政權，以漢制漢，讓傀儡皇帝劉豫去對付江淮一帶的宋軍，而金兵則把主攻方向瞄準關陝（即陝西，古為關中地）。在此後幾年，關陝成為宋、金交鋒的主戰場。

關陝向來是易守難攻之地，秦漢皆據此而成就帝業，故而戰略地位十分重要。建炎三年（一一二九年），張浚認為欲中興宋室，必從關陝（即陝西，古名關中）開始，並自告奮勇前往陝西主持戰局。張浚的這一構想，正是欲效法秦漢據關陝而奪天下的戰略。十月，張浚抵達興元。十二月，任命曲端為宣撫處置司都統制，劉子羽為參議軍事，吳玠、吳璘兄弟為統制，積極備戰。

誰知張浚尚未出擊，便遭當頭一棒。

金國大將完顏婁室以重兵攻打陝州（河南三門峽），知州李彥仙拼死抵擋。張浚命令曲端前往救援陝州，哪想曲端向來嫉妒李彥仙，無意出手相救。婁室以十萬之眾輪番攻城，於建炎四年初終攻破陝州，李彥仙死難。在之後幾個月裡，宋金在關中激戰，互有勝利，然而曲端多次對友軍見死不救，遂被張浚罷免兵權。

當時兀朮的軍隊在橫掃江南後，已撤至淮北。已成為驚弓之鳥的宋高宗十分擔心金兵再次南下攻略，遂指示張浚分道出兵，由同州、鄜州、延安府主動出擊，以牽制金兵南下。駐守關中的完顏婁室頓時面臨南宋軍隊的巨大壓力，便緊急向兀朮求援。兀朮遂引兵赴陝，與婁室會合。與此同時，金太宗又遣完顏宗輔入援陝西，打算深入陝川，徹底打敗張浚。一場大戰已是在所難免。

在金兵紛紛入陝之時，張浚業已集結一支龐大的兵力，包括熙河、秦鳳、涇原、環慶及永興軍五路人馬，共計四十萬人，馬七萬匹，欲與金兵決一死戰。然而，這個部署遭到八字軍首領王彥的反對。他認為陝西兵將向來不相聯絡，五路大軍齊出，根本沒辦法協同作戰，不如令各路大軍駐屯要害之地，遇到敵人攻擊時可以互相支援。

張浚未嘗不知王彥所言有理，但他有自己的戰略考慮。如今東南殘破，已經難以再經受金兵的再次打擊，若能在關陝一戰擊敗強敵，那麼就可能成為抗金戰爭的轉捩點。可以說，張浚是要賭上一把。

可惜的是，張浚並沒能賭贏。

建炎四年（一一三〇年）九月，南宋軍隊與兀朮、婁室的金兵在富平丘陵地帶展開決戰。宋軍人數雖多，在部署上卻很不慎重，安營紮寨於平原地帶。統制吳玠向前敵總指揮、熙河路經略劉錫建議說，軍隊應該先佔據高地有利地形，憑險為營，否則這一帶平原地區，容易遭到金國騎兵的進攻。然而吳玠的意見卻沒能得到重視，諸將以為，此帶雖地形平坦，然多沼澤，縱是金兵鐵騎前來，也難以馳騁。前敵總指揮劉錫面對諸將議論紛紛，一時間也沒了主見。事實證明，吳玠的看法是對的，因為沼澤根本擋不住金兵鐵騎。

金國騎兵縱橫南北，對付區區沼澤不在話下。完顏婁室早有準備，令部下備好了許多木柴與裝填沙土的囊袋，移土擔柴，填澤鋪路，很快在沼澤地開出足以令馬匹行進的道路。胡馬本個頭高大，金兵攬轡而過，直逼宋兵營。婁室攻宋軍右翼，兀朮攻宋軍左翼。起初，南宋軍隊憑藉著人多勢眾，與金兵殺了個平手。但是很快，宋軍其中一路潰敗，最終導致了戰鬥的全線失利。

富平之戰的失敗，宣告張浚全面奪取關陝、進擊中原的計畫破產。宋軍被迫撤退，關、隴六路幾乎都落入金人之手，只有階、成、岷、鳳、洮五郡以及鳳翔之和尚原、隴州之方山原仍控制在南宋手中。金國名將完顏婁室在這時病死於關中，給張浚帶來了喘息之機。

只要再攻下和尚原，金兵就打開從陝西通往四川的大門。

和尚原位於秦嶺北麓，今陝西寶雞南。

升任秦鳳經略使的吳玠，在和尚原保衛戰中大放光芒，使他成為南宋抗金史上最偉大的將領之一。吳玠到任後，馬上著手和尚原的防禦，積粟繕兵，列柵固壘。吳玠有名將之風範，他善於治軍，愛撫百姓，在深重的戰爭災難面前，鳳翔百姓希望這位出色的將軍能阻止住金兵無休止的進攻。為了支援前線部隊，民眾自發組織起來，送芻粟以助軍。為了阻止民眾給吳玠運送軍事物資，金兵多次派兵截擊，並施行連坐法，但仍有大批民眾冒險輸援。

為了拿下和尚原，紹興元年（一一三一年）五月，金人兵分兩路來攻。面對洶洶來犯之敵，有人提議避敵鋒芒，退屯漢中。吳玠慨然道：「我在此，寇不敢越。保和尚原即是保蜀。」遂與其弟吳璘率軍還擊，四戰四勝，力挫強敵。

第一次攻打和尚原失利，令金兵主帥兀朮蒙羞，他當即親自率領十萬人馬，殺赴寶雞，造浮橋渡過渭水，進薄和尚原。自宋金開戰後，南宋多數士兵都患有畏金症，特別是這位金兀朮何等厲害，以十萬之師蹂躪大宋東南半壁，把皇帝追得滿世界跑，而後又在富平之役中大破張浚四十萬看家部隊，可謂是神話級的人物。四十萬大軍都抵擋不住兀朮，吳玠抵擋得住嗎？

大戰前夕，士氣不可丟，吳玠召集眾將士，以忠義相勉，並與諸將士歃血為誓。他對弟弟吳璘說：「今日是我兄弟報國之日，若兵敗，寧我兄弟相死，不令將士先亡。」吳玠本就深得部眾愛戴，聽聞此言後，眾將士更是感泣，紛紛表示願盡死力以報國。

金兀朮自認為以十萬大軍泰山壓頂式的進攻，取和尚原易如反掌，豈料在這裡他卻遭遇生平第一次重大失敗。吳玠善於用兵，面對強敵，他揚長避短，充分利用地形優勢，阻擊敵軍。針對敵軍騎兵厲害的特點，吳玠挑選精卒，以強弓勁弩輪番射擊，以密集箭雨阻滯金兵進攻。兀朮前進不得，只得稍稍退卻。

以弱擊強，以寡擊眾，要力挽狂瀾，必須出奇制勝。

金兵人數既多，便得依賴後勤補給。吳玠悄悄派出一支軍隊，截擊金兵糧道，並派弟弟吳璘帶三千弓弩手，設伏於險要之地。在宋軍的偷襲下，金兵的後勤運輸線頻遭打擊，很快兀朮便發現糧草不足，難以發動進攻。吳玠推斷金兵很快要撤軍，他當然不肯放過大破敵軍的良機，遂縱兵於深夜出擊，連破十餘座金營。兀朮倉皇而逃，半途又遭到伏擊，身上還挨了兩箭，為了逃命，他把鬍鬚都剃光了，以免成為宋弓弩手的狙殺目標。堂堂金國統帥尚且如此狼狽，其他金兵自不必說，被宋軍俘獲者以萬計。

和尚原之役，非但是宋金戰爭以來南宋軍隊所取得的最大一次勝仗，而且對戰局有著決定性的影響。在此之前，金兵在各個方向的戰鬥幾乎都是全面獲勝，而這一次，則是遭到真正的慘敗。此役的勝利確保了四川大後方的安全，同時也暫時遏制住金人在西面的進攻。

憑此一役，吳玠名揚天下。

吳玠的勝利，除了歸功於他指揮有方外，還有一個重要因素，便是得到關陝百姓的支援。金人雖然佔領關陝大部，卻無法壓制民心。考慮到這裡難以治理，金人於紹興元年十一月，把陝西地交給了劉豫的偽齊政權。這不意味著金人撤出此地區，相反，他們是要把精力專注於軍事進攻上。

紹興二年（一一三二年），金陝西經略使撒離喝引兵入侵隴州方山原（陝西寶雞西）。當時方山原的南宋守軍只有數千人，陝西都統制吳玠急令部將楊政、吳璘等人入援，與金兵大戰三日，焚毀金兵營寨，撒離喝被迫撤軍。

該年年末，張浚被調回朝廷，結束了他三年的關陝生涯。當初張浚入關陝時，雄心壯志，欲幹一番轟轟烈烈的事業。但是他非但沒有收復關陝，反倒丟失了大部分的土地，可謂是壯志難酬。不過張浚的功勞不可抹殺，他知人善任，其麾下有三傑：軍事參謀劉子羽有才謀，負責後勤轉運的趙開是理財專家，大將吳玠則是常勝將軍。儘管張浚未能實現中興理想，但他在關陝牽制大量金兵，保全川蜀，功不可沒。

張浚調任後，保衛關陝最後防線的任務，就落到吳玠、劉子羽的身上。

張浚在臨行前，曾囑咐吳玠、劉子羽、王彥，倘若金兵入侵，三人應互為聲援。紹興三年（一一三三年）正月，金兵再次大舉進犯，目標直指王彥駐守的金州。在金兵的強攻下，王彥不敵，只得放棄金州，把不能帶走的軍事儲積焚之一空。當劉子羽得悉金州失守的消息後，急命部將田晟守饒風關，同時派人快馬召吳玠入援。

當時吳玠手上只有數千名正規軍以及一萬三千名義勇軍（民兵），軍情緊急，他毅然馳援，急行軍一晝夜抵達饒風關。吳玠派人給金國大將撒離喝送去幾粒黃柑，並寫了張紙條：「大軍遠來，聊奉止渴。」撒離喝閱信後大驚，以杖擊地道：「吳玠來得好快啊！」無疑，在金國人眼中，吳玠是最難纏的一位對手。

在撒離喝的督戰下，金兵全力仰攻饒風關。

吳玠可不是吃素的，他一面以強弓勁弩還擊，一面從山上以大石推壓。金兵果然悍勇，前仆後繼，強攻六晝夜，最終屍積如山，仍然拿不下饒風關。強攻不成，撒離喝另想一謀，派出敢死隊從小道繞到吳玠軍後，居高臨下攻饒風關。吳玠的兵力本來就不多，況且在遠道急行軍後又苦戰多日，終於不敵，被迫退守西縣（陝西勉縣西）。

饒風關失守後，劉子羽已無險可守，也只好焚燒了興元府的積貯，退守三泉。金兵遂入興元府，屯兵金牛鎮，通往四川的門戶已打開。

在此危急時刻，劉子羽與吳玠沒有自亂陣腳。

兩人商量後決定分別扼守險要關隘，以堅壁清野的戰術拖垮金兵。吳玠移師仙人關，劉子羽則退守譚毒山，同時把漢中一帶的糧畜內遷。撒離喝率軍深入，想一鼓作氣攻入四川。然而在巴山秦嶺之間，運輸不暢，金兵糧餉不濟，以致不得不殺馬為食。在此期間，劉子羽與吳玠不斷派出遊兵騷擾，令撒離喝寢食難安。更要命的是，由於不適山林環境，疫癘流行，金人大量染疾，死亡甚眾。在這種情況下，撒離喝不得不撤軍。劉子羽、吳玠乘機出擊，斬獲無數。

撒離喝的這次進攻，先勝後敗，傷亡過半。金兵撤走後，劉子羽又乘機收復興元與漢中之地。不久後，王彥也收復金州。宋、金雙方又回到戰前的相持局面。

在劉子羽與吳玠的努力下，四川又一次轉危為安。

由於吳玠移師仙人關，和尚原的兵力不足，加上糧草不足，形勢惡化。紹興三年十二月，金國元帥兀朮又一次率重兵殺到和尚原，欲報兩箭之仇。鎮守和尚原的吳璘奉哥哥吳玠之命，放棄和尚原，向仙人關方向撤退。

仙人關已成為宋、金兩軍的必爭之地！

紹興四年（一一三四年）三月，金國元帥兀朮挾破和尚原之餘威，與撒離喝及偽齊軍隊共計十餘萬人，氣勢洶洶地殺向仙人關。一時間，仙人關的天空烏雲密佈，一場血戰又要拉開序幕了。

吳玠早就料到這一戰不可避免，事先在仙人關右側築一堅固堡壘，命名為「殺金平」。從「殺金」這兩個字，可知吳玠欲讓此地成為金人的葬身之地。金兵鑿山開道，兀朮發誓定要攻破仙人關。從雙方兵力對比來看，吳玠居於絕對劣勢，他只有一萬人的軍隊守衛殺金平。此時吳璘從和尚原撤下的軍隊尚未抵達，能否守住仙人關，就看吳璘能否及時與吳玠會師。

滄海橫流，方顯英雄本色。

吳氏兄弟又要聯手締造一段傳奇。

吳璘率軍從武階路入援，戰七晝夜，突破金兵封鎖，終於與吳玠會師於仙人關。吳玠設下兩道防線，他自己守衛第一道防線，吳璘守衛第二道防線。

金兵使用各種方法進攻仙人關，先是以雲梯攻擊壘壁，吳玠部將楊政以撞竿擊碎敵人的雲梯。兀朮再使出鐃鉤、火箭等戰法，但在眾志成城的宋軍面前，始終無法破關。吳玠之所以成為南宋軍隊中的常勝將軍，在於他從來不消極防禦，而是寓進攻於防禦之中。

數日後，吳玠料敵銳氣已失，遂主動出擊，與吳璘各率一隊人馬，搗入敵營，金兵陣腳大亂。金兀朮自忖難以攻克仙人關，且損兵折將，遂引兵而去。殊料吳玠早派部將王俊埋伏於河池，襲敵於歸途，又斬獲頗豐。兀朮、撒離喝這些金國沙場宿將，個個垂頭喪氣，退回鳳翔去了。

至此，宋金在關陝的爭奪告一段落，雙方進入戰略相持階段。

吳玠兄弟在關陝戰場光芒四射，他們在南宋王朝極其困難的情況下，取得了令人矚目的戰績，打破了金人不可戰勝的神話，大大鼓舞了南宋軍民的士氣與抗敵決心。史書是這樣評價吳玠的：「方富平之敗，秦鳳皆陷，金人一意睨蜀，東南之勢亦棘，微玠身當其衝，無蜀久矣。……吳玠與弟璘智勇忠實，戮力協心，據險抗敵，卒保全蜀，以功名終，盛哉！」

三三、中興之戰：岳家軍的崛起

在前方將士苦戰時，秦檜卻在朝廷上大肆宣揚他的「南自南，北自北」投降理論，並且得到了宋高宗的支持。在秦檜南歸後不到一年時間裡，他一下子坐上宰相之位，成為一人之下、萬人之上的權臣。

所幸的是，秦檜這個奸臣當宰相才一年，就被踢出局了，原因在於他犯了一個政治性的錯誤。秦檜知道宋高宗一心想與金國媾和，可是每每派人去談判，金人總是不理不睬，為此他拋出了所謂「聳動天下」的二策：南人歸南，北人歸北。

什麼意思呢？

就是原籍在北方的南渡之人就返回到北方去，而居住在北方的南方人也返回南方，自此以後，北方就由金國及其傀儡劉豫偽政權統治，南方就由南宋帝國統治，一勞永逸地解決南宋在中原問題上與金國的糾葛。秦檜的歪論是，南宋帝國都是南方人，大家就不會去想著什麼北伐、光復故土了。

可以說，秦檜這是十足的投降賣國論調。要知道南宋帝國抗金志士，相當一部分都是北方人，現在要把他們統統遣回北方，那豈不是讓他們去送死嗎？不消說，這個論調遭到朝野的一致痛罵，更重要的是，宋高宗大為不悅。

為什麼皇帝對曾經大為欣賞的秦檜大為不悅呢？

宋高宗私底下曾對大臣表露不滿：「秦檜說南人歸南，北人歸北，朕就是北人，要歸往何處？」皇帝就是北方人，難道你秦檜還要把我送給金人嗎？秦檜說的「北人歸北」，當然不包括皇帝在內了，但卻嚴重傷害皇帝的感情。

在秦檜拜相時，他曾經吹牛說：「為相數月，可聳動天下。」可是除了這聳人聽聞的二策之外，再沒看過他幹過什麼聳動天下的事。對此，宋高宗當然有理由對他不信任。

從時間點看，秦檜拋出這二策也是不合時宜。在秦檜為相的這段時間裡，吳玠在和尚原之戰中大敗金兀朮，贏得了對金戰爭以來最大的一次勝利，對抗金志士是莫大鼓舞，收復中原的呼聲又漸高漲，而他卻拋出投降言論，自然被人抓住把柄。

對於秦檜這麼一個來路不明的卻忽然竄居高位的人，朝中大臣不滿者比比皆是。曾經勤王建功的呂頤浩乘機反擊，指使侍御史黃龜年彈劾秦檜專主談和，阻止國家恢復遠圖、植黨專權。

種種原因，終於令秦檜倒台，他的第一次宰相生涯就此結束。

秦檜倒台，對於主戰派人士是一次鼓舞。

與其同時，南宋的軍事力量也有所增強。

宋朝軍事力量的薄弱，與軍事制度有很大關係。自從宋太祖杯酒釋兵權、推行強幹弱枝政策後，崇文抑武，以避免重蹈五代時軍人不斷政變的亂局。這種政策導致朝廷對武將嚴加防範，將不知兵，兵不知將，哪來的戰鬥力呢？自宋高宗即位後，小朝廷幾度被金人打得找不到北，自身尚且難保，遑論統治國家呢？於是乎群盜並起，民變叢生，在南宋地盤上，大大小小的起義軍、流寇不計其數。南宋帝國實際上已經陷入深深的內亂之中了。

在這種情況下，宋高宗不得不倚重軍事將領，允許他們在一定範圍內發展自己的武裝，給予某種特權。畢竟皇帝還得靠這些人平定內亂，不然他如何統治臣民？對武將限制的放寬，令軍事將領得以有較大的自主權選將練兵，這也大大提升了南宋的軍事力量。

在此背景下，南宋開始了中興第一戰。

中興第一戰，主要是剿平內亂。

此期的流寇、變民武裝集團多如牛毛，不下兩百個，來源也五花八門，大體上說，主要有農民起義軍與叛亂的軍人。在這些武裝集團中，最重要有李成、孔彥舟、范汝為、曹成、楊太等。

在與這些武裝集團的戰爭中，南宋一批將領脫穎而出，成為手握重兵的實權人物。後來被譽為「中興四大名將」的岳飛、韓世忠、張俊以及劉光世，都是在剿撫叛亂武裝集團中成長壯大起來的，其中又以岳飛的戰功最為顯赫。

岳飛是南宋歷史上最偉大的抗金英雄之一，他是相州湯陰人氏。宋金戰爭爆發後，岳飛追隨宗澤抗金，在戰場上屢建戰功。宗澤曾經高度評價他的軍事才能：「爾之智勇才藝，古良將不能過」。靖康之變後，高宗繼承大統，然而一味求和，苟且偷安。岳飛年輕氣盛，上書數千言，抨擊黃潛善、汪伯彥等不圖恢復，力勸皇帝北渡親征。當時岳飛位卑言輕，朝廷竟以越職罪將他罷官。岳飛遂前往投奔河北宣撫使張所，張所對他十分器重，推為國士。

建炎元年九月，岳飛作為王彥麾下裨將渡河抗金，一舉收復新鄉。王彥潰敗後，岳飛轉戰於太行山區，在極其困難的條件下堅持抗戰。他不僅精通兵法韜略，武藝亦十分高明，曾在戰鬥中以丈八鐵槍刺死金將。後來岳飛返回開封，再度歸屬宗澤麾下。

宗澤去世後，杜充任東京留守。建炎三年七月，杜充棄開封而返建康，岳飛力勸不可，認為「尺地寸土，所不可棄」。杜充不聽勸諫，岳飛只得率部隨行。是年金兵大舉南下，杜充竟然投降金兵。在朝廷軍隊一片潰敗聲中，岳飛堅持抗戰，在廣德與金兵六度交鋒，六戰六勝。

岳飛治軍嚴謹，當時南宋軍隊腐敗嚴重，甚至形同土匪，而他則致力於打造一支新軍，將自己的子弟兵訓練為一支人民軍隊。在最艱難的日子裡，即便沒有糧食可吃，岳飛仍要求將士忍饑挨餓，不犯民家。當時建康一帶的宋軍潰敗後，散兵多剽掠民間，獨岳飛軍紀嚴明，秋毫無犯。在金兵離開建康後，岳飛尾隨其後，敗敵於靜安並率先收復建康。

兀朮北去後，金在中原扶植劉豫偽政權，加之張浚在西北牽制金兵，東南軍事壓力驟減，朝廷把重點放在清剿變民流寇集團上。

紹興元年（一一三一年）三月，宋以張俊為江淮招討使，岳飛為副使，負責平定江淮一帶李成、張用等亂軍。岳飛自請為先鋒，大破李成軍，俘敵八千人。在張俊、岳飛的窮追猛打下，曾經佔據十餘郡、擁眾數萬人的李成被擊敗，李成北逃降於劉豫。對於流寇集團，岳飛除了軍事打擊外，同時發動政治攻勢。另一亂軍首領張用與岳飛同為湯陰人，岳飛親自寫信招撫，張用感其恩義，遂率部投誠。至此，江淮亂軍得以平定，張俊向朝廷表功，奏稱岳飛功第一。

紹興二年（一一三二年），朝廷任命岳飛為荊湖東路安撫都總管，進剿擁眾十餘萬的曹成。曹成以十萬人守蓬頭嶺，岳飛率所部八千餘人，大破曹軍，曹成逃往連州。岳飛囑咐部將，僅誅其首，而撫其眾，慎勿妄殺。部將張憲進擊曹成，沿途招降兩萬餘人，曹成遁入邵州。後來，曹成在另一位中興名將韓世忠的圍逼下，率餘眾八萬人投降。

紹興三年（一一三三年），虔州、吉州兵亂。當時隆祐太后曾經在虔州一帶受到驚嚇，高宗命岳飛前往平定，並密令屠城。

岳飛抵達虔州後，亂軍首領彭友率眾迎戰，岳飛藝高人膽大，在戰鬥中生擒彭友，餘眾皆降。在平定虔、吉之亂後，岳飛並沒有按皇帝的指示大開殺戒，而是上書皇帝，請求只誅首惡，赦免餘眾。高宗皇帝最後答應了岳飛，虔州百姓由是躲過一劫。虔州民眾把岳飛視為救命恩人，感懷他愛民如子、為民請命的精神，特繪岳飛畫像，設祠祀之。

鑒於岳飛的赫赫戰功，紹興四年（一一三四年），宋高宗授他為清遠軍節度使。在成為節度使的中興諸將中，岳飛乃是最年輕的一人，當時他年僅三十二歲。

經過幾年的大規模清剿，內亂基本平定，只剩下佔據著洞庭湖的楊么，屢剿不平。紹興五年（一一三五年），宋高宗令岳飛進剿楊么。當時有人認為岳飛的部隊多是北人，不習水戰，但岳飛從容答道：「兵法無常，顧用之如何耳。」當時岳家軍以號令嚴明而著稱，楊么的部下聽說岳飛前來，個個面有懼色，有些甚至乾脆投降了。岳飛僅僅用了八天的時間，便徹底擊敗楊么，收降二十餘萬人，堪稱軍事史上的奇蹟。

在南宋積極剿平內亂的同時，北方的劉豫偽政權乘機招降納叛，擴充自己的實力。李成、孔彥舟、關師古等人先後投奔劉豫偽政權。

由於南宋政府一直企圖與金國媾和，而劉豫是金國所立的傀儡皇帝，因而宋高宗下令約束沿邊守將，不得攻犯劉豫。這種表態無疑被視為軟弱的表現。你不動手，人家偏偏要動手。劉豫命降將李成大舉進犯，攻下郢州、襄陽等地六郡。

現在人家都爬到頭上拉屎了，總不能當沒看到吧。

別看宋高宗這個人非常害怕金人，對劉豫他還是不放在眼裡，要知道劉豫原本就是宋朝的一個知府罷了，怎麼敢這麼狂妄！紹興四年，包括岳飛在內的文臣武將紛紛上書宋高宗，提出收復六郡的主張。岳飛說：「襄陽等六郡為恢復中原的根本，今先取六郡，以除心膂之病。」皇帝決定教訓一下偽齊，遂以岳飛為荊南制置使。

岳飛渡江攻李成，並誓言道：「飛不擒賊，不涉此江。」隨後一路進擊，連下郢州、襄陽、唐州、隨州，李成落荒而逃。

劉豫不肯善罷甘休，這位賣國賊居然向金國借兵五萬以攻南宋。金太宗命宗輔、撻懶、兀朮率五萬金兵，協同偽齊軍隊南侵。這也是自兀朮北撤後，金國又一次大舉用兵於南方。金兵分道兩路，一路騎兵由泗州進攻滁州，一路由楚州進攻承州。

然而令金國沒有想到的是，這幾年南宋軍力居然大幅提升，不復是當年只有挨打的份了。時為淮東宣撫使的韓世忠，親率騎兵駐紮大儀（江蘇揚州西北），佈成五陣，設伏二十餘處。金騎兵過五陣東處，韓世忠的伏兵四起，上砍人胸，下斬馬足，金兵大敗，被俘二百餘人。緊接著，韓世忠部將董旼在天長鴉口橋力敗金兵；解元在承州北門激戰金兵，俘獲甚眾。韓世忠率親兵追擊敵人至淮水，金兵奪路而逃，溺死者甚眾。

時人把韓世忠的這次勝利譽為中興武功第一。

此時的宋高宗居然破天荒地打算親征，他抵達平江（蘇州），欲親自渡江決戰，只是後來被勸阻，才沒有過江。皇帝的勇氣從何而來呢？正是來自南宋軍隊的一系列勝利，包括吳玠在仙人關的勝利以及韓世忠在大儀的勝利。自高宗登基以來，至今始有中興之氣象。皇帝雖未渡江親征，但下詔聲討偽齊，以激勵將士，也算表現不錯了。

然而金兵的戰鬥力也不容低估。在另一條戰線上，金兵攻破滁州，南宋軍隊退守江南。劉光世守建康，韓世忠守鎮守，張俊守常州，知樞密院事張浚親臨江上巡視諸師，總攬全域。不久後，岳飛也加入這場防禦戰。中興名將，悉數亮相。

金增兵侵擾淮右，兵圍廬州，廬州守將緊急求援於岳飛。岳飛當即命牛皋率兩千人入援廬州，挫敗了金人的進攻。

此時已是紹興四年十二月，正是寒冬季節。金兵被韓世忠、劉光世、張俊等部隊所阻，又遭遇雨雪天氣，後勤補給線十分不通暢，軍中開始缺糧，只得殺馬為食。令金兀朮更擔心的是，從後方傳來金太宗病危的消息，深恐國內有變，索性連夜北撤。兀朮一邊撤軍，一邊派人把消息告知偽齊軍隊。偽齊軍隊統帥劉麟聽得金兵撤了，大驚失色，拋棄輜重，一口氣逃了二百里。

這次由偽齊與金國聯合南侵的軍事行動，最終以失利而告終。這也是宋金戰爭爆發以來，金人第一次大規模南下卻無功而返。

三四、十二金牌：不敗而敗的北伐

兀朮北撤後不久，金太宗病死，金熙宗繼位（紹興五年正月），金國內部權力鬥爭加劇，對劉豫偽政權的扶植熱情大大降低。

無意全面與金國開戰的宋高宗一方面派使臣何蘚前往談和，一方面對偽齊政權施加軍事壓力。此時南宋中興四大名將分別屯兵於要害之處，張俊屯兵盱眙，韓世忠屯兵楚州，岳飛屯兵襄陽，劉光世屯兵廬州，形成對偽齊政權的包圍圈。

紹興六年（一一三六年）九月，宋高宗由臨安抵平江，擺開御駕親征偽齊的架式。劉豫風聞消息後，趕緊派人向金熙宗求援。當初金國立劉豫為傀儡皇帝，本來就是希望以漢制漢，牽制、打擊南宋軍隊。豈料劉豫此等沒用，進不能攻，退不能守，每每向金國求援兵，反倒成為金國的一大負擔。這次金國不想派兵相助了，只是令兀朮駐兵黎陽，助助聲威、搖旗吶喊罷了。

劉豫沒辦法，只得全力自保，拼湊一支三十萬人的大軍，兵分三路出擊。然而偽齊兵力雖看似龐大，實則戰鬥力低下，三路出擊，竟然全線潰敗。這種結局，令金人對劉豫更加不滿，已隱隱有廢掉劉豫之意。

在劉豫敗退後不久，前期出使金國的何蘚回國，帶給宋高宗一個噩耗：徽宗皇帝已病逝。宋高宗是徽宗的第九子，聽聞父親去世，不禁悲從心生。他又派王倫出使金國以索回徽宗皇帝靈柩，同時也向金國執政大臣撻懶提出一個請求：「河南之地，上國（指金國）既不需要，與其送給劉豫，不如歸還宋國。」

王倫抵達金國後，金實權人物完顏撻懶口頭答應將奉還宋徽宗靈柩，並且允諾歸還河南之地。此時金人對劉豫的偽齊政權已經不抱有任何希望了。自劉豫兵敗後，多次厚著臉皮向金國求兵相助，金熙宗怒責道：「建爾已八年，尚用吾兵，則汝何為？」紹興七年（一一三七年）十一月，遂廢劉豫為蜀王，偽齊政權就此宣告終結。

至此，宋金議和進入實質性談判階段。

宋金由戰爭狀態轉入談判，遂使一個人得以東山再起。這個人便是一直宣導和談的秦檜。當初秦檜拋出「南人歸南，北人歸北」的「聳動天下」二策，結果陰溝裡翻船，丟了相位。可是此人頗有翻手為雲、覆手為雨的本領，下台後夾起尾巴，大力討好朝中大臣，如張浚、趙鼎等人居然都被他耍了，在宋高宗面前極力推薦秦檜，稱他可堪大任。只是張浚、趙鼎都沒有料到，後來他們都遭到了秦檜的暗算。

宋高宗再遣王倫使金。王倫謁見金熙宗後，先感謝金國廢掉偽齊劉豫，而後才商談議和之事。金熙宗召集諸臣會議，撻懶與太師蒲盧虎都主張與宋朝修好，將所佔的河南及陝西歸還宋人。

此時南宋的軍事力量已達靖康之變以來的最鼎盛期，無論在關陝戰場或是在江淮一線，都頂住了金人的進攻，而且接二連三地取得大捷。國內原本為數眾多的流寇集團被徹底剿滅，劉豫的偽齊政權業已垮台。這正是全面收復失地的大好時機，豈可向金人屈膝稱臣求和呢？一時間，反對議和的聲浪高漲。

然而高宗自上台以來，便一味幻想著與金媾和，現在機會就在眼前，豈有不應之理。加上秦檜這個奸臣在一旁煽風點火，更是一味主和。於是朝中一幫反對議和的大臣，遭貶的貶，遭流放的流放。在外握有兵權的岳飛、韓世忠等人都是堅定的主戰派，岳飛在得悉朝廷議和的消息後，上書言：「金人不可信，和好不可恃。」

其實在金國內部，也有主和與主戰兩派，撻懶為主和派，而兀朮為主戰派，兩人在朝中也是明爭暗鬥。撻懶之所以一意要與南宋和解，其實是有自己的考慮的，他有篡權奪位之野心，需要一個有利的外部環境，避免宋金兩國捲入戰爭。當年撻懶縱秦檜南歸，如今秦檜成了南宋權臣，兩人心照不宣，和議推進順利。

當金國答應先交割河南後，宋高宗大為欣喜，派王倫前往受地。豈料風雲突變，南宋非但沒有得到河南之地，反倒又一次面臨金國的大舉進犯。

究竟是怎麼回事呢？起因正是金國權力高層之傾軋。

兀朮密稟金熙宗：「撻懶等主張割河南於宋，必有陰謀。」這引起金熙宗的警惕，不久後，撻懶與蒲盧虎企圖篡權的陰謀敗露。撻懶之政敵兀朮窮追猛打，認為撻懶勾結宋人擅割河南陝西之地，以叛國兼謀反罪處決撻懶。自此，金國之鷹派人物兀朮大權獨攬，非但推翻了先前撻懶與南宋達成的協定，還大舉出兵南下，宋金戰爭再度爆發。

紹興十年（一一四〇年）五月，金國以舉國之兵，兵分四路並進，重新控制山東、陝西、河南，其中兀朮領十萬精兵入汴京（即開封）。這些地盤是以前金國劃給劉豫偽政權統治，劉豫垮台後，根據和議精神，是要交還給南宋政府的，故而南宋也陸續派官員接管一些地盤。然而金國忽然背盟，一時間這些地盤又紛紛落入金人之手。

此時南宋政府尚未料到金人會突然發難，正派劉錡率兵前往接收東京開封。當劉錡抵達順昌（安徽阜陽）時，得悉金兵已佔領東京，並正在向順昌推進。劉錡當機立斷，與順昌知府陳規商議，收攏軍隊以保衛順昌城。

劉錡本是西北名將，以勇敢善戰著稱，深受張浚賞識。順昌城池不大，而且防禦工事簡陋，想要抵擋住兀朮的十萬精兵，顯然並不容易。劉錡分秒必爭，抓緊時間加固防線，嚴陣以待。六天後，金兵前鋒抵達順昌，開始攻城。劉錡的部隊主力便是以前王彥所領導的「八字軍」，臉上刺著「赤心報國，誓殺金賊」八字，如今，赤心報國的機會來了。

入夜時分，陡降大雨，電光四起。劉錡招募五百名敢死隊員，冒雨夜襲金營，金兵遠道而來又剛攻城，人馬俱疲，被敢死隊一陣劈殺，軍營大亂，遂四散潰逃。

首戰敗北，兀朮大怒，親率十萬大軍前來，大有踏平順昌城之架式。面對強敵，劉錡非但沒有亂了陣腳，反倒故意給兀朮下戰書。兀朮果然被激怒，吼道：「以吾力破汝城，直用靴尖趯倒耳。」劉錡又表示，願意在潁水建起五座浮橋，待兀朮軍過了河後，再決死戰。兀朮根本不把劉錡放在眼裡，聽了這些後都哭笑不得，沒了脾氣。

劉錡可沒食言，他果然連夜修了五座浮橋。他的葫蘆裡賣的是什麼藥呢？其實劉錡表面上修橋，實際上暗地裡搞了小動作，在河邊水草地以及河上流撒毒藥。當時正是夏季，天氣炎熱，金兵人馬俱渴，爭先飲水，結果大量士兵與戰馬中毒，實力已是大打折扣了。但兀朮仍自恃擁有精銳重裝騎兵「鐵浮屠」，一味尋戰。劉錡早已想好了對付金兵鐵浮屠的辦法，在戰鬥中，以長槍挑去金騎之鐵盔，以大斧斷其臂。

雙方在順昌展開激戰，劉錡憑藉自己的智勇以及全體官兵殊死反擊，最終以少勝多，以弱勝強，贏得了順昌保衛戰的勝利。

此役，兀朮損失數萬精兵，最後被迫退回開封。

劉錡死守順昌時，南宋軍隊與金兵在漫長的戰線上全線開戰，並先後取得不少勝利。岳飛派遣部將經略西京（洛陽）諸郡，屢敗金兵；韓世忠在淮陽挫敗金兵，俘敵舟二百艘。緊接著，岳飛又陸續收復潁昌、淮寧府；張俊攻克亳州；韓世忠攻克海州。

此時的南宋軍隊，已經具備與金兵全面對抗的戰鬥力，尤其是名揚天下的岳家軍，更是在戰場上摧強折銳，勇不可當。七月，岳飛率輕騎兵入駐郾城。這時兀朮在順昌戰敗後休整一段時間，他已察覺到岳飛的進攻已經嚴重威脅到開封城了，遂決心先下手為強，率領大軍進逼郾城，與岳飛一決高下。郾城會戰拉開戰幕。

這次兀朮又帶來了他的看家武器：鐵浮屠。鐵浮屠又叫拐子馬，在順昌會戰中，曾經被劉錡擊破。然而順昌會戰時，由於金兵人馬許多中毒，故而拐子馬的威力未能盡情展現，而這一回，兀朮的拐子馬共有一萬五千騎。拐子馬的戰術是這樣的：以三騎為一組，三匹馬貫以長索，人馬都全副武裝，有重型盔甲防護，在戰鬥時，三馬同時並進，衝擊力更大，協同作戰，由於三騎捆綁，避免戰鬥時有逃兵出現。

岳飛採取的戰法又與劉錡不同，他用步兵對付拐子馬。以步兵對付重裝騎兵，本來是相當吃虧的，若沒有嚴格紀律約束，在騎兵的衝擊下很容易潰敗。「撼山易，撼岳家軍難」，在岳飛嚴格治軍下，這乃是一支鐵軍。岳飛命令步兵執麻扎刀入陣，不許仰視，只顧砍拐子馬中最薄弱之處：馬足。為什麼用這種戰術呢？因為只要砍倒其中一匹馬，另外兩匹馬便無法前進了。這種戰術看似簡單，卻需要士兵以莫大的勇氣與犧牲精神去完成。在報國熱情的感召下，岳家軍大破拐子馬。

這一戰，兀朮的看家武器幾乎被廢了，他不禁大慟道：「自海上起兵，皆以此勝，今已矣。」岳飛直追十五里，兀朮狼狽而逃。此役之勝利，震動中原，金兵中的漢將紛紛反正，光復中原的夢想，只差一步了。「靖康恥，猶未雪，臣子恨，何時滅。駕長車踏破賀蘭山缺。」岳飛滿腔豪情，他對諸將說：「直抵黃龍府，與諸公痛飲耳。」黃龍府乃是金國位於東北之重鎮，曾囚禁徽、欽二帝。

郾城大捷後，岳飛進軍至朱仙鎮，距離東京開封只有四十五里，大宋舊都已在望。

誰都認為，克復舊都已是指日可待。

然而就在此時，一件誰也沒想到的事情發生了：朝廷居然要求岳飛班師！

對於宋高宗來說，議和始終是頭等大事。

這位南宋皇帝一心想過上安靜的生活，沒有戰爭的困擾，享享皇帝之清福。儘管南宋的軍事力量已經有了長足進步，可是皇帝對金人的畏懼心理並沒有消除。面對金人的進犯，為了自保他也不得不抵抗，可是當戰局向有利於宋軍發展時，皇帝卻認為要適可而止。否則就算打贏了，金人也不肯善罷甘休，到時戰爭不知要打到猴年馬月了。

遇到宋高宗這樣一個皇帝，只能說是國家的悲哀，也是岳飛的悲哀。

宰相秦檜更是對岳飛恨之入骨。一個是主和，一個是主戰，立場根本不同。岳飛的勝利，就是秦檜的失敗，這不是明擺著嗎？可以說，岳飛在戰場上的勝利，已嚴重威脅到秦檜在朝中的地位。

這個自私而陰險的權臣乘機在皇帝面前進言，為與金議和，須詔令岳飛班師。

岳飛還以為朝廷對局勢了解不清晰，遂奏稱道：「金人銳氣已沮，將棄輜重渡河，豪傑向風，士卒用命，時不再來，機難輕失。」金國以舉國之師南下，現在正是將他們徹底消滅的良機，怎麼能白白錯過呢？

秦檜再施手段，他先把楊沂中等將領的軍隊調回，然後對皇帝說：「岳飛已是孤軍，不可久留，請令班師。」宋高宗急令岳飛班師，一日之內，發出十二道金牌。

十二道金牌！道道是皇命啊，皇命難違！

此時的岳飛，難以抑制心內的激憤，不禁潸然泣下。他望著故都的方向，跪倒在地，流著淚道：「十年之力，廢於一旦！」他一生都為光復故土而戰，回顧這十幾年來的征戰歷程，是何等之艱難不易，而能堅持到現在，都是一種強大的信念支撐著。這種信念便是，終有一天，他要實現「還我河山」的夢想。當他以為夢想即將成真時，夢想的氣球卻被皇帝、秦檜戳破了。此時的他，第一次有了一種無力感，對政治現實的無力與無奈。

岳飛終於撤軍了，郾城一帶的百姓挽住岳飛的馬，痛哭流涕，要求岳家軍留下。見到此情此景，岳飛內心更加悲傷，只得出示詔書，對老百姓們說：「吾奉詔不得擅留。」百姓們知道，岳飛此去，很快這裡又會被金人佔領，與其當亡國奴，不如隨岳飛南下。於是大家紛紛攜兒帶女，跟著南宋軍隊走了，岳飛將他們安頓在漢上六郡。

南宋軍隊離開後，潁昌、淮寧、蔡州等，又紛紛淪陷了。

三五、「莫須有」：岳飛之死

皇帝思考問題的方式是與眾不同的。

後人讀宋史，無不咬牙切齒於宋高宗對金的妥協。若站在國家的立場考慮，皇帝在岳飛連戰連捷、有望收復中原失地時召回軍隊，實是錯失良機。可是這不是皇帝的思路，皇帝考慮的事情要多得多。

我們且不說宋高宗有沒有光復失地的雄心壯志，先從皇帝的角度來看看，他在擔心什麼呢？

其一，他擔心打不贏金國，把金國給惹火了。當初宋欽宗不也自以為能擋得住金兵嗎？結果怎麼樣？他與太上皇徽宗都當了金國的俘虜。且不說徽、欽二帝，就是高宗本人也差一點當了金人的俘虜。當初兀朮南下，把他從內地追到海邊，從海邊追到海上，只差一點點他的下場就與二帝一樣了。戰爭總是有風險的，只有議和，他在龍椅上才坐得舒服。

其二，打敗金國，收復失地又怎樣呢？南宋愛國志士們總念叨著要「光復中原，迎回二帝」，現在二帝中的宋徽宗、也就是宋高宗的父親已經死了，他哥哥宋欽宗還在過著戰俘生涯。打敗了金國，勢必要迎回宋欽宗，兩個皇帝怎麼並存？到時誰來當皇帝？你們這些臣子只會叫囂著迎回先帝，可誰為朕考慮過呢？

其三，只要戰爭還在繼續，那些手握兵權，鎮守一方的大將，就是皇帝的心腹大患。大宋的傳統，就是嚴防軍人權柄過重以威脅到皇帝的統治。南宋中興諸將不僅都有一支自己的軍隊，而且其軍隊幾乎只聽命於統帥，帶有私家軍的色彩。岳飛的部隊不是被稱為「岳家軍」嗎？試想想，這些手握兵權的大將，萬一哪天不爽了，要把皇帝打倒在地，那豈不是舉手之勞嗎？

以上所述的三點，作為皇帝，宋高宗最擔心的是最後一點，即武將權柄過重，威脅到自己的權力。因為金國的威脅雖大，但南宋也不再是當初那個任人欺負的熊樣了；欽宗若生還怎麼辦，那也不是迫在眉睫的事。武將們的威脅卻是近在咫尺，五代時軍人政變的故事會否重演呢？這才是皇帝最關心的事。

鳥盡弓藏，兔死狗烹，何以歷朝歷代都出現屠戮功臣之事？這些在戰場上出奇制勝的武將，就是皇帝手中一把銳利的刀，若不能控制自如，那麼刀鋒將傷到自己，甚至命喪刀下。這就是皇帝的邏輯。

此時南宋兵權，集中於幾位中興名將之手，分別是岳飛、張俊、韓世忠、吳璘（吳玠已去世）、劉錡等人，另一位中興名將劉光世因病於紹興七年卸去兵權。這幾位中興名將裡，吳璘遠在西北，自然對皇帝威脅不大，劉錡是後起之秀，根基尚不夠深。故而在皇帝眼中，岳飛、張俊、韓世忠這三人，才是心腹之患。

事實上，武將權柄過重，很早就引起朝廷的注意了。

張浚為相時，他就認為這些武將久握重兵，故而想將兵權收歸於督府，但還沒來得及實行便罷相了。趙鼎繼任宰相後，考慮以偏將、裨將分主將之權，以起到制約作用。可是張浚、趙鼎的手段，都遠遠不如秦檜高明。秦檜之所以得到皇帝的器重，是他太了解皇帝的心思了，於是獻上妙計以罷諸將兵權。

紹興十一年四月，宋高宗依秦檜之計，任命張俊、韓世忠為樞密使，岳飛為樞密副使。表面上是對三人的升遷，實際目的是把他們調離自己的軍隊，解除兵權。

說起打仗，岳飛固然在中興名將中首屈一指，但若論玩政治，他絕對是菜鳥。同為中興名將，張俊政治敏感性高，他馬上意識到皇帝與秦檜的真正用意乃是要壓制武將，武將的時代已經過去，他要未雨綢繆，為自己鋪條後路。於是張俊率先向朝廷表示，願把自己的部隊歸隸於御前軍，而且力主議和。張俊的表態，乃是投秦檜之所好，自然得到其賞識並引為同黨。

與此同時，張俊與岳飛的關係也在惡化。張俊曾是岳飛的頂頭上司，在平亂戰爭中兩人一起為朝廷立下汗馬功勞。但是後來岳飛的聲望漸隆，戰功也在張俊之上，這引起他的嫉妒。兩人入樞密院後，張俊主和而岳飛主戰，立場截然不同，關係愈加惡化。兩人在巡撫楚州時，張俊主張修城，而岳飛志在收復中原，不贊成修城這種單純防禦的策略。

在罷除中興名將兵權的同時，秦檜乃謀求與兀朮議和。

兀朮本是金國強硬的主戰派，但在順昌之戰、郾城之戰中被劉錡、岳飛打得大敗，也不得面對現實。南宋軍力已是今非昔比，若自己一意孤行，恐怕是撈不到多少好處，不如通過議和，攫取實利。於是兀朮向秦檜提出一個苛刻的條件：「汝朝夕以和請，而岳飛方為河北圖，必殺飛，始可和。」

只有先殺岳飛，以表和談誠意，金國才願意與南宋談判。

這豈非是要讓南宋自毀長城？

但秦檜居然接受了，他要設計置岳飛於死地。

七月，秦檜指使右諫議大夫万俟卨誣告岳飛：「樞密副使岳飛，爵高祿厚，志滿意得，平昔功名之念，日以頹廢。」並稱岳飛在金人進攻淮西時，逗留不前。高宗皇帝也因為岳飛反對在楚州築城而不滿，認為「飛意在附下以要譽，朕何賴焉？」志在收復中原，在皇帝看來，成為「沽名釣譽」了。

就這樣，岳飛在被罷兵權後幾個月後，又被罷掉樞密副使一職。

罷免樞密副使，只是秦檜陷害岳飛的第一步。

說實話，岳飛人品無懈可擊，沒有什麼把柄落在秦檜手上。可是，欲加之罪，何患無辭！秦檜深知，要致岳飛於死地，就必須誣以謀反。但岳飛都沒兵權了，怎麼謀反呢？這難不倒秦檜這個奸賊。他開始精心策劃一個陷阱。

為了陷害岳飛，張俊當了秦檜的幫凶。岳飛罷了兵權後，他的軍隊由部將張憲指揮，故而張憲便成了秦檜陰謀陷阱中的重要一人。秦檜與張俊的陰謀是這樣的：誣告張憲與岳飛之子岳雲密謀佔據襄陽，恢復岳飛的兵權。說白了，就是想謀反。

張俊打算從岳飛的部將中，找到幾個做偽證的人。其一人叫王貴，他有把柄落入張俊之手；另一人叫王俊，此人貪財，故而屢屢被張憲批評。張俊指使王俊向樞密院告發張憲的「陰謀」，訴狀是張俊親自幫他捏造的。於是，張俊在樞密院收入了王俊上遞的「告發狀」，並命令王貴逮捕張憲。

張憲被捕後，張俊親自審訊。其實樞密院本是朝廷最高軍事機構，並不是法院，哪來的審訊權呢？有人向張俊提醒這點，可是張俊根本不理睬，把樞密院當作審訊公堂，對張憲採取嚴刑逼供，要他承認與岳雲謀據襄陽、還岳飛兵權的陰謀。這根本就是子虛烏有的事，張憲哪肯承認？於是乎他被拷掠得體無完膚，死去活來，可是張憲是一條硬漢子，堅決不承認所誣告之事。

張俊又揑造了一份所謂口供送交秦檜，而後把張憲打入大理獄。秦檜入朝，向宋高宗要求召岳飛父子對質張憲之事。宋高宗無意將事情擴大化，他對秦檜說：「刑以止亂，勿妄追證，動搖人心。」可是秦檜不肯甘休，竟矯詔抓捕岳飛、岳雲父子。岳飛沒有反抗，只是說了一句：「皇天后土，可表此心。」

秦檜命中丞何鑄、大理卿周三畏審訊岳飛。岳飛裂衣示背，只見他背上刻著「精忠報國」四字，何、周二人亦不禁肅然起敬。這本就是秦檜設計的冤案，審來審去，哪裡有謀反的罪證。何鑄不由得向秦檜求情：「強敵未滅，無故戮一大將，失士卒心，非社稷之長計。」秦檜哪裡肯從，遂把此案交由曾誣陷岳飛的万俟卨審理。

万俟卨的誣告本領著實不小，又杜撰一些無中生有的事以陷害岳飛。秦檜一黨要把謊言說到底，一口咬定岳雲曾給張憲寫信，籌畫讓岳飛重掌兵權。可是根本就沒有這麼封信，万俟卨卻堅持說是岳雲把信給燒掉了。總之，為了幹掉岳飛，這幫人不惜顛倒竄改事實，附會成獄。

大理卿薛仁輔、寺丞李若朴、何彥猷等都為岳飛鳴屈。韓世忠也向秦檜討要說法，秦檜答說：「岳飛子岳雲與張憲書雖不明，其事莫須有。」什麼叫「莫須有」呢？有不同的說法，有的認為是「或許有」，有的認為是「不須有」，有的認為「沒必要有」。總之，意思就是說，不管有沒有證據，都要治岳飛的罪。韓世忠憤然道：「『莫須有』三字，何以服天下！」

韓世忠不僅對秦檜陷害岳飛深感不平，還極力反對與金議和。他上書皇帝，批評秦檜誤國。秦檜惱羞成怒，指使言官彈劾韓世忠。對於秦檜的惡毒手段，韓世忠是知道的，而且此時樞密院已被張俊所操縱，自己若不急流勇退，只怕也要被陷害了。於是韓世忠上書請求辭去樞密使一職，從此杜門謝客，不問政事。

該年年底，秦檜、張俊、万俟卨等人炮製出一份罪狀書，羅列的岳飛罪狀讓人莫名其妙。比如他們揑造說，岳飛被授予節度使時，曾說自己當節度使的年齡與當年宋太祖一樣，暗示有當皇帝的野心。反正一句話，罪名不重要，秦檜就是要置岳飛於死地。最後，宋高宗下詔，賜死岳飛，張憲、岳雲則斬首。

一代名將岳飛就這樣死於奸臣之手。

在岳飛之死中，宋高宗扮演什麼角色呢？

在秦檜陷害岳飛之初，宋高宗曾指示不要把事件擴大化。然而秦檜矯詔抓捕岳飛，皇帝卻默認了。不要說別人，就是皇帝也不相信岳飛真的有什麼謀反之事。那麼宋高宗最後為什麼決定要殺岳飛呢？這裡就牽扯到另一個問題，即與金人的和談。在岳飛被害前，宋與金的和談基本完成，這是宋高宗一直以來夢寐以求的結果。那麼，既然和談即將大功告成，為什麼還要殺岳飛呢？因為岳飛已經是抗金運動的一面旗幟，當時中原許多抗金義軍，都打著「岳家軍」的旗號，如果岳飛不死，即便他沒有兵權，他的影響力還在，仍然是中原那些數不清的「岳家軍」的精神領袖。這不僅會成為宋、金兩國停兵休戰的障礙，而且對皇帝的統治也是一大威脅。正因為如此，宋高宗最後與秦檜沆瀣一氣，狼狽為奸，共同成為殺害忠良的凶手。

在岳飛被賜死的同時，南宋與金國達成不平等之和約。

根據和約，宋向金稱臣，金主冊封宋主為皇帝；宋每年貢金銀二十五萬兩，絹二十五萬匹；每年金主生辰，宋應遣使致賀；金歸還徽宗皇帝的靈柩及高宗生母；宋金兩國東以淮水，西以大散關為國界；宋割唐、鄧兩州以及陝西商秦之半給金國。

可以說，這份和約就是喪權辱國的條約。

近來，史學圈裡頗有為秦檜翻案之風，認為他對實現宋金之和平有貢獻。這著實是危險的論調。這不是真正的和平，而只是屈尊投降。我們必須思考一個問題，為什麼宋高宗一直以來想與金國議和卻屢屢被拒絕呢？因為當時南宋毫無反抗之力，任人宰割，金人取宋土易如反掌。而兀朮本是堅決主戰者，在紹興十一年不得不接受議和，實則金國的力量已經不足以打垮南宋了。南宋有機會收復失地，最終卻以屈辱議和收場，試問秦檜何功之有？這根本不是和平，而是投降。試看看淮河以北的廣大地區，「遺民淚盡胡塵裡，南望王師又一年」，他們根本沒有盼頭，因為他們早被宋高宗、秦檜之流拋棄了。這豈是真正的和平？

三六、風雲再起：書生亦能建奇功

怯懦的朝廷以犧牲岳飛與國家尊嚴及利益的雙重代價，換來了二十年的所謂「和平」。宋高宗終於可以高枕無憂，過足皇帝癮；而秦檜仍然幹他陷害忠良的勾當，足足當權十五年。屈辱來換取安定，本是短視的行為，自然無法消弭野心家的勃勃雄心。二十年後，金國單方面撕毀和約，捲土重來，晚年的宋高宗終於還是蒙羞了。

與南宋議和後不久，金國權臣兀朮去世，金熙宗變得荒淫嗜殺，最終被完顏亮發動政變殺死。完顏亮當上金國皇帝後，對內殘酷鎮壓異己，對外則奉行擴張政策。

紹興三十一年（一一六一年），在經過多年的準備後，金帝完顏亮大舉南侵，動用的兵力多達六十萬人，幾乎是舉國之兵。金兵在漫長的邊界線上，東起淮東，西至陝西，千里戰線上同時發起進攻，聲勢之浩大，為宋金戰爭以來所未有。

南宋帝國偏安一隅，秦檜當權了十五年，把國防都荒廢了，對金國入侵又備戰不足，一開戰便連連失利。金兵分四路出擊，其中三路從陸上出擊，一路則由海道進擊。宋軍的部署如下：西部防區由吳璘負責，中部防區由成閔負責，東部戰區由劉錡負責，海防則交給了李寶。自宋金議和、岳飛被殺，已經過去了二十年，這二十年裡，南宋許多名將陸續謝世，朝廷又荒於戰備，軍隊的戰鬥力已大不如從前。

對宋軍來說，東線防區承受的壓力最大。

名將劉錡被任命為東線防區長官，雖然他雄心壯志，欲重寫二十年前順昌大捷的奇蹟，老病纏身的他喊出了「取重陽日到京師（開封）」的豪言壯語，然而奇蹟卻不再重演。劉錡試圖自江陰北渡淮河，出擊失利，繼而其左翼的王權不戰而棄廬州。金帝完顏亮兵分兩路，自己率主力南下，進抵長江沿線的采石；另一路十萬大軍破滁州、佔真州，直逼揚州。被宋高宗寄予厚望的劉錡被迫棄揚州，退守瓜洲，不久瓜洲又告失陷，劉錡只得再退鎮江，與金軍隔江對峙。

在這個時候，傳來了南宋海軍名將李寶在唐島大破金國水師的好消息。

為了一戰消滅南宋，金帝完顏亮打造了一支龐大的艦隊，總計有六百艘戰船與七萬人，打算沿著海道南下，直接進攻南宋帝國的首都臨安。南宋帝國不僅要在陸地上阻擊金兵，同時還要在海上作戰。這時南宋能用於海上作戰的兵力是多少呢？僅有一百二十艘海船與三千能勝任水戰的弓弩手。

海軍名將李寶原本是岳飛的部將，早年隨岳飛抗金，被派遣到北方敵陷區開展游擊戰並聯絡抗金義兵，在極其艱難的環境下堅持抗戰。他擅長水戰，曾經在岳飛的授意下，從海路發起一次長距離的奔襲戰，突襲金人控制下的登州。如今，他又要在海上大放光芒了。

海戰與陸戰不同，陸戰可以憑險而守，而海戰則無險可守。李寶臨危受命後，他即刻晉見宋高宗請求率舟師北上，尋覓有利戰機，在離首都臨安越遠的海域與金海軍決戰則越有利。他的戰略意圖非常清晰，應將戰場設定在敵人一方，牢牢把握戰爭的主動權，絕不能被動坐等敵人上門。

李寶率一百餘艘船北上，沿途招撫了不少抗軍義兵，擴充自己的實力。他得到情報，金帝完顏亮命令舟師於十月十八日發兵入錢塘江，直接進攻臨安。金國龐大的船隊已經出動，時間急迫，李寶立即命舟師北上，泊於石臼山，金船隊泊於唐島（又名陳家島），雙軍相距僅三十餘里，一場海上大戰已是不可避免。

金水師雖然擁有六百艘船與七萬人，遠遠超過李寶的兵力，但水戰經驗卻嚴重不足。李寶還獲悉一個極其重要的情報：金船為了防水，竟然使用極易燃燒的油布為帆。針對敵船的弱點，李寶設計火攻方案，在風向、洋流的配合下，以火箭密集攻擊。

戰鬥開始後，金船很快著火，在風力的作用下愈燒愈旺。貌似強大的金國海軍幾乎遭到全軍覆沒的下場，六百艘戰船損失了五百餘艘，除了總統領蘇保衡僥倖逃脫外，金國海軍其餘高級將領不是被殺就是被俘，士卒死亡數萬人。

這是規模空前的大海戰，李寶在水師力量居於絕對劣勢的情況下，果斷出擊，憑藉著自己的勇氣與才能，贏得偉大的勝利，確保了南宋海疆的安全。

然而，在陸路上，南宋的長江防線已危在旦夕。

高宗皇帝得悉完顏亮即將率大軍渡江的消息後，面如土色，他的第一個念頭，還是逃跑。皇帝急著召開群臣會議，商議避難於海上的事宜。時任左相的陳康伯認為在此危機關頭，聖駕絕不可逃避，否則大勢去矣，並力勸高宗親征，以鼓舞士氣。過慣幸福日子的高宗也實在不想在年老時還顛簸於風浪中，遂下詔由葉義問巡視江淮兵馬，虞允文為參謀軍事。

虞允文乃是進士出身，一介書生，不想此去後，竟然不可思議地為南宋帝國立下卓著的戰功，令所有人跌破眼鏡。

當時完顏亮已準備從采石（安徽當塗西北）南渡長江。倘若金人渡江成功，後果不堪設想。駐守采石的南宋將領王權在之前的一系統戰鬥中，屢戰屢敗，被朝廷解除兵權。朝廷打算以李顯忠接管王權的部隊，在李顯忠抵達之前，先由虞允文前往采石犒師。

當虞允文到了采石時，發現情況大大不妙。金人在對岸已集結四十萬大軍，隨時可能渡江。而此時采石的南宋守軍群龍無首，前任長官王權被調走，續任長官李顯忠還未到。更可怕的是，此時的守軍全無鬥志，毫無軍紀章法，如同一盤散沙，三三五五一群，解鞍束甲於路旁。這樣的軍隊豈能阻擋敵人渡江呢？

事不宜遲，必須馬上行動起來！

虞允文把所有將士召集起來，總共還有一萬八千人，馬數百匹。虞允文在諸將士面前慷慨陳詞，勉以忠義，並指著所帶來的犒軍物品道：「金帛、誥命皆在此，以待有功。」這些將士多是愛國志士，只是因為前任統領王權無能，遂導致軍心渙散，如今見這位參謀軍事挑起重擔，紛紛表示道：「今既有主，請死戰。」

這時有人對虞允文說：「公受命犒師，不受命督戰，倘有人背後說公的壞話，公難辭其咎。」這是告誡他，您別越權了，指揮作戰不是您的事。虞允文聽罷大怒，斥責道：「危及社稷，吾將安避？」正是有像虞允文這樣的忠義之士，南宋雖有宋高宗這個投降皇帝，還能堅持下來。

虞允文親自到江濱督戰，見江北已築起一座高台，上面坐著一人，正是金帝完顏亮。此時宋軍諜報人員帶來準確的情報：金兵將於第二天渡江，先渡江者賞黃金一兩。虞允文馬上佈陣，他令騎兵、步兵列陣於江岸，把水師分為五隊，一隊駐守中流，兩隊分駐左、右兩側，另兩隊船則埋伏於小港內，作為機動部隊。

不久後，只見對岸高台之上，金帝完顏亮揮動小紅旗，金兵的渡江開始了。數百艘船浩浩蕩蕩駛過來，儘管宋軍水師在江面阻擊，但江面寬闊，仍有七十餘艘敵船衝過江登陸。在敵人的猛攻下，宋軍防線稍稍後退。虞允文見勢不妙，馳入陣中，勉勵宋軍統制時俊說：「汝膽略聞四方，立陣後則兒女子耳。」時俊聽罷，當即揮舞雙刀，身先士卒，奮勇前驅，遏制住金兵的攻勢。

與此同時，江中激戰正酣。宋軍水師在船隻性能上要優越於敵軍，所用的船稱為海鰍船，採取衝撞戰術，犁沉敵船無數。采石磯水戰一直打到天黑，此時金船損失過半，仍然不肯退卻。在戰鬥關鍵時刻，正好有一支從江州潰敗的宋軍逃到采石，虞允文乘機將其招來，授予旗鼓，命他們從後山出，搖旗擂鼓。金人大恐，還當是宋軍援兵已到，遂無心戀戰，掉轉船頭逃去。虞允文又命水師以強弓勁弩尾追射擊，大敗金兵。

這就是宋金戰爭的轉折一戰：采石大捷。

金帝完顏亮在采石大敗後，知道在這裡無法渡江，遂移師瓜洲。不久後，李顯忠赴任，虞允文判斷金兵將從瓜洲強渡長江，而與瓜洲相望的京口守備薄弱，他自告奮勇前往京口（鎮江），並向李顯忠借兵一萬六千人，加強京口守備。到了鎮江後，虞允文去看望正在休病中的老將劉錡。劉錡對這位膽識俱優的書生大加讚賞，稱讚道：「疾何必問！朝廷養兵三十年，大功乃出書生手。」

恰好在這個時候，金帝完顏亮接到了一個令人沮喪的消息。

在完顏亮以六十萬眾對南宋發動雷霆萬鈞的攻勢時，突然後院起火。自完顏亮政變奪權後，在國內倒行逆施，殘害宗室，進行高壓統治，金國內部反對完顏亮的勢力早已是暗流湧動。金帝南征，正好給了反對派發動政變的機會。時為金國東京（遼寧遼陽）留守的完顏褒是金太祖完顏阿古打的孫子，他與完顏亮不同，性情仁孝，沉靜達理，深為眾人所擁戴。由於完顏亮大肆屠殺宗親，完顏褒有大難臨頭之懼，遂乘國內空虛之機，發動政變，殺死東京副留守，自立為金國皇帝（金世宗），並宣佈完顏亮的數十條罪狀。

得悉東京政變後，完顏亮大驚失色道：「本欲平來江南，不想發生此變，事之不成，豈非天乎！」

完顏亮的第一反應，便是回師鎮壓叛亂者。其部下李通認為，皇帝親征卻無功而返，軍隊士氣就會渙散，到時南宋軍隊乘機追擊，那就大勢不妙了。不如先渡江，得勝之後再北返，宋軍就不敢輕舉妄動了。完顏亮接受這一建議，並要求部下三天之內渡江，後渡者斬。可是完顏亮哪裡想得到，這一命令，竟然使他死於非命。

原來完顏亮生性殘暴，在采石之戰失利後，他竟然下令將生還者全部絞殺，到了瓜洲後，又血腥殺戮逃兵，致使金兵上下，人人自危。如今要求三日渡江，而對岸宋軍已做好防備，這幾乎是不可能的任務。

這時，金兵浙西路都統耶律元宜等將領密謀道：「今進退皆死，新天子已立於遼陽，不若共行大事，然後舉兵北還。」次日黎明時分，耶律元宜發動兵變，率眾軍士殺入金帝完顏亮所在御營。完顏亮聽得一片喊殺聲，還以為宋軍前來偷襲，正要取弓時，突的一箭飛來，他僕倒在地。此時亂兵殺了進來，衝著他又捅了幾刀，然後將其縊殺。可憐這位一心想征服世界的金國皇帝，就這樣死於非命矣。

金兵撤退後，南宋軍隊紛紛收復失地。

這場戰爭，表面上看南宋最終獲得勝利，實際上暴露出南宋國防的弱點，贏得實有運氣的成分。在紹興議和後整整二十年時間裡，南宋政府荒於兵事，以致於大戰來臨時，在戰場上一潰千里，備戰嚴重不足。兩場關鍵的戰役，即李寶指揮的唐島海戰與虞允文指揮的采石之戰，只是險中求勝，更多的是依賴兩位英雄的沉勇與智慧，而並非南宋軍隊的強大。倘若不是金國突然政變，而完顏亮又意外死於兵變，那麼戰爭之結局難以預料。

三七、孝宗北伐：心有餘而力不足

完顏亮敗亡後，南宋內部主戰呼聲四起。

此時的形勢對南宋是很有利的。

首先，金國政局不穩。金世宗政變奪權與完顏亮之死，震動金國政壇。契丹人耶律窩罕乘機起事，擁眾五萬，自立為帝，與金世宗分庭抗禮。金人花了一年的時間，付出重大傷亡才把耶律窩罕的叛亂鎮壓下去。其次，在完顏亮南侵後，中原爆發大規模的漢人起義，有力地支援江淮一帶的抗戰。在這些起義隊伍中，規模最大的當屬耿京起義。在李寶所取得的唐島大捷一戰中，若沒有義軍強有力的支持，則不可能有那麼大的戰果。

此時不進軍中原，更待何時呢？

在采石之戰中立下奇功的虞允文被任命為川陝宣諭使，他趁機向高宗皇帝進言：「金亮既誅，新主初立，彼國方亂，天相我恢復也。和則海內氣沮，戰則海內氣伸。」宋高宗居然對虞允文所說的表示贊同。抵達川陝後，虞允文便與吳璘聯手，共謀恢復。

在金國方面，金世宗急於收拾國內殘局，無意推行完顏亮的南侵政策，也派使者前往南宋議和，重申二十年前的條約。但此時南宋國內對當年條約中的不平等內容已是無法接受，特別是其規定宋必須對金稱臣。宰相陳康伯是主戰派人物，他堅持宋與金兩國對等的原則。宋高宗派洪邁出使金國，在國書中採取敵國之禮。所謂「敵國之禮」，就是對等國家的禮節。

洪邁到了金國後，金人見宋朝國書用的是「敵國禮」，勒令他改為臣子禮，在朝見金世宗時，也須用舊禮。洪邁堅決不從，被金人反鎖在使館裡，不提供水與食物，餓了三天三夜。然而洪邁表現出毫不屈服的民族氣節，最後金人沒有辦法，只好把他給放回國了。

對於南宋朝廷，在和戰之間真正的轉捩點，乃是宋高宗的退位。

紹興三十二年（一一六二年）六月，當了三十六年皇帝的宋高宗出人意料地宣佈退位，由太子趙眘繼位，史稱宋孝宗。

宋高宗為什麼會突然退位呢？

恐怕跟完顏亮南侵有很大關係。

自從登基以來，宋高宗在對外政策上始終一貫軟弱，一味求和。為了偏安一隅，苟且偷生，他甚至不惜殺了名將岳飛以迎合金人，換取所謂的二十年「和平」。然而，這種「和平」是建立在屈辱的基礎上，而且把和戰的主動權拱手讓給金人。完顏亮撕毀和約，悍然入侵，無異於給宋高宗一記響亮的巴掌。我們從心理學分析，此時的宋高宗應是內心處於極度的矛盾之中，一方面他內心仍然想屈尊求和；另一方面他對金人能否信守和約又開始懷疑，同時主戰派收復中原的呼聲高漲，他面臨兩難選擇。與其如此，不如退位，把朝政交給新皇帝去解決吧，他不想再為此勞思費神了。

宋孝宗上台後，便做了一件振奮人心的事情：為岳飛平反昭雪。他登基後不到一個月，便下詔追復岳飛原官職，隆重改葬，並尋覓岳飛後人，加以錄用。

但是孝宗上任伊始，並沒有表現出積極的主戰傾向，仍然謀求與金國的和局。此時擔任參知政事的史浩（他也是孝宗的老師）極力認為應該放棄陝西，避免對金人的挑釁。宋孝宗於是下詔，放棄宋軍在西北收復的秦鳳、熙河、永興三路。此議一出，虞允文大驚失色，上書皇帝：「恢復莫先於陝西……一旦棄之，則窺蜀之路愈多，利害至重，不可不慮。」朝廷非但不聽，反而把虞允文貶為夔州知州。

不得已之下，吳璘被迫與當年的岳飛一樣，奉詔班師。當時有僚臣抗議道：「將在外君命有所不受，奈何退師？」吳璘無奈地答道：「璘握重兵在遠，有詔，璘安敢違。」宋孝宗一面為岳飛平反昭雪，另一面又做出與當年宋高宗同樣的事，可謂矛盾矣。於是乎吳璘在西北收復的三路十三州之地，一夜之間全部放棄，這可是所有將士拿命拼來了，這種結局誰也沒法接受，整個兵營都充斥著悲傷的哭泣聲。

後來宋孝宗召虞允文進京入對，並問及棄地之事。虞允文慷慨陳詞，由於沒有紙筆，他索性用手中的笏板為筆，在地板上畫起地圖來，向皇帝說明放棄土地的危害。宋孝宗這時才頓足道：「史浩誤朕！」只是為時晚矣，吳璘所放棄的十三州之地，早已落入金人之手了。

隨著老將張浚入主樞密院，主戰派的力量越來越強大。

在劉錡去世後，南宋中興名將碩果僅存的，只有張浚與吳璘。張浚在高宗皇帝時就當過宰相，在朝野都享有極高的威望，他也是堅定的主戰派。秦檜當權後，張浚失勢，直到完顏亮南侵時，朝中無大將，宋高宗才重新起用張浚。宋孝宗向來敬重張浚為人，隆興元年（一一六三年）正月，他升遷張浚為樞密使，同時都督江淮軍馬。

宋孝宗由議和走向主戰，也是大勢所驅。

在張浚出任樞密使後，金國遣使前來索取被南宋收復的海州、泗州、唐州、鄧州、商州之地，並致信張浚稱，要按照舊約（即紹興十一年之條約）來劃定邊界以及歲幣，否則將兵戎相見。此時金國已經平定耶律窩罕之亂，南宋政府坐失良機，錯過了最佳的北伐時機。張浚堅決拒絕金人之要求，他回信答覆說：「疆場之一此一彼，兵家之或勝或敗，何常之有？」言下之意，彼一時，此一時，你金國也不一定能在戰場打贏我南宋。

張浚的強硬立場，令金世宗勃然大怒，遂派遣蒲察徒穆、蕭琦等將領分別屯兵於虹縣、靈璧，積糧修城，做好南侵的準備。

看來宋金之戰，勢必還要在戰場上一決雌雄。

張浚入見皇帝，力勸宋孝宗移駕建康府，鼓舞士氣。他分析說：「金人秋必為邊患，當乘其未發攻之。」不能被動挨打，應該先發制人。與宋高宗相比，宋孝宗恢復中原的決心是比較大的，他對張浚說：「公既銳意恢復，朕難道獨甘偷安嗎？」於是決定出師渡淮，北伐收復中原。

由於當時金兵重兵屯於虹縣與靈璧，進攻這兩處據點便成為北伐的首要目標。時任淮西招撫使的李顯忠自告奮勇，表示願意充當先鋒；建康都統邵宏淵獻上攻取虹縣、靈璧二城之策。張浚便派遣李顯忠出濠州攻靈璧，而邵宏淵出泗州攻虹縣。

隆興元年五月，眾人翹首以盼的北伐開始了。

由於張浚戰前工作做到位，北伐伊始，進展十分順利。

李顯忠渡過淮河後，金將蕭琦率領精銳騎兵拐子馬來戰。北伐軍士氣如虹，大破金兵，進而收復靈璧。李顯忠率軍入城時，秋毫無犯，中原百姓風聞王師北伐，紛紛前來投奔。不久後，金將蕭琦向李顯忠投降。

邵宏淵在進攻虹縣時，則遇到金兵頑強抵抗，久攻不克。李顯忠便令在靈璧投降的金兵前往向虹縣守軍勸降，告以利害禍福。在李顯忠的心理攻勢下，金守兵軍心瓦解，守將蒲察徒穆也放下武器投降。

儘管首戰告捷，但宋軍內部卻出現不和諧因素。邵宏淵本是主攻虹縣，但功勞卻被李顯忠搶走了，他心裡不是滋味。再者，當時邵宏淵軍中有一名士兵違紀，被李顯忠處決，這更令他感覺沒面子。於是邵宏淵與李顯忠兩員北伐主將之間出現了裂痕。

拔取金兵兩城後，北伐軍再接再厲，揮師進攻宿州。李顯忠再度發威，大敗金兵，追擊二十里，克復宿州。當宋孝宗得悉此捷報後，大為鼓舞，他寫信給張浚，稱讚說：「近日邊報，中外鼓舞，十年來無此克捷。」

不過，宋孝宗高興得太早了。

宿州失守後，金國很快組織大軍反撲，出動十萬步騎兵欲奪回失地。李顯忠邀邵宏淵夾擊金兵，但邵宏淵卻按兵不動。不僅如此，在李顯忠與金兵血戰時，邵宏淵居然還和部下說風涼話：「當此盛夏，搖扇於清涼且猶不堪，況烈日被甲苦戰乎？」試想想，主將都袖手旁觀，將士哪有死戰之心。李顯忠孤軍難敵金重兵集團之圍攻，便連夜撤軍到符離。金兵追至此，宋兵大敗，軍資軍械損失殆盡。幸虧金人沒有乘機南下，否則的話，宋軍的損失將更加慘重。

張浚主持的北伐就這樣草草而終。

南宋發動的這次北伐戰爭，失敗的原因是多方面的。

其一，時機選擇不對。宋孝宗在對金態度上，較宋高宗為強硬，但上台之初尚且在和戰之間猶豫，錯失利用金國內亂的良機。當張浚北伐時，金世宗的統治已經穩固。

其二，北伐的規模有限。在此之前，朝廷剛剛命令吳璘放棄西北三路十三州。吳璘是南宋將領中屈指可數的令金人畏懼的名將，沒有他在西北牽制金兵，北伐的威力大打折扣。與完顏亮集六十萬兵力從海陸大舉南征相比，南宋的北伐只是小打小鬧，進攻方向單一，故而符離一敗，北伐便宣告失敗。

其三，南宋荒於兵事已久，軍隊戰鬥力低下，特別是中興名將陸續謝世後，高級將領青黃不接。更有甚者，像邵宏淵這樣的將領，成事不足，敗事有餘。

綜合以上三點，南宋北伐，無天時（錯失金國內亂之機），無地利（放棄西北十三州），無人和（李顯忠、邵宏淵不和），安得不敗！

北伐失敗後，朝中主和派乘機大肆攻擊主戰派，把北伐收復中原的主張誣為「邀功釣譽」，身為皇帝的宋孝宗處境尷尬，進退兩難，只得下罪己之詔稱：「朕明不足以見萬里之情，智不足以擇三軍之帥，號令既乖，進退失律。」為了平衡主和、主戰兩派，宋孝宗把主和派領袖湯思退與主戰派領袖張浚同列為相兼樞密使，可是這麼一來，朝廷完全陷入兩派混爭之中，亂得不可開交。

在中國歷朝中，宋代政治較為清明，但有一個很大的弊病，就是向來有黨爭的傳統。本來朝中大臣意見不同有爭議這是正常的事，若以事論事，把爭議限制在問題本身，在國家利益上能以大局為重，那麼兩派尚有妥協合作之機會。

我們必須看到這樣的事實，主戰派多是拳拳愛國，以收復中原為己任，滿腔熱情，但此時已非岳飛的年代，南宋軍隊積弱難返，要提升戰鬥力絕非旦夕之功，欲收復中原，尚須深謀遠劃。同樣，我們也不能把主和派單純認為是投降派，像秦檜這樣的賣國賊畢竟不多，他們的一些觀點還是針對時弊的。

那麼問題在哪裡呢？

在於政治立場上的爭論，往往變成意氣之爭，變成對人而不對事，黨同伐異。主戰派攻擊主和派是賣國求榮，這不完全是事實；同樣，主和派攻擊主戰派是貪功邀譽，更是胡說八道。就這樣，雙方爭議不休，即便宋孝宗有恢復之志，也陷入進退兩難之境。

三八、乾道和議：長使英雄淚滿襟

不管怎麼說，事實擺在那裡：北伐失敗了。

就在這時，金人拋出和談條件，共四條：其一，故疆，就是宋金兩國邊境如舊約所規定；其二，歲幣如舊，每年金銀二十五萬兩及絹二十五萬匹；其三，稱臣，宋仍然向金稱臣；其四，還中原歸正人，就是把中原逃往南宋的人遣返。

對於這四個條件，除了歲幣之外，其餘三點南宋都表示不可接受。與舊條約劃定的邊界相比，南宋政府還控制了海、泗、唐、鄧等州，朝廷認為，這四州之地，乃是金帝完顏亮撕毀和約後被南宋所收復的，既然金人背約在前，南宋當然不承認舊條約的規定，新條約應該以實際控制區重新劃定邊界。至於宋向金稱臣，那更是不幹了，你想打就打，想撕毀條約就撕毀，我還向你稱個屁臣。歸還中原人，更是不可能，這裡既有抗金志士，又有金國叛將，歸還豈非把這些人送上死刑台？

金人知道南宋君臣比較要面子，便修改了一條：把金宋之禮，由君臣變成叔侄，宋主向金主稱侄而不稱臣。

和議一起，朝中主戰派與主和派更是水火不容。張浚、虞允文、胡詮等是堅定的主戰派，反對任何議和立場。張浚為備戰做了大量工作，在江淮一帶增置大量戰艦，招攬淮北、山東豪傑，各軍的弓矢器械都十分充足。同時，張浚重用金國降將契丹蕭琦，蕭琦本是契丹望族，沉勇有謀，張浚意在約契丹為援，牽制金國。可以說，張浚公忠體國，儼然是南宋的長城。

倘若主和派與主戰派能和衷共濟，有軍事為後盾，可進可退，可攻可守，就算議和也能爭取到最大的利益。然而這種想法只是奢望，主和派只是把張浚視為眼中釘，欲除之而後快。於是他們抓住張浚北伐失敗這個把柄，大肆攻擊，還向皇帝說「願以符離之潰為戒」，並指責張浚跋扈，浪費國資等。傾向主戰的宋孝宗沒了主意，張浚悲憤之下，連續八次上書乞致仕，最後宋孝宗詔罷張浚。

幾個月後，張浚在憂憤中病死。

臨死前，他給兒子張栻（南宋著名理學家）寫了一封家書，也是他的遺言：「吾嘗相國不能恢復中原，雪祖宗之恥。即死，不當葬我先人墓左，葬我衡山下足矣。」張浚是宋代名臣，為南宋朝廷立下汗馬功勞，早年他起兵勤王，平苗、傅之亂，後宣撫川陝，重用吳玠，確保川蜀之安全。秦檜當權時，他未能得到重用，及至晚年，當國家再遭入侵時，不顧年邁，毅然挑起重擔，可謂精忠報國也。

張浚死後，朝中主和派更加得勢。

湯思退是人如其名，一心「思退」，不求進取。為了和議速成，他竟然盡廢邊備，罷築壽春城，解散萬弩營，停修海船，撤海、泗、唐、鄧四州之兵。張浚為抗擊金兵所做的努力，竟然在短短的時間內毀於一旦。南宋自毀長城，金兵卻毫不客氣。為了迫使南宋接受和議，金兵乘機南下，連續攻克楚州、濠州、滁州。東南為之震動。

這一次，湯思退罪無可恕了。

宋孝宗下旨，將湯思退流放永州。但是這樣輕的懲罰怎麼能平息眾人的憤怒呢？太學生張觀等七十二人伏闕上書，痛陳湯思退等人懷奸誤國，以致金兵長驅直入，乞斬湯思退以謝天下，並請求皇帝起用陳康伯、胡銓、虞允文等主戰派人士主持國事。當湯思退聽說一大群人上書欲置其於死地時，刀還沒上架，自己就被驚嚇而死了。

金國方面，金世宗無意與南宋陷於曠日持久的戰爭。史書稱金世宗「性仁孝，沉靜達理」，他是金國歷史上難得一位賢君。鑒於之前金熙宗、金帝完顏亮都是殘暴之君主，金世宗上台後，力求休養生息，急欲與南宋媾和。他發兵攻打楚州等地，乃是以武力迫和談，並非像完顏亮那樣想征服南宋。

南宋方面，主戰派領袖張浚與主和派領袖湯思退於同一年都死了。主戰派北伐固然出師不利，但主和派放棄邊備，情況更糟。特別經湯思退這麼一折騰，南宋朝廷不得不最後選擇議和的方案。這種情況下，在外交上爭取更多權益，便成為南宋對金的主流政策。

南宋方面提出的條件是：兩國疆域仍然按照紹興和議所劃定的界線，即東為淮河，西為大散關；歲幣銀、絹各減五萬；南宋歸還金國戰俘，但對於叛亡者則不予遣返；宋不再向金稱臣，而稱侄，在國書的格式方面，宋致金的格式為「侄宋皇帝眘謹再拜致書於大金聖明仁孝皇帝闕下」，而金致宋的格式為「叔大金皇帝致書於侄宋皇帝」。

可以說，南宋政府是做出讓步的，特別是領土方面，放棄所收復的土地。金世宗同樣做出一點讓步，不再追回南逃之人，也同意歲幣減五萬。這樣，雙方在互派使者往來後，於乾道元年（一一六五年），訂立新的條約。

這就是所謂的「乾道和議」。

儘管在乾道和議中，南宋方面爭取到若干權利，但對於有恢復之志的宋孝宗來說，這只是權宜之計。孝宗皇帝恢復中原之志始終未泯滅，仍希望有朝一日能回復到北宋時代的全盛水準。然而，軍事力量的提升，卻不是立竿就能見影的，特別是可堪大用的軍事人才嚴重缺乏。

宋朝一直有重文輕武的傳統，在南宋中興之戰中，由於特殊年代的特殊政策，才使得軍事人才紛湧，岳飛、韓世忠、吳玠、吳璘、劉琦等人皆為一時之名將。自秦檜上台後，開始收武將之兵權，擅殺岳飛，遂使武將之地位又一落千丈。

紹興和議後二十年，南宋更是荒廢兵事，遂使金帝完顏亮南侵時，如入無人之地。南宋抵抗入侵的核心人物，仍然是老一代的軍人如張浚、吳璘、李寶等，真正能獨當一面的新人，也只有虞允文一人了。

乾道三年（一一六七年），守衛川陝達二十年之久的吳璘去世。他與哥哥吳玠同為南宋最出色的將領，是川蜀的保護神。在臨終前，吳璘慮及國家的軍事現狀，向皇帝留言，希望孝宗不要輕棄川蜀，也不要輕起戰端。

吳璘去世後，能與皇帝共商恢復大計者，只有虞允文一人了。宋孝宗任命虞允文為四川宣撫使，接替病逝的吳璘，實際上是把四川打造為一塊進取中原的基地。虞允文到任後，兢兢業業，精兵強政，淘汰弱兵，為國家節省四百萬的軍費開支。他親歷親為，甚至還動手編寫了一本推廣先進武器製造及使用的工具書，士兵們人手一冊。

兩年後，虞允文回到京師，出任宰相。他心胸寬廣，光明磊落。有一回，御史蕭之敏上書彈劾虞允文。早已遜位的宋高宗跳出來為虞允文辯護，並說：「采石之功，之敏在何許？毋聽其去。」

就是說，當年虞允文在采石之戰中立下奇功，你蕭之敏人在哪呢？太上皇開了金口，宋孝宗想罷免蕭之敏。此時虞允文卻站出來為蕭之敏說話，認為他品行端正，皇帝應該留用以廣開言路。

宋孝宗把恢復中原的希望寄託於虞允文身上，他曾經對虞允文說：「靖康之恥，當與丞相共雪之。」可見他對虞允文之器重。為了實現收復中原的理想，虞允文於乾道九年（一一七三年）又一次出任四川宣撫使，為出兵中原做準備。

虞允文回到四川後，立即著手戰備，他訂立七條民戶養馬的規定，從民間搜羅大量良馬，並挑選青壯年進行訓練。作為一名出色的戰略家，虞允文深知欲速則不達的道理，不打無把握之戰，兵者，國之大事，不可不慎重。然而虞允文的一片苦心，卻受到皇帝的誤解。宋孝宗一直盼望著虞允文早日確定出兵的日期，可是一年過去了，虞允文卻沒有明確的表示。皇帝終於等得不耐煩了，便下了一道密旨催促他。虞允文沒有附和皇帝，他強調軍需物質還未準備完畢，不可貿然出師。

可惜的是，造化弄人。不久後，虞允文因積勞成疾，病逝於任上。這對宋孝宗可謂是莫大的打擊，進取中原的計畫就此泡湯。

其實虞允文算是幸運的人，他以一介文人而為國家建不朽之功，甚至得以躋身歷史名將之列，官至宰相，功顯於當日，名揚於未來。毛澤東曾這樣評價虞允文：「偉哉虞公，千古一人。」在宋孝宗時代，還有一人，他有不世之英雄氣概，有為國家建功立業之理想，最終壯志難酬，但失之東隅，收之桑榆，他卻在另一個領域取得至尊地位。

他就是南宋最偉大的詞人辛棄疾。

辛棄疾是山東歷城人，西元一一四〇年（紹興十年）出生。這一年正是宋金戰爭最為激烈的一年，劉錡與岳飛分別在順昌、郾城大敗金兵。北方淪陷區的人民都翹首以盼王師，可是最後夢想破滅。岳飛被召回，緊接著是宋金議和與岳飛被害，北方人民徹底被軟弱的朝廷拋棄了。辛棄疾便是在金人的統治下度過他人生的前二十年，長大成人後的他知道了中原淪陷的故事，這令他義憤填膺，渴望有一天能報效國家，為恢復中原盡一己之力。

機會最終來了。

在辛棄疾二十一歲那年，金帝完顏亮以六十萬兵力南犯，中原掀起反金起義高潮。當時耿京是中原義軍的領袖，山東、河北豪傑紛紛接受他的節制。辛棄疾毅然參加義軍，並在耿京麾下當了掌書記。後來發生了一件意外，辛棄疾差點因此而喪命。

原來辛棄疾有一位朋友名叫義端，當時也聚眾一千餘人起義。在辛棄疾的勸說下，義端歸順耿京。豈知有一天，義端突然盜走耿京的大印叛逃，耿京大怒，遂歸罪於辛棄疾並動了殺機。辛棄疾對耿京說：「給我三天時間，倘若我沒抓到義端，再殺我不遲。」可是要上哪兒找義端呢？辛棄疾冷靜地判斷，義端盜走耿京大印，定是要叛逃金營，遂快馬急追，終於追上義端。大家都知道辛棄疾是個大文豪，可是很多人不知，他其實武藝是相當高強的。義端知道辛棄疾厲害，便以朋友的身分乞求道：「我知道你力能殺人，希望你別殺我。」既是叛徒，還稱什麼朋友？辛棄疾手起刀落，砍掉義端的腦袋，返回耿京營中。耿京為辛棄疾的膽識所折服，更加器重他。

完顏亮敗亡後，辛棄疾勸耿京率師歸順朝廷。耿京便遣辛棄疾奉表入奏，宋高宗親自召見辛棄疾，並且對他在敵後的英勇表現大加讚賞。朝廷決定授予耿京天平軍節度使之職，辛棄疾為天平節度掌書記。就在辛棄疾返回耿京大營途中，卻傳來一個噩耗，耿京被叛徒張安國所殺，義軍潰敗，張安國已叛逃到金營中。

怎麼辦？難道就讓叛徒、凶手逍遙法外嗎？

不！若不嚴懲叛徒，何以慰耿京在天之靈呢？

辛棄疾當機立斷，與統制王世隆、馬全福等五十人，勇闖金營。當時叛徒張安國正與金國將領在帳中飲酒，根本沒料到辛棄疾竟以區區數十人馬前來劫營。此時辛棄疾早已將生死置之度外，竟然一擊命中，以迅雷不及掩耳之勢生擒張安國，而後安全離開，出入金營如入無人之境。誰曾想到，一個二十二歲的書生竟然有如此之膽略與勇氣。辛棄疾將叛徒押到首都臨安，張安國被朝廷下令斬首示眾。

後來辛棄疾在詞中追憶了這段激情燃燒的歲月：「壯歲旌旗擁萬夫，錦襜突騎渡江初。」何等豪邁，何等英雄氣概，正所謂「金戈鐵馬，氣吞萬里如虎」。

以辛棄疾之才略，完全是虞允文一類的安邦定國之才。可是最終卻事與願違，英雄無用武之地，壯志難酬。原因有二：其一，南宋帝國與金國達成和議，辛棄疾沒有機會在戰場上大展身手；其二，辛棄疾性格耿直、孤傲，愛恨分明，嫉惡如仇，自然容易得罪人。

返回南宋後，辛棄疾寫了一系列的文章，包括《九議》《應問》《美芹十論》等，呈獻給朝廷。在這些文章中，他詳細地闡述自己的戰略主張，縱論宋金兩國消長之勢，技之長短，地之要害，處處可見其精闢之見解與深謀遠慮。可惜的是，當時和議方定，不可能因為辛棄疾的幾篇文章就改變政策，故而宋孝宗沒採納其意見。

虞允文當政時期，宋孝宗銳意進取，謀復中原。此時辛棄疾又上書論南北之勢，持論勁直。

作為淪陷區歸來者，他對中原百姓「遺民淚盡胡塵裡」有更多的感受，因而恢復之心，較他人為切，在抗戰立場上，無妥協迴旋之餘地，故而難以迎合朝中多數大臣，自然被棄而不用。虞允文去世後，恢復中原之夢愈行愈遠，辛棄疾的理想也越來越難實現。悲憤而不得志的他，只得寄情於詩詞，他寫下大量愛國主義詞章。

辛棄疾的詞作雄奇峻麗，充滿豪邁之氣，貫穿滿腔愛國之情。「道男兒到死心如鐵，看試手，補天裂」，「了卻君王天下事，贏得生前身後名」。在文學作品中，他也表現出自己的無奈與悲憤：「欄杆拍遍，無人會、登臨意」，「卻將萬字平戎策，換得東家種樹書」。以辛棄疾之才華，本來應該做出一番轟轟烈烈的事業，他膽識無雙，慷慨有大略，但最終被埋沒了。這是辛棄疾的悲劇，也是時代的悲劇。

三九、慶元黨禁：韓侂胄時代

在南宋諸皇帝中，宋孝宗算得上是賢明之君，他統治時期，也可以算是南宋一個小黃金時代。可是在當了二十七年的皇帝後，宋孝宗感到恢復中原的夢想無望實現，遂心灰意冷，索性依高宗舊例，把皇位傳給太子趙惇，自己當太上皇。

孝宗本意是想拋開繁重的政事，安享晚年。可是他哪裡知道，自己這一退位，居然惹起無盡的煩惱。

原因起自一個女人：皇后李鳳娘。

太子趙惇登基，史稱宋光宗，原先的太子妃李鳳娘便成為皇后。宋光宗性格懦弱，而李皇后則是個刁蠻嬌橫、妒悍跋扈的母老虎。夫弱妻強，可以想像，宋光宗就是一個被李皇后隨意擺弄的木偶人罷了。李皇后還是太子妃時，宋孝宗對這個兒媳就看不順眼，多次批評她，並告誡她勿染指政事，否則將廢了她。可是彼一時，此一時，光宗上台後，李皇后便開始展開報復行動，挑撥孝宗與光宗父子倆的關係。最後，宋光宗與父親勢同水火，竟然拒見宋孝宗。

李皇后妒忌心很強，凡是被光宗皇帝看上的嬪妃、宮女，她勢必要加予迫害。她害死了光宗寵幸的黃貴妃，又把一個宮女的雙手砍下來送給皇帝，只是因為皇帝稱讚宮女的手白皙好看。李皇后的殘忍獨斷，把宋光宗折磨得精神失常了，堂堂一個皇帝，居然成了個「瘋子」。以後皇帝的病時好時壞，朝中政事「多決於后」。

紹熙五年（一一九四年）六月，太上皇宋孝宗在鬱鬱中去世。直到這時，光宗還不肯出面主持喪禮，令孝宗葬禮遲遲無法進行。朝廷大臣對光宗皇帝的表現相當失望，宰相留正向光宗提出速速冊立太子，但遭到皇帝的拒絕。留正索性假裝跌倒受傷，辭了相位。

此時朝中一幫大臣開始密謀逼光宗退位，趙汝愚、趙彥逾、郭杲、葉適等人商量後，決定向太皇太后（宋孝宗母親）求助。那麼要找誰去向太皇太后陳情呢？他們選定了一個人：韓侂胄。韓侂胄是北宋名臣韓琦的五世孫，也是太皇太后的姨侄。

鑒於光宗已經不適合當皇帝，太皇太后以國家大局為重，同意趙汝愚等人的意見，傳諭由趙汝愚主持此事。在大臣們的逼宮下，宋光宗被迫退位。與其他朝代相比，宋朝皇帝遜位的特別多，前面的徽宗、高宗、孝宗都是主動退位，而光宗則是被逼退的。光宗之子趙擴繼位，史稱宋寧宗。

在這場不流血的政變中，趙汝愚立下首功，而韓侂胄也是起到了關鍵作用。

韓侂胄心裡有點飄飄然，自以為有定策之功，怎麼樣也可以進入權力中樞吧。他便去找趙汝愚，一同商量此事。豈知趙汝愚當面給他潑了一盆涼水，他這樣對韓侂胄說：「我是宗臣，汝是外戚，都不應論功求賞。」

原來趙汝愚乃是宋朝宗室，而韓侂胄是宋寧宗皇后韓氏的叔叔，是外戚。趙汝愚的意思就是，咱們是宗室或外戚，應該要做出表率，不要爭功求賞，不然別人認為咱們搞政變，乃是為了自己的私利。

不過後來趙汝愚還是被宋寧宗任命為相，韓侂胄卻沒能進入權力中樞，這下他氣壞了。韓侂胄有自己的關係，他與太皇太后及皇后都是親戚，憑著這兩層關係，得以出入宮禁，再加上他擁立皇帝有功，也漸漸博得皇帝的信任。接下來，他要想方設法打擊趙汝愚。

在當時南宋學術界裡，理學正逐漸佔據統治地位，而朱熹則是理學的代表人物。時任宰相的趙汝愚是理學的忠實信徒，他掌權後，便推薦朱熹為經筵侍講。除了朱熹之外，李祥、楊簡、呂祖儉等理學名士，也紛紛被趙汝愚招羅到朝中。一時間，理學派成為朝廷中一支重要的政治力量。

朱熹對韓侂胄有很強的警惕心，認為此人善於弄權，又憑恃其外戚身分擴張實力。他便警告趙汝愚：「侂胄怨望已甚，應以厚賞酬勞，出就大藩，勿使在朝預政。」但趙汝愚不以為然。朱熹遂直接向皇帝進諫，直言韓侂胄奸邪。當韓侂胄得知後，勃然大怒，決定要給朱熹點顏色瞧瞧。

韓侂胄打聽到一個消息，朱熹給宋寧宗講課時，總講些「正心誠意」、「存天理去人欲」的東西，聽得皇帝直打瞌睡。皇帝根本不喜歡理學！對韓侂胄來說，這可是扳倒理學派的良機。於是他故意設計了一齣鬧劇。

有一回，皇帝召優伶入宮唱戲。韓侂胄暗地裡吩咐這些戲子穿戴峨冠闊袖，打扮成大儒的模樣，在唱戲時，把理學家說的「性理之說」拿來說笑解嘲。要知道理學家們講正心誠意，個個嚴肅得不得了，卻被韓侂胄找來的戲子醜化了一番。不喜歡理學的宋寧宗，看到這出抹黑大儒的戲，亦不禁感到解氣。這時，韓侂胄趁機說：「朱熹迂闊，不可再用。」皇帝早就對朱熹的講學厭煩了，聽韓侂胄這麼一說，遂下詔罷免朱熹。

對韓侂胄來說，朱熹只是一顆小棋子罷了。

醉翁之意不在酒。韓侂胄的真正目標，乃是扳倒宰相趙汝愚。

朱熹事件，成為朝廷中兩派，即理學派與韓侂冑黨交鋒的導火線。

朱熹被罷後，趙汝愚、陳傅良、劉光祖等人紛紛上書皇帝，要求收回成命。然而皇帝非但不挽留朱熹，還把陳傅良、劉光祖兩人貶職。趙汝愚一怒之下，請求辭職，皇帝不批准。與此同時，韓侂冑反倒兼職樞密院都承旨，勢焰越發囂張。曾經從學於朱熹的彭龜年彈劾攻擊韓侂冑，結果被罷官。陳騤出面為彭龜年辯護，也坐罪免官。

在這場交鋒中，韓侂冑連連告捷，他的矛頭很快對準了宰相趙汝愚。

要攻擊趙汝愚什麼呢？韓侂冑與一幫黨徒研究半天，找了一個理由。自大宋開國以來，就有一條不成文的規定，宰相一職，不由趙氏宗室擔任。趙汝愚是趙元佐（宋太宗趙炅的長子）的七世孫，這下子韓侂冑有理由了。於是他便指使李沐上書彈劾趙汝愚，稱他「以宗室同姓居相位，將不利於社稷」，並告他「植私黨」「專功自恣」。這一擊實在致命，趙汝愚被罷相。

韓侂冑的時代來了。

但是理學派也是不好惹的。自從理學興起後，自稱繼往聖之絕學，就是把孔、孟當年的絕學接過來繼續發揚光大。理學雖然不是宗教，但有著宗教般的信仰，他們強調正心誠意，要培養浩然之氣。在理學派眼中，韓侂冑就是個奸佞之徒。

李祥、楊簡、呂祖儉等理學名士，紛紛上書請留趙汝愚，並攻擊韓侂冑。這些正人君子既然不屑使用小人手段，如何抵得過對手的陰招呢？遂紛紛敗下陣來，要麼被貶，要麼被流放。但是理學自從北宋二程、張載宣導以來，到了南宋朱熹時已儼然成為學術之主流，信眾基礎堅實。老師被打倒了，輪到學生上場。

太學生楊宏中、周端朝、張道、林仲麟、蔣傳、徐範六人，伏闕上書，為趙汝愚等鳴冤，言辭激烈。在皇帝看來，學生此舉，無異於公然要脅朝廷，大怒之下，把六名太學生流放到五百里外。這六名學生雖遭流放，卻贏得人心，時人稱其為「六君子」。

趙汝愚罷相後，韓侂胄因為外戚身分，也不好就任宰相之職，於是便把他的同黨京鏜推到宰相寶座。韓侂胄雖不是宰相，實際上權力比宰相還要大。

在「六君子」上書後，韓侂胄也深感理學派根深葉茂，不容易一網打盡。要徹底清除理學在朝中的影響，就必須在理論上給予致命一擊。韓侂胄與同黨何澹等人研究後，出籠了一個偽學的名目。所謂的偽學，就是偽道學、偽儒學。

那麼韓黨攻擊偽學的根據何在呢？

這裡就要說一個故事了。

理學產生於北宋，特別是經程顥、程頤以及張載的宣導，成為時代顯學。理學家對道統是這樣認為的：孔子是得到堯、舜、文、武的真傳，孟子得到孔子的真傳，但是孟子之後，就沒有人傳承了，隔了千年後，程頤又繼承了。程頤開創的伊川學派學說奠定了理學的基礎，與後來朱熹之學合稱為「程朱理學」。

宋高宗曾一度對程頤學說大加讚賞，後來陳公輔上書，斥責伊川之學為「狂言怪語，淫說鄙論」。當時南宋正值存亡關頭，推崇伊川之學的人，多數只會高談闊論，標榜道德，在國家存亡問題上實在起不到什麼作用。因此宋高宗遂下詔：「天下士大夫之學，一以孔孟為師，庶幾言行相稱，可濟時用。」也就是說儒學應該回歸孔孟之說，應該師法於孔孟，而不是師法於伊川（程頤）。

宋高宗的這道詔書，後來便成了韓侂胄一黨攻擊理學為「偽學」的依據。何澹向宋寧宗提出：「臣願陛下以高宗之言，風勵天下，使天下人皆師孔孟。有志於學者，不必自相標榜，使眾人得而指目。」雖說韓侂胄一黨攻擊理學為「偽學」，乃是出於政治目的，但也道出理學的一些弊病，比如「自相標榜」，「同門則相庇護」，門戶之見頗深。

但是問題來了，什麼才算真儒學，什麼算偽儒學，標準為何？

切不要以為韓侂胄是要跟朱熹探討學問，他可沒那興趣，也沒那個水準，他巧立名目，乃是為了打擊政敵，實施專政。但凡是攻擊韓侂胄一黨的，無論是不是真的理學家，統統打上「偽學」之名。於是乎，朝中同情理學者紛紛被罷，而嚴斥「偽學」者則加官晉爵。太常少卿胡紘上書稱：「宜嚴行杜絕，勿使偽學奸黨，得以復萌。」這樣，偽學與奸黨掛鉤了，黨禁由是大興。

既然是奸黨，自然要揪出其黨魁了。

當時朱熹是理學的領袖人物，自然被視為奸黨黨魁。朱熹被罷出朝廷後，皇帝還給了他一個秘閣修撰的閒職，其實他並未赴任，隱退在家。韓侂胄想打倒朱熹，胡紘、沈繼祖等人本與朱熹有隙，便乘機大肆攻擊，羅列了所謂十大罪狀，並嘲諷朱熹毫無學術，不過是剽竊張載、程頤等人的思想。皇帝也不分青紅皂白，便把朱熹秘閣修撰這個閒職也罷免了，朱熹弟子蔡元定被流放。

朱熹被打倒了，但黨禁卻未結束，反而愈演愈烈。

慶元三年（一一九七年）底，所謂的偽學籍隆重出台，就是朝廷編制偽學名冊，列入名冊的偽學奸黨共計五十九人。這五十九人中，有四人曾經擔任宰輔，包括趙汝愚、留正等；有十三個曾擔任待制以上官職，包括朱熹、彭龜年等；有三十一人擔任過散官，包括劉光祖、呂祖儉、葉適等；還有八名士人，包括前面提到的「六君子」及朱熹弟子蔡元定等。

這就是所謂的「慶元黨禁」。

宋朝政治有好的一面，也有壞的一面。

往好的說，總體上是比較清明的，也比較人道，以韓侂冑之專權，大興黨禁，仍然只是採用免官、流放、造奸黨名冊這些手段，絕少採用殺戮手段，固而宋朝黨爭頻繁，但沒有釀成東漢黨錮血流成河之慘劇。往壞處說，黨爭頻頻，大大消耗國家力量，各黨都把精力放在對付對手上，卻沒有放在富國強兵之上。南宋沒有好好利用這段和平年代來擴軍備戰，為北伐中原作準備，等到戰爭來臨時，又要一敗塗地了。

表面上看，在這場黨爭中，韓侂冑大獲全勝。

事實上，情況比他所想像的複雜得多。較量還在繼續。

慶元六年（一二〇〇年），朱熹去世。

在奸黨名冊中，除了四位宰輔之外，在其餘五十五人中，朱熹排名第一。可是這位「奸黨」黨魁之死，居然引起朝廷的恐慌，因為當時朱熹四方門生信徒，齊聚於信州，欲為老師送葬。朝廷認為，這一群儒生聚在一起，準要妄談時人短長，議時政得失，便下令地方官員嚴加防範，以約束其眾。對朱熹的葬禮，尚且如臨大敵，看來這場黨爭的勝敗還未有定論呢。

朱熹死後不久，呂祖儉（列入奸黨名冊）的從弟呂祖泰向韓侂冑發難，他擊登聞鼓上書，攻擊「侂冑妄自尊大，卑陵朝廷」，請朝廷誅殺韓侂冑以防禍亂。此書一出，震動朝廷內外。此時韓侂胄的勢力如日中天，而呂祖泰不過一區區進士，竟然單槍匹馬向他發難，這膽子也忒大了。朝廷以呂祖泰「挾私上書，語言狂妄」為罪名，杖責一百，發配欽州。

看來黨人的力量不可低估。

這時也有人勸韓侂胄：「不弛黨禁，恐後不免報復之禍。」得饒人處且饒人吧，不然哪天黨人上台，你韓侂胄也不免要遭殃。此時的韓侂胄已加太師，又封平原郡王，可謂權傾天下。他思忖著「偽學黨」已動搖不了他的地位，遂稍弛黨禁。被列為奸黨的徐誼、劉光祖等人也先後復官。

韓侂胄攻擊朱熹等人之學為「偽學」，其中有一點是得到皇帝認同的，那就是理學家們高談闊論，談義理，談心性，談道德，但說到經世致用，就顯得相形見絀了。對於南宋朝廷來說，中興復仇，恢復中原那才是大事業，這豈是坐而論道可得來的呢？但道學家們沒能做到，執掌國家大權的韓侂胄呢？掌權這麼久，也沒幹出什麼大事業嘛。

這次，韓侂胄想證明自己，他要幹一番大事業。

什麼事業呢？北伐！

四〇、開禧北伐：喪權辱國之戰

韓侂胄怎麼突然想北伐呢？

原來金國出了亂子。自從金世宗去世後，金章宗繼位，金國開始由盛而衰，政局混亂，兵刑廢弛。北方韃靼等部，又屢屢擾邊，搞得金人連年興師，士卒疲敝，府庫空虛。韓侂胄聽聞這些消息後，認為金國氣數已盡，正是收復中原千載難逢的機會。由是他開始大議北伐，並招募士卒，從國庫中取黃金萬兩，待賞有功之臣。

對於主戰派人士來說，一直期待著出兵北伐的這一天，自然舉雙手贊成。此時，使臣鄧友龍從金國歸來，報說金國困弱，取之易如反掌。韓侂胄聽罷大喜，以為這是建立蓋世功業的良機，遂決意北伐。為了鼓勵將士，他還在鎮江修了一個韓世忠廟，並請奏皇帝追封岳飛為鄂王。

金國固然已衰弱，韓侂胄的算盤也打得不錯，但有一點不得不提：南宋軍隊做好了北伐的準備嗎？根本沒有！

在韓侂胄專權的這些年裡，把精力都放在討伐偽黨上，放在爭權奪利上，偏偏就沒有放在軍政上。北伐固然好，可是有沒有這個實力呢？北伐以光復中原，這本是國家大事，起碼要有個長時間的準備，有足夠的把握才開戰。可是韓侂胄卻完全顛倒次序，他是頭腦發熱，先決定要北伐，再來做準備。

倘若南宋軍隊能做到攻其不備，出其不意，那麼還是有勝算的。可是從韓侂胄決意北伐到出兵，整整用了兩年又四個月的時間，而且軍隊在邊界線上屢屢調動，早就被金國方面察覺了。金章宗判斷南宋將有大動作，遂於開禧元年（一二〇五年）十一月下詔，命令陝西、山東諸將訓練士兵以備不虞，並派出間諜收集南宋方面的情報，在邊界上加強部隊巡邏，以備宋軍突擊。

可以說，在北伐之前，金國已經做好抵禦的準備，南宋先機盡失。

開禧二年（一二〇六年）四月，宋軍發動試探性進攻。

山東京洛招撫使郭倪下令攻佔泗州。南宋軍隊尚未進攻，消息便已走漏，所幸的是宋將畢再遇當機立斷，提早一天發動進攻，總算順利攻下泗州，旗開得勝。緊接著，宋軍又收復幾座縣城。

由於宋軍的進攻是試探性的，規模並不大，金章宗緊急召集群臣商議研判戰局，究竟宋軍只是在邊界線上挑釁呢，還是打算大舉進攻呢？金國左丞相布薩端認為，宋軍既然發動攻擊，宜早為備。金章宗乃下令布薩端坐鎮汴京（開封），總領一方，同時盡徵諸道兵，分守要害。

韓侂胄果然不是將帥之才，小規模的進攻，既不能重創敵軍主力，又讓敵軍有充足的時間進行戰前準備，可謂是一錯再錯。在泗州等地得手後，他才向宋寧宗提出下達伐金的詔書。這個北伐詔令來得太晚了，此時的金兵已經嚴陣以待了。

北伐戰爭的發起，已全然失去突擊性。

韓侂胄接到的前線戰報，幾乎都是壞消息。宋將郭倬以五萬人攻宿州，為金兵所敗；李爽攻壽州失利；皇甫斌敗績於唐州；王大傑兵敗於蔡州。可以說，宋軍是全線潰敗。然而，更令韓侂胄沒有想到的是，開戰之初，陝西河東招撫使吳曦便與金人暗地裡往來，密謀反叛。

吳曦是什麼人呢？他又為什麼企圖反叛呢？

他乃是抗金名將吳璘的孫子。在南宋史上，據守川蜀的吳氏家族富有傳奇色彩。吳玠、吳璘兄弟都是難得的名將，為保衛南宋西北、西南安全立下殊功。吳璘去世後，其子吳挺任利州安撫使，仍然手握兵權。由於吳氏執掌兵權太久，在川陝一帶聲望極高，其麾下軍隊有「吳家軍」之稱，朝廷認為難以駕馭。故而吳挺去世後，朝廷便將其子吳曦調入朝中，擔任殿前指揮使。你想想，吳氏幾代人在川陝奮鬥，如今朝廷居然如此不信任，吳曦內心當然強烈不滿，漸有反叛之心。

後來，吳曦用金錢賂賄朝中權貴，終於又得以回到川陝，任興州（陝西略陽）都統制，把吳家軍舊部招攬過來，再起爐灶。正好韓侂胄欲發動北伐，便委任吳曦為四川宣撫副使，吳曦得以總攬川蜀軍政大權。既然朝廷如此寡恩，他也不想為朝廷賣命了。故而北伐戰爭剛剛開始，他便與金人秘密接觸，表示願意獻上階、成、和、鳳四州之地，換取金人支持他當蜀王。金章宗當然求之不得，遂一口答應。

此中細節，韓侂胄當然一無所知。他一再催促吳曦在西北發動攻勢，但吳曦卻找藉口按兵不動，以待叛變的時機。

南宋北伐軍全線受挫，金章宗醞釀著全面反擊。

十月，金兵集結十五萬兵力，全面反攻，分兵九道大舉南下伐宋。如今戰局顛倒過來了。原來是宋軍北伐，現在成了金兵南侵。南宋軍隊再度暴露出戰鬥力差的弱點，在金兵的猛烈攻擊下，幾乎毫無抵抗能力。宋軍將領中，唯一值得一提的是畢再遇，他接二連三地打敗金兵的進攻。可是畢再遇的出色表現，挽救不了宋軍的敗局，在其他戰線上，宋軍一潰千里。

韓侂胄寢食難安，他寄希望於吳曦在西北發動攻勢，以牽制金兵，減輕東南的軍事壓力。福無雙至，禍不單行，早已同金人秘密勾結的吳曦趁著南宋兵敗東南之機，宣佈投降金國，奉上降表，同時獻上蜀地圖志以及吳氏牒譜予金人。一時間，朝野震驚，吳家軍的抗金旗幟在飄揚數十年後，竟然改弦易幟了。金章宗遣使持詔書、金印，立吳曦為蜀王。

倘若吳曦的陰謀得逞，那麼西部將不復是南宋的土地。

吳曦開始做起蜀王的美夢，他在興州設行宮，置百宮，儼然已是一獨立王國之主。可是吳家世代為南宋守疆捍土，深得陝川人民的擁護與愛戴，吳曦叛宋降金，無異於給家族抹黑。對吳曦的倒行逆施，伯母趙氏、叔母劉氏站在民族大義的立場，痛斥他的叛國行為，可是吳曦哪裡聽得進去。

吳氏家族治川陝多年，以至於外人皆道，吳家軍只知有統領，不知有朝廷。但是不要忘了，吳家軍自吳玠、吳璘始，便是南宋抗金的中堅力量，將士們無不為這支軍隊的光榮傳統而深感驕傲。吳曦公然叛變降金，大失眾望，一股反吳曦的力量也悄然興起。

吳曦部將楊巨源聯絡一批將領、義士，決意推翻吳曦。被吳曦任命為丞相長史的安丙也有平亂之志，遂召楊巨源至臥所，對他說：「必得豪傑，乃滅此賊。」楊巨源慨然道：「非先生不足以舉此事，非巨源不足以了此事。」與此同時，任興州中軍正將的李好義也密謀誅殺吳曦，在民族大義面前，他毫不含糊地表示：「此事誓死報國。」

安丙、楊巨源、李好義等人結成反吳曦聯盟。

吳曦還在做著蜀王的美夢，只是春夢了無痕，很快就要夢醒了。

開禧三年二月某天，李好義、楊巨源等七十四人闖入吳曦行宮。當時行宮裡有衛兵一千多人，若交起手來，李好義當然不是對手。但是李好義知道這些衛兵誰也不想為吳曦賣命，便喝道：「奉朝廷密旨，以長史安丙為宣撫使，令我誅反賊，若有敢反抗者夷其族。」一聽到這裡，衛兵們紛紛放下武器。於是楊巨源等闖入行宮，踢開宮門，把吳曦一刀兩斷，砍下頭顱。從吳曦稱蜀王到被殺身亡，僅僅只有四十一天。

吳曦敗亡後，眾人推安丙為四川宣撫使，並趁機出兵，收復和、成、階、鳳四州，西北之局勢轉危為安。

川陝是保住了，但東南的危機並未解除。

韓侂胄本來就不是岳飛、韓世忠之類的忠臣義士，他倡議北伐的動機與岳飛、張浚等人是不同。當年岳飛、張浚北伐，乃是出於拳拳愛國之心，志在光復社稷。而韓侂胄的動機則是政治投機，想趁金國內亂大撈一把，進一步鞏固自己的權勢。故而張浚北伐雖然失利，但仍堅持抗戰原則，反對議和。可是韓侂胄則不然，投機不成，便喪失立場了。在金兵的九路南侵的巨大壓力面前，韓侂胄方寸大亂，趕緊又回到議和的立場。

在韓侂胄北伐前，金國原本就政局動盪，故而也沒有能力繼續向南宋進攻，同樣傾向談和。只是南宋乘人之危、落井下石、毀約背盟，這些令金人十分惱恨，在談判中便獅子大開口，提出五大條件：其一，南宋割兩淮之地予金；其二，添歲幣銀、帛各五萬；其三，歸還南逃之人；其四，南宋支付金國犒師銀一千萬兩，也就是戰爭賠償；其五，誅殺發動北伐的主謀。

對於這些條件，南宋使臣方信孺當然不敢答應。

方信孺回朝後，韓侂胄趕緊召他前來，詢問和談情況。方信孺說了金人提出五項要求中的前四項，當說及第五項時，他吞吞吐吐地說：「第五事不敢言。」韓侂胄一聽心中大為不快，割地賠款你都說了，還有什麼不敢說的呢？便催著他答。方信孺只得硬著頭皮答道：「欲得太師頭。」一時為太師的韓侂胄聽罷不禁跳了起來，勃然大怒，拂袖而去。

韓侂胄已是惱羞成怒，老子的頭是你金人要得的嗎？大不了再決一戰。不久後，方信孺以談判不利，被貶官三級。韓侂胄撤換兩淮制置使，打算繼續與金人開戰。

可是韓侂胄實在太不得人心了。他掌權這麼久，屢興黨禁，打擊異己，得罪的人太多了。若只是得罪朱熹這些理學家，尚不至於被拉下馬，可是他竟然得罪了皇后。

宋寧宗的皇后韓氏本是韓侂胄的侄女，但韓皇后死得早，皇帝後來又立楊氏為皇后，韓侂胄本是外戚出身，擔心楊氏為皇后對自己不利，遂多次反對，這下子便與楊皇后結下樑子了。

如今韓侂胄北伐大敗，聲名狼藉，金人又指名道姓要他的腦袋，早已是風光不再。楊皇后乘機指使皇子趙曮入稟皇帝：「侂胄再啟兵端，將危及社稷。」宋寧宗對韓侂胄還是比較信任，起初並不理會。但楊皇后在一旁煽風點火，並指陳韓侂胄只是奸邪之徒罷了。皇帝耳根軟，最後決定除掉韓侂胄。

由於韓侂胄勢力龐大且手握兵權，要除掉他得謹慎行事，不然把他逼急了造反那就糟糕了。楊皇后請哥哥楊次山幫忙，在群臣中物色可以剷除韓侂胄的人選。這個人很好找，在此之前，就有一個人密稟皇帝誅殺韓侂胄以安邦定國。此人是禮部侍郎史彌遠，他是野心勃勃的政客。史彌遠得到密詔後，決定採取刺殺手段除掉韓侂胄。

十一月三日，史彌遠派中軍統制夏震埋伏於六部橋旁，韓侂胄上朝路經此橋時，被逮個正著。

夏震將韓侂冑拖至玉津園，以錘擊殺。

一代權臣韓侂冑，就這樣命喪黃泉了。

韓侂冑死後，朝廷把他的人頭砍下，攜往金營向金人議和。經過一番討價還價後，最後達成以下協定：其一，金國歸還所佔領的淮、陝之地；其二，改「叔侄之國」為「伯侄之國」；其三，幣歲銀帛各由二十萬增加到三十萬；其四，南宋支付戰爭賠償銀三百萬兩。

開禧北伐，是南宋朝廷在準備不充分的情況下發動的戰爭。韓侂冑嚴重低估對手的實力，再加上吳曦叛變的影響，遂造成全面潰敗之局。韓侂冑因為發動這場戰爭而喪了性命，而南宋帝國也再度蒙羞，被迫接受喪權辱國的條約。

四一、北方變局：宋、蒙、金三國演義

在韓侂胄北伐的這一年（一二〇六年），在北方斡難河源（蒙古烏蘭巴托以東），蒙古諸部尊鐵木真為大汗，稱為成吉思汗。誰也沒想到，在數十年後，蒙古將建立起一個前無古人、後無來者的大帝國。很快，蒙古鐵騎將橫掃北方。

三年後（一二〇九年），蒙古攻入靈州，西夏向蒙古投降。此時金國皇帝金章帝去世，他的叔叔衛紹王繼任皇帝。金國還以上國自居，衛紹王派使者前往蒙古宣讀詔書，要成吉思汗跪拜接詔。成吉思汗問道：「金國新皇帝是何人？」金使回答：「乃是衛紹王。」成吉思汗不禁吐了一口唾沫，挖苦道：「此等庸懦之輩，也能當皇帝？何以要拜！」說罷騎著馬，頭也不回走了。從此之後，蒙古斷絕與金國的關係。成吉思汗抓緊時間訓練軍隊，準備發動對金國之戰爭。

自金世宗去世，金國便由盛而衰。雖說在與南宋的戰爭中，金國仍然佔據上風，但那並非金國強，而是南宋太弱了。如今，金國遇到了真正的對手。

一二一一年（宋嘉定四年），蒙古大舉伐金。金主衛紹王果然不是英雄之輩，他趕緊派人向成吉思汗求和，成吉思汗一口拒絕了。在蒙古鐵騎的打擊下，金兵潰不成軍。蒙古人攻陷金國西京，金國西部諸州也紛紛落入蒙古人之手。成吉思汗的軍隊還一度攻到居庸關，大掠而去。

自金國開國以來，金國還從未如此狼狽過。

此後數年，蒙古人幾乎年年對金國發動進攻，攻取大片土地。金國不僅在與蒙古人的作戰中完全落入下風，還政局跌宕。一二一三年，衛紹王被右副元帥胡沙虎所殺，胡沙虎立完顏珣為皇帝，史稱金宣宗。在蒙古人的步步緊逼之下，金宣宗於一二一四年遷都到汴京，即開封城。

然而蒙古人的攻勢依然不減。一二一五年，蒙古人攻克金國北京大定府（內蒙古寧城西），之後再攻破中都燕京（今北京），甚至還有一支蒙古騎兵攻到距離汴京只有二十里的地方。此時的金國皇帝金宣宗，大概可以感受一下當年宋高宗失魂落魄的滋味了吧。

金國在北方的潰敗，也嚴重影響其與南宋帝國的關係。

我們還是回過頭來，說說南宋帝國的故事。

自從蒙古大舉入侵金國後，南宋朝廷當然是懷著幸災樂禍的心態看熱鬧。看到金人被蒙古人打得毫無還手之力，南宋朝廷索性把每年三十萬兩白銀與三十萬匹帛的歲幣扣下，連續兩年不交給金國。此時金國連年戰爭，損失慘重，需要用錢的時候，宋人卻要賴帳了，怎麼辦？

嘉定七年（一二一四年），金章宗派使者到南宋，催促朝廷趕緊補交兩年的歲幣欠款。那麼這筆款項，究竟要不要給金人呢？

理學名臣真德秀表示反對，理由如下：金人遭蒙古攻擊，已遷都汴京。蒙古人意在消滅金國，既然蒙古騎兵可以越三關攻打燕京，自然也可以越過黃河攻打汴京。蒙古的興起，乃是南宋帝國面臨的最大憂患。真德秀總結道：「今當乘敵之將亡，亟圖自立之策，當事變方興之日，示人以可侮，是堂上召兵，戶外延敵。」

可以說，真德秀此論頗有遠見卓識，他早已看出蒙古人比金人更富侵略性，金國滅亡不可避免，宋朝應當做好自立自強的準備。以當時金國面臨之窘境，絕難發動對南宋的大規模進攻，因而宋寧宗決定採納真德秀的意見，停止對金國輸納歲幣。

南宋的強硬態度，固然令金宣宗大為惱火，只是金國已是今非昔比，也只能乾瞪眼了。到一二一五年秋，蒙古攻佔的金國城邑已達八百六十二座。

對於金國來說，除了要面對蒙古人無休止的進攻外，還得面對另一個對手：紅襖軍。

中原淪陷後，漢人為反抗金人統治，起義此起彼伏，一直未斷絕。在成吉思汗發動全面入侵金國的那年（一二一一年），山東楊安兒乘機起事，殺掠金國官吏，開倉濟貧，很快發展到了數十萬人。

在楊安兒起義的鼓舞下，一二一四年濰州爆發李全抗金起義，起義軍全部身著紅衣，故而稱為「紅襖軍」。在金兵的圍剿下，楊安兒戰敗入海，墜水而死。楊安兒死後，他的妹妹楊妙真嫁給了李全，兩支起義軍合併。由於金國首先要對付蒙古的進攻，故而沒法集中全力討伐紅襖軍，始終無法消滅這支抗金武裝。

這一時期的北方戰局非常微妙，內中情況極其複雜，這裡筆者只能長話短說。

一二一七年（嘉定十年），北方戰局突然出現大變化。

在重創金國後，成吉思汗決定大舉西征，把繼續進攻金國的任務交給了木華黎。儘管金國仍然受到蒙古的攻擊，但成吉思汗把主力悉數西調後，金國所承受的軍事壓力已是大大減輕了。

金人打不贏蒙古人，如今稍有喘息之機，對南宋政府落井下石的背約行為十分惱怒，決定發兵侵宋，給宋人一個教訓。這年四月，金兵越過淮河，攻光州、樊城、棗陽等地，同時在西北方向越過大散關，進攻和、階、成諸州。淮河與大散關一直是宋金邊界線，金兵企圖先發制人，克敵制勝。

南宋政府不甘示弱。六月，宋寧宗下詔伐金，並在詔書中表示：「若能立非常之功，則亦有不次之賞。」

那麼誰能立非常之功呢？

楚州知州應純之想到了一支可資利用的力量，便是活躍在山東的紅襖軍。他密報朝廷，請求招納紅襖軍，並建議朝廷利用蒙古打擊金國之機，收復中原。

朝中宰相史彌遠卻不敢大舉北伐。他心裡最清楚，當年韓侂冑怎麼死的，不就是貪功北伐，結果打不贏，敵人非要他的腦袋才肯議和。史彌遠是策劃殺韓侂冑的人，他可不想自己也落得個北伐不成反被殺的下場。因此在招納紅襖軍一事上，他比較謹慎，密令應純之對外不說招納，以免金人找麻煩，但暗地裡接收這支軍隊，撥給軍糧，改稱為「忠義軍」。

不久後，紅襖軍領袖李全歸附宋朝，被朝廷任命為京東路主管。

在往後幾年裡，金與南宋之間你一拳我一腳地在邊界上交鋒，各有勝負。

金國發動的一次比較大的進攻是嘉定十二年（一二一九年）的入侵淮南之役。當時金國騎兵甚至打到了采石楊林渡，南宋建康府（南京）為之震動。忠義軍在此刻發揮巨大作用，李全率領忠義軍（即紅襖軍）抄截金兵後路，在渦口（安徽懷遠）與金兵展開激戰。在忠義軍的頑強阻擊下，金兵不得不退師，李全乘勢追擊，大獲全勝。鑒於忠義軍之驍勇，金兵不敢再窺淮東。

淮南沒能得手，金兵轉而攻打棗陽。南宋守將孟宗政是一位出色的將領，他在極為不利的情況下堅守城池，金兵動用雲梯、天橋、挖掘地道等手段攻城，始終未能得手。雙方血戰十五陣，在棗陽城下相持八十餘日，金兵死亡三萬餘人，最終還是被孟宗政擊敗。

在孟宗政取得棗陽保衛戰勝利的同時，忠義軍首領李全為朝廷再立殊功。

在蒙古入侵與紅襖軍起義的雙重打擊下，金國在山東的統治已是搖搖欲墜。蒙古人曾攻破山東益都，撤走後這裡成了一個權力真空帶，曾經在當過府卒的張林趁機佔據益都。張林頗有能耐，山東諸郡紛紛前來依附於他。當時李全率忠義軍攻打齊州，金國守將獻城投降。李全有意招攬張林，遂僅帶數人入益都，與張林見面，勸他歸順朝廷。張林與李全十分投緣，兩人遂結為兄弟。張林宣佈山東十二郡七十餘城歸順大宋朝廷，他上表稱：「舉七十城之全齊，歸三百年之舊主。」

張林歸順後，南宋朝廷的腰桿更硬了。

嘉定十三年（一二二〇年），宋寧宗給淮東制置使賈涉下達詔令，要他招諭山東、兩河豪傑志士抗金。同時，南宋四川宣撫使安丙還與西夏秘密交涉，相約共同出兵進攻金國。

這一段時間的戰爭十分混亂。在宋與金的戰爭，有夏與金的戰爭，有蒙古與金的戰爭，還有形形色色的義軍，各方勢力犬牙交錯。總體上說，金國的處境最為不妙，在東西南北四個方向都受到威脅。這時形勢對南宋是有利的，山東、河北義軍紛紛歸順，如果朝廷能因勢利導，收復中原也是有可能的。

可惜的是，南宋朝廷缺乏像岳飛、張浚這樣的將帥之才，難以駕馭前來歸順的義軍首領。忠義軍首領李全驍勇善戰，為朝廷立下不少汗馬功勞，可是他畢竟是出身綠林，難以管束，惹出不少事端。

張林與李全稱兄道弟後，獻出山東十二郡歸順南宋，但兩人很快就反目成仇了。當時張林在山東擁有幾個鹽場，這也是他的主要收入來源。李全的哥哥李福要求分得一半鹽場，張林不同意。因為利益問題，張林與李全兄弟鬧翻，被逼無奈之下，索性投降蒙古人了。

張林叛變後，朝廷又不得不倚重李全以穩定山東局勢。嘉定十五年（一二二二年），南宋出師征討張林，李全率軍佔領青州。朝廷為表彰其功，授予李全保寧軍節度使之職，兼京東路鎮撫副使。自佔據青州後，李全擁兵自重，儼然一軍閥割據勢力矣。

朝廷一味以官爵羈縻綠林出身的李全，反倒令李全更加跋扈囂張，居功自傲，目中無人。時任淮東制置使的賈涉便警告朝廷，李全驕暴難制。可是朝廷仍然幻想著利用李全的名望與才能，在山東、河北鼓動義軍，抗擊金兵。

賈涉去世後，朝廷委派許國為淮東制置使，也是李全的頂頭上司。

許國對來自北方的忠義軍向來輕視，採取種種手段壓制，令李全極度不滿。後來李全到楚州謁見許國時，又遭到他的冷遇。在李全返回青州時，許國又故意在楚州城外搞了一場大閱兵，參加閱兵的部隊是十三萬兩淮馬步軍。此舉是向李全示威，以示忠義軍不過只是烏合之眾罷了。

心高氣傲的李全哪裡忍受得了這種羞辱，遂心生殺機。他留部將劉慶福待在楚州，伺機除掉許國。劉慶福率自己部眾作亂，許國被亂軍所傷後縊死，全家男女老少全部遇害。這件事背後的主謀就是李全，當朝宰相史彌遠當然心知肚明，但他深恐李全叛變，不僅沒有任何責罰，反倒極力安撫。

殺死堂堂兩淮制置使，李全居然毫髮無損。

朝廷越怕事，李全越膽大妄為。

在許國死後，李全的野心更大，妄想吞併其他的忠義軍。除了李全之外，還有幾支被朝廷招安的忠義軍，其中實力最強的是彭義斌。彭義斌是著名的義軍領袖，曾率部收復京東州縣，經略河北，戰功頗著。李全寫信給彭義斌，要求他接受其節制。彭義斌把李全的信使斬首示眾，並宣佈李全罪狀：「背國厚恩，擅殺制使。」兩支義軍的火拼已是不可避免。

李全先發制人，率軍進攻彭義斌，豈料偷雞不成反蝕把米，被彭義斌打得大敗。彭義斌收編李全的降卒後，實力更加強大。他向朝廷建議：「若不誅殺逆賊李全，收復中原無望。」由於李全橫行霸道，南宋諸將早就看他不順眼，特別是擅殺許國後，更是大失人心。諸將紛紛表示支持彭義斌的建議，出兵討伐李全。然而宰相史彌遠擔心局勢失控，未予批准。

不久後，彭義斌在與蒙古人的作戰中兵敗，不幸被俘殉難。彭義斌之死，對李全來說是一個好消息，但此時的山東局勢更加錯綜複雜了。

山東原本是金國的地盤，此時金國的勢力幾乎已經全部被掃出山東，蒙古人與忠義軍各控制一部分地盤。在此之前，蒙古只對金國開戰，並沒有對南宋開戰。現在蒙古人與忠義軍勢力相交錯，戰爭便難以避免了。我們在前面說過，忠義軍為南宋朝廷所招撫，但仍然是屬於義軍性質的編外部隊。

擒殺彭義斌後，蒙古人轉而攻打李全的忠義軍。李全固守青州，蒙古人採取圍困手段，斷其糧援。青州被蒙古人圍困達八個多月，李全糧盡援絕，於寶慶三年（一二二七年）五月突圍，遭到蒙古人的截擊，損失七千餘人，被迫退回城內。無奈之下，李全最終向蒙古人投降。

南宋朝廷本想借用忠義軍的勢力，圖謀山東、河北，豈知最後成了竹籃打水一場空。隨著彭義斌敗亡、李全降蒙古，南宋在淮河以北的勢力擴張停頓。可以說，南宋朝廷錯失了一個千載難逢的機會，沒能乘蒙古、金戰爭的有利時機漁翁得利，這也反映出當時南宋政府之無能。有一個人難辭其咎，他就是執掌大權達二十六年之久的權相史彌遠。

四二、一手遮天：政壇不倒翁史彌遠

與北宋相比，南宋的權臣特別多。

先是有秦檜，後來又出了一個韓侂胄，緊接著又來了一個史彌遠。

在誅殺韓侂胄的行動中，史彌遠立下首功，同時也深得楊皇后的信任。有皇后為靠山，史彌遠很快從禮部侍郎躍遷為帝國宰相。為了鞏固自己的權勢，博取人心，消除韓侂胄的影響，他大力為所謂的「偽學黨人」平反昭雪。恢復趙汝愚、朱熹、彭龜年、呂祖儉等人的名譽，並招攬理學名士入朝。當然，史彌遠推崇理學與當初韓侂胄打擊理學，目的是一致的，那就是藉此來擴張自己的權力與影響力。

史彌遠在宋寧宗時當了十七年的宰相，在宋理宗時又當了九年宰相，身居相位二十六年，權勢之大，無人可及。

在史彌遠當政的前幾年，由於南宋帝國剛剛與金國締結和約，兩國恢復和平，故而帝國倒沒有發生什麼大事情。可是從嘉定十年（一二一七年）開始，宋金戰火重燃。此時金國正遭受蒙古人的猛烈打擊，形勢對南宋十分有利。史彌遠卻未能放手一搏，顯得畏首畏尾。甚至在招撫紅襖軍及其他中原義軍時，也不敢公開化，深怕得罪金人。史彌遠的這一政策是非常失敗的，以李全為代表的忠義軍始終是體制外的軍隊，未能編入政府軍，故而政府對忠義軍的控制力度始終有限，導致十分嚴重的後果。

顯然，史彌遠更關心的問題，乃是自己的權勢與地位。

表面上看上去，史彌遠的地位固若金湯。當初誅殺韓侂冑時，他與楊皇后、皇子趙曮結為同盟，不久後，趙曮被立為皇太子（改名為趙詢）。倘若事情順順利利，那麼宋寧宗百年之後，趙曮繼任皇帝，史彌遠的權勢絲毫不會受到影響。

可是人算不如天算。皇太子居然比皇帝死得早。

嘉定十三年（一二二〇年），皇太子趙曮病死，這無疑給史彌遠的前途蒙上了一層陰影。

宋寧宗曾有幾個兒子，但都死得早，被冊立為太子的趙詢也不是他的親生子。現在連趙詢也死了，以後誰來接班呢？皇帝只得從宗室中挑選繼承人，挑來挑去，選中了宋太祖的十世孫趙竑。

對於趙竑這個人，史彌遠既不熟悉，也不知其底細。正所謂「知彼知己，百戰不殆」，史彌遠打探到趙竑喜歡彈琴，便想出了一個主意。他花大銀子買了一個善於彈琴的美女，獻給趙竑。這個女子知書達理，且聰穎過人，很快便得到趙竑的寵愛。可趙竑哪裡知道，該女子其實是史彌遠安插在其身邊的眼線。

相處時間既久，趙竑對美女愈加信任，常向她傾訴心聲。這位皇帝的接班人顯然沒有意識到，作為權力核心之人，談情說愛乃是奢望，他無條件地對寵愛的女人推心置腹，卻被這個女人出賣了。

作為趙宋宗室，趙竑對史彌遠獨攬大權、專橫獨斷耿耿於懷。有一回，他心血來潮，指著牆上一幅地圖上所標的瓊崖，對心愛的女人說：「他日我若得志，置史彌遠於此。」更有甚者，他還給史彌遠起了一個綽號，叫「新恩」，「新」指的是新州，「恩」指的是南恩州，這兩個州都是當時放逐大臣的流放地。言下之意，待趙竑當上皇帝後，他就要把史彌遠踢出朝廷，流放到南方去。

這些話很快便通過美女間諜傳到史彌遠耳中，史彌遠聽後不禁毛骨悚然。怎麼辦呢？首先他想到討好趙竑，改善關係，博取他的好感。於是他收羅了一些奇珍異寶，送給趙竑。偏偏趙竑不領情，這位溫室中長大的皇子顯然缺乏圓滑的政治手腕，喜怒形於色，好惡分明。他假裝喝醉酒，把史彌遠送來的奇珍異寶打碎在地，用這種直接的方式拒絕了宰相的討好。此舉固然快意，但趙竑卻低估了政治鬥爭的複雜，低估了史彌遠玩弄權術的本領。

史彌遠冷笑了：就憑你小子能扳倒我嗎？鹿死誰手還沒定論呢。

從那天始，史彌遠把趙竑當作一號敵人，他必須阻止趙竑登上皇帝的寶座。趙竑是皇位繼承人，想要整垮他，就必須抬出另一個繼承人人選。史彌遠找到了一個合適的人選：被立為沂王的趙昀。

如何推趙昀上位呢？史彌遠苦苦思索。

這時，一個機會出現了，皇帝要給沂王趙昀找一位老師，史彌遠眉頭一皺，計上心頭。史彌遠與國子學錄鄭清之的關係不錯，他便找鄭清之密談：「皇子（趙竑）不能擔當重任，我聽說沂王（趙昀）十分賢明，現在正要挑選一名講官，你去好好訓導他吧。」這個意思說得相當明白，就是想讓趙昀取代趙竑，讓鄭清之去沂王府當內應與參謀。

你想想，鄭清之本是個學者，突然捲入政治鬥爭的漩渦中，他有幾分害怕。史彌遠把話說明白了：「事成之後，我史彌遠的位置就是您的。不過您要記得，今天在這裡所說的話，出於我之口，入於君之耳，若是有一語洩露，那麼我與您都要被族誅了。」聽到這裡，鄭清之心頭一顫，連聲道：「不敢不敢。」就這樣，史彌遠以利誘加威脅的手段，把鄭清之拉入到這場政治陰謀中。

在史彌遠的推薦下，鄭清之順利進了沂王府，當了趙昀的老師。史彌遠知道，要扶趙昀上位，硬體上得達到要求才行。什麼硬體呢？必須要能寫好文章，還得要有一手好書法。宋代極其推崇文化，歷代宋帝都有非常高的文化修養，甚至還出現宋徽宗這樣在中國藝術史上留名的大家。趙昀本非宋寧宗的親生子，倘若才藝不過關，要當上皇帝那絕對不可能。

在鄭清之的悉心教導下，趙昀的文章、書法都有長足進步，連史彌遠都讚不絕口。但史彌遠還不放心，又問鄭清之，趙昀之賢明究竟到什麼程度。鄭清之這樣回答：「其賢明之處，我不能一一列舉，然而可以一言斷之：不凡。」趙昀乃是非凡之人，聽到這裡，史彌遠不禁捋鬚點頭，臉上流露出得意神情。只要趙昀不凡，那麼便有機會取代趙竑。

轉眼間已是嘉定十七年（一二二四年），宋寧宗終於聽到死神的召喚。

宋寧宗病危之際，史彌遠加緊廢立步伐。

要立趙昀，首先還得趙昀自己願意才行。史彌遠令鄭清之把廢立計畫告訴趙昀，明白地告訴他，要廢掉趙竑，立他為皇帝。趙昀聽完後，默不作聲，鄭清之急了，一而再地催促。可是趙昀仍然一言不發。要知道皇帝的位置固然很有誘惑力，可是搞不好，皇帝沒當上還得掉腦袋。趙昀一聲不吭，老師鄭清之幾乎要哀求他了：「您不答一語，清之將如何向丞相覆命？」此時趙昀冒出一句沒頭沒腦的話：「紹興老母尚在。」

鄭清之沒辦法，只得把趙昀的這句回答告知史彌遠。史彌遠聽罷卻暗暗稱奇，心想此人確有不凡之處。為什麼這樣說呢？趙昀對當皇帝一事，既沒有表示贊同，也沒有表示反對，這十分明智。

倘若贊同了，政變失敗不免人頭落地；倘若反對，史彌遠說不定要除之滅口。乾脆不吭聲，這叫進可攻，退可守。

對史彌遠來說，趙昀不反對就夠了。

閏八月初三，宋寧宗去世。

史彌遠開始行動了。

此時楊皇后的態度至關重要，史彌遠早有準備，收買了楊皇后的侄子楊石、楊谷。楊石、楊谷遂入宮稟告皇后，請求廢掉趙竑、改立趙昀。楊皇后聽了不禁愕然道：「皇子趙竑乃先帝所立，豈敢擅變？」堅決不答應。楊石、楊谷只得悻悻而退，回稟史彌遠去了。這天晚上，對史彌遠來說是生死攸關的一夜，他必須盡全力賭上一把。他令楊石、楊谷再入宮固請廢立之事，一夜之間往返七次。在史彌遠的堅持下，楊皇后最終被迫做出讓步，答應立趙昀為皇帝。

史彌遠聞訊後大喜，立即遣人前往迎接趙昀入宮。他還擔心去的人搞錯，還特地交代說：「現在宣旨入宮的是沂王府的皇子（趙昀），不是萬歲巷的皇子（趙竑），不要搞錯了，否則都要處斬。」

趙昀入宮後拜見楊皇后，楊皇后撫著他的背說：「今後你就是我的兒子了。」就這樣，趙昀在宋寧宗靈柩前繼位，史稱宋理宗。

在這場宮廷政變中，老謀深算的史彌遠最終成為勝利者，薑還是老的辣，趙竑在政治上還是太嫩了，最後一刻居然被掀翻在地。

趙竑丟了皇冠後，被封為濟王，賜第湖州。

當時湖州有一名志士，名叫潘壬，他聽聞史彌遠一手遮天，擅行廢立之事，心裡憤憤難平，打算起兵謀立濟王趙竑。潘壬知道自己的實力不夠，便派人與忠義軍首領李全聯繫，求他援助。李全滿口答應，並與潘壬約定起兵時間。其實李全並非真心擁護趙竑，只是想搞政治投機罷了，當他發現潘壬一夥人只不過是烏合之眾時，便打消了起兵的念頭。

到了約定的起義時間，李全的忠義軍並沒有出現，潘壬所拼湊的部隊，不過是只有千來人的販夫走卒，哪能成得了大事？很快，潘壬的起義被迅速鎮壓下去，毫無懸念。潘壬不僅自己送了命，還連累了濟王趙竑。史彌遠深感趙竑不除，後患無窮，便詐稱趙竑生病，派親信余天錫帶著太醫到湖州為他治病。治病只是幌子，余天錫到了湖州後，假傳諭旨，逼趙竑自殺，對外則宣稱是病死。

史彌遠果然膽大妄為，先是廢掉趙竑，又逼其自殺，豈能不激起朝中正直大臣的義憤呢？真德秀、魏了翁等人紛紛上書為趙竑鳴冤。但鳴冤有什麼用呢？史彌遠殺趙竑，宋理宗這皇位坐得才踏實，誰是趙竑之死的得益者，這不是很明白嗎？

在皇帝的庇護下，史彌遠的權勢未受任何動搖，即便殺了濟王趙竑仍逍遙法外。

但是卻有一人讓史彌遠頭疼，這個人就是李全。

當初為了利用山東抗金力量，史彌遠令邊將暗中招撫抗金義師，並冠以「忠義軍」之名。起初忠義軍為朝廷立下赫赫戰功，其中戰績最輝煌的就是李全。然而隨著勢力的膨脹，李全野心越來越來，越來越難約束。他先是逼反張林，後又擅殺兩淮制置使許國，接著又攻打彭義斌，最後投降了蒙古人。

李全投降時，他妻兒及哥哥李福尚在楚州。與李全結仇的張林乘機回到楚州，大開殺戒，殺死李全之子李通、哥哥李福與愛妾劉氏，向朝廷邀功。得悉消息後，李全大為悲慟，向蒙古人請求率兵南下。蒙古人起初不答應，李全斷指發誓道：「李全倘若再回歸南朝，有如此指。」於是改服蒙古衣冠，發兵下淮南，佔領楚州。

此時的李全，已儼然成為中原一大勢力。為了拉攏李全，蒙古、金與南宋都開出大價碼。蒙古有經略天下之志，但光靠蒙古人是不夠的，必須倚重漢人降將，於是授予李全山東行省，把山東的軍政大權都給他。金國以「淮南王」的封爵招攬李全，遭到李全的拒絕。南宋宰相史彌遠到這個時候，仍然主張以招撫政策羈縻李全，打算授予他彰化、保康節度使兼京東鎮撫使之職。然而史彌遠雖是弄權之人，對付李全卻毫無辦法，李全不僅一口回絕，還嘲諷道：「朝廷待我如小兒，啼乃授果。」

李全本來狡智之徒，雖拒絕史彌遠扔給他的官銜，卻不拒絕南宋給他的糧餉。在李全問題上，史彌遠是難辭其咎，一味給好處，最後的結果卻是肉包子打狗——有去無回。南宋還在撥糧餉給李全，李全卻拿來大造舟師，積極為侵宋做準備。南宋前方將士直呼看不懂：「朝廷唯恐賊不飽，教我輩何力殺賊？」

史彌遠最終搬起石頭砸自己的腳了。

紹定三年（一二三〇年），鑒於李全已經不可能招撫，史彌遠才轉變態度，奏請皇帝下詔停給錢糧，討伐李全。李全惱羞成怒，進攻揚州以索取錢糧。宋將趙范、趙葵率一萬四千人守城，怒斥李全道：「朝廷待汝以忠臣孝子，汝乃反戈攻陷城邑，朝廷安得不絕汝錢財。」李全雖然驍勇善戰，然而自從他投降蒙古後，其部下離心，無心與南宋軍隊作戰。李全在揚州城下大敗，率數十騎倉皇而逃，不料半途卻陷入泥淖中，被宋軍追上後當場格殺。

李全敗亡後，趙范、趙葵乘勢進剿其殘部，以十萬之眾攻破鹽城，繼而再下楚州，李全餘部皆降。至此，李全之亂方被平定。

史彌遠本來想籠絡李全，利用義軍以進取中原，不料最後卻搞得烏煙瘴氣，令兩淮百姓深受其害。這位帝國權臣在朝廷之上呼風喚雨，不可一世，在對外政策上卻極度無能，白白錯失進取中原的有利時機。與此同時，蒙古的崛起不可阻擋，南宋朝廷要何去何從呢？

四三、聯蒙滅金：海上之盟的翻版

蒙古人正在締造歷史上絕無僅有的大帝國。

一二一九年，成吉思汗開始大舉西征。

這次西征歷時七年，攻略範圍之廣，取得戰績之偉大，足以震動世界。蒙古騎兵戰無不克，攻無不勝，狂風暴雨般地掃蕩亞洲大陸。在征服西域諸國後，蒙古之勢力擴張至中亞。成吉思汗本無意繼續西進，豈料中亞伊斯蘭大帝國花剌子模國擅殺蒙古使者，成吉思汗大怒之下，遂繼續向西挺進，征服花剌子模及附近小國。又遣大將速不台征服亞美尼亞、格魯吉亞等地，而後越過高加索，打敗基輔大公統率的俄羅斯諸部，兵鋒直抵頓河流域。

西征歸來後，成吉思汗集中力量攻打西夏。西元一二二七年，西夏在立國二百多年後，被蒙古所滅。同年，一代天驕成吉思汗去世。成吉思汗在去世前，對未能在有生之年滅掉金國而引以為憾，他臨死前留下滅金戰略：「金精兵在潼關，難以遽破。若假道於宋，宋金世仇，必能許我，則下兵唐鄧，直搗大梁。金必自潼關以數萬眾千里赴援，人馬疲弊必敗。」這足見成吉思汗深邃的戰略眼光。

成吉思汗去世四年後，即西元前一二三一年（紹定四年）。蒙古大汗窩闊台依成吉思汗遺策，計畫兵分兩路進攻金國首都汴梁（開封），一路由窩闊台領統，自黃河北岸渡河進攻；另一路由拖雷統領，借道南宋漢中，迂迴到唐州、鄧州，進而包抄汴梁城。

窩闊台的計畫不錯，但出了差錯。

蒙古派使臣前去與宋軍商量借道之事，豈料南宋將領張宣竟把蒙古使臣殺死。拖雷大怒，揮師入大散關，破鳳州，圍興元，南宋軍民傷亡慘重。之後，拖雷引兵東向，攻破饒風關，向汴京挺進。原本是欲借道漢中，最後成了強行以武力通過南宋地盤，雖與預定的計畫不同，但蒙古人還是順利完成對汴京的夾擊之勢。

當時窩闊台的部隊已抵汴京附近，金哀宗急令鄧州守將完顏合達率步騎十五萬人增援汴京。金國人尚以為蒙古主力在汴京以北，豈料拖雷的部隊繞道漢中後，已經抵達唐州、鄧州了。拖雷馬上集中兵力，追擊這支十五萬人的金國大軍。完顏合達急著趕往汴京，無心與拖雷會戰，且戰且行。然而大雪阻止了金兵的前進，拖雷的蒙古軍隊終於趕上來，包圍金兵。當時金兵距離鈞州只有三十五里距離，拖雷故意圍三缺一，讓金兵往鈞州方向逃竄。這一逃，金兵陣形全亂，蒙古人乘機前後夾擊，大破金兵。

窩闊台得知拖雷與金兵交戰，便派遣一支部隊前來相助。援軍尚未到，拖雷就大敗對手了，於是兩支軍隊合師進攻鈞州。此時金兵精銳皆喪，豈能擋得住蒙古鐵騎。鈞州一役，完顏合達與其他金兵重要將領全部戰死。完顏合達是金國名將，他的部隊也是精銳之師，還沒到汴京便被消滅了。

從此，金國大勢已失矣。

在蒙古鐵騎的掃蕩下，金國只有招架之功，無還手之力了。很快，金國的商、陝、洛、睢等州紛紛落入蒙古之手，軍事重鎮潼關舉旗投降。

可是在進攻汴京時，蒙古人卻遇到大麻煩了。

汴京城池堅固，為了破城，蒙古人從太湖及靈璧運來大量的假山石，大小約一斤重，以投石炮轟城。蒙古人的投石炮可擊穿鐵甲，他們在每一個城角外都置炮轟機。短短幾天的時間，蒙古炮所轟出的石塊，幾乎堆得與城牆一樣高了。

可是金國的武器更厲害。

金國自佔據中原後，利用中原先進的科技裝備軍隊，火器水準相當高。在汴京之戰中，蒙古人最懼怕金人的震天雷與飛火槍，震天雷是一種火炮，以鐵罐盛藥，用火點燃，炮聲震天，故名為震天雷。蒙古人攻城十六天，死亡上萬人，仍無法攻破。此時已近夏季，天氣漸熱，負責攻城的蒙古大將速不台心知汴京不易攻下，遂同意與金國媾和，暫時撤圍退兵。

蒙古派唐慶為特使入汴京，唐慶仗著是勝利者一方，到了汴京後出言不遜，狂妄無禮，並要求金哀宗須親自前往蒙古談判。唐慶的傲慢惹怒了金國人，當天夜晚，部分金兵譁變，殺死唐慶及蒙古使團。此舉固然快意，卻令和談破裂，金國由此陷入萬劫不復之境。

為了滅掉金國，窩闊台決定聯合南宋，共同出兵。蒙古派王楫為特使前往南宋襄陽城，謁見京湖制置使史嵩之，商議聯合出兵事宜。史嵩之趕緊向朝廷奏報，朝臣們一商議，紛紛表示機不可失，應該答應蒙古人，滅了金國，一雪靖康之恥。

只有一個人表示異議，淮東安撫使趙范警告說：「宣和時，海上之盟，初約甚堅，後卒取禍，不可不鑒。」當年宋朝不也跟金國結盟滅了遼國嗎？後來怎麼樣呢，自取其辱罷了。可是宋理宗不理會，仍然令史嵩之遣使到蒙古，並要求滅掉金國後，宋朝收回河南之地。

金哀宗感到大事不妙，汴京城怕是守不住了，他決定東逃，逃往歸德（河南商丘）。速不台得知金哀宗東逃後，遂進兵再度包圍汴京。

經過四個月的圍困，蒙古人終於攻下汴京。

這時的金哀宗已是惶惶如喪家之犬，天地廣闊，可是他要逃到哪兒呢？

當時鎮守唐州、鄧州的金國將領武仙、武天錫等，認為要避開蒙古人的兵鋒，重振金國聲勢，最好的去處，莫過於易守難攻的川蜀。若是能攻破川蜀以迎金帝，那麼金國尚有一線生機。於是武仙、武天錫出兵入侵南宋的光化（湖北襄陽北），試圖打開通往川蜀之路。

金兵的入侵，遭到南宋軍隊的迎頭痛擊。

鎮守於此的南宋守將孟珙，是孟宗政的兒子。孟宗政曾在宋金戰爭中與金兵相持於棗陽八十餘日，殺敵三萬，威震四方。孟宗政打敗金兵後，唐州、鄧州一帶漢人紛紛前來投奔，他從中挑選兩萬名壯士，編為「忠順軍」。孟宗政去世後，其子孟珙被朝廷任命為京西路兵馬鈐轄，駐守棗陽，同時也接替父親成為忠順軍的統帥。

孟珙與岳飛、吳玠一樣，極富軍政才幹。他屯守棗陽期間，修建水利工程，開拓田地，邊關得以豐饒。為了對付女真、蒙古的游牧騎兵，他極其重視馬匹的飼養，發動忠順軍將士每家每戶都養馬，官府撥給馬糧，因此馬匹數量增長很快，也令孟珙擁有一支精銳的騎兵。

在得知金兵入侵光化後，孟珙立即率軍迎戰，首戰告捷，斬金將武天錫。緊接著，孟珙攻克順陽，金兵統帥武仙敗走馬鐙山。

當時有一個名叫劉儀的金國將領向孟珙投降，孟珙詳細詢問金兵在馬鐙山的守備情況。探明敵情後，孟珙率領大軍，兵圍馬鐙山。武仙一直輕視南宋軍隊的戰鬥力，哪裡料想得到孟珙的部隊如此勇猛。經過六天的戰鬥，金兵在馬鐙山的九個據點，已經被孟珙攻破七處，陣亡金兵的屍體，更是堆積如山。

本想偷雞，不想反蝕把米。金兵已陷入重圍，統帥武仙自己帶著五六名騎兵逃命去了，剩下來的七萬人，全部向孟珙繳械投降。

孟珙這次輝煌的勝利，打碎金人窺蜀之夢。金哀宗只得另找落腳點，最後他選擇了蔡州（河南汝南），這裡也將是他生命的最後一站。

想當年，女真興起於黑水白山之間，滅遼伐宋，雄視天下，何其壯也。只是彼一時，此一時，好漢也不能提當年勇了。金國絕大部分土地已落入蒙古之手，連首都也被攻陷了，金哀帝成了落魄皇帝，不僅沒了奢華宮殿，連吃飯都成問題。

金哀宗的想法與窩闊台一樣，想拉攏南宋。他派人前往南宋，兩個目的：其一是借點糧食；其二是說明宋金聯手的必要性。金哀宗是這樣說的：「今蒙國滅國四十，以及西夏；夏亡，及於我；我亡，必及於宋。唇亡齒寒，自然之理。若與我連和，乃為我及彼也。」這是警告宋朝，蒙古乃是狼子野心，只有宋、金聯手，才能自保。

對於金哀宗的話，宋理宗懶得理會。

宋朝一直受金國欺負，就算議和，要麼稱臣，要麼稱侄，何其辱也。現在你金國已是落水狗，你別居高臨下訓示我。其實金哀宗說的，是有道理的，但是我們也必須看到，宋與蒙古並無世仇，與金則有不共戴天之仇，本來就非唇齒相依，何來唇亡齒寒呢？

宋理宗非但不借糧給金人，還盤計著履行與蒙古人的約定。倘若宋朝不趕緊出兵，等蒙古滅了金國，想討回河南地也不可能了。此時窩闊台已經派遣都元帥塔察爾進攻蔡州，宋理宗詔令孟珙率忠順軍主力前往助戰，與蒙古人夾擊蔡州。

孟珙接到命令後，立即率忠順軍兩萬餘人，攜三十萬石糧食，開赴蔡州。孟珙的到來，令塔察爾大喜過望，馬上著手準備攻城器械，開始攻城。蒙古軍攻城的北面，孟珙攻城的南面。蔡州的防禦工事本來就遠不如汴京，糧食又嚴重缺乏，已是孤城一座，如何抵擋得住蒙、宋兩國之夾攻呢？

端平元年（一二三四年）正月，蔡州在頑強抵抗三個月後，終於被攻陷。金哀宗自縊身亡，其部下將其屍體火化。被金哀宗指定為繼承人的完顏承麟也未能倖免，被亂軍所殺。至此，金國滅亡。自金太祖完顏阿骨打建國，到金哀宗亡國，金國歷史共計一百二十年。其興也勃焉，其亡也忽焉。

蔡州即將淪陷之時，南宋權臣史彌遠去世。

史彌遠弄權二十六年，竟得以善終，也算是個幸運的人。由於宋理宗是史彌遠一手扶植上台的，故而對這位權臣恩寵不衰。史彌遠的兩個兒子、一個女婿以及五個孫子，都封官晉爵。當然，宋理宗這樣做，也是因為對史彌遠懷有某種畏懼心理，他既有能力立皇帝，也有能力廢掉皇帝。

在登基九年之後，宋理宗終於有出頭之日，開始擺脫史彌遠的影響，親自主持政事。他把年號改為「端平」，並把史彌遠的私黨清理出朝廷，同時給冤死的濟王趙竑平反，恢復其官爵。

史彌遠的時代過去了，朝廷中的烏煙瘴氣稍稍散去。此時又傳來攻破蔡州、金國滅亡的好消息，更是舉國共賀。百年宿敵灰飛煙滅，百年國恥終得一雪。正是福無雙至今日至，南宋軍民似乎已經看到一個美好時代的到來。

金國滅亡後，蒙古、宋議定，以陳蔡西北地為界，以北歸蒙古，以南歸南宋。根據這個議定，南宋得到一部分河南地，與預期相差甚遠，特別是河南三京，即東京開封（汴京）、西京洛陽、南京應天府，一個也沒能收回。

曾經平定李全之亂的宋軍將領趙葵、趙范拋出一個計畫：守河據關，收復三京，就是把大宋的邊界線北推到黃河、潼關一線，收復三京之地，撫定中原。

河南經過多年戰爭，城池殘破，十室九空，蒙古人雖取得陳蔡以北的土地，卻無心棧留，主力已經渡河北返。南宋軍隊若此時出兵，佔領空城並不難，但此舉無異於對蒙古宣戰，故而引起朝臣與邊將們的極力反對。然而皇帝與宰相鄭清之則好大喜功，全力支持趙葵、趙范的計畫。

蒙金戰爭剛剛落下大幕，蒙宋戰爭又要一觸即發了。

四四、反目成敵：蒙宋戰爭

端平元年（一二三四年）六月，南宋軍隊開始行動。首個目標，就是收復故都汴京（東京開封）。南宋派出兩支軍隊直取汴京，一支由淮西制置使全子才率領，共一萬人；另一支由淮東制置使趙葵統領，共五萬人。守衛汴京的是投降蒙古的金國降將崔立，此人聲名狼藉，素為汴京軍民所厭惡。崔立部將李伯淵、李琦等人風聞南宋軍隊欲收復汴京，便刺殺崔立，打開城門迎接全子才。

汴京在淪陷一〇四年後，又回到宋人之手。

這當然是可喜可賀的事。全子才收復汴京後半個月，趙葵率領的五萬主力軍前來會師。趙葵對全子才大為不滿，抱怨說：「汝師到此已半月，不急攻潼關、洛陽，尚待何時？」

全子才答道：「糧餉未集，如何發兵？」

趙葵怒道：「現在蒙古兵還未到，正是乘虛而入的機會，若等朝廷發餉，恐怕蒙古人早南下了。」

全子才沒辦法，只得令徐敏子率軍前去攻取洛陽，另派楊誼率軍作為後應，兩路人馬都只攜帶五日口糧。徐敏子抵達洛陽時，洛陽早已是一座空城，沒有軍隊駐守，全城只有三百家人。西京洛陽輕而易舉收復了，然而這不過只是曇花一現罷了。

蒙古軍隊很快殺回來了。

策應徐敏子的楊誼部隊共計一萬三千人，行至洛陽以東三十里處，忽然遭到蒙古人的襲擊。楊誼被突如其來的蒙古人打得暈頭轉向，向南逃竄，蒙古人追到洛水河畔，宋軍大量士兵在搶著渡河時溺水身亡。擊敗楊誼之後，蒙古人轉而進攻洛陽。徐敏子率部苦戰，起初還勝負相當，但宋軍的糧食很快消耗一光，如何再戰？無奈之下，徐敏子只得放棄洛陽。

蒙古軍攻下洛陽後，一路向東，直取汴京。汴京守將趙葵、全子才多次催促朝廷運送糧餉，但望穿秋水，糧餉卻遲遲未到。蒙古人從汴京城外決黃河引水灌城，宋軍本來就饑餓難戰，又被洪水淹死不少人。趙葵、全子才無力回天，只得放棄汴京，狼狽而逃。

從收復汴京到放棄，前後不到兩個月的時間。

就這樣，南宋發動的「守河據關，收復三京」的軍事冒險計畫，以徹底的失敗而告終。

縱觀宋朝歷史，可以發現宋朝廷在外交上一直很被動，要麼懦弱，任人宰割；要麼逞強，打腫臉充胖子。稍有挫折，便自信心崩潰；稍有收穫，又自尊心膨脹。聯金滅遼與聯蒙滅金有許多相似之處，宋朝都是以弱勢的一方聯合強勢的一方，獲取若干利益。其實無論是滅遼還是滅金，宋朝都出力甚微，但是滅掉對手之後，又想撈取更多好處，結果就得罪了勢力強大的盟友。

宋軍從洛陽、汴京敗退後，蒙古馬上遣使者赴宋，指責南宋朝廷負約背盟。從此以後，在河淮一帶，戰火又要熊熊燃燒了。

端平二年（一二三五年）六月，蒙古大汗窩闊台大舉南侵，蒙宋戰爭爆發。

蒙古兵分三路：西路軍由闊端統領，進攻川蜀；中路軍由庫春統領，進攻襄陽；東路軍由溫不花指揮，南下江淮。

且來看看蒙古人三路出擊的情況。

先說西路軍。

闊端入侵川蜀的路徑，與當年金兵相仿，乃是由陝入川。首戰沔州（陝西略陽），宋知州高稼孤軍無援，力戰而死。繼而蒙古軍兵圍青野原，利州統制曹友聞連夜前往救援，截擊蒙軍，解青野原之圍。蒙古先鋒汪世顯率軍攻打大安（陝西寧強北），又被曹友聞擊退。為了阻止蒙軍入川，曹友聞駐守於當年吳玠大破金兵的仙人關，嚴陣以待。

在數個月的相持後，蒙軍攻入興元（陝西漢中），直趨陽平關。曹友聞率軍救援，不想天公不作美，狂風暴雨突至，蒙古乘機圍攻宋軍，曹友聞兵敗，捐軀沙場。曹友聞一死，由陝入川的通道洞開，蒙軍長驅直入。

自吳玠、吳璘守川蜀以來，百餘年來，四川境內倒是比較太平。如今蒙軍突然殺到，各州府備戰不足，不到一個月的時間，四川境內大半州府居然都落入蒙軍之手。蒙古人只是在進攻文州時，才遇到強有力的抵抗。文州軍民在知州劉銳、趙汝鄉的領導下，固守一個多月。蒙軍切斷汲水道，全城斷水，又盼不到援軍，最終被攻破，死數萬人。

蒙軍統帥闊端又收買吐蕃部落，聯合攻陷成都。不久後，闊端得悉皇子庫春的死訊，遂放棄成都。宋軍這才陸續收復成都及川西一些州府。

再來看看蒙軍在中路的進展。

中路蒙軍在庫春的率領下，先取攻棗陽，而後進攻郢州。郢州（湖北鍾祥）臨漢水，城池堅固，蒙軍便大造木筏，從水面發動進攻，雙方展開激戰。宋軍頑強抵抗，江陵統制李復明戰死，但蒙古人最終沒能攻下該城。

可是這個時候，襄陽卻出了大亂子。

原來襄陽守軍內部向來分裂為兩派勢力，一為北軍，一為南軍。北軍將領的權勢在南軍之上，故而兩派不和。鎮守襄陽的京湖制置使趙范駕馭無方，竟使得北軍將領王旻、李伯淵等人起了反叛之心，搶了襄陽城郭的倉庫，然後放一把火燒了，投降蒙古去了。南軍將領李虎等人，又乘火大掠一番，也揚長而去。趙范回天乏力，只得棄城而走，襄陽遂為蒙古所佔領。

自從岳飛收復襄陽城後，這裡一直是南宋的軍事重鎮，城高池深，固若金湯，而且儲備有財粟三十萬，軍械武器二十四庫，就算被圍困幾年都不成問題。經過這般折騰後，經年累月的積貯，付諸東流矣。

襄陽失陷後，均、房、隨、郢諸州也先後淪陷。

只是後來統帥庫春病死於軍中，蒙古人在中路的攻勢方才告一段落。

最後來看看東線戰事。

溫不花大舉南下，兵鋒直指唐州，曾經收復汴京的全子才棄城而逃。當蒙古軍隊進入淮西時，南宋幾乎沒有像樣的抵抗，蘄、舒、光三州的守將均棄城而逃，大量的兵馬糧械都落入蒙軍之手。溫不花兵分兩路，一路進逼黃州，一路進逼合肥。

此時的宋理宗頗為挑起戰端懊悔，他把積極主張收復三京的宰相鄭清之罷免，又下了一道罪己詔。只是如今反悔也遲了，首要任務還是得遏制住蒙古人潮水般的進攻。皇帝任命史嵩之增援光州，趙葵增援合肥。

史嵩之得知蒙古人已攻至江陵（湖北荊州），派遣孟珙率軍前往救援。孟珙是南宋軍隊中第一號將才，在破蔡滅金之戰中功績卓著，受到宋理宗的接見。宋理宗詢問孟珙對議和的看法，孟珙答道：「臣係武夫，理當言戰，不當言和。」宋理宗點頭稱善，遂命孟珙率部駐紮黃州。孟珙到黃州後，仍然開荒田修水利，搜訪軍實，增置兵寨，黃州已儼然成為一軍事重鎮。

此時溫不花的蒙軍主力正向黃州挺進，攻至江陵。孟珙奉令前往援救，他見蒙軍人多勢眾，遂採取疑兵之計，先令部將張順渡江，自己率主力隨後，過了江後，又密令士兵不斷變換衣服旗號。到了夜晚，又命人在江岸高舉火炬，數十里相接，營造宋軍人數眾多的假象。蒙古人果然中計，不知宋軍究竟來了多少援軍。孟珙乘機發動進攻，連破蒙軍二十四寨，救出難民二萬餘人。

在孟珙取得江陵之役勝利的同時，宋軍在真州保衛戰中也擊敗強敵。真州知州丘岳也是個人才，能文能武。他執軍嚴明，守備周詳，蒙古進攻真州，屢攻不下。丘岳並不單純防禦，他守中有攻，預設伏兵後誘敵來攻，等敵人追來時，以震天雷之類的火炮伏擊，令蒙軍傷亡慘重，不得不引兵退去。

至此，蒙古對南宋的第一波攻擊結束。

蒙宋戰爭暫時緩和，主要原因是蒙古正全力西征。

蒙古的西征與南侵是同時進行的。這次西征的規模與範圍，較成吉思汗的第一次西征還要大。蒙軍在蕩平中亞後，揮師入俄羅斯，征服南俄平原，而後攻陷基輔，繼續西進，入波蘭境內。在蒙古鐵騎的瘋狂進攻下，全歐洲震動，蒙軍大敗波蘭與日耳曼聯軍於利格尼茲，大敗匈牙利軍於薩約河畔。而後進軍維也納，兵鋒直抵南歐。直到窩闊台去世，蒙軍才從歐洲撤軍。

因為西征的緣故，蒙古人對南宋的進攻並沒有盡全力。蒙軍在江陵、真州受挫後，進攻勢頭明顯減弱了。即便如此，蒙古仍不時給南宋施加軍事壓力。

嘉熙元年（一二三七年）十月，溫不花捲土重來，再破光州，攻佔復州。但是在進攻黃州時，又被孟珙打敗了。

這時的孟珙已經成為宋軍勝利的旗幟。蒙古人縱橫天下，罕有對手，孟珙則是為數不多能屢屢戰勝蒙古軍的將領。朝廷遷孟珙為荊湖制置使，並詔令他收復襄陽、樊城。嘉熙二年（一二三八年）冬，孟珙開始展開反攻，收復鄂州、荊門。次年孟珙揮師北上，進攻襄陽、樊城，與蒙軍交戰三次，三戰三捷。襄陽守將劉義反正，打開城門迎接宋軍。

孟珙的這次反擊，取得赫赫戰果，收復襄陽、樊城、信陽、光化、息、蔡等地。襄陽、樊城地處南北要衝，戰略地位十分重要。孟珙上書朝廷：「襄、樊為朝廷根本，今百戰得之，當加護理，非甲兵十萬不足守。」朝廷對孟珙的意見十分重視，遂命他把襄城、樊城兩地的降兵收編為「先鋒軍」，把息、蔡兩地的降兵收編為「忠衛軍」。

襄陽剛剛告捷，四川卻頻頻告急。

蒙古大汗窩闊台由於全力西征，想與南宋媾和。嘉熙二年時，蒙古派使臣抵宋，提出議和條件：南宋朝廷每年輸歲幣銀、絹各二十萬。與往常一樣，朝廷又出現主和與主戰兩派的對立，史嵩之力主議和，而李宗則認為主和「不無退縮之意，必致虛損歲月，坐失事功」。皇帝對此猶豫不決。

和議遲遲未有進展，孟珙又乘機收復襄樊。窩闊台大怒，決意大舉攻宋。嘉熙三年，蒙古大將塔海率大軍入川，號稱八十萬，四川再遭蹂躪。一時間，邛、簡、眉、閬、蓬諸州紛紛淪陷，蒙古人進而再破重慶、順慶諸府。塔海欲渡江東下，直取湖南。由於孟珙早有防備，扼險控要，阻止了蒙軍出蜀東下的計畫。

東進不成，塔海派部將汪世顯再殺入四川，進圍成都。四川制置使陳隆之堅守成都，誓與城共存亡。然而，陳隆之的部將田世顯卻暗中向蒙古投降，打開成都北門迎敵軍入城。成都因此失守，陳隆之被俘後堅決不投降，被蒙古人所殺，其全家數百口皆死難。蒙古軍繼續攻略，先後佔領漢州、瀘州、敘州等。

在蒙古軍攻陷成都的同月（淳祐元年十一月，一二四一年），蒙古大汗窩闊台去世。窩闊台死的時候，由於其子侄多數都征戰在外，遂由皇后馬真氏暫時攝政。為了確定新君人選，出征在外的各路大軍紛紛返回，南征川蜀的蒙古軍也陸續北返。

儘管川蜀的軍事壓力驟減，但由於蒙古軍的破壞，原本富饒的天府之國已是殘破不堪，許多城池都只剩下殘垣斷壁，失去其軍事防禦價值，完整的州郡所存無幾。自蒙軍入侵以來，歷任四川宣撫使、制置使因府庫不足、地方政府開支入不敷出，捉襟見肘，束手無策。更糟糕的是，四川實際上已處於失控狀態，監司戎帥，各自為令，官無法紀，民不聊生。

朝廷必須派一個強有力的人去恢復川蜀秩序。

淳祐二年（一二四二年）朝廷以余玠為兵部侍郎、四川安撫制置使兼重慶知府。

余玠本是蘄州人，家世貧寒，為人落拓不羈。他曾在淮東制置使趙葵手下效力，趙葵非常欣賞其才華，後來蒙宋戰爭爆發後，余玠屢立戰功，升遷為淮東制置副使。朝廷派余玠去收拾川蜀殘局，總算用對人了。

朝廷給余玠很大的許可權：「任責全蜀，一應軍行調度，權許便宜從事。」余玠走馬上任後，立即著手整飭軍政，精選官員，重賢禮士，招攬豪傑。在招攬的人才中，以冉璡、冉璞兄弟兩人貢獻最大。

冉氏兄弟乃蜀中臥龍，有文才武略，精通兵法，尤其深諳川蜀的山川地勢。兄弟兩人總結了蒙軍攻破川蜀的經驗教訓，提出新的防禦觀念，認為應當利用巴蜀地勢險峻之優勢，依山築城，以抵禦蒙古之騎兵。兄弟兩人殫精竭慮，遍察川蜀，挑選十餘座適宜築城之山，包括青居山（順慶）、大獲山（閬州）、雲頂山（成都）、釣魚山（合州）等。這些山之所以入選，有幾個條件：其一，分佈要均衡。不能十餘座山城都集中的一個地域，而是要分佈於川蜀戰略要地與重要城市附近。其二，必須要依山傍水，山要險峻，水源不可缺少，否則無法堅守。其三，要適宜築城。城要有一定規模，城堡要足夠堅固，能儲備大量糧食與軍備物資。

余玠對冉氏兄弟的構想大加讚賞，並付諸實行，在川蜀建山城十餘座。在這些城堡中，釣魚城更是飲譽全球。釣魚城三江環繞（嘉陵江、涪江、渠江），地勢極險峻，峭壁懸崖，城牆雄偉而堅固。用冉氏兄弟的話說：「功可過十萬師。」在後來的戰爭中，釣魚城確實發揮了非常重要的作用。

在余玠的主持下，川蜀漸漸恢復秩序，在此後十年沒有遭遇大的戰亂。

四五、鋼鐵堡壘：鏖戰釣魚城

蒙古大汗窩闊台去世後，圍繞汗位的權力鬥爭整整持續了十年之久，直到西元一二五一年蒙哥繼位方才告一段落。蒙古的汗位之爭，使南宋帝國獲得喘息之機。

在這十年裡，蒙古雖然不時騷擾南宋，但規模都不大。南宋捍疆衛土的重任落在幾個制置使身上，其中孟珙守衛京、湖，余玠守衛巴、蜀，呂文德守衛淮西，此三人皆一時之良將。可惜的是，南宋第一名將孟珙由於長年征戰，積勞成疾，於一二四六年病逝，時年不過五十一歲。孟珙在宋金戰爭中粉碎金人入川的企圖，降敵七萬，斃敵統帥，後又參加滅金最後一戰；在蒙宋戰爭中，孟珙挫敵於江陵，捍城於黃州，收復襄樊重鎮，戰績之顯赫，為南宋將領的第一人。

在孟珙死後七年（一二五三年），南宋另一名將余玠暴死。

余玠治川蜀，前後十二年，功績卓著。赴任之初，川蜀殘破，他實行輕徭薄賦政策以寬民力，通商賈以富蜀地。經十餘年治理，川蜀大有改觀，非但經濟得以改善，百姓得以安居，軍事防禦能力也大大增強。當時朝廷給予余玠「便宜從事」的特權，正是因為川蜀將領擁兵自重現象嚴重，「亂世用重典」，余玠以霹靂手段治軍，處死飛揚跋扈的利州統制王夔。然而余玠權勢太大，卻引起朝廷的警惕，加上一些川將聯合朝中重臣惡語中傷，最後皇帝也不得不生疑心，召余玠回朝。余玠接到詔令後不久暴卒，死亡原因不明，當時傳聞他是服毒自盡。

不管余玠是怎麼死的，對南宋來說，都是無可挽回的損失。

余玠與孟珙堪稱南宋之長城、一時之名將。余玠入川時，蒙軍主力雖然撤出川蜀，但仍留有一部分軍隊，他積極進取，僅在淳祐三年（一二四三年），便與蒙軍交戰三十六次，收復不少失地。余玠死的時候，正是蒙古人大舉南侵的前夕，而川蜀更是首當其衝。值此關鍵時刻，朝廷迫死余玠，等於自毀長城。

蒙哥上台後，積極著手準備對南宋發動更大規模的攻勢。蒙古軍橫掃天下，戰鬥力之強，舉世無雙。其實蒙古軍隊不僅作戰頑強，在戰略上亦有高人一等之處。為了消滅南宋，蒙古制定了一個大戰略，即先攻川蜀南部的大理國及西南夷，完成對南宋帝國的大包圍。蒙哥把攻略雲南的任務，交給弟弟忽必烈。

要繞過四川攻略雲南，這可不是件簡單的事。蒙古人以堅忍不拔的意志，從四川西部的崇山峻嶺穿行，越過大渡河，行山谷兩千餘里，乘革囊、木筏渡過金沙江，歷經艱辛，抵達雲南。一二五三年底，忽必烈征服雲南大理國後北返，留下大將兀良合台掃蕩西南諸蠻族部落。到一二五七年，蒙古完全征服西南夷與安南。這樣，蒙古人在北、西、西南三面包圍南宋帝國，就只差沒有海面封鎖了。

征服南宋的時機已成熟！

西元一二五八年，蒙哥汗下詔，大舉侵宋。

蒙哥的計畫是這樣的：兵分三路，先佔領南宋的西部與中部，而後向東挺進，滅掉南宋。三路人馬分別從北面、西面、西南面挺進。其中蒙哥大汗攻川蜀，得手後順長江而下：忽必烈從北面進攻，奪取鄂州；兀良合台從安南出師，向北進攻，在鄂州與忽必烈會師。蒙古人南北夾擊，東西並舉，聲勢浩大，南宋朝廷大為震驚。

在蒙軍三路出擊方向中，重點方向仍是川蜀。

自余玠死後，朝廷先後換了幾名四川制置使，但才能都遠不及余玠，故而在蒙古軍大舉進攻下，宋軍很快潰敗了。

蒙古軍前鋒在大將紐璘率領下，進逼成都。四川制置使蒲擇之派軍在遂寧江箭灘阻擊，經過一天激戰，宋軍戰敗。蒙古人長驅直入，佔領成都。而後彭、漢、懷、綿諸州及威、茂諸蕃，紛紛投降蒙古。

紐璘連連得手，蒙哥大汗聞前鋒得勝的消息後，遂渡過嘉陵江，攻劍門關，破苦竹隘，圍長寧山，鵝頂堡不戰即降。隆州、雅州、利州、隆慶、閬州、蓬州、廣安等地，要麼被攻破，要麼舉旗投降。

這裡有一個問題，當初余玠修築的十幾座山城，怎麼沒有發揮很大的作用呢？因為人才是戰爭的決定性因素。山勢再險峻、城堡再堅固，若將士毫無鬥志，甚至舉旗投降，那還不是白搭？川蜀山城，多數並不是被攻陷的，而是不戰自降的！那余玠的心血豈非白費？其實不然，在接下來的戰鬥中，釣魚城創造了戰爭史上的奇蹟。

根據蒙古預定計劃，四川得手後，即順長江東下，與忽必烈、兀良合台會師鄂州。蒙哥攻克閬州後，隨即向南挺進，進攻合州（重慶合川）。

當初冉璡、冉璞兄弟建議余玠在合州建釣魚城，並將合州舊城遷徙到此。在蒙古大舉南侵時，蜀地南宋將領紛紛投降，以至於蒙哥認為只消一紙招降書，便可不戰而奪取合州。蒙哥派漢奸晉國寶前去招降合州知州王堅，晉國寶進了釣魚城後，被王堅大罵一通，趕出城外。晉國寶還未走遠，王堅改變主意了，又派人把他抓回來，押至閱武場，數落他不忠不義之罪，當場梟首示眾。

王堅此舉，是為了表白與蒙古人抗戰到底的決心。在巴蜀大半淪陷的情況下，釣魚城僅是彈丸之地，能抵擋住蒙古雄兵嗎？王堅召集人馬，誓死守城，他以忠義激勵部下，說到動情處，涕淚四流，將士無不動容。說起王堅，原本是名將孟珙手下的忠順軍一員，在作戰中勇敢而有謀略，深得孟珙的器重。正所謂強將手下無弱兵，孟珙雖死，王堅卻要將他的忠勇精神發揚光大。

派去勸降的漢奸被殺，蒙哥大汗很生氣，遂親自引兵進攻合州釣魚城。當年冉氏兄弟與余玠精心設計的傑作，終於發揮出「功可過十萬師」的巨大威力。

釣魚城保衛戰從開慶元年（一二五九年）二月拉開序幕。蒙哥大汗親自督戰，蒙古人以一往無前的勇氣發起衝鋒，但仍然望城而興歎。在王堅及其士兵的英勇抵抗下，釣魚城始終巋然屹立。自入川以來，這也是蒙古人所遇到最頑強的抵抗。蒙古人陳兵於釣魚城下，也遇到一些不利因素，軍中癘疫流行，後來遭遇暴雨天氣達二十天之久。

朝廷十分關注釣魚城戰事的發展。皇帝親自下旨，獎諭王堅忠節，表彰他堅守釣魚城的功績，特命優加獎賞。當然，一道諭令只能起到鼓舞士氣的作用，要解釣魚城之圍，還得有實際行動。朝廷調回四川制置使蒲擇之，命呂文德代任。在宋軍將領中，呂文德算是比較出色的一個。

呂文德臨危受命，率艨艟巨艦千艘，攻破蒙軍設在涪江的浮橋，轉戰至重慶，溯嘉陵江而上，救援釣魚城。蒙哥令大將史天澤阻擊，史天澤把舟師分為兩翼，順流迎戰呂文德。呂文德逆流而上，相當被動，最終被蒙軍擊退，戰船被奪走百餘艘。

南宋這次解圍救援無功而返，蒙哥乘機集合大軍，猛烈攻城。蒙古大將汪德臣招募敢死隊，發動夜襲，仍然被王堅擊敗。汪德臣惱怒之下，騎馬到釣魚城下呼道：「王堅，我來活汝一城，快早投降。」豈料王堅根本不予理會，反倒令人抛出巨石，擊傷汪德臣，後傷重死亡。

這時的王堅已是孤城無援，雖說城中儲備尚足，但傷亡也不斷加大，情形十分危急。在關鍵時刻，天氣又一次幫了宋軍大忙。進入六月後，又下起大雨，蒙古人的攻城雲梯已使用數個月，本來就損壞嚴重，被雨水一浸，紛紛折斷。此時蒙軍已攻城五個月仍未有進展，將士們情緒低落。

釣魚城之戰的轉捩點發生在七月。

蒙古大汗蒙哥意外身亡。蒙哥是怎麼死的，有不同的說法。一種說法是，蒙哥被釣魚城守軍射傷，傷勢發作不治而亡。另一種說法，蒙哥是染病而死的，當時蒙古軍中傳染病流行，士卒病倒甚多，蒙哥染疾是完全有可能的。不管死因是什麼，蒙哥死於釣魚城外是事實。

蒙哥一死，蒙古軍放棄攻打釣魚城，史天澤等將領護送蒙哥靈柩北歸，合州由此而得以保全。釣魚城之戰，是蒙宋戰爭中的重要一戰，倘若戰敗，蒙哥順長江而下，與忽必烈、兀良合台會師，那麼南宋恐怕大勢去矣。

合州釣魚城保衛戰的最終勝利，雖說有僥倖的成分，但若沒有守將王堅的堅忍不拔與將士的浴血奮戰，也是不可能取得的。在余玠所築的十餘座山城中，唯有釣魚城發揮應有的戰略作用，僅此一點，就物超所值了。

在蒙哥攻略川蜀的同時，另外兩路蒙軍也按計劃展開行動。

兀良合台率南路兵團從西南揮師入廣西，攻取賓、象兩州後，入靜安府（廣西桂林）。然後向北進軍入湖南，攻辰州、沅州，進抵潭州（湖南長沙）。

蒙古軍北路兵團兵分兩路，一路由忽必烈率軍出大勝關，一路由張柔率軍出虎頭關，分道並進，勢如破竹，進逼鄂州。此時忽必烈接到蒙哥大汗的死訊，究竟是戰還是退呢？忽必烈認為大軍南下，豈可無功而返，遂不肯退兵，強行渡江，包圍鄂州。

鄂州為湖北重鎮，不容有失，朝廷急遣樞密使賈似道發兵救援鄂州。賈似道到了漢陽後，竟畏懼不前。鄂州在蒙古軍的猛攻下，堅守兩個多月，守將張勝戰死，傷亡萬餘人。此時又傳來潭州被兀良合台包圍的消息，賈似道更是驚恐萬分，狗急跳牆，竟然派人前往蒙軍大營，向忽必烈求和。

忽必烈本不想接受談和，但此時從北地傳來消息，蒙古諸王侯謀立阿里不哥為大汗。忽必烈擔心後院起火，遂同意議和，並商定江北之地歸蒙古，南宋歲奉銀絹各二十萬。其實議和這件事，怎麼是賈似道一人可以決定的呢？賈似道別的本領沒有，玩弄權術倒是很精通，反正只要先忽悠蒙古人退兵，他自然有辦法把私下議和這件事給壓下來。

鄂州解圍了，忽必烈拔寨北去，同時也命令正在潭州作戰的兀良合台渡江北歸。兀良合台接到命令後，遂引兵北上，以浮橋渡江。豈料議和在先的賈似道突然派出水師，以大船撞斷浮橋，把來不及渡江的蒙軍殿後部隊數百人殺個精光。

蒙古所發動的這次大規模進攻，因為蒙哥大汗之死而宣告結束，南宋又一次逃過一劫。若要說抗戰第一功，那當然要數釣魚城的將士，因為蒙哥大汗便是命喪於此。

可是幹苦力活的，不如會吹噓的。

在戰場上畏畏縮縮，甚至私自與蒙古議和的賈似道，居然成了保家衛國的英雄。因為他會吹。

明明是蒙古人自行撤鄂、潭之圍而去，賈似道卻吹噓為宋軍大捷，江漢肅清，宗社危而復安，實萬世無疆之福。看來會打仗還不如會耍嘴皮子，粉飾詞藻。皇帝宋理宗覽表後大喜，還當賈似道有再造宋室之功呢，又是進封少師，又是封衛國公。賈似道還朝時，皇帝還令文武百官在京城郊外迎接，儼然英雄凱旋。

可笑又可悲，可歎又可恨。

宋理宗未即位時，其老師鄭清之用兩個字來形容他：不凡。

現在我們可以送他兩個字：平庸。

在宋朝三百年歷史裡，權臣用事最嚴重的，便是在宋理宗一朝。前有史彌遠，後有賈似道，搞得朝廷一片烏煙瘴氣，這也預示著南宋國祚已經不長了。

四六、權臣誤國：千古罪人賈似道

南宋亡國，與賈似道有直接關係。

說起來，賈似道也是將門之後。他的父親賈涉曾經擔任淮東制置使，是忠義軍將領李全的直接上司。父親死時，賈似道只有十一歲，沒有老爹的約束，他整天遊手好閒，不務正業，喜歡遊樂賭博，儼然就是個紈綺子弟的形象。宋朝有個制度叫「恩蔭」，就是老子有功，朝廷會照顧其後人。靠著老子積下的德，賈似道長大後當了個嘉興司倉，也就是屁大的官。

後來，賈似道的姐姐入宮，深得宋理宗寵幸，被封為貴妃。一人得道，雞犬升天。賈似道靠著貴妃姐姐，開始平步青雲，被升遷為太宰丞、軍器監。升了官後，他照舊過著浪蕩的生活，白天泡妓，晚上常常與一幫人在西湖邊飲酒作樂。

有一晚，宋理宗登高樓遠望西湖邊上燈火通明，就對左右說：「這肯定是賈似道。」第二天派人去一查，果不其然就是他。皇帝覺得這個小舅子也太折騰了，就令京尹史岩之去教訓教訓賈似道。史岩之估計也是想巴結賈貴妃，便扯淡道：「賈似道雖有少年習氣，然其才可大用也。」皇帝被他這一忽悠，還真以為小舅子有經天緯地之才。從此，賈似道官運亨通。

賈似道先當了澧州知州，後任湖廣統領，三十歲那年當上戶部侍郎。令人奇怪的是，沒聽說過賈似道幹過什麼事，但升遷的速度卻一點也沒減緩。在名將孟珙死後，賈似道這個從來沒上過戰場的人，竟接替了孟珙京湖制置使的位置。皇帝老覺得他是奇才，你有什麼辦法。不久後，賈似道又兼任淮西安撫使。寶祐四年，他成為參知政事，一年後加知樞密院事，後來又任兩淮宣撫使。

十幾年之內，賈似道一躍成為南宋軍政界的巨頭。除有皇帝姐夫、貴妃姐姐的力挺之外，他還趕上了一個好時光。這十幾年裡，蒙古內部爭權奪利，沒有大規模南侵，這讓賈似道這個軍事外行得以渾水摸魚、濫竽充數。

該來的終究會來。

蒙哥大舉入蜀，忽必烈南下鄂州，被皇帝視為奇才的賈似道總該表現表現吧。賈似道那點三腳貓的功夫，到了鄂州時畏首畏尾，甚至連邊將對他都不無冷嘲熱諷。可是就在這時，皇帝為了鼓舞賈似道，竟然把右丞相一職塞給他。也算賈丞相運氣不錯，趕上蒙哥去世，忽必烈北返，竟然撒了個彌天大謊，謊報大捷，對私下與忽必烈議和卻掩而不談。皇帝深信不疑，還暗自得意自己慧眼識才哩，下詔褒獎，封賞甚厚。

卻說忽必烈北返後，被擁立為蒙古大汗。不久便派使臣郝經抵宋，打算履行與賈似道達成的和議。這時賈似道正雇用一幫門客文人，撰寫一部《福華編》，為賈似道救援鄂州、再造宋室歌功頌德。當他聽說蒙古使者前來，惶恐不安，擔心私下談和之事敗露，遂命令兩淮制置使李庭芝在半途攔截郝經，把他扣押在兵營。

郝經莫名其妙失蹤，令忽必烈十分生氣。可是蒙古陷入內戰，忽必烈無暇南顧。原來忽必烈被推為大汗後，阿里不哥自立門戶，自立為帝，蒙古內戰遂不可避免。這場戰爭前後五年，最後以忽必烈的勝利而告終。

在蒙古內戰期間，還發生南宋將領劉整投降蒙古的事件。

劉整的投降，完全是被賈似道所逼。原來賈似道自鄂州之戰後，靠著他忽悠吹牛的本領，已成為朝廷第一權臣。可說實話，他那三腳貓的功夫，皇帝不知道，邊將們豈能不知呢？有些將領當然懂得見風使舵，比如呂文德，甘心淪為賈似道的鷹犬。有些將領則對賈丞相嗤之以鼻。

賈似道決心對軍隊進行大清洗以鞏固自己權勢，便發明了一個「打算法」，追究將領在戰爭期間擅自支取官物、侵用官款的罪行，大將趙葵等人被清掃出門。另外高達、曹世雄等人曾經對賈丞相的軍事水準冷嘲熱諷，這下遭到報復，高達被罷官，曹世雄被逼死。

大清洗蔓延到了四川，駐守瀘州的將領劉整恐懼難安，他與四川制置使俞業不和，俞業打算用「打算法」整他。劉整被逼無奈之下，遂以瀘州十五郡、共三十萬居民向蒙古投降，蒙古授予他夔路行省兼安撫使。

劉整是頗有才華的一位將領，他投降蒙古後，積極出謀劃策，在後來蒙古攻略南宋時，起到非常大的作用。

忽必烈乃是蒙古雄才偉略的一位君主，他沒有急著發動對南宋的全面進攻，而是先致力於國家建設。一直以來，蒙古政治制度比較粗放，長於破壞而短於建設。特別每有大汗去世，勢必要爭鬥一番。有鑑於此，忽必烈積極吸收中原文化，引入漢地制度，定官制，設百官，立中書省、樞密院、御史台等。勸農桑、建學校、修水利、通河渠、立平準庫以抑物價等，國力益強。

西元一二六四年，宋理宗去世，宋度宗登基。

宋理宗無子，宋度宗並非其親生子，而且有點弱智，他之所以能當皇帝，當然與賈似道分不開。故而度宗上台後，賈似道更加威風八面，加太師銜，又封魏國公。宋度宗每上朝時，必答拜賈似道，稱呼他「師臣」而不呼其名。此時朝中大臣也紛紛拍賈似道的馬屁，把他稱為「周公」。

由於忽必烈暫緩南進，賈似道又過上了幾年神仙般的日子。此時的賈似道已是呼風喚雨，位極人臣，可是皇帝還是搞些新名堂加封他為「平章軍事重事」，也就是把軍政大權都拱手交給他了。皇帝賜給他一座座落於葛嶺的豪華宅第，以後這裡儼然成為一個小朝廷，官吏們都抱著文書前來批示。賈似道哪裡會去看這些，把這些交給館客廖瑩中、堂吏翁應龍，這兩個管家的權力居然要比朝中宰輔還大。

賈似道躲進葛嶺豪宅，貌似隱居，其實不然。凡是有什麼台諫彈劾的事，有什麼舉薦遷升的事，那都統統得通過他才行。一時間，賄賂成風，那些想升官晉爵的人，擠破頭皮，爭獻黃金寶玉，求個將帥、監司、郡守之類的官。

南宋朝政敗壞到這個程度，忽必烈自然看在眼裡。時已擔任蒙古南京宣慰使的南宋降將劉整乘機獻上伐宋攻略，他對忽必烈建議說：「攻宋方略，宜先攻襄陽。若得襄陽，則浮漢入江，宋國可平。」忽必烈遂詔徵諸路人馬，命南都元帥阿朮與劉整經略襄陽。

為了進攻襄陽，劉整又向阿朮獻策，造戰船五千艘，訓練水兵七萬人。阿朮接受建議，招募水軍，日夜訓練，風雨不懈。劉整在南宋時得不到重視，還被整，到了蒙古後卻如魚得水，忽必烈又提拔他為都元帥，與阿朮平起平坐。劉整再出奇謀，在白河口修築堡壘，以切斷襄陽城的運糧通道。

準備就緒後，蒙古開始發動圍攻襄陽之戰。

自從孟珙在一二三九年收復襄陽、樊城後，便指出這兩座城池的重要性：「襄、樊為朝廷根本，今百戰得之，當加護理，非甲兵十萬不足守。」此後，襄陽、樊城在孟珙的精心經營下，防禦工事幾乎無懈可擊。據呂文德的說法：「襄、樊城池堅深，儲粟可支十年。」孟珙所經營的襄陽、樊城與余玠經營的釣魚城一樣，都是經典之作，在兩位名將去世後，都發揮了巨大的作用。雖然襄陽城與釣魚城未能拯救南宋，但至少大大推遲了南宋的滅亡。

襄陽之戰，是蒙宋戰爭中最為曠日持久的一戰。從咸淳三年（一二六七年）蒙軍圍城，至咸淳九年（一二七三年）襄陽陷落，前後總計六年。這是一次蒙宋大會戰，雙方都投入龐大軍隊，在戰爭過程中也不斷增兵。這次會戰不並局限於襄陽一城，而是以襄陽為中心的大區域戰爭。

襄陽南宋守將是呂文煥，他的頂頭上司是其兄京湖制置使呂文德，兄弟倆皆一時之良將。咸淳三年（一二六七年）阿朮與劉整發動襄陽之戰後，警報傳至臨安，竟然被賈似道扣下不發，皇帝還蒙在鼓裡，南宋也錯失救援襄陽的最好時機。次年（一二六八年）阿朮又統兵包圍樊城。

儘管襄陽與樊城均固若金湯，一時間蒙古軍難以攻下，呂文煥也組織士兵主動出擊，攻打蒙古人的沿山諸寨，然而損失慘重，以失利而告終。

咸淳五年（一二六九年），蒙古再發民兵兩萬赴襄陽前線。阿朮在樊城外鹿門山再築城堡，顯然意在長期圍困。京湖制置使呂文德派都統制張世傑前往阻擊阿朮，但在赤灘浦被蒙軍擊敗。而後阿朮又派遣一萬五千人，扼守住萬山、射垛岡等幾處通道，試圖完全切斷襄、樊與外界的聯繫。

此時，南宋朝廷的援軍終於姍姍來遲，但沒有發揮什麼作用。沿江制置副使夏貴，率三千兵船進援襄陽。夏貴水師行至鹿門山，遭到蒙軍水師的阻擊，損失兩千多人。接緊著，另一支由范文虎指揮的水師也敗走。

更糟糕的是，在大戰關鍵時候，京湖制置使呂文德病逝於鄂州。在襄、樊陷於苦戰之時，賈似道還在過著他的逍遙日子。他以休閒的心情在葛嶺修起亭閣樓榭，美女當然也是少不了的。賈似道挑選美女倒挺另類，特愛挑宮女、娼妓與尼姑為妾，日夜淫樂。他還有一個僻好，就是鬥蟋蟀，而且是專家級的水準。至於什麼軍國大事，他哪裡真的放在心上呢？

一天入朝時，皇帝突然冒出一句：「襄陽被圍三年，如何是好？」賈似道馬上裝腔作勢道：「哪有這回事，北軍早已退了。」當他得知皇帝是從一個宮女那兒得悉的，竟然誣告宮女與人曖昧，逼她自盡。

賈似道果然一手遮天！

襄、樊被圍三年，已是十分危急，可是賈似道還要弄權。他這邊忽悠皇帝，那邊還是得想想辦法解襄、樊之圍，遂命京湖制置使趙庭芝往援。但是賈似道弄權日久，偏偏又要派范文虎去制衡趙庭芝，致使救援行動一拖再拖，毫無進展。

與南宋援軍的拖拖拉拉相反，蒙古不斷增兵襄樊，忽必烈把宿將史天澤調往前線。史天澤添築長圍，襄陽與外交通斷絕。到了咸淳七年（一二七一年），蒙古又從川蜀大舉出擊，以牽制京湖宋軍。范文虎率兩淮舟師共計十萬人救援襄樊，又以失敗而告終，損失慘重。這一年，忽必烈改國號為「元」，元朝的歷史開始，而宋朝卻已走向尾聲了。

在外無援軍的情況下，襄陽守將呂文煥，樊城守將范天順、牛富苦苦支撐。此時兩座城池情況越來越困難，所賴兩城積糧頗豐，尚得以維持，只是生活日用品奇缺，軍民生活極其艱苦，傷亡也越來越大，軍隊與物資都得不到補給。

無論再堅固的城池，也經受不住曠日持久的消耗。咸淳八年（一二七二年）三月，元軍取得重大進展，攻破樊城外防線。在此危難時刻，民兵的表現倒比朝廷正規軍要強，張貴、張順率三千民兵竟然突破元軍的重重封鎖，進入襄陽城。張貴入城後，復派兩人冒險赴郢州，向范文虎求援，意在夾擊元軍。豈料張貴冒險出擊，范文虎的援軍並沒出現，加上叛徒洩露情報，遂陷入元軍重圍，力戰而死。

對襄、樊守軍來說，更糟的事情出現了。回人亦思馬向元朝獻上新研製的巨石炮，俗稱回回炮，可以拋出巨大的石塊，用力省而射程遠，威力巨大。忽必烈如獲至寶，馬上將回回炮送抵前線。

咸淳九年（一二七三年）正月，在回回炮的猛轟下，樊城在堅守四年多之後，終於被元軍攻陷，范天順、牛富以死殉國。樊城淪陷後，襄陽更是勢孤力單，元軍將回回炮送到襄陽城下，全力攻城。呂文煥已是心力交瘁，對朝廷的無所作為更是痛恨。他沒有像樊城守將那樣殉國，而是選擇了投降。

歷時近六年之久的襄、樊保衛戰，終以悲壯的方式而告結束。

在襄陽戰役中，朝廷救援不力是致使兩城失守的主要原因。呂文煥雖然投降，但他已經傾盡全力守城了。而賈似道這個奸臣，在國家存亡關頭，仍只圖自己利益，仍然在玩弄權術。他就是襄陽戰敗的罪魁禍首。但這個奸臣又一次逃過懲罰，弱智皇帝宋度宗被他玩得團團轉。

在襄陽之戰後一年（一二七四年），弱智皇帝死了。賈似道乘機洗清了自己的戰爭責任，他又一次施展巧言令色的本領，這樣說：「始屢請行邊，先帝皆不之許，向使早聽臣出，當不至此爾。」就是說，我屢屢自告奮勇申請上前線，先帝都不允許，如果早聽我的，結果就不會是這樣了。

自欺欺人罷了，誰會相信他的鬼話呢？

但是不要緊，皇帝死了，我再立一個不就成了。賈似道立了個小皇帝，四歲的趙㬎，史稱宋恭帝。立了皇帝，不又是朝廷功臣了嗎？賈似道面帶微笑，管他皇帝是誰，我都是政壇不倒翁。

然而正當此時，忽必烈已下詔大舉南征。

這一戰，將是南宋王朝的謝幕之戰。

四七、曲終人散：南宋帝國的滅亡

西元一二七四年，即宋咸淳十年，元至元十一年，農曆九月，元世祖忽必烈命伯顏出任南征軍統帥，指揮二十萬大軍伐宋，目標直指南宋都城：臨安。

南宋的防禦力量，主要集中在三大軍區，分別是四川、京湖、兩淮。四川自遭到蒙哥入侵後，又加之劉整叛降，已無實力可言。京湖的精兵在襄、樊戰役中損失殆盡，業已無力阻止元軍進攻。唯一還稍有實力的，只有兩淮兵馬。

伯顏的戰略十分高明，他兵分兩路，東路由博羅懽、劉整統率，出淮南以牽制兩淮宋軍，並嚴令不得疾進，只要拖住宋軍不得西援就行。西路則由伯顏親自出馬，率阿朮、呂文煥等，沿漢水而下，進趨長江。

元軍的進攻勢如破竹。十月，攻破新郢（湖北鐘祥西南）；十一月，復州（湖北沔陽）投降；十二月，鄂州（湖北武昌）投降。次年（一二七五年）正月，黃州（湖北黃岡）投降。當時長江沿江諸州很多將領都是呂文煥的部下，對賈似道控制的朝廷完全失去信心，紛紛投降元軍。

此時南宋朝廷還寄希望於賈似道，詔令賈似道都督諸路兵馬，這簡直是幫元軍的大忙。很快，范文虎就給了賈似道一個大巴掌，這位賈似道頗為器重的將領，竟然一槍不放投降了。范文虎駐守安慶府，他的軍隊是宋軍中的精銳，且安慶府糧草充足，伯顏深以為患。豈料戰還未打，范文虎就自動投降了，送給伯顏一個天大的禮物。

這下子賈似道慌了，趕緊派人去與伯顏議和。賈似道就是個無恥小人，以前跟忽必烈議和非但食言，還扣押其議和使臣，伯顏豈會信他？伯顏對宋使說：「欲和，則當來面議也。」要議和，你賈似道親自來吧。

賈似道哪裡敢去！

更讓賈似道狼狽的是，朝中大臣紛紛上書，你賈似道不是老吹噓自己多厲害嗎？那現在還不出馬，更待何時？

談和不成，朝臣又紛紛施壓，賈似道只得打腫臉充胖子了。他親率十三萬人馬上前線了，撥七萬人馬給部將孫虎臣，駐紮於丁家洲，布兵船於長江南北兩岸，同時命淮西制置使夏貴列戰船二千五百艘於江中，擺開與元軍一決死戰的架式。可是徒有架式有什麼用？

伯顏以步、騎兵攻擊兩岸宋軍，阿朮率舟師順流而下。元軍的巨炮再發神威，孫虎臣很快就抵擋不住。此時夏貴居然不戰而走，他乘船逃跑時，正好經過賈似道的座船，高喊道：「彼眾我寡，勢不支矣。」賈似道嚇得倉皇而逃。這次決戰，宋軍僅有的精銳部隊在奇才賈似道的指揮下，損失殆盡。元軍追殺一百五十里，繳獲宋軍戰船兩千多艘，軍資器械無數。

賈似道這下子完蛋了。

這位奸臣當權日久，自以為權勢固若金湯。豈知這「權力」二字，又不是他的專利，他覬覦權力，難道別人就不覬覦嗎？別看朝廷那幫人，平日對賈似道俯首貼耳，唯唯諾諾，現在賈似道既不在朝中，又成了落水狗，正是痛打良機。於是朝臣們紛紛慷慨激昂，上疏請誅賈似道以謝天下。至於民眾更不用說了，公道自在人心，對於賈似道的弄權誤國，無人不咬牙切齒，恨不得將其千刀萬剮呢。

太皇太后謝道清念在賈似道「勤勞三朝」的份上，沒把他殺掉，先是押往越州，越州軍民竟然閉門不納。鑒於民怨沸騰，謝太后最後下旨，將賈似道流放到南方循州。儘管太后法外開恩，賈似道仍然難逃一死。

也算是報應，賈似道遇到冤家對頭了。押送賈似道的鄭虎臣與賈似道有深仇大恨，當年其父親曾遭此奸臣陷害，流放而死。如今鄭虎臣要為父報仇，為民除害。行至漳州木棉庵時，鄭虎臣拔刀殺死賈似道，此舉可謂大快人心。

奸臣已誅，可是南宋王朝也回天無力了。

卻說賈似道兵敗後，臨安已是風聲鶴唳。

雖說時值三月，江南草長，雜花生樹，群鶯亂飛，可是誰也沒閒去欣賞西湖美景了。各路兵馬，死的死，降的降，何以保衛臨安呢？朝廷只得下詔勤王。響應者雖寥寥，畢竟有幾位忠肝義膽之士。一個是郢州守將張世傑，率兵入衛都城；一個是江西提刑文天祥，他散盡家資，動員郡縣豪傑，拼湊了一支萬餘人的部隊，北上抗元。

但是敗局難挽。越來越多的城池不戰而降，建康、海州、漣州、鎮江、江陰、滁州等城都放棄抵抗。只是在岳州稍遇抵抗，安撫使高世傑集三州數萬人馬及戰船數千艘，與元軍決戰於洞庭湖口，但很快被元軍擊敗，高世傑被殺。

投降的城池太多，數都數不過來，只得說說堅守抗戰的城池。抗戰最賣力的當屬揚州的李庭芝與姜才，德祐元年（一二七五年）四月，阿朮率元軍進圍揚州。姜才多次出城迎戰，但均被元軍擊敗，傷亡慘重。七月，朝廷遣張世傑、孫虎臣救援揚州，在焦山與元軍交鋒，大敗，損失數百艘船。此後宋、元軍隊在揚州相持，一直到朝廷降元後，揚州的抗戰也仍在繼續。

揚州城沒攻下，並不影響伯顏向臨安進軍的步伐。伯顏兵分三路，進攻臨安。一路阿剌罕率騎兵從建康、廣德出獨松嶺；一路由董文炳率舟師趨浙江；一路由伯顏親自率領。伯顏在常州遇到宋軍強有力的抵抗，但最終仍攻克常州。

前線在苦戰，朝廷已經想著投降了。宋廷派夏士林、陸秀夫前往元軍大營，以稱侄納幣乞和，伯顏要求大宋皇帝親自前來投降，並且不同意伯侄之稱。陸秀夫回到臨安後，謝太后同意南宋向元稱臣。

轉眼間，已經是德祐二年（一二七六年，元至元十三年）。新年鐘聲剛敲響，便從前線傳來壞消息。重鎮潭州在堅守三個月後，不幸被元軍攻破，湖南安撫使李芾自焚殉國。

朝廷抵抗的信心完全崩潰。謝太后趕緊派人奉表稱臣，並同意歲貢銀二十五萬兩，絹二十五萬匹，乞求保全南宋之境土，並與伯顏約定在長安鎮（杭州東北）會晤。朝廷派右宰相兼樞密使陳宜中前往，但陳宜中卻違約不去。伯顏大怒，繼續向臨安推進。謝太后為表誠意，先派楊應奎把傳國玉璽交給伯顏，伯顏這才停止進軍。宰相陳宜中不想前去投降，索性連夜逃走了。

謝太后沒辦法，只得讓文天祥當宰相兼樞密使，作為宋廷代表與伯顏會晤於明因寺。文天祥要求元軍先退至平江或嘉興，然後議歲幣。伯顏根本不理會，他見文天祥言語不凡，流露出一種不屈服的氣節，索性將他扣押遣送往北方。

其實伯顏哪裡想議和，南宋朝廷氣數已盡。執政的謝太后當然也是心知肚明，要保全境土，談何容易，能保住性命就不錯了。議和是說得好聽，其實就是投降罷了。

二月五日，小皇帝宋恭帝出臨安城投降。這意味著南宋朝廷的滅亡。

三月二日，伯顏入臨安城。南宋皇帝、後宮、宗室、百官等數千人以及宮裡的奇珍異寶、各種器物，統統押送到元大都，這不禁令人想起當年宋徽宗與宋欽宗的命運。

南宋朝廷已亡，但抗元戰爭還在繼續。

當元軍押送宋恭帝及後宮行抵瓜洲時，揚州守將李庭芝、姜才誓師欲奪回皇帝、太后，他們散盡金帛以犒勞士兵，以四萬之眾夜襲瓜洲。在苦鬥三小時後，元軍不敢戀戰，挾持宋恭帝逃去，姜才追擊到了蒲子市，但未能奪回皇帝。元軍逼太后、恭帝下詔要求李庭芝投降，李庭芝登上城樓回答道：「奉詔守城，未聞有詔諭降也。」堅決不降。

在朝廷投降之前，一些堅定的抗戰派將領憤然率部入海，其中包括張世傑。在宋恭帝投降後，張世傑、陳宜中與陸秀夫等人擁恭宗的哥哥趙昰為天下兵馬都元帥，恭帝的弟弟趙昺為副元帥，召諸路忠義軍，繼續抗戰。由於宋恭帝已被元軍押至北方，趙昰遂在福州被推立為皇帝，史稱宋端宗，其實此時他還不到十歲呢。

不管怎麼說，南宋流亡政府成立了。

被伯顏扣押北遣的文天祥，半路僥倖逃跑，被朝廷任命為樞密使，都督諸路兵馬。文天祥在江淮及溫州一帶招兵買馬，積極做好抗戰準備，並在南劍州（福建南平）設立督府，打算經略江西。

但是很不幸，在這個時候，卻傳來李庭芝敗亡的消息。

李庭芝與姜才鎮守揚州一年多，元軍始終無法攻破。此時的李庭芝，是南宋殘存抵抗力量中最具實力的將領。他錚錚鐵骨，忠肝義膽，當時元世祖忽必烈特地親自下詔，欲招降李庭芝，李庭芝當場把忽必烈的詔書焚毀，斬殺來使。

流亡小朝廷成立後，便把右丞相之職空出來，留給李庭芝，同時派人召他回朝。說實話，當時長江沿岸基本上都落入元軍之手，李庭芝要從揚州回到福州，談何容易！但李庭芝只考慮國家利益，不顧及個人安危，遂把揚州城交給部將朱煥，自己與姜才率領七千兵馬出城，打算經泰州抵達海邊，而後乘船南下。可是元將阿朮率兵緊追不捨，將李庭芝逼入泰州，並包圍該城。由於叛徒打開城門投降，元軍破城，李庭芝與姜才被俘，不屈而死。

李庭芝之死，對小朝廷無疑是一大打擊。

文天祥還沒來得及經略廣西，元軍已經殺向福建了。元軍兵分兩路，一路走海道由浙江攻入福建，一路走陸路由江西進攻。

元軍入閩後，連下建寧、邵武，由北、西兩路進逼福州。小朝廷不得不再度流亡，張世傑、陳宜中以海船運送十七萬軍隊及小皇帝，南逃到了廣東潮州。廣東也是岌岌可危了。元軍佔領福州後，繼續向南推進，攻下興化，泉州不戰而降；在另一個戰場，元將阿里海牙已攻陷廣西諸州郡。與此同時，江西的元軍也進入廣東，攻下循州（廣東龍川）、梅州，離流亡的南宋小朝廷已是近在咫尺。

關鍵時刻，文天祥從福建漳州轉移到廣東，力挽狂瀾。

景炎二年（一二七七年）三月，文天祥收復梅州，緊接著便攻入江西，收復會昌。六月，文天祥在江西雩都打敗元軍，派遣部將收復吉州、贛州屬縣，繼而包圍贛州。但是文天祥畢竟是文人出身，行軍打仗並非其所長，我們也不能期望他成為虞允文那樣文武雙全的人。元江西宣慰使李恆出其不意地發動反攻，文天祥猝不及防，被打得大敗，只好撤回廣東循州。這一戰，代價慘重，不僅文天祥的幾個得力部將都戰死，而且連他的妻兒、家屬都被元軍俘虜，押往燕京，其中兩個兒子死於半途。

李恆打敗文天祥後，與呂師夔率步兵穿越庾嶺（梅嶺），進入廣東。宋帝趙昰轉移到潮州淺灣，以便隨時渡海而逃。元軍又出動一支舟師，由唆都、劉深率領，從泉州沿海路而下，志在摧毀流亡朝廷。唆都攻佔潮州後，劉深奔襲宋端宗所在的淺灣，張世傑遂帶著小皇帝逃往海上。繼而惠州、廣州也陸續被元軍佔領。

想想小皇帝也怪可憐的，生不逢時，他還只是一個小孩子，被戴上皇冠，可是卻沒有皇帝的命。這個皇冠除了讓他的人頭比較值錢之外，並沒帶給他榮華與富貴，反倒是流亡、漂泊、終日惶惶不安。在海上顛簸六個月後，小皇帝再也經受不住各種恐懼的折騰，他解脫了，死了，年僅十歲。

對抗元志士們來說，皇帝已經只是一個象徵，象徵大宋王朝仍然頑強存在著。大宋旗幟不倒，才能激勵更多的志士抗擊元軍。張世傑、陸秀夫把趙昰的弟弟趙昺又推上皇位，又是一個小皇帝，而且更小，才七歲。看來出生於皇家，也不見得都是好，你想當平民百姓都當不了，就你這麼個龍種了，你不當皇帝誰當？

這幾個月來，張世傑、陸秀夫率殘餘水師，漂蕩於海中，在各個海島中流亡。最後，張世傑找了一個海島：厓山。

厓山是廣東新會南八十里處的一座海島，呈狹長狀，南北長而東西短。張世傑考察後，認為此地有天險可守，便駐足於此，造行宮二十間，軍屋三千間。儘管建築簡陋，總算有個落腳點。

張世傑、陸秀夫心裡肯定明白，以厓山這個彈丸之地，要想對抗元軍，無異於天方夜譚。南宋偌大的土地，都擋不住元軍的進攻，何況是小小厓山。他們只是為民族氣節而戰，為信念而戰，為榮譽而戰。人固有一死，或重於泰山，或輕於鴻毛。為信念而死，不失為大丈夫。肉身可滅，精神不死。

還有一個人在苦苦支撐。

他就是文天祥。

堅持意味著艱難。死亡並不可怕，生存更加困難。文天祥自己這樣說：「死生晝夜事也。死則死矣，而境界危惡，層見錯出，非人世所堪。痛定思痛，痛何如哉。」活著這麼艱辛，為什麼還要苦苦支撐？因為他有精神信仰，他心中有一股不可摧毀的正氣：「天地有正氣，雜然賦流形。下則為河岳，上則為日星，於人曰浩然，沛乎塞蒼冥。」這種精神也，「清操厲冰雪」，「鬼神泣壯烈」，「是氣所磅礴，凜烈萬古存，當其貫日月，生死安足論。」

我們現在都說文天祥是偉大的愛國英雄，論事功，其實他比不上宗澤、岳飛，吳玠、孟珙、余玠，甚至比不上李庭芝，但是他體現出另一種力量，精神的力量，信仰的力量。事功只是一時之事，當歷史翻過那一頁時，總是煙消雲散。而精神卻是永存的，跨越時間，跨越地域，即便千年後也仍熠熠發光。

張世傑率軍流亡海上後，文天祥在陸上更是獨木難支了。元朝任命張弘範為都元帥，李恆為副帥，全力清剿閩廣殘餘宋軍。在元軍的打擊下，文天祥退至潮陽。元軍進攻潮陽，文天祥敗走海豐，行到五坡嶺山麓時，被元軍追上。一場鏖戰後，宋軍大敗，文天祥力戰被俘。

元軍活捉這位前任南宋宰相後，自然滿心歡喜，押文天祥至元帥張弘範處。左右命文天祥向張弘範跪拜，文天祥雖是戰俘，卻仍傲骨錚錚，絕不下跪。倒是張弘範有點風度，給文天祥鬆綁，以賓客之禮待之。文天祥只求速死，但張弘範卻不殺他，把他押囚於船上。

當船行至零丁洋時，文天祥感懷於故土沉淪，山河破碎，自己身陷囹圄，壯志難酬，遂寫下一詩，以明心志，這便是著名的《過零丁洋》：

辛苦遭逢起一經，干戈寥落四周星。
山河破碎風飄絮，身世浮沉雨打萍。
惶恐灘頭說惶恐，零丁洋裡歎零丁。
人生自古誰無死？留取丹心照汗青。

被俘四年後，文天祥在大都英勇就義，踐行了他「留取丹心照汗青」的人生信條。

春風化雨，又是新的一年。

一二七九年，全國各地的戰事已基本平息，只有零星地區還有零星的抵抗。

這年年初，四川合州的光榮堡壘釣魚城降下大宋旗幟。作為一座孤獨的堡壘，猶如一座小島聳立於無邊海水的包圍中。儘管張世傑還在厓山苦苦支撐，但大局已定，何況釣魚城距離厓山那麼遙遠。守將王立以不殺城中一人為條件，向元朝投降。整個大宋江山都保不住，何況一個區區釣魚城呢？但是釣魚城堅持到最後，也算不負余玠的一片苦心了。

最後來看看南宋流亡小朝廷的結局。

在釣魚城投降的同時，元軍終於探明南宋小皇帝的藏身之所。張弘範馬上出動大軍，大舉進攻厓山。為了防止宋帝逃脫，張弘範命令舟師阻塞出海口。

一場大戰已是不可避免。

厓山北面水淺，元軍舟師開不進去。張弘範便轉而從南面進擊，與張世傑的舟師相遇。為了對付元軍，張世傑是有準備的，他尚有戰船千艘，呈一字型排開，拋碇（就是錨）入海以固定，船與船之間用大索固定相連，四周均搭起形狀如城堞的樓棚，小皇帝的大船居中。這種佈局十分奇怪，不合常理，乃是兵家之忌。張世傑指揮舟師多年，豈會不知？他的真實意圖是賭上一把，賭贏了乃國家之福，賭輸了為大宋王朝陪葬。

張弘範率先攻擊，宋軍水師如銅牆鐵壁，根本攻不進去。這時元軍又採取火攻戰術，以火船逼近，縱火焚之，這正是三國周瑜大破曹操水師之計。只是張世傑又豈會蹈曹操覆轍，早有防備，他的戰船都塗上濕泥，火燒不進。

但在相持十餘日後，宋軍出了嚴重問題：淡水不足。宋軍士兵只得喝海水，上吐下瀉，戰鬥力大大受到影響。此時元軍的力量又得到增強，李恆從廣州帶來援兵，攻厓山北。

二月六日，厓山海戰進入決定性的時刻。

張弘範覷準早潮時機，令李恆率舟師乘潮攻擊宋舟師北側，自己則率其餘幾路舟師攻南側。一時間，張世傑腹背受敵。更嚴重的是，宋軍士兵因數日缺淡水，已是體力不支，難以再戰。張世傑的佈陣，雖然在防禦上很堅固，但問題很大。由於船船相連，一船傾倒，勢必會拉倒幾艘船陪葬。

此時張世傑感到大勢去矣，想著保護皇帝要緊，遂抽調精兵到中軍。這麼一來，宋軍更混亂不堪，有些將領乘機向元軍投降。張世傑派人去接小皇帝，但陪在小皇帝身邊的陸秀夫堅決不肯走。張世傑只好自己割斷繩索，帶著十六艘船突圍而出。眼看著南宋最後的艦隊正在毀滅，陸秀夫寧死不當俘虜，他先把自己妻兒推入海裡，然後轉身看著小皇帝，以沉痛的語氣說：「國事至此，陛下當為國死。德祐皇帝辱已甚，陛下不可再辱。」不待小皇帝回話，他就為小皇帝做好決定了，不管趙昺願不願意，一把抓住他，往背上一背，跳入冰涼的海水中。

張世傑突出重圍後，得悉小皇帝死訊，內心悲痛。當時正好颱風大作，將士們勸他登岸避風雨。也許是受天氣惡劣的影響，張世傑情緒十分低落，登上船樓，對天自言自語道：「我為趙氏，也算盡力了。一君亡，又立一君，豈料又亡。我苟活未死，只是想敵兵退後，別立趙氏以存社稷。今風濤若此，豈天意耶？」他在厓山未能殉死，如今風濤大作，在他看來，乃是上天對他的懲罰。在狂風驟雨中，將士們看到他墜入海中，或者被颱風捲入海，更可能的是他自己投海結束生命。

小皇帝趙昺、陸秀夫、張世傑都死了。

厓山海戰給宋朝的歷史畫上了句號。

從趙匡胤陳橋兵變奪權（九六〇年），到陸秀夫負幼帝蹈海（一二九七年），宋朝存活了三百二十年，是中國歷史上最長命的王朝之一。以靖康之變為分界，北宋一百六十八年，南宋一百五十二年。開國時氣吞萬里如虎，亡國時悲壯而蒼涼，這也是封建王朝不可改變的宿命。

俱往矣，往事越千年。只是在發黃的史冊中，我們依稀看到厓山謝幕的那一刻，波濤怒吼，風雨蒼茫。

四八、中國文化的黃金時代

著名史學家陳寅恪曾有過這樣的論斷：「華夏民族之文化，歷數千載之演進，造極於趙宋之世。」也就是說，在中國古代文化史上，宋乃是巍巍高峰。宋史專家鄧廣銘也這樣說：「宋代文化發展所達到的高度，在從十世紀後半期到十三世紀中葉這一歷史時期內，是居於全世界的領先地位的。」

這是中國的文藝復興時代，政治清明與科技進步有力地推進文化的發展。在長久較為寬鬆的環境下，文學、繪畫、音樂、哲學、史學等諸多領域都取得豐碩的成果。新印刷技術的推廣大大降低了書籍的成本，同時也大大刺激了時代的寫作熱情，形形色色的書籍在數量上要遠遠超越過去任何一個朝代。

我們若說宋開啟中國文化史的新紀元，並不為過。那麼，與之前的歷朝歷代相比，宋朝文化有什麼殊勝之處呢？筆者不才，試列於下：

其一，政治文明化。

倘若有人問我，宋朝與其他王朝相比最大的不同在哪兒，我會回答說：在於人道主義。這種人道主義首先體現在政治領域，也就是「不殺士大夫及上書言事人」，宋代政治清明，以此為標誌。

我們知道，五代十國是中國歷史上最亂的時代，而緊接其後的宋朝卻能開拓出三百年的人道主義政治，這不能不說是個奇蹟。這個奇蹟的奠基者便是開國皇帝宋太祖趙匡胤。

大宋開國後第三年，即西元九六二年，宋太祖在太廟寢殿的夾室中秘密立一塊石碑，稱為「誓碑」，其上有三條誓文：其一是對後周柴氏家族不得加刑；其二是不殺士大夫及上書言事人；其三是子孫有逾此誓者，天必殛之。太祖皇帝立下規矩，以後皇帝即位時，必須到太廟恭讀誓文，這份誓文的重要性，遠在其他法律之上。

有人會問，皇帝手上有無限的權力，何以區區幾條誓文能約束三百年之久呢？我想，主要是北宋前幾個皇帝都認真履行這一誓約，便形成一種政治傳統。北宋時期的士大夫一定會有這樣的意識：大宋之前野蠻暴力政治已永久成為過去，他們邁步走進一個更高文明，甚至是人類有史以來最好的文明時代。北宋程頤在羅列宋朝超越前代的五件事中，就有一件是「百年未嘗誅殺大臣」。

當然，例外是有的。特別是在兩宋之交那段時間，宋高宗先是殺了上書的太學生陳東及名士歐陽澈，後來又殺了岳飛與張憲，造成千古冤獄。但是反過來看，歷代被冤殺的人多的是，何以宋代的岳飛能獨傳千古，成為神一般的人物呢？正是當時冤殺的現象少，岳元帥之冤死所遭遇的同情，要遠超明代的熊廷弼或袁崇煥。

除了高宗一朝外，其他皇帝時即便有蔡京、韓侂胄、史彌遠、賈似道這樣的權臣，也沒有大開殺戒，對付政敵頂多就是流放。在章惇、蔡卞等新黨當權時，曾想過置政敵於死地，宋哲宗當即批示：「朕遵祖宗遺志，未嘗殺戮大臣，其釋勿治。」可見宋太祖誓文的約束力是相當強的。

政治文明的另一個體現是科舉制度。雖然科舉制度產生於隋唐，卻在宋代達到頂峰。這項古代公務員考試制度，絕對可以稱為人類歷史上最偉大的政治發明，其意義在於打破等級，以公平的考試選拔官吏，使下層的寒門庶族有出人頭地的機會。與之前幾個朝代注重門第不同，宋朝官場是注重「出身」。這裡「出身」不是出身於某某富貴人家，而是指科舉登科。你是考科舉上來的，這就是有出身，你是其他途徑當官的，統統都屬於沒出身。大宋三百年的歷史，絕大多數的宰相、執政都是有出身的，也就是科舉出來的。在選拔的官員中，超過三分之一是來自平民階層。美國史學家墨菲評論道：「如此高的社會地位升遷比例，對於任何前近代甚至近代社會來講，都是驚人的。」

當我們講到宋代文化之燦爛時，勢必要先讚美其相對人道與公平的政治文明，沒有這一前提，很難想像宋代文化會臻於鼎盛。

其二，儒學的革命。

說到宋代的文化復興，首先便是儒學的復興。

自漢代後，儒學雖有興衰，但是作為官方正統意識形態這一點基本沒有多大改變。宋代的儒學並非對孔孟之道的簡單繼承，而是一次革命性的突破。這種新的儒學，就是理學。提起理學，很多人就會聯想到「存天理滅人慾」「餓死事小，失節事大」這些名言上。確實，理學有不近人情的一面，不少理學家道貌岸然、危襟正坐，並不可愛，早他們一千多年的孔夫子、孟夫子要可愛得多，也更有人情味。

但是，倘若我們只是因為對一兩句話不認定就否定理學，卻也不應該。作為新儒學，理學新在哪裡呢？

首先，為傳統儒學構建起龐大的哲學系統。相較於佛、道兩家，哲學研究一直是儒學的短板，這種情況在宋代出現了轉折，在周敦頤、張載、程顥、程頤、朱熹等人的努力下，援道、釋入儒，結合《易》之思想，重構儒學本體論基礎，由此開創中國哲學的新紀元。

其次，推動儒學的宗教化。儒學本是修身之道與政治學說，重在倫常，沒有什麼神秘色彩。宋代理學的「理」字就是天理，程顥曾頗為自得地說：「吾學雖有所受，天理二字，卻是自家體貼出來。」天理概念的引入，便成為類似宗教中「神」或「上帝」這類的最高信仰，「存天理去人慾」的說法放在宗教語境下考量，非但理學如此主張，多數宗教也是持這種觀念的。

第三，賦予儒學新時代的特色。宋代政治清明，經濟繁榮，但也存在國勢衰微、貴族奢靡成風、下層百姓生活艱辛之現象。理學正是在此背景下應運而生，周敦頤之《愛蓮說》有「出淤泥而不染」之情操，張載「為天地立心，為生民立命，為往聖繼絕學，為萬世開太平」，有吞吐天地之胸襟，有壁立千仞之氣節。無論是二程的「去人欲」或是朱熹的「滅人欲」，亦可視為是對物欲橫流、奢華淫侈的反動與糾偏。

其三，思想的自由化。

陳寅恪先生認為六朝與宋之「思想最為自由」，宋代由於政治清明，沒有明清時大規模的「文字獄」與禁箝思想的嚴刑峻法，故而充滿勃勃生機。

宋代的文化多元且相容並蓄，從大的領域來看，儒、釋、道三足而立，其中儒學是主流，釋、道兩家為輔翼，尤為可貴的是，三家並行不悖，而且都積極吸收他家之所長以補自己之所短。儒家融合佛道，完善自身的本體論及認識論系統，同樣，佛教融合儒道、道家融合儒佛，思想的相互滲透愈發明顯。

在儒學內部，程朱理學是時代的主流，是宋代之顯學。但並非所有人都贊成程朱理學，思想領域上的論戰是很普遍的，這也可看出宋代學術推崇自由之風氣。南宋時代，學術界有過兩次著名的論戰，一次是陳亮與朱熹的「義利之辯」，一次是陸九淵與朱熹的鵝湖之會。這兩場論戰也暴露出程朱理學中一些難以克服的理論缺陷。

陳亮旗幟鮮明地反對程朱理學「坐以論道」的風氣，駁斥朱熹「理在事先」的理論，提倡「功利之學」。他批評理學信徒們「知議論之當正，而不知事功之為何物」，「今之君子，欲以安坐感動者，是真腐儒之談也」。反對理學家標榜道德卻沒有實際行動的做法，不能振衰起敝，只流於空談。

與陳亮站在事功立場反對朱熹不同，陸九淵則是在義理上反擊程朱。朱熹講求格物致知窮理，而深受禪宗思想影響的陸九淵則認為天理並不是向外求索，相反，心就是理，理就是心。陸九淵有一句名言：「宇宙便是吾心，吾心即是宇宙。」因此，要做的事，並不是「窮理」，而是要「明心」。陸九淵的哲學思想對後世產生巨大影響，後來與明代的王陽明合稱「陸王」，成為心學之巨擘。

這種思想論戰，正是學術自由的一大體現。

自由的思想也向文學藝術領域滲透，比如宋代繪畫中成就最高的山水畫，畫的是山光水色，體現的卻是藝術家的幽情美趣、與大自然和諧相處、自由恬靜而悠然自得的心境。文學形式也更自由多樣，詩歌形式轉向更靈活的詞，駢體文被自由文體取代，白話文學興起，等等。

其四，璀璨的宋代詩詞。

宋代文化成就，除了理學之外，最重要的便是文學了。

唐詩、宋詞是中國古代文學的兩座高峰，詞的普及，與宋代社會生活相對休閒有關係。用今天的話說，宋詞原本就是流行歌曲，以前叫「曲子詞」，是配樂演唱的，故而很快就風靡一時。兩宋傑出的詞人非常多，作品也非常好，許多詞作流傳千古，經久不衰，舉其重要者，有張先、柳永、晏殊、晏幾道、歐陽修、蘇軾、秦觀、周邦彥、李清照、張孝祥、辛棄疾、陳亮等，可謂是群星閃耀。

一般我們又把宋詞分為「豪放」與「婉約」兩派，這當然只是個籠統的劃分。其實作為一個詞人，性情再豪放，也有十分細膩的情感，就比如說辛棄疾，也寫出這樣多情的句子：「斷腸片片飛紅，都無人管，更誰勸、啼鶯聲住？」而作為小女子的李清照，冷不妨也吼出一句「生當作人傑，死亦為鬼雄」的慷慨之語，誰說她只會「才下眉頭，卻上心頭」呢？

北宋詞與南宋詞有不同之處。北宋經歷百年安定，寫詞一來是附庸一下風雅，賣弄才情，像蘇軾、黃庭堅之類便是如此，喝酒泡茶打牌時露一手功夫換來讚許的目光；二來是把妹騙女孩子用的，像情場浪子柳永，混跡於煙街柳巷，寫上一句「執手相看淚眼，竟無語凝噎」，也傾倒一片女粉絲。因此北宋詞比較有小資情調，寫個人感情的比較多，動不動就「憑欄」，就「為賦新詞強說愁」，所以注重的是文字美、音律美，淡淡的喜或淡淡的傷。

到了南宋就不同了，故土淪落，背井離鄉，朝廷又不能發憤圖強，英雄無用武之地。故而詞風為之一變，憂國憂民，或慷慨激昂，或沉鬱頓挫，惑氣勢雄壯，或悲憤蒼涼。與其說是豪放派，不如說是激憤派。像張孝祥的《六州歌頭》寫的「使行人到此，忠憤氣填膺，有淚如傾」。這是悲憤，而不是像北宋蘇軾唱「大江東去」時那種神采飛揚、壯志凌雲、直沖霄漢的豪氣。張孝祥如此，辛棄疾如此，陳亮也是如此。當然，南宋也有一些繼續寫婉約美詞的人，但總的來說成就不如北宋。

宋人寫詞，也寫詩。詩總的來說沒什麼特色，與唐詩不能相比，只有蘇軾、黃庭堅、陸游等人算得上是一流人物。陸游寫了九千多首詩，是古代最富創作力的詩人，也是與辛棄疾類似的愛國詩人，詩歌頗得老杜之真傳，尤長於七言詩，「早歲哪知世事艱，中原北望氣如山，樓船夜雪瓜州渡，鐵馬秋風大散關。」時代感特別強。陸游要比「滅人慾」的理學家們可愛，因為他有一段刻骨銘心的愛情，雖然被老娘給拆散了，但對第一個妻子唐婉的感情卻終生未滅。直到晚年時，他還寫了好幾首詩來懷念這位一生的摯愛，其中一首是：「夢斷香消四十年，沈園柳老不吹綿，此身行作稽山上，猶吊遺蹤一泫然。」筆者曾前往沈園憑弔，儘管今日之沈園不復當日模樣，可是在「紅酥手、黃藤酒，滿城春色宮牆柳」的詞句中，恍惚看到陸游與唐婉沈園邂逅的場景，亦不禁「猶弔遺蹤一泫然」。

其五，走出貴族化的文藝。

在宋代之前，中國文化藝術的貴族化色彩濃厚。比如在繪畫領域，宋之前的名畫作，如顧愷之的《洛神賦圖》、閻立本的《步輦圖》、張萱的《虢國夫人遊春圖》、張昉的《簪花仕女圖》、顧閎中的《韓熙載夜宴圖》等，多是貴族式的繪畫，而宋代在繪畫領域上則大大突破，內容傾向於山水、花鳥，更為平易近人，而千古名畫《清明上河圖》更是一幅世俗生活的寫真。藝術更貼近於生活，視野更加平民化，如王居正的《紡車圖》、李嵩的《貨郎圖》、朱銳的《盤車圖》等，都取材於民間市井生活。

文學同樣如此。除了詩詞之外，宋代文學的另一成就是散文。自唐代韓愈、柳宗元文起八代之衰後，宋代散文取得驚人的成就。唐宋八大家中，有六大家出自宋代，其中蘇氏一家獨佔三席，分別是蘇洵、蘇軾與蘇轍，再加上歐陽修、曾鞏、王安石，一掃前朝華而不實的文風，把古文運動推向高潮。我們必須說，賣弄文字的駢體文自然有其審美的價值，作為藝術看待自然有存在的理由，但倘若成為一種風尚甚至行文的標準，不免淪為空洞的語藻堆砌。回歸先秦散文之路，非但是形式上的復古，更重要的是回到「文以載道」的傳統，文章的生命力，在於文字背後的思想光芒，而不是文字本身。

宋代的文學革命，是從「高大上」走向平民化、通俗化。宋詞較唐詩，形式更為靈活自由，約束更少，特別在大師辛棄疾手中，一物一景，可信手拈來入詩，讀來平易近人。散文的革命，也是如此，我們讀先秦諸子散文，雖然不一定能全看懂，但大致內容是看得明白的，反觀後來魏晉南北朝的時文（駢文），讀之如墜雲霧之中，不知所云。文學通俗化的革命，產生了新的、更通俗化的體裁，話本小說出現了，為文學發展開闢出一條新路，同時戲曲文學也在民間發展起來，為後來的元曲、明清小說的興起開了先河。

其六，文化中的創新精神。

前面說到的政治的文明化、儒學的革命、文學的革命、繪畫的平民化傾向，都充滿創新的精神。不止於此，宋代在史學、音樂、金石、考古等文化領域，同樣實現許多歷史性的突破。

以史學為例，《資治通鑑》是中國史學最偉大的著作之一，全書總計二九四卷，以編年史體例寫成的跨度達一千三百年之長的中國通史。直到今天來看，它仍然是古代最好的一部史書。在這本書問世後，又一種新的寫史法問世，便是所謂的「紀事本末」體。由於《資治通鑑》是編年史，重大歷史事件總被時間割裂成幾個部分，故而南宋袁樞又別出心裁撰寫《通鑑紀事本末》，把重大事件單獨列出再編年敘述，此亦是一大創新。

宋代還出現大量宋人寫宋史的著作，重要的有《續資治通鑑長編》《建炎以來系年要錄》《三朝北盟會編》等，保留了大量的宋朝史料，也彰顯宋代著書事業的繁榮發達。鄭樵的《通志》是中國史學之珍品，其精華部分在於「二十略」，把歷代典章制度、學術文化分門別類加予論述，開拓出新的歷史研究領域與研究方法，對後世影響甚大。毫不誇張地說，宋代的史學著作，比以往各朝各代加起來的總和還要多。

宋代學術還有一大成就便是金石學，也就是研究古代器物，並由此發展出考古學。女詞人李清照的丈夫趙明誠就是著名的金石學家，撰有《金石錄》三十卷。宋代金石學的研究，對後世考據學的發展有重大影響。

正是文化中創新精神的存在，刺激著宋代在科技、經濟、軍事技術等諸多方面的創新與發展，開創出一個物質文明高度發達的繁榮時代。

四九、撥開迷霧見繁華：宋代的經濟奇蹟

我們總是一種印象：在中國歷史上，宋朝是比較孱弱的朝代。這個看法固然沒錯，除了前兩任皇帝宋太祖、宋太宗之外，其他皇帝統治時期，對外戰爭都乏善可言，能保住現有的地盤尚須用金錢賄賂，談何對外擴張？可是我們必須把眼光放得更遠一些，對於一個存活三百年之久的王朝，戰爭只是部分而非全部，就如同我們所處的時代一樣，社會生活與文化經濟，對那個時代的人來說，仍是活動的重心所在。

現代歷史學者已經抛開狹隘的眼光重新審視歷史，不再以一朝一代、一家一姓的興衰為標準，而是以更貼近社會生活的角度分析一個時代的得失。當我們用新的視界回望宋朝，抛開皇帝的懦弱、朝廷無休止的爭吵、政壇上的爾虞我詐與鉤心鬥角，看到的是大宋帝國生機勃勃的一面。

黃仁宇教授在《中國大歷史》一書中這樣寫：「西元九六〇年宋代興起，中國好像進入了現代，一種物質文化由此展開。貨幣之流通，較前普及。火藥之發明，火焰器之使用，航海用之指南針，天文時鐘，鼓風爐，水力紡織機，船隻使用不漏水艙壁等，都於宋代出現。」

從大宋開國始，物質文明的進步如影隨行。為什麼會這樣呢？政治清明顯然是一個前提，我們很難想像在一個惡政、暴政之中，人的創造力會被無限制地激發出來。大宋三百年的歷史，大約有兩百年是比較安定的，外患局限於邊疆，內亂有，但時間都不長，地域也不廣。在相對安定的社會

環境下，人追求物質生活、精神生活的本能便迸發出來，一發而不可收拾。

今天我們都說，「科技是第一生產力」，古代無此說法，但這個論斷仍是適用的。宋代的科技，可以說處於中國古代的巔峰時代。

中國引以為傲的古代四大發明，火藥與活字印刷術都出現在宋代，指南針技術在宋代也得到大大改進。這三種大發明，對人類歷史產生深遠的影響。火藥開啟熱兵器時代、指南針在航海的運用，為大航海奠定基礎；印刷術的發展，使得書籍得以普及，人類偉大思想得以傳播並發揚光大。對此，英國漢學家麥都思這樣評價：「中國人的三大發明，航海羅盤、印刷術、火藥對歐洲文明的發展提供異乎尋常的推動力。」

宋代的科技發展是全方位的，並產生了許多偉大的科學家，其中最偉大的一人便是沈括，他在天文、地理、物理、數學等方面，都取得卓越的成就，其作品《夢溪筆談》一書包羅萬象，成為百科全書式的著作。著名科技史學家李約瑟稱他是「中國整部科學史中最卓越的人物」。李誡則是偉大的建築學家，他所著的《營造法式》一書是世界上最早也是最全面的建築學巨著，受到現代建築大師梁思成先生的鼎力推崇。此外，宋代在機械、紡織、造船、冶金、採礦、數學、天文、醫學等諸多方面，都取得令人矚目的成就。可以說，這些科學發現、發明，極大刺激經濟的發展。

我們來看看李約瑟先生是怎麼評論宋代的科技：「每當人們在中國的文獻中查找一種具體的科技史料時，往往會發現它的焦點在宋代，不管在應用科學方面或純粹科學方面都是如此。」「中國的科技發展到宋朝，已呈顛峰狀態，在許多方面實際上已經超過了十八世紀中葉工業革命前的英國或歐洲的水準。」

我們有理由為先人的成就而由衷讚歎。

西方學者在論及宋代經濟時，總用「商業革命」一詞。譬如費正清與賴肖爾所著的《中國：傳統與變革》一書中寫道：「宋朝經濟的大發展，特別是商業方面的發展，或許可以恰當地稱之為中國的『商業革命』。這一迅速發展使中國經濟發展水準顯然高於以前，並產生出直至十九世紀在許多方面保持不變的經濟和社會模式。」美國史學家斯塔夫里阿諾斯《全球通史》也寫道：「宋朝時期值得注意的是，發生了一場名副其實的商業革命，對整個歐亞大陸有重大的意義。」

那麼為什麼宋代能產生一場劃時代的「商業革命」呢？斯塔夫里阿諾斯認為根源在於經濟生產率的提高。生產率提高的前提，正是技術的發展。

首先是農業生產率的提高。

宋代農業經濟的一個重要特點，就是實行精耕細作與擴大復種制。由於引進水稻的早熟品種，過去只能一年一熟的地方可以實現一年兩熟，這大大提高了土地的利用效率。同時，土地耕種面積也大大增加，梯田、圩田、淤田、架田陸續出現，充分利用山地、窪地、沼澤地等，開闢新的耕地。此外，宋朝修建的水利工程，也擴大了水田的灌溉面積。史學家王曾瑜先生稱之為宋代的「綠色革命」，並認為「創造了當時世界上最高的畝產量。」據估算，從十一世紀到十二世紀的一百多年時間裡，宋朝的水稻產量增長了一倍。

糧食增長帶來了人口的增長。據歷史學家的估計，到了北宋徽宗年間，全國人口數量突破一億大關。人口增長同時又進一步推進了生產，城鎮增多了，城鎮人口也隨之增多。令人驚訝的是，宋代城市人口比重，要遠遠高於其他朝代，達到百分之二十以上。北宋首都東京開封人口超過一百萬人，著名史學家史景遷稱它是「世界最先進最繁榮最龐大的城市」。

農業之外，宋朝的工業也有長足進步，特別在冶金業上。煤的大量使用，使宋朝冶金業實現了一次革命。北宋是世界上最大的產煤國，後來淮河以北被金國佔領後，金國取代宋成為第一產煤國。美國史學家墨菲在《亞洲史》一書中寫道：「中國在十一世紀生產的鐵、鋼和其他金屬製品，可能比歐洲直到十八世紀中葉生產的還多。」而宋朝採用煤進行冶煉的技術，比歐洲要早了七百年。

農業、工業的發展，人口的增加，城市的擴大等，都刺激了商業的繁榮。

在宋代之前，大的城市基本上都是行政中心，而宋代卻出現許多以商業為中心的城市。當時的大城市裡，店鋪林立，彙集各地的商品，商業氣息之濃厚，不遜今日。只要看看《清明上河圖》，便可想像汴京當年商業之繁榮。在圖上，有形形色色的商店，賣酒的、賣藥的、賣布的、茶坊酒肆等，各行各業，無所不具，商店還掛著招牌，懸著小旗，招攬顧客，還有橋頭路邊的販夫走卒，搖擺在河上的商船等。一幅圖所能承載的內容有限，可我們仍然可以透過泛黃的畫卷，仿若走向千年前的大宋帝都。《東京夢華錄》中這樣寫道：「八荒爭湊，萬國咸通。集四海之珍奇，皆歸市易；會寰區之異味，悉在庖廚。」殆可見當時帝都非但是商業之中心，幾乎可稱為世界之中心了。

商業的發達，也促進了金融的發達。

宋代時出現了世界上最早的紙幣：交子。由於商業的發展，商品的大量流通，就需要更多的貨幣，金屬貨幣滿足不了需求。宋代除了金銀、銅錢之外，還有大量的鐵幣，幣值輕而重量大，使用相當不便。交子最早出現於四川，這是有原因的。在平定後蜀後，金銀被掠到京城，造成貴重貨幣不足；而四川商業向來發達，王小波、李順起義爆發的原因，正是朝廷設「博買務」，壟斷布帛、茶葉買賣，嚴令商旅不得私下交易，激起民變。農民起義失敗後，宋太宗派張詠治理蜀政，而交子正是在這個時候應運而生。起初交子只是一種信用憑證，即把錢存到交子鋪後，換取一張可兌換的憑證，這樣就省卻攜帶許多銅、鐵錢的不便。隨著商業的發展，大家覺得交子使用方便，信譽又高，逐漸就直接以交子作為支付手段，便具備貨幣的職能。一〇二三年，朝廷在蜀地設「交子務」，發行「官交子」，交子正式成為官方貨幣。這也是世界貨幣史上的重大事件，歐洲在六百多年之後，才出現紙幣，美國學者坦普爾說：「最早的歐洲紙幣是受中國的影響，在一六六一年由瑞典發行。」從這個意義看，宋朝的確顯得十分「現代化」。

當然，交子的出現也引發新的問題。後來宋朝一度濫發，導致交子急劇貶值，形同廢紙。這在世界紙幣史上，也是屢見不鮮的事。

宋代金融的發達，同樣體現在王安石的變法中。新法中的「青苗法」就是由政府二分利息貸款給農民，從當時實際情況看，王安石提出的二分利息並不算高，因為民間貸款的年利息往往在百分之一百以上，甚至在百分之二百以上，青苗法實施不利，主要原因在於實際執行過程中，往往被地方官吏以各種名目擅自提高利息。再如「市易法」，政府設「市易務」以平抑物價，商人們也可以向市易務抵押貸款或賒貸貨物，這也是採用金融手段維持市場穩定。可以說，王安石的許多經濟思想在當時是非常先進的，只是太超前了，最後一執行就變調了，比如說市易法，原本是要打破商人的壟斷，最後卻成了政府壟斷。

海上貿易的興起，是宋代經濟的又一看點。

在漢唐時代，中國對外貿易主要是通過絲綢之路將商品經中亞運往西亞、歐洲。可是宋代在疆域面積上遠不如漢唐，對河西走廊、西域都沒有控制權。特別到了南宋，中原淪陷後，商品通過西北的絲綢之路運輸更難。在這種情況，對環境有極強適應力的中國人轉而開拓海上航線，海上貿易也由此而興盛起來。

宋代發達的造船業有力地支撐了海上貿易，此期為中國古代造船業大發展的時代。一方面是造船的數量很多，全國有二十幾處船場，年造船數量在三千艘以上。用於海上貿易的大海船，載重可達萬石。另一方面，造船技術有突飛猛進的進步。我們借用墨菲在《亞洲史》中的一段話：「航海用的船舶在大小和設計上都有了驚人進展，有些船除了貨物外還能運載六百多人，比近代以前世界任何地方的船都大。這些船採用了多重桅、分隔密封艙（其他地方很久以後才知道）和同樣重要的船尾舵，後者代替了難操縱又經不起海上風浪的搖櫓。在所有這些方面，宋代的船都超前於當時西方船舶許多世紀。」除此之外，指南針的發明對海上航行也起到至關重要的作用。

海上貿易事業的發展，對宋朝經濟的影響是巨大的。

當時中國人的海上航線包括東南亞、南亞、西亞以及非洲東海岸。也就是說，後來鄭和下西洋時所到過的地方，宋人基本上都去過了，只是船隊規模不如鄭和的寶船隊大。對外商品貿易首先帶來巨額利潤，據史學家估算，光是朝廷從海上貿易徵收的稅，約相當於政府總收入的五分之一。與此同時，大量的中國人湧入東南亞，有的經濟史學家估計有一百萬人僑居於國外，而中國東南沿海的港口也迅速繁榮起來。

宋朝政府在開放性上要遠遠超過明清兩朝，中國海上貿易最繁榮的朝代是宋代與明代，但明代除了早期鄭和下西洋值得稱道外，多數時間都實行嚴格的海禁政策。明代海禁政策的後果，是海上商人們奮起反抗，海盜之禍與明朝歷史相始終。反觀宋代，朝廷的政策顯然比後世更為開放與靈活。

這裡有幾個問題，何以宋代能創造出許多世界第一呢？何以經濟繁榮的背景下，國力卻不強大呢？對於西方史學界對宋代極盡讚美的觀點，要如何看待呢？

確實，兩宋在科技與經濟上，在當時世界無可與之匹敵者，其原因何在呢？最重要的原因，在於政治比較清明。筆者在本書中多處提到宋代政治的清明，這個清明，當然是與其他朝代相比而言。

清明一方面體現在朝政上，與歷朝相比，宋代朝政有如下特點：其一，沒有大規模的殺戮現象。宋代也有一些冤殺的現象，但即便是岳飛冤案，也只限於少數幾人，不要說殺戮幾百幾千幾萬人，就是殺幾十人也十分少見。而像漢武帝時的巫蠱事件，死了數萬人，更不用說明初殺戮，動輒上萬人。其二，朝廷黨爭，手段是溫和的。宋代朝政一大弊病是黨爭，但比較東漢的黨錮之獄與明代的東林黨之獄，那只是互吐口水而已，頂多立個黨人碑，絕少從肉體上消滅對手。其三，宦官用事少。中國歷史上一大毒瘤就是宦官專政，宋代雖有像童貫等少數幾個宦官權臣，但與漢、唐、明的宦官之禍相比，實在是小巫見大巫。

清明的另一方面，是對下層百姓的統治相對比較仁厚。儘管有些皇帝統治時，民憤很大，比較說宋徽宗時期，激發了方臘大起義。但總的來說，多數時間裡，朝廷還是比較寬厚的，就這給民眾有了施展才智的空間，能竭盡所能去尋找出路，創新意識以是為開端。比如說，銅錢鐵幣不好使，交子便應運而生；絲綢之路斷絕，便開闢海上貿易等。這些創新，都始自民間，然而與政府的支持也分不開。如交子在朝廷認可後，才成為真正的貨幣；對待海上貿易，朝廷也沒有採取明清的海禁政策加以制止。因此，民間經濟才能迸發出無限的活力。

那麼一個問題浮出水面，何以宋朝國力卻不強呢？

事實上，這個問題在前面變法內容中就提及了。一方面，經濟繁榮，國家卻不富，這是很矛盾的事情。錢都到哪去了呢？冗祿、冗官、冗兵，還有每年支付給遼、西夏、金的歲幣，以及戰爭賠款，戰爭支出等。另一方面，宋朝制度內重外輕，強幹弱枝，以致法久生弊，積重難返，通過變法手段也難扭轉。除了開國的宋太祖外，其他宋朝皇帝都難以稱得上是雄才偉略，多數皇帝只知守成，而絕少開拓。這些因素都造成了國力不強的局面。

對於宋代，國外許多漢學家、史學家都極為推崇，稱之為「中國最偉大的時代」（費正清）、「世界上最大也是最成功的國家」（史景遷）、「最令人激動的時代」（墨菲）、「當時最先進的國家」（謝和耐）等。老外的讚美之辭，令我們這些大宋後人深感鼓舞與驕傲。可是我們也要冷靜地反思一下，何以在多數國人眼中，宋朝的形象並非如此。千古流傳的《楊家將》《岳家將》都有一種悲壯的旋律，陸游、辛棄疾的詩詞，總帶著望不到盡頭的無奈。

這種看法的不同，我想在於感受的不同。

其一，老外學者們生活在一個以科技、經濟來衡量國家的時代，當他們發現中世紀的大宋帝國在這些方面遠遠勝過同時代的歐洲時，便由衷地發出讚歎。中國漢代時，西方世界有羅馬與之媲美，大唐盛世時，西亞有阿拉伯帝國與之匹敵，而在宋代，中國鶴立雞群，更彰顯其耀眼的光芒。

其二，作為局外人，他們很難有那種一個國家遭受屈辱的感受，當把文明從歷史中抽離出來時，其他事件，譬如「遺民淚盡胡塵裡」的感傷、譬如「山河破碎風飄絮」的痛苦，就輕而易舉地抹殺了。

從文明的角度說，大宋帝國是勝利者。因為它的敵人遼、金乃至蒙古，都為其燦爛的文明所吸引，並自動吸納其文明的果實。湯因比在論及宋代的中國時，有一句精彩的話：「中華帝國的收縮由於中國文明的擴張而得到補償。」放在大歷史的視野來看，確是如此。可我們若是設身處地來考慮，假設自己是大宋帝國的一個臣民，恐怕也不會願意接受這種補償的論調，我把文明傳播給你，還要受你欺負，這是哪門子的事呢？

歷史是一面鏡子，宋朝的歷史可給我們許多啟示，讓我們深思。一千年前大宋帝國所創造的輝煌文明，證明中國人擁有無以倫比的智慧與創新精神，這足以給一千年後的國人更多自信與自豪。同時，宋朝歷史也告訴我們，不僅落後要挨打，先進同樣可能挨打，一個國家不管科技、經濟如何發達，若沒有強大的國防，若沒有居安思危的憂患意識，璀璨的文明之花也會在疾風暴雨下凋落枯萎。

宋朝歷史大事記

九六〇年　陳橋兵變，趙匡胤奪後周之權，大宋開國；平李筠之亂。
九六一年　罷石守信、王審琦等兵權。
九六三年　平荊南、湖南。
九六五年　王全斌平西蜀。
九六九年　宋太祖親征北漢未克。
九七一年　潘美平南漢。
九七五年　曹彬克金陵俘李後主，平南唐。
九七六年　宋太祖趙匡胤暴死。
九七九年　太宗親征北漢，北漢亡；伐契丹，敗於高粱河。
九八〇年　耶律休哥大破宋軍於瓦橋關。
九八二年　遼蕭太后臨朝。
九八六年　曹彬、潘美伐契丹，先勝後敗，楊業戰死。
九八九年　尹繼倫敗耶律休哥於徐河。
九九三年　王小波、李順起義

九九七年　宋太宗去世，宋真宗立。
一〇〇四年　宋與契丹澶淵之盟。
一〇三八年　西夏元昊稱帝。
一〇四一年　宋夏好水川之戰，宋軍大敗。
一〇四三年　范仲淹主持慶曆新政。
一〇四四年　宋夏議和，詔封元昊為夏國王。
一〇五三年　狄青大敗儂智高於邕州。
一〇五六年　包拯知開封府，以剛毅立朝。
一〇六七年　宋神宗登基。
一〇六九年　以王安石為參知政事，實施變法。
一〇七〇年　以王安石、韓絳為相，大力推行新法。
一〇七三年　王韶開熙河之地。
一〇七六年　王安石免相。
一〇八五年　宋神宗去世，宋哲宗立，太皇太后高氏聽政，起用司馬光，罷保甲、保馬諸法。
一〇八六年　司馬光為相，罷青苗、免役諸法。
一〇九三年　宋哲宗親政，起用新法人物章惇、呂惠卿。
一一〇〇年　宋哲宗去世，徽宗立。
一一〇二年　追貶司馬光等四十餘人，立黨人碑；蔡京為相。

一一一五年　完顏阿骨打稱帝，國號金。
一一一八年　宋與金約夾攻遼國。
一一二一年　平方臘、宋江起義。
一一二二年　宋發兵攻遼，敗績；金兵攻克燕京。
一一二三年　金歸還宋燕及六州之地。
一一二五年　金大舉南侵宋；宋徽宗傳位於欽宗。
一一二六年　貶蔡京、誅童貫；金兵攻破京師。
一一二七年　金兵俘徽、欽二帝，立張邦昌為楚帝，北宋亡；宋高宗趙構即位。
一一二八年　宗澤去世。
一一二九年　兀朮大舉南侵，高宗逃亡入海。
一一三〇年　金攻破東京，立劉豫偽大齊政權。
一一三一年　張俊、岳飛平江淮亂軍。
一一三四年　吳玠大破金兵於仙人關；岳飛收復襄陽六郡。
一一四〇年　劉錡、岳飛大破金兵於順昌、郾城；岳飛班師。
一一四一年　岳飛冤死；宋與金議和。
一一六一年　金帝完顏亮以六十萬眾南征；虞允文破金兵於采石。
一一六二年　宋高宗遜位，宋孝宗立。
一一六三年　宋張浚北伐，敗於符離。

一一八九年 宋孝宗退位，宋光宗立。
一一九四年 趙汝愚逼宋光宗退位，宋寧宗立。
一一九七年 韓侂冑大興黨禁。
一二〇六年 韓侂冑北伐，大敗。
一二〇七年 史彌遠誅韓侂冑
一二一〇年 蒙金開戰
一二二四年 宋寧宗死，史彌遠矯詔立宋理宗。
一二三四年 宋、蒙攻蔡州，金哀宗死，金國滅亡；宋收復汴京、洛陽，旋敗退。
一二三五年 蒙古大舉攻宋。
一二三九年 孟珙收復襄、樊。
一二四一年 蒙古大汗窩闊台卒。
一二四二年 宋以余玠為四川制置使。
一二五七年 蒙古分三道大舉攻宋。
一二五九年 蒙古攻合州釣魚城未下，蒙哥汗死。
一二六〇年 蒙古忽必烈即位。賈似道偽奏鄂州大捷。
一二六四年 宋理宗死，宋度宗繼位。
一二六八年 蒙古進圍襄陽。
一二七一年 蒙古始建國號為元。

一二七三年　襄陽之戰第六年，襄陽、樊城陷落，呂文煥降元。

一二七四年　元以伯顏為統帥，大舉伐宋。

一二七五年　賈似道兵敗，鄭虎臣殺賈似道；宋沿江諸城多陷，元軍進逼臨安。

一二七六年　伯顏俘宋幼主及太后北去；張世傑、陸秀夫等立趙昰。

一二七八年　文天祥抗元，被俘於五坡嶺。

一二七九年　厓山海戰，陸秀夫負幼帝投海死，宋亡。

大地叢書介紹

作者：張嶔
定價：320 元

大明王朝，是一個被刻意抹黑的王朝，被誰抹黑的？答案是：文官。文官集團在明朝極其強大，成為能與皇權博弈的重要力量，這也是明朝政局的一大特色。也因如此，皇帝不得不重用宦官與之抗衡，使得皇帝貪婪懶惰，宦官囂張跋扈，廠衛特務統治弄得人人自危……這就是文官筆下的大明王朝。而其後繼者為清朝，為了證明自己統治的合法性，更是在史書上強化了這一說法，這種帶有嚴重偏見的說法豈是歷史的真相？

本書力圖以最客觀的視角，從獨特的話題點切入，去臉譜化的解讀，讓人們更接近真相。如朱元璋剛猛治國的手段中，竟也流淌著縷縷溫情；背負「土木堡之變」的明英宗，其獨特的個人魅力，讓敵人也為之動容；幾十年不見朝臣的萬曆皇帝，在軍國大事上其裁奪處理卻不失英明；被稱作千古忠臣的袁崇煥，事實上卻因其剛愎自用而貽誤國事。以上種種在作者對於歷史現實的體察與深入人性的探討之下，還原大明王朝被遮掩的真實面貌。

大地叢書介紹

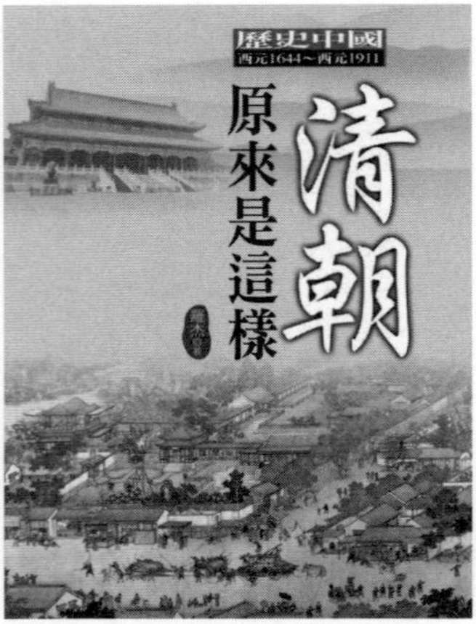

作者：羅杰
定價：300 元

作為中國封建王朝最後一個政權，清王朝對於傳統中國社會的統御之術可謂駕輕就熟，但是當西風漸進，這個傳統封建社會卻抵擋不了潮流的衝擊，清王朝的統治者注定一步步走向失敗的命運，這是為什麼？

本書以獨特的視角對清王朝268年（從順治入關到清王朝覆滅）的歷史進行了別具一格的梳理與剖析。

通過對清王朝興衰變遷中的種種細節與真相的解讀，從「裝束文化」、「官場文化」、「仕途文化」、「妖術文化」等諸多方面，揭露清王朝隱秘、禁忌的政治和文化密碼。當你能夠看透這一切時，會驚悟出，清朝和你想像的絕對不一樣。

大地叢書介紹

作者：醉罷君山
定價：320 元

秦朝（西元前221年－西元前207年），是中國歷史上第一個建立大一統的帝國。秦朝源自周朝諸侯國-秦國。秦國於戰國時期逐漸轉強，到秦國君王嬴政陸續征服六國而一統中原，史稱秦朝。

秦王政建立秦朝後自稱「始皇帝」（即秦始皇），從此中國有了皇帝的稱號。雖然秦朝外表十分強盛，但由於秦始皇集權、過度發展、嚴重勞役百姓，所以秦朝之統治不免帶有苛急、暴虐之特點，讓天下百姓飽受苛政之苦而想要叛變。

秦始皇最後留下的，是一個外強中乾的帝國。秦二世繼位後，秦廷被掌權的趙高掌控而混亂不堪。此時秦末民變爆發，六國有力的軍人各自復國，雖然秦將章邯努力平亂，但於鉅鹿之戰被楚將項羽擊敗，秦軍主力投降。西元前207年十月，新任秦王子嬰於咸陽向楚將劉邦投降，秦朝滅亡。

本書用故事串聯歷史，帶你逃離歷史課本的枯燥，回到那個活生生的大秦帝國。

宋朝原來是這樣／醉罷君山著. -- 一版.-- 臺北市：大地, 2016.10
面：　公分. --（History：91）

ISBN 978-986-402-193-2（平裝）

1. 宋史　2. 通俗史話

625.　　105017938

宋朝原來是這樣

HISTORY 091

作　　者	醉罷君山
發 行 人	吳錫清
主　　編	陳玟玟
出 版 者	大地出版社
社　　址	114台北市內湖區瑞光路358巷38弄36號4樓之2
劃撥帳號	50031946（戶名　大地出版社有限公司）
電　　話	02-26277749
傳　　真	02-26270895
E - mail	vastplai@ms45.hinet.net
網　　址	www.vastplain.com.tw
美術設計	普林特斯資訊股份有限公司
印 刷 者	普林特斯資訊股份有限公司
一版一刷	2016年10月

大地

定　　價：320元